마태복음의 이해

the Gospel According to Matthew

마태복음의 이해

2020년 3월 1일 초 판 1쇄 인쇄
2020년 3월 5일 초 판 1쇄 발행

저 자 • 양 창 삼
발행인 • 조 경 혜
발행처 • 도서출판 그리심
07030 서울시 동작구 사당로2길 72 인정 인정 B동 (B01)

등록번호 • 제 7-258호(1998. 4. 23)
출 판 사 • 전화 523-7589 팩스 523-7590
홈페이지 • http://grisim.biz
전자우편 • grisimcho@hanmail.net

값: 표지 뒷면에

ISBN 978-89-5799-436-8 93230

양 창 삼

양창삼(梁創三)은 현재 한양대학교 경상대학 경영학부 명예교수이고 목사이자 시인이다.
서울대학교에서 정치학과 경영학을 공부했다. 미국 웨스턴일리노이 대학교에서 MBA를, 연세대학교에서 경영학 박사 학위를 받았다.
총신대학교에서 목회학 석사와 신학 석사 학위를 받았다.
한양대에서 경상대학 학장과 산업경영대학원 원장을 역임했으며 중국 연변과기대에서 상경대학장, 부총장, 챈슬러를 역임했다.

저서

'기독교와 현대사회'로 한양대에서 우수저술상을 받았고, '헨리 나우웬의 실천하는 영성'은 문화관광부 우수교양도서로 선정되었다. 함께 쓴 '뒤르케임을 다시 생각한다'는 대한민국 학술원 우수학술도서로 선정되었다.

기독교 관계 주요 저서로 '기독교사회학의 인식세계,' '뒤틀린 삶의 문제와 기독교적 해답,' '자아의식과 예수의식,' '조선을 섬긴 행복: 서서평의 사랑과 인생' 등이 있다.

바른 성경읽기에 관심을 가져 '창세기,' '출애굽기,' '레위기의 이해,' '민수기,' '신명기,' '열왕기 상하 읽기,' '시편 읽기,' '잠언의 이해,' '다니엘서,' '누가복음의 이해,' '요한복음,' '바울의 핵심메시지,' '빌립보서,' '히브리서의 이해,' '베드로전서와 베드로후서의 이해,' '요한1 · 2 · 3서와 요한계시록' 등을 내놓았다.

머리말

최근 성경에 관한 대화를 하면서 마태복음의 중요성을 강조하는 말을 들었다. 구약에서 창세기가 처음에 소개되는 것처럼 신약에서 마태복음이 맨 먼저 소개되는 것은 그만큼 중요하기 때문이라는 것이다. 그래서 마태복음을 깊이 묵상하게 되었다는 것이다.

신약성경을 읽을 때 맨 먼저 만나는 것이 마태복음이다. 그러나 1장에서 소개되는 족보 때문에 다음 장으로 넘어가기란 쉽지 않다. 하지만 마태복음에는 예수님의 산상설교와 감람산 강화가 자세히 소개되어 있다. 산상수훈은 얼마나 우리를 감동을 주는가. 예수님의 말씀이 풍성히 기록되었다는 점만으로도 마태복음이 높이 평가받을 이유는 충분하다.

마태복음(the Gospel of Matthew, the Gospel According to Matthew)은 마가복음, 누가복음, 그리고 요한복음과 함께 '사복음서'라 한다. 이 복음서는 예수 그리스도의 수난과 부활을 주제로 모든 택한 백성에게 복음을 전하기 위해 기록되었고, 서로 모순됨이 없이 복음을 받는 대상에 따라 각기 독특하게 묘사되었다는 특징이 있다.

사복음서는 단순한 예수의 전기가 아니다. 예수님이 그리스도이심에 관한 역사적 기록이다. 사복음은 교회 전통에 의해 복음서로 정해졌다.[1] 이

1) 역사적인 예수님의 '말씀'이 먼저 있었다. 사도들 가운데 마태가 기록을 남겼다. 여러 기록에 따르면 마태는 히브리어로 '말씀들(*ta logia*)'을 편집했다고 한다. 마가는 베드로의 영향을 받아 마가복음을 기록했으며, 누가는 바울의 영향을 받아 누가복음을 기록

는 각 복음서가 예수 그리스도의 생애와 교훈을 특성 있게 잘 보여주기 때문이다.

마태복음은 마태가 기록했다. '레위'는 그의 본 이름이고 마태는 제자가 된 이후 가진 이름이다. 그는 가버나움 지역에서 통행세를 받았던 세리 출신이다. 마태복음 22:19에 "세금 낼 돈을 내게 보이라 하시니 데나리온 하나를 가져왔거늘"이란 말씀이 있다. 여기서 '돈'은 동전을 의미한다. 마태는 동전을 '노미스마(nomisma)'라 했다. 이것은 세금을 내기 위한 돈(tribute money)으로, 당시 통용되는 동전(current coin), 법적 통화(lawful money)를 의미하는 회계전문용어이다. 이것만 보아도 그의 전직을 알 수 있다. 그런 그가 열두 제자 중 하나가 되었다. 마태는 예루살렘의 멸망을 전후한 70

했다. 2-3세기에 다른 기록들이 있었으나 교회가 4복음을 복음서로 채택했다.

자유주의자들의 주장으로 구전설, 자료설, 양식사 비판주의가 있다. 구전설은 사도들을 통해 교회로 전달된 구전들을 각 저자들이 엮어 넣었다는 것이다. 자료설에는 예수님에 관한 전승 Quelle이 누가와 마태에 영향을 주었고 마가의 기록이 마태에 영향을 주었으리라 보는 두 자료설, 이 두 자료 외에 특수하게 누가복음에만 사용했으리라 보는 L자료와 특수하게 마태복음에만 사용했으리라 보는 M자료 등이 따로 있었다는 4 자료설 등이 있다. 양식사 비판주의는 구전설과 자료설을 종합해 교회가 필요에 의해 현재 형태의 전승을 만들어냈다는 주장이다.

그러나 개혁교회에서는 그리스도의 행적을 직접 목격한 마태와 요한은 직접 기록했고, 마가는 예루살렘 교회를 통해, 그리고 누가는 바울과의 여행, 예수 어머니와의 대담, 그리고 다른 목격자를 통해 얻은 자료들을 참고함은 물론 목격하지도 않았고 알지 못한 내용까지 성령의 감동으로 기록했을 것으로 본다.

년 경 안디옥에서 이 복음을 기록한 것으로 알려져 있다.

마태복음은 유대인을 위해, 누가복음은 이방인을 위해 쓰였다고 알려져 있다. 마태는 이 복음서를 통해 유대인들에게 예수님은 유대인의 후손으로 메시아이심을 증거하였다. 그는 유대인들이 복음을 잘 이해하도록 했다. 언어, 문화, 지리, 역사를 유대인의 이해에 맞게 했다. 예를 들어 '하늘들'의 경우 히브리인들은 하늘 끝에는 하나님의 보좌가 있다고 보았고, 하나님 이름을 함부로 부를 수 없어 하나님 개념을 하늘로 바꿔 썼다.

마태복음을 '사자복음'이라 한다. 사자복음이란 아우구스티누스가 붙인 이름이다. 요한계시록 4:7에 나오는 4생물 중 사자가 마태복음의 성격과 일치하기 때문이다. 동물의 왕자인 사자가 유대인의 왕으로 오신 예수와 같다는 것이다. 마태복음은 그리스도를 왕(kingship)으로 묘사하고 있는 것이 특징이다. 예수님이 구약에서 예언된 다윗의 자손임을 족보를 통해 보여주는 것, 예수님을 구약의 예언과 연결하여 예언이 어떻게 성취되는가를 밝힌 것 등은 유대인의 이해를 돕는다. 그리스도의 왕 되심은 천국(Kingdom of God)에 관한 말씀으로 나타난다.

또한 마태복음을 '천국복음'이라 한다. 천국이라는 말이 많이 나오고, 특히 산상수훈 등을 통해 예수님이 천국에 관한 교리를 체계적으로 가르치고 있기 때문이다. 이방인을 대상으로 쓴 누가복음에서는 천국을 '하나님의 나라' 로 표현하고 있지만 유대인을 대상으로 쓴 마태복음은 천국이라 했다. 유대인들은 하나님(*Elohim*, El)의 명칭을 감히 부르지 않는다. 오히려 '아도나이(*Adonai*)'라 돌려 부를 만큼 어려워한다. 서기관이 성경을 옮겨 적을 때도 '하나님'이라는 명칭이 나오면 몸을 깨끗이 한 다음 쓸 정도였다.

마태는 예수의 탄생기사, 곧 요셉 쪽 족보를 통해 예수님이 아브라함과 다윗의 언약의 약속대로 오신 분(마 1:1)이자 구약의 예언을 성취하러 오신 이스라엘의 왕임을 드러내고자 했다. 예수님은 다윗과 아브라함의 자손으로 계통이 있는 분, 곧 근본이 확실한 분임을 입증한다. 구약의 메시야요 하나님의 계시 역사를 완성하신 분이 바로 예수라는 것이다.[2] 마태는 구약의 배경을 가지고 그리스도의 메시지를 효과 있게 정립하면서 구약이 보여주는 메시야를 신약의 그리스도로 증거 하고자 했다. 마태는 넓은 의미로 구속역사를 보았고, 예수님을 구속역사의 중심에 놓았다. 예수는 우주적인 왕이요 심판자로서 참된 왕권을 가지신 분이다.

마태는 세례와 시험을 통해 갈릴리 성역의 새로운 시작을 알렸다. 세례를 받으실 때 '하늘에서의 소리'는 공생애의 시작을 알려주었다. 물론 메시야적 예수의 시작은 태어나면서부터이다.

마태는 예수님의 교훈을 산상수훈(5-7장, 천국윤리), 제자파송과 명령(10장, 선교), 비유(13장, 천국의 본질), 겸손과 용서에 대한 교훈(18장, 교회의 훈련), 묵시적 교훈(24-25장, 종말론) 등 다섯 가지로 나누어 배열했다. 산상수훈은 '그의 나라'(His Kingdom)의 성격을 잘 나타내고 있다. 예수님은 천국도덕률과 함께 종말론적 하나님 왕국을 선포하고 회개를 촉구하셨다.

2) 구약은 오실 예수에 관한 예언을 기록하였다. 그 예언이 성취될 것을 그림자처럼 예시되기도 한다. 이것은 부분적인 성취(fulfillment)이다. 그러나 완전한 성취(consummation)는 예수의 오심으로 이루어졌다. 주님의 재림은 그 성취의 최절정을 이룬다.

마태복음에는 다른 복음서에 없는 기록들이 많다. 특별사건기록으로는 마리아 임신과 요셉의 꿈, 동방박사 아기 경배, 이집트 피난, 헤롯의 유아학살, 가룟 유다 자살, 예수 순결에 대한 빌라도 처의 꿈, 성도의 부활, 예수님의 시신 도난설 등이 있다. 비유가운데도 가라지 비유, 감추인 보화, 값진 진주, 그물, 무자비한 종, 포도원 일꾼, 두 아들, 왕자의 결혼잔치, 열 처녀, 달란트 등 열 가지 비유들이 있다. 그리고 이적가운데 두 소경을 고치신 것, 벙어리 귀신 들린 자 고치신 것, 그리고 베드로가 물고기 입에서 한 세겔 발견한 것 등 세 가지는 마태복음에만 기록되어 있다.

그밖에 기록이 일반적으로 간결한 점, 메시야로서의 예수님에 대한 관심이 깊은 점(마 2:15), 복음의 특수성(마 10:5-6, 15;24)과 보편성(마 28:18-20)을 함께 강조한 점, 교회에 대한 관심(마 16:18, 18:17), 종말론적 관심(가라지 비유, 열 처녀 비유, 달란트비유, 묵시적 교훈), 천국이 그와 함께 시작한다는 것을 강조하고 있는 점 등이 특징으로 나타나있다. 마태복음에서만 '교회(*ekkesia*)'라는 명칭이 나온다. 베드로의 신앙고백 이후 예수님은 고난 십자가 처형과 고통, 부활 등을 내다보시고 예언하셨다. 그리고 예루살렘으로 갈 것을 말씀하셨다.

마태복음의 특성은 무엇보다 복음의 특수성(particularism)과 보편성(universalism)을 함께 보여준다는 데 있다.

특수성은 예수 족보의 소개, 셈족적인 문법(어휘)과 문장구조(용어)의 사용, 유대주의 사상과 사고 등에서 찾아볼 수 있다. 이것은 이 복음서가 유대인을 대상으로 그들과의 접촉점을 찾기 위해 기록되었기 때문이다. 그러나 강조와 핵심내용은 보편성에 있다.

족보는 신약과 구약의 연결고리로서의 예수, 다윗중심의 기독론을 보여준다. 신약과 구약의 연결고리로서의 예수는 구약이 여자의 씨, 아브라함의 씨, 다윗의 씨라는 표현을 통해 계속 어린 양을 예언했다면 예수 그리스도의 성육신을 통해 구약 예언이 성취되었음을 드러내고 있다. 그러므로 신약은 구약에서 단절된 것이 아니다. 예수님이 이 땅에 오심으로 말씀이 이루어진 것이다. '낳고(*egennesen*)'는 단지 혈통을 말하는 것이 아니라 구약의 예언이 어떻게 이루어졌는가를 보여준다.

또한 우리 성경에는 '아브라함과 다윗의 세계' 로 기록하고 있지만 헬라어 성경에는 '다윗과 아브라함의 세계' 라 적고 있다. 다윗이 먼저 기록된 것은 왕을 통하여 구약 개념의 메시야가 온다는 예언의 성취를 보다 강조하기 위한 것이다. 다윗 중심의 기독론(Davidic Christology)이라 함은 이 때문이다. 그러나 족보는 다윗의 언약뿐 아니라 아브라함의 언약이 동시에 성취됨을 보여준다.

나아가 족보는 특수성과 함께 보편성을 담고 있다. "이스라엘 집의 잃어버린 양 외에는(마 10:5이하)," 그리고 수로보니게 여인을 향해 "나는 이스라엘의 잃어버린 양 외에는--개들에게 주는 것이 합당치 않다(마 15:24)"는 말씀 속에는 이방인에 대한 유대인의 편견적 사상을 노골적으로 드러내는 특수주의를 읽을 수 있다. 그러나 그 전반적 메시지 속에는 예수님이 편견에 사로잡힌 유대인이 아니라 이방인 취급을 당하는 그들의 믿음을 크게 보셨으며, 그들의 삶 속에서 믿음을 확신시키려는 의지가 더 강하다는 것을 잊어서는 안 된다. 수로보니게 여인은 자존심이 강한 그리스 계 이방인이다. 예수님은 주님을 신뢰하며 자신을 철저히 낮춘 그의 믿음을 귀하게 보셨다.

특히 족보는 유대인의 특수성을 제거하고 복음의 보편성을 드러내고자 했다. 하나님은 아브라함을 향해 "너로 인하여 모든 족속이 복을 얻으리라(창 12:3)" 하였다. 이 때 '모든(*panta*)' 은 '각자 그리고 모두,' 곧 '모든 종류의 사람'을 말한다. 개별적이면서도 전체를 포괄하는 말이다. 이 만민을 포함하고 있는 아브라함의 언약(창 12, 15, 17)이 마태복음 1장의 중심에 흐르고 있다.

보편성은 마태복음 여러 곳에 나타나있다. 마태복음 1장에 소개된 족보에 다말 · 라합 · 룻 · 밧세바와 같이 비이스라엘 사람들이 들어가 있다. 동방에서 온 박사들이 예수님을 경배했다. 이들은 이방인들이다. 이것은 복음이 이방으로 흘러갈 것을 전제한다(마 2:1이하, 11). 예수님의 거주지는 가버나움이고, 주 활동지도 가버나움이었다(마 4:13, 9:1, 18, 13:1, 36, 17:25). 이곳은 당시 이방으로 취급당한 곳이다. 최후의 만찬에 모든 종류의 사람이 초대된다(마 21:14). 큰 찬치(천국잔치)에 모든 족속의 사람이 초대된다. 천국복음이 온 세계와 모든 백성들에게 증거 된다(마 24:14). 예수님의 지상명령에서 '모든(panta)'은 하나도 빠짐없이 모든 사람을 가리킨다(마 28:16-20). 그리고 그들 가운데 가서 아버지 이름으로 세례를 주라 하셨다. 예수님은 이스라엘이냐 이방인이냐 하는 것보다 누가 복음을 수용하느냐에 관심이 있었다.

마태복음이 신약의 첫 자리를 차지하고 있는 것은 예수님이 그리스도이시고 우리의 왕 되심을 잘 나타내고 있기 때문이다. 마태는 유대인들이 이것을 보다 잘 이해시키기 위해 노력했다. 하지만 그것이 어찌 유대인에게만 중요한 것이겠는가. 예수님은 인류의 구원자이시며, 재림하셔서 세상을 심판하실 분이시며, 우리가 영원히 신뢰하고 의지할 수 있는 단 한 분뿐이신 주님이시다. 마태복음을 통해 이 주님을 만날 수 있기를 기대한다.

양 창 삼

마태복음 목차

마태복음의 이해

the Gospel According to Matthew

마태복음

마태복음 1장

예수의 족보와 예수의 탄생

1. 예수의 족보 1(1-6a절): 아브라함에서 다윗 왕까지 14대

"아브라함과 다윗의 자손 예수 그리스도의 계보라(1절)." 이 말씀은 예수님의 계보(*geneseos*, genealogy)를 말하기 전에 결론적으로 예수의 세계가 열릴 것을 말하고 있다. 창세기 1장 1절도 "태초에 하나님이 천지를 창조하시니라"며 결론부터 소개하고 있다. 구약은 창조를, 신약은 구원자로 오신 예수를 첫 서두에서부터 선포하고 있다. 하나님의 말씀은 거칠 것이 없다. 이것이 성경의 특성이다. 예수(*Iesou*, Jesus)는 '여호와는 구원이시다'는 뜻을 가지고 있다. 히브리어 '여호수아,' '예수아'를 헬라어로 음역한 것이다.

마태는 예수님을 그리스도(*Christou*, Christ)라 하였다. 그리스도는 히브리어 '메시아(Messiah)'를 헬라어로 바꾼 것으로, '기름 부음 받은 자'라는 뜻을 가지고 있다. 이것은 구약에서 대망되고, 신약에서는 증거 된 구주, 곧 메시아이심을 가리킨다. 구약에서는 선지자, 제사장, 왕에게 기름을 부어 세웠는데 마태가 예수님을 처음부터 그리스도라 칭한 것은 주님이 곧 선지자, 제사장, 왕이심을 선포한 것이다. 마태는 예수님이 메시야이심을 처음부터 선언하며 들어갔다.

마태는 아브라함과 다윗의 자손으로 태어난 유대인임을 강조하였다. 그는 유대 역사에서 가장 중요한 두 인물인 아브라함과 다윗을 소개하였다. 이 두 인물이 예수님의 탄생에 아주 중요한 위치를 차지하고 있기 때문이다. 아브라함은 "네 씨로 말미암아 천하 만민이 복을 받으리라"(창 22:18)는 약속(언약)을 받았고, 다윗은 "네 집과 네 나라가 내 앞에서 영원히 보전되리라"(삼하 7:12-16)는 약속을 받았기 때문이다. 마태는 이로써 우리의 구원자 예수, 기름부음을 받은 그리스도가 유대인의 후손임을 강조하고 있다.

한글 성경에는 아브라함이 다윗보다 먼저 소개되고 있지만 원문은 다윗이 먼저 소개되고 있다. 먼저 소개된 데는 그만한 뜻이 담겨 있다. 소경이 예수를 향해 "다윗의 자손 예수여 나를 불쌍히 여기소서." 외쳤다. 유대인들에게 다윗은 매우 중요한 인물이다. 구원자 메시야가 그를 통해 오리라는 소망을 갖고 있기 때문이다.

유대족보 기록 법은 선별기록법이다. 모든 세대를 다 기록하지 않는다. 예를 들어 아담에서 노아까지 10대, 노아에서 아브라함까지 10대, 이런 식이다. 마태는 아브라함에서 예수님까지의 역사를 아브라함에서 다윗까지 14명, 솔로몬에서 여고냐와 그 형제까지 14명, 그리고 스알디엘에서 예수님까지 13명 기록하고 있다. 기본적으로 14대씩 나눴지만 끝에 보면 한 대가 모자란다. 중간에 빠진 분들이 있다. 14대가 다 채워지지 않았다고 해서 잘못된 것은 아니다. 전통적인 기록 법에 따라 간략히 소개되었을 뿐이다.

마태가 14대 구조로 족보를 쓰게 된 것에 대해 여러 주장이 있다. 유대인의 관습에 따라 암기하기 쉽게 하기 위함이었다는 주장, 14는 다윗(*Dauid*, David)의 이름을 구성하는 자음을 합한 수(달렛 4+ 와우 6+달렛 4)로 그리스도가 다윗 왕통을 받고 오셨음을 강조하기 위함이었다는 주장, 14는 완전수 7의 두 배이므로 예수의 족보에 완전수를 관련시키려 했다는 주장 등이 그것이다.

중요한 것은 그와 같은 연결고리를 통해 주님이 이 땅에 오셨다는 사실이다. 그러니 그 고리 하나 하나가 중요하지 않겠는가. 주님의 생명책에 나의 이름이 이처럼 기록되었다면 얼마나 기쁘겠는가. 마태복음 1장을 읽을 때 지루할 수 있다. 하지만 이 인물들이 구원 역사의 징검다리가 되었다는 것을 생각하면 "누가 누구를 낳고"라는 한 말씀 한 말씀이 너무 귀하지 않을 수 없다. 이런 의미에서 '낳고(*egennesen*, begat)'는 단순히 육적인 계대에 국한되지 않고 영적인 계대로 이어지고 있다.

2-6a절은 아브라함에서 다윗 왕까지 14대를 소개하고 있다. 17절도 아브라함에서 다윗까지 14대라 하였다.

3절에서 6절까지 보면 다말, 라합, 룻, 우리야의 아내 등 네 여인이 소개된다. 여인의 이름을 족보에 소개되는 것은 유대의 관습에 어긋나는 일이었다. 게다가 라합과 룻은 이방인이었고, 다말과 밧세바는 간음을 한 여인이었다. 다말은 자식을 얻기 위해 창녀로 가장해 시아버지 유다를 유인했다. 라합은 기생으로 정탐꾼을 살려준 인물이었다. 룻은 시어머니 나오미를 극진하게 모신 모압 여인이었다. 그리고 밧세바는 원래 장수 우리아의 아내였다. 이것은 하나님의 구원 역사가 유대인의 배타적인 인종차별주의와 죄악의 권세를 넘어서 이루어진 것임을 보여준다.

네 여인은 인간적으로 볼 때 감추고 싶은 과거를 가진 사람들이다. 과거야 어찌 그들뿐이겠는가. 헤롯왕은 자신의 가문을 조사하고 난 뒤 너무나 수치스러워 족보를 태워버렸다고 한다. 그러나 성경은 감추지 않는다. 성경은 오히려 그것을 확연히 드러내 우리의 연약함 속에서 일하시는 하나님을 보게 한다.

아무리 감추고 싶은 과거라 할지라도 그것이 도도히 흐르는 하나님의 역사를 막을 수 없다. 그 속에는 우리의 생각을 뛰어넘는 하나님의 뜻과 사랑이 있다. 인간의 약점에도 불구하고 구원을 이루시는 하나님, 이 하나님이 오늘도 우리와 함께 하시고, 역사를 새롭게 만들어 가신다. 예수의 세계 속에 지금 우리가 있다. 얼마나 감격스럽고 감사한 일인가.

2. 예수님의 계보 2(6b-11절): 솔로몬에서 여고냐까지 14대

6b에서 11절까지의 14대는 솔로몬에서 여고냐와 그 형제들의 출생까지 기록하고 있다. 17절은 다윗부터 바벨론으로 사로잡혀갈 때까지 14대라 소개하고 있다. 하지만 정확히는 솔로몬부터 여고냐까지다. 마태는 14대 구조를 맞추기 위해 요람과 웃시야(8절) 사이의 세 명, 곧 아하시야, 요아스, 아마샤(대상 3:11-12)를 족보에서 제외시켰다.

유대인들은 마지막 왕 시드기야 때인 B. C. 605년 최초로 사로잡혀 간 것을 포함해 B. C. 597, 586년 모두 세 차례에 걸쳐 강제 이주가 이뤄졌다. B. C. 536년에 이르기까지 70년간 포로 생활을 했다.

다윗의 가문은 최상의 영광을 누리기도 하였지만 최악의 영적 상태로 인해 포로생활로 이어어지는 역사를 낳았다. 여호사밧, 히스기야, 요시야는 영적 부흥을 상징하는 왕들이다. 이에 반해 르호보암, 아하스, 므낫세는 영적 비극을 낳은 인물들이다. 유대인들은 결국 바벨론 포로로 잡혀가게 되지만 그런 가운데서도 하나님의 언약은 신실하게 이어진다.

3. 예수님의 계보 3(12-17절): 스알디엘에서 예수님까지 13대

12-17절은 바벨론 포로 시대로부터 예수님 탄생까지의 기록이다. 17절에

바벨론으로 사로 잡혀 간 후부터 14대라 했지만 실제는 13대를 기록하고 있다. 마태는 14대 구조를 맞추기 위해 여고냐를 두 번(11, 12절) 계수했다.

바벨론 포로시대는 가장 오랜 영적 피폐기에 해당한다. 하지만 그 시기를 거치면서도 하나님의 약속은 폐기되지 않고 계속 이어져 예수 그리스도의 탄생으로 절정을 맞게 된다.

여고냐, 스알디엘, 스룹바벨은 구약에 기록되어 있지만 나머지 사람들은 구약이 기록된 이후에 살았던 사람이라 구약에는 등장하지 않는다. 여고냐, 스알디엘, 스룹바벨 때 '새 언약' 이 주어졌다. 이 언약은 특히 '마음' 을 강조하고 있다(렘 31:31).

4. 예수 그리스도의 탄생(18-25절)

예수님의 탄생에 관한 기사를 다루고 있다. 마태는 이 기사에서 예수님이 하나님의 아들임을 강조하고 있다. 그분은 인간인 동시에 신성을 가진 하나님이시다는 것이다. 예수님은 죄 없는 완전한 사람이자 완전한 하나님이시다.

당시 요셉은 마리아와 약혼한 사이였다. 약혼한 사람은 부모의 허락을 받은 사이라는 것을 말한다. 당시 10대 후반에 정혼을 했으며 언제든지 동거하며 결혼할 수 있었다. 당시 유대 관습상 결혼 일 년 전에 약혼을 한다. 일 년 동안 약혼기간을 갖는 것이다. 이 기간 남녀가 따로 살기는 하지만 약혼은 법적으로 결혼과 동등한 효력, 곧 결혼한 것과 마찬가지의 법적 구속력을 가지고 있었다. 사망이나 합법적인 사유가 아닌 한 파기할 수 없었다. 신명기 22:24에서는 약혼녀를 '아내' 라 불렀다.

요셉은 의로운(*dikaios*, righteous) 사람이라 이를 드러내지 않고 가만히 끊고자 했다. 문자적으로는 비밀리에(*lathra*, secretly) 그녀를 멀리 보내고자

(*apolysai*, send away) 한 것이다. 이것은 요셉이 율법도 잘 알고, 율법을 주신 하나님의 마음도 잘 이해하고 있었음을 보여준다. 율법을 지킬 것인가, 하나님의 일을 도울 것인가 고민한 끝에 내린 결정이었다.

모세의 법에 따르면 처녀가 약혼을 한 후 음행, 곧 다른 남자와 간통을 한 경우 돌로 쳐 죽이라 했다(신 22:20-21, 23-24). 하지만 요셉은 마리아를 공적 재판에 넘기지 않고 조용해 파혼하고자 했다. 공적 이혼으로 나갈 경우 마리아는 수치를 당하고, 태어날 아이에게도 문제가 있게 되기 때문이다. 두 세 증인 앞에서 하는 경우 조용히 하는 경우이다. 모세의 법은 남자가 아내에게서 수치 되는 일을 발견하면 이혼하도록 규정했다. 당시 요셉으로서는 마리아의 처녀 수태라는 엄청난 이적을 깨닫기에는 믿음이 부족했을 수 있다.

그 때 주의 사자가 꿈에 나타났다. 주의 사자(*angelos*, angel)는 주의 천사를 가리킨다. 구약에서 주의 사자는 하나님 자신과 동일시되기도 하고, 하나님과 엄격히 분리된 존재로 언급되기도 한다. 하나님이 직접 개입하셔서 권위 있는 말씀으로 전말을 이해할 수 있도록 하신 것이다. 하나님은 무조건 명령만 하는 분이 아니시다.

주의 사자는 마리아의 잉태가 성령으로 된 것임을 분명히 했다. 자연법칙으로 낳은 것 아니라 성령의 능력으로 예수님이 탄생하신다는 것이다. C.S. 루이스는 예수님의 탄생을 가리켜 하나님이 단 한번 사람이 되는 신비라 하였다. 그의 오심은 자연법칙을 따르지 않았다. 하나님은 무엇이든 할 수 있다. 능치 못할 일이 없다.

나아가 주의 사자는 태어날 아이의 이름을 '예수' 라 할 것도 지시하였다. 태어날 아기가 구원자라는 것이다. '여호와께서 구원하신다' 는 뜻을 가진 이 이름이 유대인들에게는 정치적 해방을 가져다주는 것으로 이해할 수 있었지만 복음서에서는 예수님의 구원사역이 세상 모든 사람을 죄에서 구원하시기 위한 것임을 밝히고 있다. 세상 죄를 지고 가는 하나님의 어린양으로 이 땅에 오신 것이다. 우리를 죄로부터 구원하기 위해 오시는 하나님의 아들이라는 것이다. C.S. 루이스는 예수님이 '세상으로 내려간 것은 죄로 폐허된 세상을 들어올리기 위함'이라 하였다. 우리를 죄에서 들어올리기 위해 십자가에서 자기의 몸을 구부리신 것이다. 우리를 죄에서 구원하시기 위해, 우리를 위해 죽으시기 위해 오신 것이다

23절에 기록된 예언의 말씀은 이사야 7:14에 있다. 당시 유다 왕 아하스가 북 왕국 이스라엘과 아람의 동맹군이 쳐들어온다는 소식으로 떨고 있을 때 하나님은 이사야 선지자를 보내 반드시 유다를 지켜 주시겠다는 징조로 한 아이의 출생에 관한 예언의 말씀을 주셨다. 이것은 메시야에 관한 예언으로, 메시야가 오시기까지 그 나라가 든든히 서리라는 확신을 심어주기 위한 것이었다. 하지만 이사야나 아하스 모두 이 예언의 충분한 의미를 깨닫지는 못했을 것이다. 마태는 이사야 예언의 참된 의미는 히스기야 왕의 탄생이 아니라 처녀의 아들인 예수님의 탄생으로 성취되었음을 밝히고 있다. 이사야 때의 예언이 이제 아기 예수의 오심으로 성취되었다는 것이다.

처녀(*parthenos*, virgin)는 결혼 적령기에 이른 여자를 말하는 것이 아니라 남자를 모르는 동정녀를 가리키는 말이다. 예수님이 동정녀 마리아에게서 나셨다는 것을 믿는 것은 매우 중요하다. 버클리대 조사에 따르면 미국 침례교인 31%, 장로교인 44%, 감리교인 66%가 동정녀 탄생을 믿지 않는다. 신앙적으로는 믿어도 역사적 사건(실제적 사건)으로는 믿지 않다는 것이다. 천지창조하신 하나님을 믿는다면 동정녀 탄생을 믿지 않을 수 없다. 창조까지 하신 하나님이 동정녀 탄생을 할 수 없을까. 우리가 동정녀 탄생이라는 역사적 사실을 엄연한 진실로 받아들일 때 지금도 우리 안에 역사하시는 하나님의 능력과 그리스도의 실재를 생생하게 느끼며 살아갈 수 있다.

임마누엘(*Emmanouel*, Immanuel)은 '하나님이 우리와 함께 계시다' 는 뜻이다. 예수님은 하나님의 임재 바로 그 자체이시다. 예수 그리스도는 육체로 나타나신바 된 하나님이시며(딤전 3:16), 그 안에는 신성의 모든 충만이 육체로 거하신다(골 2:9). 하나님이 사람이 되신 것이다. 마태복음이 임마누엘의 약속, 곧 세상 끝 날까지 너희와 항상 함께 있으리라(마 28:10) 하신 말씀으로 끝나는 것도 매우 의미심장하다. 주님은 지금도 임마누엘의 하나님으로서 성도와 함께 계신다.

그리스도인은 임마누엘의 은혜가운데 산다. 하나님이 우리와 함께 계신다. 멀리 계시지 않는다. 예수님은 교제할 수 없을 것 같은 하나님이 아니다. 우리 가슴으로 느낄 수 있는 하나님이다. "나를 본 자는 하나님을 보았느니라." 예수님을 통해 하나님을 볼 수 있는 길을 열어놓았다.

내 곁에 오신 하나님, 내 마음에 오신 하나님을 만나면 내 안에 혁명이 일어난다. 우리 곁에 계신 하나님, 우리 근심 곁에 계신 하나님이시다. "눈물이 앞을 가리고... 위로하고 힘주실 이 주 예수." 찬송을 통해 우리가 고백하는 것과 같이 머리로만 아는 하나님 아니다. 마음으로만 아는 하나님 아니다. 우리와 늘 함께 하며 위로를 주는 하나님이시다.

"아들을 낳기까지 동침하지 아니하더니 낳으매 이름을 예수라 하니라." 요셉은 잉태했다는 천사의 말을 듣고 동침하지 않았다. 천사의 말을 그대로 믿은 것이다. 하나님은 다른 것과 섞이는 것을 원치 않으셨다. 요셉도 그것을 알았고 지켜주고자 했다.

마태복음 2장

동방박사의 방문, 이집트 이주, 나사렛 거주

1. 동방박사의 방문(1-12절)

예수님의 탄생이 헤롯 왕 때임을 보여준다. 헤롯 왕은 '헤롯 대제(Herod the Great)' 로도 불린다. 이두메 출신의 이방인, 곧 에돔 사람이었지만 로마와의 관계가 좋아 B.C. 37년 로마로부터 이스라엘의 분봉 왕으로 임명되어 B. C. 4년까지 통치했다. 그는 유대인들로부터 환심을 사기 위해 예루살렘 성전을 재건하였다. 세 번째로 건축한 것이어서 제3성전이라 불리기도 한다.

예수님이 베들레헴(*Bethleem*, Bethlehem)에서 나시자 동방으로부터 박사들이 예루살렘에 이르렀다. 동방으로부터 박사들(*magoi*, Magi), 곧 복수의 박사들이 별을 보고 왔다는 점에서 혹시 점성가나 천문학자가가 아닐까 생각하기도 한다. 하지만 동방의 왕일 것으로 보는 학자도 있다. 전승에 따르면 그들은 페르시아의 천문학자들이다. 당시 이방인들 가운데도 구원을 바라는 소망이 널리 퍼져 있었는데, 그들은 디아스포라 유대인들을 통해 메시야의 탄생에 대해 가르침을 받았을 것으로 추측되고 있다. 예수님의 탄생을 인류 역사에 있어서 하나의 중대한 사건으로 인식한 동방 박사들이 예루살렘에 왔다.

유대인의 왕을 찾으러 온 박사들이 유대의 왕도인 예루살렘을 먼저 찾은 것은 당연한 일이다.

박사들이 베들레헴에 찾아온 때에 대해서는 여러 의견이 있다. 태어난 그 당시라는 주장, 한 달 여, 또는 반년 정도라는 주장들이다. 태어나 어느 정도 기간이 지난 뒤 만난 것으로 해석하는 주장은 산후조리를 위해 베들레헴에 얼마간 머물렀을 것이고, 태어남을 알리는 별의 징조와 그 인도를 받아 오기에는 시간이 걸렸을 것으로 보기 때문이다.

마태는 예수님이 베들레헴에서 나셨다고 했다. 베들레헴은 예루살렘 북쪽 8km 지점에 있는 곳으로 암벽 위에 세워진 작은 마을이었다. 베들레헴은 '빵집' 이라는 뜻을 가지고 있다. 빵을 만들어 예루살렘에 공급했던 것으로 보인다. 그러나 이곳은 빵만 공급한 지역에서 영적인 공급지로 바꾸어졌다. 미가의 예언대로 예수 그리스도가 이곳에서 탄생했기 때문이다. 예수님은 다윗의 고향이기도 한 이곳에서 태어나셨다. 예수님이 이곳에서 태어난 곳은 하나님의 말씀을 이루기 위함이다.

"유대인의 왕(*basileus*, King)으로 나신 이가 어디 계시냐 우리가 동방에서 그의 별을 보고 그에게 경배하러(*proskynesai*, to worship) 왔노라(2절)." 박사들은 예루살렘에 도착하여 아주 중요한 질문과 함께 자기들이 이곳에 오게 된 이유를 선포했다.

박사들이 찾는 이는 유대인의 왕으로 태어나신 예수였다. 예레미야는 하나님께서 한 의로운 가지를 일으키실 것이며 그가 왕이 되어 지혜롭게 다스리며 정의와 공의로 행하고 평안을 주실 것이라 예언했다(렘 23:5-6). 이사야는 오실 그이는 기묘자라 평강의 왕이라(사 9:6) 했다. 주님이 우리를 지배하시면 우리 삶에 평화가 임한다. 풍랑을 잠잠케 하시고, 죽은 자를 살리시며, 귀신 든 사람도 고치신다.

'그의 별(*ton astera*, the star)' 에 주목하라. 그의 별은 유대인의 왕으로 나신 예수의 별이다. 동방박사는 그 별은 이 세상에서 경배 받아야 할 사람이 누구인가를 정확히 가르쳐 주고 있다. 하나님은 별들을 창조하시고 밤을 주관하도록 하셨다. 성경에 별은 성도의 영광(단 11:3)으로 나타나기도 하고, 교회의 사자(계 2:1)로 기록되기도 한다. 그러나 마태는 '그의 별' 이 예수 그리스도의 별임을 확실히 했다. 그 별이 우리에게 나타나 기쁨과 소망을 주었다. 계시록에 따르면 예수님은 자신을 광명한 새벽별(계 22:16)로 묘사하셨다. 우리도 사람들에게 경배를 받아야 할 분이 오직 그리스도 예수라는 것을 알려 주는 별이 되어야 한다. 온 인류를 구원하러 오신 예수의 별, 기쁨과 소망을 주는 별이 되어야 한다.

오스카 와일드는 거짓과 증오로 얼룩진 우리 사회의 현실을 바라보면 '우리들 모두는 진흙탕 가운데 있다네.' 라며 탄식할 수밖에 없다고 했다. 하지만 그는 '우리들 중 몇 사람은 별들을 바라보고 있다네.'라며 진흙탕의 현실 가운데서 새 역사 창조를 위해 투쟁하는 선한 사람들을 꿈꾸었다. 별을 따라 구원의 순례 길에 나섰던 동방 박사들처럼 그리스도인들은 진흙탕의 현실 가운데서 별들을 바라보아야 할 것이다.

헤롯 왕은 이 말을 듣고 크게 당황하였다. 폭군으로 악명이 높았던 그가 로마로부터 유대인의 왕으로 임명을 받았지만 유대인으로부터 인정을 받지 못하고 있던 차에 동방에서 온 박사들로부터 새로 태어난 유대인의 합법적인 왕위 계승자를 찾는다는 말에 적지 아니 놀랐을 것이다. 그뿐 아니었다. 온 예루살렘 사람들도 마찬가지였다. 사람들은 술렁이기 시작했다.

왕은 대제사장들(*archiereis*, chief priests)과 서기관들(*grammateis*, scribes)을 다 소집하였다. 대제사장은 원래 한 사람이지만 당시에는 대제사장 외에 대리자, 전 대제사장을 가리켜 대제사장으로 불렸다. 따라서 대제사장들이라 했다. 서기관은 모세 율법에 능통한 율법학자들로, 율법을 해석하고 가르쳤다. 랍비, 율법사, 율법교사라 하기도 한다.

왕은 그들에게 그리스도가 어디에서 태어나실지(장소)를 물었다. 그러자 그들은 유대 베들레헴이라 했다. 미가 예언자가 이미 "베들레헴 에브라다야 너는 유다 족속 중에 작을지라도 이스라엘을 다스릴 자가 네게서 내게로 나올 것이라 그의 근본은 상고에, 영원에 있느니라."(미 5:2) 라고 예언한 곳이기 때문이다. 이 예언은 이미 유대 사회에서는 잘 알려져 있었다. 마태는 메시야의 탄생 장소를 강조하기보다 메시야의 목자 되심을 강조하면서 미가서를 변형된 형태로 인용하였다. "유대 땅 베들레헴아 너는 유대 고을 중에서 가장 작지 아니하도다 네게서 한 다스리는 자가 나와서 내 백성 이스라엘의 목자가 되리라(*poimanei*, will shepherd)." 여기서 목자는 메시야를 가리킨다. 메시야를 목자에 비유한 것은 메시야의 다스리는 방식을 밝히기 위한 것이다. 권위주의적 통치자가 아니라 목자가 양을 돌보듯 백성을 따뜻하게 보살피며, 위험할 때는 양들을 위해 희생도 아끼지 않는다는 말이다.

헤롯은 그 박사들을 가만히 불러 별이 나타난 정확한 때(*ton chronon*, the time)를 캐물었다. 헤롯은 성전을 재건한 공로는 있었지만 남을 의심하는 성격이 강했다. 그의 나이 70이었지만 왕위에 대한 의구심 때문에 특히 권좌를 탐내는 사람은 가차 없이 죽였다. 왕후 마리암을 비롯하여 장모 알렉산드라, 장자 안티 파테르와 그의 두 동생도 희생되었다. 이런 전력이 있는 그에게 동방박사들이 찾아와 유대인의 왕이 태어났다고 하는 말은 충격 그 자체가 아닐 수 없다. 그는 그 별이 나타난 때를 물었다. 아기를 죽이고자 한 악한 의도를 가지고 있었기 때문이다. 그러면서도 그는 박사들을 베들레헴으로 보내며 정중하게 말했다. "가서, 그 아기를 샅샅이 찾아보시오. 찾거든, 나에게 알려 주시오. 나도 가서, 그에게 경배할 생각이오."

예수 탄생에 대한 반응을 3가지로 살펴볼 수 있다. 첫째, 헤롯처럼 예수에 대해 적개심을 가진 사람이다. 지금도 이슬람, 공산당, 무신론자들은 예수에 대해 적개심을 가지고 있다. 둘째, 대제사장이나 서기관처럼 출생한다는 것을 지식적으로 알았지만 무관심한 반응을 보이는 사람들이다. 지금도 무관심한 사람들이 태반이다. 셋째, 동방박사처럼 먼 페르시아에서 뜨거운 열정을 가지고 찾아와 무릎 꿇고 경배하는 사람들이다. 이런 사람은 많지 않다.

박사들은 왕의 말을 듣고 떠났다. 그런데 동방에서 본 바로 그 별이 그들 앞에 나타나서 그들을 인도해 가는 것이 아닌가. 그 별은 아기(*to paidion*, the Child)가 있는 곳에 이르자 그 위에 멈추었다. 그 별은 그들을 예수님께 인도해야 할 사명을 띤 움직이는 별이다. 별이 머문 곳은 예수님이 탄생하신 말구유였다. 그 별은 성탄의 별이었다. 우리도 사람들을 예수님께 인도하는 별이 되어야 한다. 성탄의 별을 따라 아기 예수를 만나도록 해야 한다. 인도를 잘 하려면 우리 스스로 더욱 빛을 발하는 별이 되어야 한다. 별이 빛을 발하지 않으면 예수님을 발견할 수 없기 때문이다. 그리스도인은 이 땅에서 하늘의 별보다 밝게 빛나야 한다.

"너희는 세상의 빛이라 산 위에 있는 동네가 숨기우지 못할 것이요....이같이 너희 빛을 사람 앞에 비취게 하여 저희로 너희 착한 행실을 보고 하늘에 계신 너희 아버지께 영광을 돌리게 하라"(마 15:14, 16).

박사들은 그 별을 보고, 무척이나 크게 기뻐했다. 그들의 기쁨은 인류의 구원자로 오신 예수님이 이 땅에 오심을 기뻐하는 기쁨이다. 성탄에 대한 진정한 감사와 감격이 있는 기쁨이다. 우리도 주님과 이웃에게 기쁨과 소망을 주는 별이 되어야 한다. 그럼에도 불구하고 우리는 크리스마스의 주인공이신 예수님조차 잃어가고 있다. 대신 그 자리에 우리 자신을 앉혀놓고 있다. 성탄의 주인공은 예수님이지 우리가 아니다. 성탄의 참 의미를 회복해야 한다. 우리는 아기 예수께 돌아가야 한다. 그리고 큰 기쁨의 복된 소식이 어둠에 잠자는 백성에게 전해지도록 해야 한다.

박사들은 그 집에 들어갔다. 그리고 아기가 그의 어머니 마리아와 함께 있는 것을 보고 엎드려서 그에게 경배하였다. 아기가 어머니보다 언급된 것은 모든 주요 관심이 이 아기에게 집중되어 있음을 보여준다. 엎드려 경배했다는 것은 땅에 입을 맞추고 경배했음을 말한다. 왕으로 오신 예수님, 우리의 목자이신 예수님에 대한 경배다. 그들은 아기 예수께 최대한 겸손한 자세를 취했다. 예수보다 높아지는 사람은 겸손한 사람이 아니다.

그리고 그들의 보물 상자를 열어서, 아기에게 황금과 유향과 몰약을 예물로 드렸다. 예물이 세 가지여서 동방의 박사들도 세 사람일 것으로 추측하지만 세 사람이라는 확실한 근거는 없다. 황금과 유향과 몰약은 왕, 제사장, 선지자로서 예수님의 역할을 상징한다. 황금은 왕께 드릴 우리의 믿음을, 유향은 제사장이 제사로 쓰일 순결한 제물을, 몰약은 죽음을 대비하는 예물이다. 이 예물은 예수 그리스도의 왕권, 제사장 직분, 속죄의 죽음을 예표하고 있다.

황금(*chryson*, gold)은 가장 귀중한 가치를 가지고 있어 왕에게 드리는 선물로 적합하다. 예수는 만왕의 왕이요 평화의 왕이다. 우리는 어떻게 황금을 주님께 선물로 드릴 수 있는가? 주님을 왕 중의 왕, 영원한 왕임을 고백하고 그분의 말씀과 그분의 뜻에 복종함으로써 지금도 황금을 예물로 드릴 수 있다.

유향(*libanon*, frankincense)은 유향나무의 분비액을 말린 수지(樹脂)로 우유 빛을 띠고 향기가 좋아 향료나 분향에 사용되었다. 성전 제사 때 분향을 위해 사용했다. 이것은 제사장에게 적합한 선물이다. 예수님은 우리를 하나님과 화목케 하시는 대제사장이시다. 그분은 죄인인 우리가 하나님께 갈 수 있게 길을 열어주고, 문을 열어주신 분이시다. 우리는 어떻게 유향을 주님께 선물로 드릴 수 있는가? 우리의 순결을 제물로 드린다. 오늘도 예수가 우리의 대제사장임을 고백하고, 예수님처럼 사람들에게 복음을 전하며 하나님과 화목케 한다면 그것은 유향을 선물로 드리는 것과 같다.

몰약(*smyrnan*, myrrh)은 죽은 자의 몸에 발라 방부제로 사용하기도 하고, 사형수에게는 마취제로 사용되었다. 몰약은 예수가 장차 우리를 위해 죽으실 것을 예표 한다. 이것은 예언적 성격을 띠므로 선지자에게 적합한 예물이다. 박사들은 장차 예수의 죽으심에 대한 믿음을 가진 듯하다. 그의 죽으심을 감사하고 미리 기념하는 것이기 때문이다. 이런 의미에서 몰약은 우리의 죄를 대신하여 죽으실 예수, 우리의 구속주에게 드리는 예물이다. 우리는 지금 어떻게 몰약을 예물로 드릴 수 있는가? 주님이 나를 위하여 십자가의 죽으심을 믿고 감사하며, 예수처럼 자신을 희생하며 하나님의 사랑을 전하고 실천하면 주님께 드리는 몰약이 될 수 있다.

나 자신을 제물로 올려 드려라. 산제사를 드리라. 주 앞에서 내 자아를 정리하라. 주님을 경배하는 자가 황금과 유향과 몰약을 가지고 경배하면 하나님은 축복하실 것이다. 찬송할 때도 황금과 유향과 몰약을 드릴 수 있다. 정성을 다해 부르자.

박사들은 꿈에 헤롯에게 돌아가지 말라는 지시를 받고, 다른 길로 자기 나라에 돌아갔다. 인간 헤롯 왕의 말을 듣지 아니하고, 하나님의 명령에 순종한 것이다. 박사들은 영적으로 다른 사람들임을 보여준다.

2. 이집트로 피신하심(13-18절)

마태는 이 단락에서 예수님이 이집트(*Aigypton*, Egypt)로 피난하게 된 것을 기록하고 있다. 이집트에서의 체류 지는 아직 밝혀지지 않았다. 누가복음에는 이집트 피난 이전에 예수님의 부모가 아기 예수를 예루살렘 성전으로 데려가 할례를 받게 했다는 기록이 나온다(눅 2:21 이하). 유대인의 왕이신 예수께서 이집트로 피신하신 것은 그분의 삶이 태어나서부터 얼마나 위험했는가를 보여준다.

'애굽으로부터 내 아들을 불렀다(*ekalesa*, have called)' 는 말씀은 호세아 11:1로, 여호와의 장자인 이스라엘 민족이 이집트의 속박으로부터 벗어난 사건을 가리킨다. 마태는 이 이스라엘을 메시야이신 예수님의 예표로 보았다. 이스라엘 민족의 출애굽 사건을 하나님의 아들이 이집트로 피난 가셨다가 다시 나오실 일의 그림자로 본 것이다. 이것은 영적으로 볼 때 그리스도인들이 죄의 속박에서 구원 받아 자유하게 될 것을 예표 한 것이기도 하다.

박사들이 자기에게 정보를 알려주지 않고 가 버리자 헤롯 왕은 결국 베들레헴과 그 변방에 사는 2세 이하의 어린이를 모두 죽이도록 했다. 당시 베들레헴 인구가 2천미만의 작은 마을이었음을 볼 때 이 때 죽은 아이들의 수는 20-30명을 넘지 않았을 것이고, 그 변방까지 치면 그 수는 많아진다. 어린 아이를 죽이는 일은 극악한 행동이 아닐 수 없다. 이것은 헤롯이 얼마나 잔인했는가를 보여준다.

17-18절에 인용된 것은 예레미야 31:15의 말씀이다. 라헬(*Rhachel*, Rachel)이 자식을 위해 애곡(*klauthmos kai odyrmos polys*, great weeping and mourning)하는 것은 바벨론으로 사로잡혀가는 이스라엘 자손의 비참한 모습을 바라보며 슬피 우는 이스라엘 어머니들의 모습을 비유적으로 표현한 것이다. 라헬은 야곱의 아내로, 요셉과 베냐민을 낳았다. 베들레헴 근처에서 베냐민을 낳고 죽자 야곱은 그를 베들레헴 길에 장사했다(창 35:19). 라헬은 이스라엘의 어머니를 상징하는 인물로 알려져 있다. 라마(*Rhama*, Ramah)는 예루살렘에서 북쪽으로 약 8km 지점에 있다. 라헬의 무덤이 라마에 있는 것으로 보는 이도 있다. 이스라엘 백성들이 바벨론으로 잡혀갈 때 이곳을 통과했

다. 마태는 본문을 통해 어린 아이를 잃은 베들레헴 어머니들의 통곡이야말로 라헬의 통곡이었음을 보여주고 있다.

바벨론 포로 사건은 슬픈 일이다. 하지만 그것은 하나님께서 이스라엘 백성들에게 새로운 시대가 열리는 전주곡과 같다. 하나님은 라헬에게 바벨론에게 끌려간 이스라엘 자손이 돌아오게 될 것을 말씀해 주셨기 때문이다(렘 31:17). 나아가 다윗의 후손을 통해 한 의로운 가지(메시야)가 나서 그가 공평과 정의를 베풀 것이라 하셨다(렘 33:15).

베들레헴 여인들도 아이를 앗긴 슬픔으로 애곡하고 있다. 하지만 그들의 슬픔 역시 메시야의 구원사역을 알리는 서곡과 같다. 이집트로 피신한 아기 예수가 다시 돌아와 하나님의 통치를 선포하고 십자가를 통한 구원을 이루실 것이기 때문이다. 또한 장차 온전한 하나님의 나라가 도래하여 공평과 정의가 실현될 것이기 때문이다. 슬픔을 당한 자들에게 예수 그리스도는 하나님이 주신 큰 위로가 아닐 수 없다.

3. 나사렛에 거하심(19-23절)

헤롯의 죽은 시기는 분명치 않다. 따라서 예수님이 이집트에서 얼마나 머물러있었는지는 알 수 없다. 하지만 그다지 오래 머문 것으로 보이지는 않는다. 헤롯은 내장이 썩는 무섭고 더러운 병에 걸려 고통가운데 죽었다고 한다.

헤롯 대왕이 죽자 아켈라오(Archelaos)가 그 뒤를 이었다. 아켈라오는 헤롯 대왕과 그의 넷째 부인 말타케 사이에서 난 아들이다. 헤롯이 죽자 로마황제 아우구스투스는 그 영토를 넷으로 나누어 4분의 2는 아켈라오에게, 4분의 1은 헤롯 안디바에게, 나머지 4분의 1은 헤롯 빌립에게 주었다.

황제는 헤롯 대왕을 대신하여 아켈라오에게 분봉왕의 칭호를 주고자 했으나 아켈라오 역시 헤롯 대왕처럼 난폭해 추방당하고 만다. 당시 요셉이 아켈라오가 왕이 된 것을 두려워 한 것도 이 때문이다. 요셉은 결국 헤롯 안디바가 다스리는 갈릴리 지방으로 가게 된다. 그곳에 나사렛이 있다. 갈릴리 바다 남단과 갈멜산 사이에 있다.

'나사렛 사람(*Nazoraios*, a Nazarene)이라 칭하리라(23절).' 구약에서 여러 선지자들이 메시야가 비천한 신분의 사람으로 평가받을 것으로 예언되었다. 마태는 이 같은 특성을 집약하여 예수님이 나사렛 사람으로 불릴 것으로 보았다. 예수님이 사람들에게 멸시를 받을 것이라는 구약의 몇몇 예언을 마태가 염두에 두고 말한 것이다. 예수님 당시 '나사렛 사람' 은 경멸의 표현이었기 때문이다(요 1:45, 46).

나사렛(*Nazaret*, Nazareth)은 문자적으로 '감시자'라는 뜻을 가지고 있다. 예수님은 출신지가 베들레헴임에도 불구하고 태어나자마자 이집트로의 이주를 거쳐 나사렛에서 성장해왔다. 그래서 예수를 가리켜 '나사렛 예수'라 불렀다. 이 때문에 유대인들은 그의 출신배경에 문제를 삼고, '나사렛에서 무슨 선한 것이 나오겠느냐'고 말하기도 했다. 또한 예수를 따르는 제자들을 '나사렛 이단'이라 불렀다(행 10:38, 24:5). 예수님이 베들레헴에서 나셨다는 사실은 잊은 채 나사렛만 부각된 것이다. 예수님은 베들레헴에서 나셨다.

마태복음3장

회개를 선포하는 세례 요한과 세례를 받으신 예수님

1. 세례 요한(1-12절): 회개하라 천국이 가까이 왔느니라

세례 요한(*Ioannes ho baptistes*, John the Baptist) 이 유대 광야에서 말씀을 선포했다. 유대 광야(*te eremo,* the wilderness) 는 요단강 서쪽에 있는 거친 광야를 가리킨다. "회개하라 천국이 가까이 왔느니라(2절)." '회개하라(*metanoeite*, repent)'에서 회개는 문자적으로 '생각 또는 마음을 바꾸다' 는 뜻을 가지고 있다. 죄와 악에 대한 자신의 마음뿐 아니라 삶을 완전히 바꾸는 것을 말한다. 회개는 단순히 죄에 대해 슬퍼하고 후회하는 것만으로 그치지 않는다. 삶의 총체적인 영역에 있어서 죄로부터 하나님께로 돌아가는 근본적인 변화가 있어야 한다.

'천국이 가까이 왔느니라.' 마태는 유대인 독자를 고려하여 다른 복음서에서 사용하는 '하나님의 나라' 대신 '천국'이라는 단어를 사용했다. 유대인들은 바벨론 포로 시기인 B.C. 587년 경 이후부터 하나님께 대한 경외심에서 '하나님'이라는 표현을 삼가왔다. 마태는 이런 배경을 잘 이해하고 천국이라는 단어를 사용했다.

천국(*he basileia ton ouranon*, the kingdom of the heavens)은 하나님의 통치를 뜻한다. 세례 요한의 이 메시지는 메시야가 이 땅에 오심으로 하나님의 통치가 사람들의 마음과 생활 속에서 그 어느 때보다 더 강하게 나타나는 새 시대가 왔음을 강조하고 있다.

"광야에 외치는 자의 소리가 있어 이르되 너희는 주의 길(*ten hodon*, the way)을 예비하라(*hetoimasate*, prepare) 그가 오실 길(*tas tribous*, the paths)을 곧게 하라(*poieite eutheias*, make straight) 하였느니라(3절)."

3절은 이사야 40:3-5을 인용한 것이다. '광야에 외치는 자의 소리'에서 광야는 문자 그대로 광야의 의미도 있지만 여기서는 모든 악으로 황폐해진 사람들의 마음을 상징한다. 외치는 자의 소리(*phone boontos*, the voice of one crying)는 이사야 40:3의 경우 바벨론 포로 생활에서 이스라엘이 그 구원자와 함께 반드시 돌아올 것이므로 선구자는 그 험한 길을 평탄케 하여 준비할 것이라는 예언이다.

이사야는 하나님이 이스라엘 백성을 바벨론 포로 생활에서 해방시켜 고국으로 인도하기 위해 가까이 임하시는 장면을 상징적으로 묘사하고 있다. 하나님께서 이스라엘 백성을 바벨론으로부터 구원하실 것이니 그 길을 예비하라는 것이다. 고대 사회에서는 왕의 행차가 있을 때 그에 앞서서 왕의 도로를 예비했다. 이사야도 이런 문화적 맥락 속에서 바벨론과 팔레스타인 사이에 있는 수리아 사막에 여호와께서 임하실 길이 예비 되어야 한다고 외침으로써 이스라엘의 해방을 예언했다. 이제 예수님으로 말미암은 새로운 구원이 도래하였다. 예수님이 오심으로 시작된 천국, 곧 하나님이 통치하는 나라를 예비하는 길은 회개하는 것이다.

"너희는 주의 길을 준비하라 그가 오실 길을 곧게 하라." 이것은 인류를 죄에서 구원하시기 위해 오시는 메시야를 맞이하기 위해 선구자인 세례 요한

이 그 길을 예비하는 것과 부합된다. B.C. 6세기 말에 있었던 이스라엘 해방은 예수님을 구주로 맞이하는 모든 사람들을 위해 주어지는 보다 더 영광스러운 해방을 예표 한 것이다. 이사야의 예언은 예수님에게서 완전히 성취되었다.

세례 요한은 낙타털 옷을 입고 허리에 가죽 띠를 띠고 메뚜기와 석청을 먹었다. 약대 털옷과 가죽 띠는 소박하고 질기므로 광야생활에 어울린다. 레위기 11:22에 따르면 메뚜기는 먹어도 되는 음식이다. 삶거나 구워 먹는다. 석청(*agrion meli*, wild honey)은 야생 꿀이다. 이것은 요한의 생활이 검소했음을 나타낸다. 당시 이스라엘 백성들은 세례 요한을 말라기 이후 400년 만에 다시 나타난 하나님의 선지자로 인정했다. 요한은 거침없이 '회개하라' 외칠 수 있었고, 사람들은 그의 외침을 '어찌할꼬' 하는 마음으로 받아들였다. 그만큼 호소력이 컸다. 사람들은 다 그에게 나아와 자기들의 죄를 자복하고 요단강에서 그에게 세례를 받았다. 대각성 운동이 일어난 것이다. 그 때 많은 바리새인들과 사두개인들이 요한이 세례 베푸는 요단강을 찾았다. 사실 바리새인과 사두개인들이 세례를 받으러 나온 것은 기만적이고 위선적인 행동이었다.

바리새인(*Pharisaion*, Pharisees)은 유대의 주요 종교 당파 중 하나이다. 원래 마카비 독립운동이 일어났을 때 현실과 타협하지 않고 율법의 순수성을 보존하려는 순수한 동기로 출발했다. 그들은 현실과 타협하지 않고 율법대로 깨끗한 삶을 살려고 노력했다. 하지만 이런 노력이 대부분 형식에 치우치게 되어 외식주의 또는 분리주의자는 별명을 얻게 되었다.

사두개인(*Saddoukaion*, Sadducees)은 바리새인과는 달리 현실주의적이고 타협적인 당파이다. 주로 제사장 계급에 속하며 산헤드린 공회에서 영향력을 발휘하였다. 이들은 바리새인과 달리 처음부터 타협주의를 표방했다.

요한은 그들을 보며 "독사의 자식들(*gennemata echidnon*, brood of the vipers)아 누가 너희를 가르쳐 임박한 진노(*orges*, wrath)를 피하라 하더냐?"

했다. 요한이 그들을 맹렬히 비난한 것은 그들의 기고만장한 교만과 위선을 깨뜨리기 위한 것이었다. 그리고 회개에 합당한 열매(*karpon*, fruit)를 맺으라 했다.

"속으로 아브라함이 우리 조상이라고 생각하지 말라(9절)." 이 말씀은 세례 요한이 유대인들의 통상적 생각과는 달리 구원의 조건이 혈통에 있는 것이 아니라 회개와 믿음에 있음을 지적한 것이다(갈 3:1-9, 롬 4:12, 16). "하나님이 능히 이 돌들(*ton lithon*, the stones)로도 아브라함의 자손(*tekna*, children)이 되게 하시리라." 이 말씀은 하나님께서 민족이나 혈통, 종교적 특권에 상관없이 그 누구라도 돌 같은 마음을 회개하게 하여 그의 자녀로 삼으신다는 것이다(겔 36:26).

"이미 도끼가 나무뿌리에 놓였으니(10절)." 장차 임할 진노가 임박했음을 가리키는 말이다. 바로 지금이 회개하고 믿을 때라는 것이다. 회개의 긴박성을 나타내고 있다. "좋은 열매를 맺지 아니하는 나무마다 찍혀 불에 던져지리라." 좋은 열매를 맺지 않는 나무는 다 찍어서, 불 속에 던지실 것이다. "나는 너희로 회개하게 하기 위하여 물(*hydati*, water)로 세례(*baptizo*, baptize)를 베풀거니와 내 뒤에 오시는 이는 나보다 능력이 많으시니(*ischyroteros*, mightier)." 당시 많은 사람들은 세례 요한을 메시야로 생각했다. 그러나 요한은 자신이 메시야가 아니며 뒤에 오시는 분이 메시야로 그분의 권능이 자기와 비할 바 없을 만큼 크시다 했다.

"나는 그의 신을 들기(*bastasai*, carry)도 감당하지 못하겠노라(11절)." 이것은 당시 유대 풍습을 나타내는 것으로, 주인이나 손님이 집에 들어갈 때 그 집의 종이 신발(*hypodemata*, sandals)의 끈을 풀어 벗기고 먼지 묻은 발을 씻겼다. 요한 자신은 메시야의 종이 되기에도 합당치 못한 존재라는 것이다.

"그는 성령(*Pneumati Hagio*, the Holy Spirit)과 불(*Pyri*, fire)로 너희에

게 세례를 베푸실 것이요(11절).” 이 구절은 자신과 그리스도의 사역을 대조시킨 것이다. 자신은 물로 세례를 주지만 예수님은 성령과 불로 세례를 주실 것이라는 것이다.

성령과 불로 세례를 주신다는 것에 대해 여러 해석이 있다.

첫째, ‘성령과 불로’ 는 세례로 인해 정결케 되는 힘을 강조한 말이라는 주장이다. 불은 성령의 역사를 상징하기도 하므로 성령과 불은 성령의 불로, 이 불이 사람을 정결케 하고 열심을 더해 주며 교화시키는 역사를 하는 것으로 본다. 물세례가 신앙고백에 따른 의식이라면 성령과 불에 의한 세례는 죄에 대한 정결과 아울러 그리스도와의 연합에 대한 내적 확증이다(롬 6:3-5).

둘째, 성령 세례와 불세례를 구분하는 것이다. 마태가 말한 성령 세례는 오순절 성령 강림으로 이루어졌고(행 1:5, 8, 2:1-4, 11:15-16), 그 후 믿는 모든 사람들에게 선물로 주어졌다(고전 12:13). 성령 세례 결과 성령은 각 신자에게 내주하시며, 성령을 의지할 때 거듭난 새 사람으로 살게 하신다. 불은 성경에서 자주 하나님의 진노를 상징한다. 불세례는 예수님이 재림하실 때 세상을 정결케 하는 성령의 정화사역으로 심판을 가리킨다. 예수님은 심판주시라는 것이다.

“손에 키를 들고 자기의 타작마당을 정하게 하사 알곡은 모아 곳간에 들이고 쭉정이는 꺼지지 않는 불에 태우시리라(12절).” 손에 키(*ptyon*, winnowing fork)를 드는 것은 추수하는 자세로, 심판을 상징한다. 알곡(*ton siton*, the wheat)은 참된 신자를, 쭉정이(*achyron*, chaff)는 악인들을 가리킨다. 알곡은 곳간, 곧 하나님 나라에 들이지만 쭉정이는 꺼지지 않는 지옥 불에 던져신다.

2. 세례를 받으신 예수님(13-17절)

“내가 당신에게서 세례를 받아야 할 터인데 당신이 내게로 오시나이까(14

절).” 예수님이 세례를 받으러 나오시자 요한은 말렸다. 메시야이심을 알았기 때문이다. 그는 자신의 죄악 됨과 대조를 이루는 예수님의 거룩하심을 인식하였다. 아무 죄가 없으신 분에게 회개의 세례를 베풀 수 없었다.

“이제 허락하라 우리가 이와 같이 하여 모든 의(*pasan dikaiosynen*, all righteousness)를 이루는 것이 합당하니라(15절).” 예수님이 세례를 받으심으로써 ‘세상 죄를 지고 가시려는’(요 1:29) 예수님의 결의에 찬 말씀이다. 예수님은 죄가 없으시지만 세례 요한의 세례를 받음으로써 요한의 사역을 인정하심과 동시에 세상 죄를 지고 가는 어린 양으로서 자신을 죄인들과 동일시하시겠다는 의지를 보여주신 것이다.

물세례는 죄 씻음을 상징하는 것인데, 죄 없으신 예수님이 왜 세례를 받으셔야 한다고 하셨을까? 그 이유는 간단하다. 예수님이 자신의 죄 때문이 아니라 세상 죄, 곧 우리의 죄를 담당하셨기 때문이다(사 43:6, 마 20:28, 막 10:45, 고후 5;21). 죄 없으신 분이 자신을 죄인들과 마찬가지로 간주하신 것이다. 예수님은 세상 죄를 담당하도록 하게 하신 하나님의 뜻에 순종함으로써 의를 이루고자 하셨다. 인간의 몸을 입으신 주님이 하나님의 뜻에 순종하여 인간과 똑같이 겸손하게 세례를 받음으로써 그 의를 이루셨다. 이것은 예수님이 절차와 과정을 중시하셨음을 보여준다. 예수님이 절차를 중시하셨다면 우리도 중시하는 것이 마땅하다. 이 세례는 예수님이 사생활을 끝내고 공생애로 들어가는 분기점이 되었다.

예수께서 세례를 받으시고 물에서 올라오시고 기도하는 가운데 하늘(*hoi ouranoi*, the heavens이 열리고 성령이 비둘기 같이(*hosei peristeran*, as a dove) 내려 그분 위에 임하셨다. 그리고 하늘에서 “이는 내 사랑하는 아들(*ho Huios*, the Son)이요 내 기뻐하는 자(*ho eudokesa*, whom I was well pleased)”라는 소리가 들렸다(17절). 이 말씀은 예수님이 세례 요한으로부터 세례를 받으시는 장면을 묘사한 것이다.

이 사건은 세례 요한과 예수님에게만 보인 것이다. 비둘기는 순결의 상징이다. 여기서는 주님의 죄 없으심, 온유하심, 겸손하심을 나타낸다. 그리스도의 사역이 온유함과 겸손함으로 성취되리라는 것을 보여준다. 예수님은 세례를 받으시고 성령을 받으심으로 자신의 공생애를 위한 마지막 준비단계를 마치셨다.

마태복음 4장

시험받으시는 예수님, 가버나움에 거하심, 네 제자를 부르심

1. 시험 받으시는 예수님(1-11절)

예수님께서 마귀로부터 시험을 받으신 사건을 기록하고 있다. 마귀(*ho diabolos*, the devil)는 '대적자,' '참소하는 자,' '반대자' 라는 뜻을 가지고 있다. 마귀는 악한 천사들의 우두머리로, 사단, 바알세불, 옛 뱀, 공중 권세 잡은 자 등 여러 명칭을 가지고 있다. 사단의 시험은 예수님이 하나님의 백성을 위해 죽어야 하는 '고난당하는 메시야'로서의 길을 가로 막으려는 데 집중되고 있다. 예수님은 마귀의 시험을 극복하심으로 예수님의 공생애 시초에 마귀에 대한 우월성을 강력하게 보여주셨다.

예수님은 왜 시험을 받게 되셨을까? 그것은 인간의 연약함을 깊이 이해하기 위해서이다. 주님은 세례를 받으심으로 인해 죄인들과 하나로 여김을 받으셨고, 그 때문에 모든 일에 시험을 받으실 수 있었다(히 4:15). 이 시험은 시험으로 끝나는 것이 아니라 주님이 죄인들을 동정하실 수 있었다는 의미를 가지고 있다. 나아가 예수님은 이 유혹을 극복하심으로 이 땅에서 각종 유혹을 받으며 살아가는 우리에게 모범을 보여주셨다.

3-4절은 돌들(*hoi lithoi*, the stones)을 떡, 곧 빵들(*artoi*, loaves of bread)로 만들라는 마귀의 첫 번째 시험이다. 육적이며 물질적인 시험, 곧 생존 욕구에 대한 시험이다. 마귀는 시험에 앞서 '네가 하나님의 아들이어든' 이라 했다. 예수의 신성과 인성을 시험하는 말이다. 메시야라면 이 기회에 능력과 기적을 보이라는 것이다. 하지만 하나님의 구원의 섭리는 능력을 보이고 기적을 행하는 데 있는 것이 아니다. 오히려 죽음의 고난을 통해 죄를 사해 주시는 데 있다.

마귀는 예수님이 하나님의 아들임을 알고 있었지만 오히려 정체성을 의심하게 만들고, 하나님의 아들이라면 돌로 떡을 만들라 유혹했다. 하와에게도 선악과를 먹으면 네가 하나님처럼 되리라 시험한 사단이 예수님을 향해서도 같은 유혹을 하면서 메시야의 영광을 취하고 교만하도록 시험한 것이다.

마귀는 물질적이고 육적인 요구가 삶에 가장 중요한 것임을 믿게 만들고, 그로 인해 영적인 책임을 망각하도록 하는 데 목적이 있었다. 사람들의 육체적 필요만을 기적적으로 만족시켜 추종자를 획득하는 세속적 메시야로 만들고자 한 것이다.

예수님은 신명기 3:8을 인용하시면서 '기록되었으되(4절)'라 하시고, 사람이 떡으로만 살 것이 아니라 하나님의 입으로 나오는 모든 말씀으로 살 것이라 했다. 하나님 뜻 안에서 사는 것이 가장 필요하다는 것이다. '기록되었다(*gegraptai*, it has been written)' 는 것은 문자적으로 '정확히 새기다'는 뜻이지만 성경에 기록되어 보존되어 있으며 그 말씀이 계속 유효하다는 말이다.

"사람이 떡으로만 살 것이 아니요(4절)." 떡이 말씀을 대신해서는 안 된다. 우리는 문제를 떡의 관점으로 풀려 해서는 안 된다. 우리에게 있어서 떡은 돈, 명예, 권력, 지배 등으로 표현할 수 있다. 하와는 하나님과 같이 될 수 있다는 꼬임에 빠져 선악과를 먹었다. 지금도 큰 나라도 정의라는 이름으로 자국이익을 꾀하고 소국에 대해 횡포를 부린다. 돈으로 점수를 따고, 돈으로 문제를 해결하려 한다. 주님은 떡으로만 살 것이 아니라고 말씀하신다.

"하나님의 입으로 나오는 모든 말씀(*panti rhemati*, every word)으로 살 것이라(4절)." 사람은 하나님의 말씀으로 살아야 한다. 그 말씀 속에 있는 정의와 사랑을 안고 살아야 한다. 공산주의는 떡의 분배문제만 해결하면 잘 살 것으로 생각했다. 빵의 문제만 보았지 하나님을 보지 못했다. 하나님의 나라는 모든 것을 떡으로만 보는 사회가 아니다. 물질만능주의가 아니다. 물질이 아니라 하나님의 말씀이 세계를 주장한다. 떡만 팽배한 이 사회, 떡으로만 살려는 우리에게 하나님의 말씀이 얼마나 귀한가를 깨닫게 하신다.

5-7절은 두 번째 시험으로, 정신적이며 명예에 관한 시험, 곧 정치적 야망에 대한 시험이다. 마귀가 예수님을 데려간 '거룩한 성(*ten hagian polin*, the holy city)' 은 예루살렘을 가리킨다. 마귀는 시편 91:11-12을 그릇 인용하여 하나님의 자연 법칙을 무시하면서까지 성전 꼭대기(*to pterygion*, the pinnacle)에서 뛰어내리도록 했다. "뛰어내리면 천사들이 받들리라." 마귀는 시편을 인용하면서까지 교만하도록 부추겼다. 마귀도 말씀으로 유혹한다. 떨어지면 천사들이 받든다는 것은 고대이스라엘 사람들이 생각하는 강림의 모습이다. 고난 받는 종의 모습과는 대조적이다.

사단은 자기 나름대로 논리를 가지고 있었다. 성경이 그렇게 말하지 않았느냐. 그러니 그렇게 해보라. 위험에 뛰어들도록 유혹한 것이다. 성전 꼭대기에서 뛰어내리더라도 천사들이 보호할 것이며, 그렇게 되면 사람들은 단번에 그를 메시야로 인정할 것이라는 것을 암시하고 있다. 십자가를 질 필요도 없다. 기적적인 능력을 과시하는 화려한 메시야가 되라는 것이다. 인간적으로 볼 때 솔깃한 제안이다. 하지만 고난당하는 메시야의 길, 곧 하나님이 정하신 뜻을 막으려는 것은 크게 잘못된 것이다.

하나님의 뜻대로 살아가는 가운데 위험을 당할 때 그의 구원을 기대하는 것은 당연한 일이다. 하지만 스스로 위험을 초래하면서 하나님의 기적을 부르는 것은 하나님을 시험하는 행위로 잘못된 것이다.

예수님은 성경 말씀으로 마귀에게 답하셨다. "주 너희 하나님을 시험하지 말라."(신 6:16). 맛사, 곧 므리바 사건과 연관된 말씀을 인용하셨다.

8-10절은 마귀의 마지막 시험이자 영적, 종교적 권위에 관한 시험이다. 사단은 천하만국(*pasas tas basileias tou kosmou*, all the kingdoms of the world)과 그것의 영광(*ten doxan*, the glory)을 보여주며 자신에게 엎드려 경배하면 이 모든 것을 다 주겠다 했다. 목적을 달성하기 위해 악과 타협하는 타협적 메시야가 되라는 것이다.

사단은 천하만국을 마치 자신의 것인 양 말한다. 많은 사람들은 이 달콤한 유혹에 넘어간다. 보이는 권력을 좇다보면 보이지 않는 영적 정절마저 포기한다. 그 유혹은 결국 하나님을 잊게 만들고, 자신을 하나님 위치에 올려놓게 한다.

마귀의 이 시험은 죄인들을 대신한 십자가의 죽음 없이 그 영광을 취하고, 이 세상 나라들을 받으라는 것이었다. 십자가를 지지 않고 바로 영광을 취하라는 것이다. 마귀의 시험은 마귀의 시험이라기보다 주님 자신에 대한 시험이었다. 그러나 예수님은 값싼 것으로 인류의 구원을 이루려 하지 않으셨다. 주님은 쉬운 길보다 어려운 길을 택하셨다. 예수님이 본 것은 세상 만국의 영화가 아니라 십자가였다. 십자가 사건 후에 올 영광, 미래의 영광을 알았다.

예수님은 마귀를 향해 "사탄아 물러가라(10절)" 하시고, 신명기 6:13-14의 말씀을 들어 오직 하나님께만 경배를 드려야 한다고 하셨다. 풍족함 때문에 하나님을 잊지 말라. 하나님을 경외하라. 문제보다 크신 하나님께 집중하라.

예수님이 최악의 환경 속에서 능히 시험을 극복해내셨다. 이 일은 에덴동산에서 뱀의 유혹을 받아 타락하고만 아담의 연약함과 뚜렷이 대조된다. 첫째 아담은 시험에 실패했지만 둘째 아담, 곧 마지막 아담이신 예수님은 시험에 승리하신 것이다. 이에 마귀는 떠나고 천사들이 수종을 들었다. 에덴의 회복이다. 마가복음 1:12-13에는 예수님이 들짐승과 함께 계시니 천사들이 수종을 들었다고 했다. 이사야 11:6-9에 따르면 거룩한 산 모든 곳에서는 해됨도 없고 상함도 없다 하였다. 이는 메시아시대의 회복을 의미한다.

예수님은 어떻게 이 모든 시험을 이기셨을까? 첫째, 예수님은 마귀에게 시험을 받으셨지만 성령이 충만한 가운데(눅 4:1) 시험을 이겨내셨다. 둘째, 하나님의 말씀으로 이기셨다. 세 번 시험 모두 각 사안마다 합당한 성경의 말씀으로 대항하셨다. 아담과 하와는 하나님 말씀을 가볍게 여겼기 때문에 시험에 넘어지고 말았다. 인간의 삶은 시기, 불만, 고통, 공허 등으로 채워져 있다. 그때 사단은 우리를 유혹하고 시험한다. 하나님의 말씀이 우리의 등불이 되어야 한다. 끝으로, 기도의 능력으로 이겨내셨다. 40일 금식하고 기도하셨다(마 4:2, 눅 4:1, 2). 예수님의 일생은 기도하는 일생이었다.

2. 가버나움에 거하심과 갈릴리 전도의 시작(12-17절)

광야에서 시험을 받으신 후 갈릴리 전도를 시작하시기까지 약 1년간의 간격이 있었다. 이 기간의 활동은 요한복음 1:29-5:47에 소개되어 있다. 다른 복음서에는 예수님이 본문의 갈릴리 사역 이전에 유대 지방에서 사역하셨음을 암시하고 있다(요 2:13, 3:21, 눅 10:38). 그러나 마태는 세례 요한이 역사의 무대에서 사라짐으로써 예수님의 사역이 새로운 전기를 맞게 되었다는 사실을 보여주고, 당시 복음의 옥토라 할 수 있는 갈릴리 등에 초점을 맞추고자 한 것으로 보인다. 세례 요한의 투옥과 죽음에 대해서는 마태복음 14:1-12에 기록되어 있다.

가버나움(Capernaum)은 갈릴리 해안에 인접한 어촌이다. 북부 요단강이 갈릴리 호수로 흘러들어가는 입구에서 약간 떨어진 곳으로, 스불론 땅(*ge*, land)과 납달리 땅의 경계에 있다. 스불론 땅과 납달리 땅은 이스라엘 열두 지파 중 두 지파에 속한 땅으로, 종교적으로나 윤리적으로 이방 세력의 영향을 가장 많이 받았다. 가버나움은 교통, 정치, 행정, 어업의 중심지로 인구가 조밀하고 상당히 번창했다. 세관이 있었고, 헤롯 안티파스의 소부대도 주둔해 있었다. 또 베드로의 집이 그곳에 있었다. 예수님은 가버나움을 갈릴리 전도의 근거지로 삼으셨다.

15-16절은 이사야 9:1-2에 언급된 예언을 인용한 것이다. 앗시리아(Assyria)에 복속된 이 지역의 종교적 암흑과 그들에게 비추게 될 구원의 빛을 예언한 말씀이다. 이스라엘 왕 베가 때 앗시리아 왕 디글랏빌레셀(Tiglath-Pileser)에게 침략 당했다가 구원받은 사건과 연관되어 있다(왕하 15:29). 마태는 이를 예수의 출현에 적용하였다. 예수님이 갈릴리 지방에서 전도하심으로써 이곳에 구원의 빛(*phos*, a light)이 비추게 됨으로써 이 예언이 완전히 성취되었다는 것이다.

17절의 '이 때부터(*apo tote*, from that time)'는 특별한 시점, 곧 예수님의 생애에 있어서 전환점을 뜻한다. 회개와 천국의 도래를 선포하심으로 공생애 사역을 시작하신 것을 말한다. 복음의 빛, 구원의 빛이 임하기 시작한 것이다.

3. 네 제자를 부르심(18-22절)

마태는 예수님이 어부로 살아가는 베드로(*Petron*, Peter)와 안드레(*Andrean*, Andrew), 야고보(*Iakobon*, James)와 요한(*Ioannen*, John) 네 제자들을 부르시는 장면을 기록하였다. 예수님이 그들을 제자로 부르신 것은 사람을 낚는 어부, 곧 다른 사람들을 복음화 시키라는 요청이 담겨있다. 예수님을 따라나선 제자들은 그분과 함께 살고, 그분의 전도활동에 참여하며, 그분의 뒤를 따라 십자가를 지게 된다.

갈릴리 바다(the Sea of Galilee)는 게네사렛 호수(the Lake of Gennesaret, 눅 5:1)라 하기도 하고, 디베랴 바다(the Sea of Tiberias, 요 6:1)로 하기도 한다. 이곳은 물고기가 많고 경치가 아름다우며 수면이 낮고 주위가 높아 돌풍이 자주 있었다. 베드로는 예수님이 지어준 이름이다. '반석'이라는 뜻을 가지고 있다. 그의 본래 이름은 시몬(*Simona*, Simon)이었다. 시몬은 '들음'이라는 뜻을 가지고 있다.

예수님은 여러 차례에 걸쳐 제자들을 부르셨다. 요한복음 1:35-51에 따르면 제자들은 예수님을 메시야로 영접하고 예수님과 같이 시간을 보냈지만 자신들의 세속적 직업 생활은 계속되었다. 마태복음 4:18-22은 대략 1년 후 네 제자들이 더욱 확고한 주님의 동반자들이 되었음을 보여준다. 사람을 낚는 어부(*halieis anthropon*, fishers of men)가 되게 하리라는 말씀에 그물을 버려두고 즉시(*eutheos*, immediately) 예수님을 따랐다. 그물은 어부들의 생업을 위한 도구이다. 베드로와 안드레는 예수의 부르심에 그들이 가진 모든 것을 버리고 주를 따랐다.

누가복음 5:1-11에서 제자들은 모두 직업을 포기하고 예수님을 지속적으로 따른다. 마태복음 10:1-4을 보면 예수님은 열두 사람에게 최종으로, 그리고 공식적으로 사도직을 부여하신다.

4. 사역의 시작(23-25절): 천국복음을 전파함

마태는 갈릴리에서의 예수님의 활동상을 세 가지, 곧 가르침(*didaskon*, teaching), 선포(*kerysson*, proclaiming), 치유(*therapeuon*, healing)로 요약해

말해주고 있다.

'온 갈릴리(*hole te Galilaia*, all Galilee)' 는 갈릴리 바다 서쪽 지역을 뜻한다. 이곳은 본래 갈릴리 바다 서쪽 납달리 영토를 가리켰으나 마카비 시대 이후 남쪽의 에스드렐론 평원이 포함되어 신약시대에는 유대, 사마리아와 함께 3대 행정구역 중 하나가 되었다. 비옥한 토지와 풍부한 물로 농업과 목축이 성행했으며 갈릴리 바다를 통한 어업도 발달하였다. 그러나 바벨론, 페르시아, 마케도니아, 이집트, 수리아 등의 정복이 반복되면서 타 민족의 유입이 반복되면서 순수성은 흐려지고 혼합문화를 낳아 유대인으로부터 멸시와 천대를 받았다. 예수님의 공생애 대부분은 이 지역을 중심으로 이루어졌다. 12명의 제자가운데 가룟 유다를 제외한 11명이 이 지역 출신이다. 이것은 미천하고 못난 자들을 먼저 받아주시는 예수님의 사랑을 보여준다.

회당(*synagogais*, synagogues)의 기원은 확실치 않지만 바벨론 포로로 잡혀갔을 때부터 세워진 것으로 추정되고 있다. 유대인의 예배처소, 기도처, 사회적 문제를 토의하는 회합의 장소, 재판소, 학교, 종교교육의 중심지 등으로 사용되었다. 예수님은 회당에서 복음을 선포하시고, 선포된 말씀을 더 이해하기 쉽게 가르치셨으며, 영육간의 질병도 치유하셨다.

예수님의 치유 행위는 하나님 나라의 임재를 눈으로 보여주는 것이다. 성경은 때로 질병이 죄에서 연유되었음을 말한다. 이 경우 인간이 질병에서 해방되었다는 것은 인간을 지배해 죄를 짓게 한 사단보다 더 강력한 분이 이 어둠의 땅에 오셔서 권능을 행하신다는 사실을 입증한다.

마태복음 5장

산상설교 I: 팔복, 세상의 빛, 원수사랑에 대한 가르침

1. 팔복(1-12절): 복 있는 자

예수님의 산상설교는 5:1에서 7:29까지 이어지고 있다. 이 설교는 단순히 인간의 도덕적 표준을 묘사한 것이 아니라 천국의 백성인 그리스도인이 이 땅에서 그 나라의 삶을 어떻게 살아야 하는가를 제시해주고 있다. 산상설교는 예수님께서 전파하신 천국복음의 중추이다.

3-8절은 여덟 가지에 걸쳐 '복이 있나니(*makarioi*, blessed)'라고 말씀하심으로 어떻게 해야 복을 받을 수 있는지, 팔복(Beatitude, 至福)에 대해 언급하고 있다. 일반적으로 '복'하면 물질적인 것들을 많이 생각하는데, 여기서는 그것과는 거리가 멀다. 복을 얻기 위해서 주님이 제시하는 여러 사항은 제자들의 성품이 어떠해야 하는지를 가르쳐 주고 있다. 제자들이 가져야 할 성품은 바로 예수님 자신이 가지고 계신 성품이다. 그러므로 심령이 가난함부터 의를 위함까지 모든 것은 예수님 자신의 초상화를 보여준다. 주님은 산상수훈을 통해 '내 성품을 배우고 나처럼 되라'고 말씀하신다. 헨리 나우웬은 '진정한 구원은 작은 예수가 되는 것이라'고 말한다.

'산에 올라가 앉으시니(1절).' 산에 올라가 앉는 것은 가르치는 선생으로서의 권위가 있음을 보여준다. 산상수훈이 끝나면서 그 가르치심이 "권위 있는 자와 같고 서기관과 같지 아니함일러라."(마 7:29)는 주님이 말씀이 얼마나 권위가 있었는가를 보여준다. 서기관은 직업적으로 가르치지만 예수님은 권위로 가르치셨다. 우리도 주님의 말씀을 들을 때 그 권위 앞에 무릎을 꿇어야 한다. 무릎을 꿇는 자는 우리가 주님의 말씀을 판단하지 않고 그 말씀이 우리를 판단하도록 한다.

'심령이 가난한 자(*hoi ptochoi to pneumati*, the poor in the spirit)는 복이 있나니 천국이 저희 것임이요(3절).' 심령의 가난은 자신이 영적인 결핍과 빈곤함을 철저히 깨달으며 오직 하나님을 갈망한다는 마음의 태도를 가리킨다. 하나님을 향해 심령이 가난한 것이다. "저는 주님밖에 없습니다." 물질적인 소유가 아니라 하나님을 향한 깊고 철저한 영적 배고픔이다. 하나님 앞에 철저하게 자신을 비우고 낮추며 오직 그의 자비를 구하는 것이다. 자신의 것, 곧 자신의 의를 내세우지 않고 전적으로 하나님을 의지한다.

누가복음 18장에 나오는 바리새인과 세리의 기도 태도는 누가 심령이 가난한 자인가를 극명하게 보여주고 있다.

바리새인은 기도할 때 자기자랑으로 일관한다. "하나님이여 나는 다른 사람들 곧 토색, 불의, 간음을 하는 자들과 같지 아니하고 이 세리와도 같지 아니함을 감사하나이다. 나는 이레에 두 번씩 금식하고 또 소득의 십일조를 드리나이다." 이 교만한 바리새인은 하나님 앞에 자랑하고 싶은 것으로 마음이 가득 차 있다. C.S. 루이스는 이러한 태도를 가리켜 "악마의 지배를 받고 행동하는 교만으로서 하나님을 철저하게 대적하는 마음의 상태"라고 말하였다.

이에 비해 세리는 멀리 서서 감히 눈을 들어 하늘을 우러러 보지도 못하고 다만 가슴을 치며 "하나님이여 불쌍히 여기옵소서 나는 죄인이로소이다" 하였다. 세리는 철저히 자신을 낮추었다. 바리새인은 심령이 부한 자임에 반해 세리는 심령이 가난한 자라 할 수 있다. 하나님의 마음은 이런 자들에게 향하시고 베풀만한 자비를 베푸신다. 그

'복이 있나니' 는 참 행복이 어디에 있는가를 가르쳐 준다. 여기서 복은 '마카리오스(*makarios*)' 로 사람들이 일반적으로 아는 재물이나 명예로 얻는 이 땅의 행복, 세상의 행복이 아니라 하나님만이 알고 계시는 하늘의 행복, 세상이 줄 수 없는 하나님 나라의 행복, 바른 믿음을 가진 자가 누릴 수 있는 행복을 말한다. "심령이 가난하면 얼마나 행복한지" 라고 말씀하시는 내면적인 하늘나라의 행복감이다. 그 행복을 느끼신 주님은 우리로 하여금 그것을 함께 누리도록 하신다. 심령이 가난할 때 하나님이 주시는 이 행복을 어느 누구도 빼앗을 수 없다. 그리스도 안에서 이 행복을 찾을 수 있다. 다른 곳에서 이 행복을 찾는 것은 불가능하다.

이 행복은 예수님을 닮으려 할 때 얻어진다. 그러므로 주님은 행복의 원천이다. 그 주님을 닮아 교만하기보다 겸손할 때, 강함보다 온유할 때, 육체적 욕망을 충족하기보다 의에 주릴 때, 차갑기보다 불쌍히 여길 때, 마음이 더러울 때보다 깨끗할 때, 다투기보다 화평할 때, 불의와 타협하기보다 의를 추구할 때 얻을 수 있다. 우리가 주님 안에 있을 때 그 행복은 영원히 내 안에 살아있다.

천국이 저희 것임이라는 말은 천국에 속한 자라는 뜻이다. 천국은 하나님이 다스리는 곳이므로, 이런 마음을 가진 사람이 천국을 소유하게 된다. 천국이 저희 것이란 말씀은 그들이 구원받았음은 물론 마음에 예수 그리스도를 모시고 그의 다스림을 받고 있음을 의미한다. 마태는 유대인의 사고를 생각하여 천국이라는 단어를 사용했다. 천국은 하나님의 나라를 가리킨다. 히브리인은 하나님 이름을 감히 입에 올리지 않는다. 하나님의 이름을 망령되이 일컫지

말라는 명령 때문이다. 희랍인에게 있어서 하늘나라는 온갖 잡신들의 마당으로 오해할 수 있다. 그래서 하나님의 나라로 부른다. 예수님은 "하나님의 나라는 너희 안에 있느니라."(눅 17:21) 하셨다. 예수님을 우리 안에 모시고 살기 때문에 우리 마음속은 이미 천국을 이루고 있다. 하나님의 나라는 먹는 것과 마시는 것이 아니요 오직 성령 안에서 의와 평강과 희락이다(롬 14:17).

'애통하는 자(*hoi penthountes*, those mourning)는 복이 있나니 그들이 위로를 받을 것임이요(4절).' 애통하는 자란 자신의 죄와 자신의 부족함에 대해 애통해 하는 사람을 말한다. 애통하는 자는 무엇보다 자신의 죄가 하나님을 얼마나 가슴 아프게 했는가를 인식하고, 자신에게는 구원받을만한 어떤 의도 없음을 깨닫는다. 그리하여 전적으로 하나님의 자비를 구하면서 죄를 회개한다. 하나님은 이런 자에게 위로의 복을 주신다.

'온유한 자(*hoi praeis*, the meek)는 복이 있나니 그들이 땅을 기업으로 받을 것임이요(5절).' 온유한 자는 하나님의 처분에 대해 온유한 것을 가리킨다. 자기 뜻대로 되지 않았다고 화를 내거나 거칠게 행동하는 것이 아니라 하나님의 손에 모든 것을 맡기고 하나님의 결정에 따르고 순종하는 자다. 땅을 기업으로 받는다는 것은 이스라엘 백성이 가나안 땅을 기업(상속)으로 받은 것처럼 성도들이 하나님 나라를 차지하게 된다.

'의(*ten dikaiosynen*, the righteousness)에 주리고(*peinontes*, hungering) 목마른(*dipsontes*, thirsting for) 자는 복이 있나니 그들이 배부를 것임이요(6절).' 목마른 자가 물을 구하듯 하나님의 의를 갈급 하는 자다. 이 의는 인간의 의가 아니라 하나님의 의다. 하나님의 의가 자기 생활 속에서 나타나기를 간절히 바란다. 이런 자에게는 배부름, 곧 진정한 만족을 얻게 되는 복을 얻게 된다.

주리고 목마름은 타는 목마름이다. 그리스 신화에 탄탈루스(Tantalus)가 있다. 제우스의 아들로 신들의 비밀을 누설한 벌로서 지옥의 호수 속에 턱까지 잠기어져, 목이 말라 물을 마시려하면 물이 빠지고, 배고파 머리 위의 나무 열매를 따려 하면 가지가 물러가서 괴로움을 당했다. 배고프고 목마른 벌을 받은 것이다. 그래서 그의 이름을 빈 영어의 'tantalizing'은 애타게 하고 감질나게 한다는 의미로 사용되고 있다. 배고픔이나 목마름은 생명을 걸고 얻고자 하는 것이다.

이스라엘 백성들은 르비딤에서 목말라했다. 희랍어 '디프손테스'(*dipsontes*)는 목말라 혀가 천정에 달라붙는 상태를 의미한다. 의에 주리고 목마름은 영적 헝그리 정신이 필요하다는 것을 보여준다. 그분 한분만으로 만족하는 삶, 주 없이 살 수 없다고 고백하는 삶, 다윗처럼 "여호와는 나의 목자시니 부족함이 없으리로다." 하는 삶, 수로보니게 여인처럼 자만심을 버리고 주께 매달리는 삶이 주리고 목마른 삶이다.

'긍휼히 여기는 자(*hoi eleemones*, the merciful)는 복이 있나니 그들이 긍휼히 여김을 받을 것임이요(7절).' 긍휼(mercy)은 예수님께서 죄인을 불쌍히 여기고 구원하시기 위해 십자가에서 죽으신 그 사랑에 바탕을 둔다. 믿지 않는 자에 대해 긍휼히 여기는 마음을 가지고, 고통당하는 이웃을 불쌍히 여긴다. 자신의 영광을 위해서가 아니라 하나님의 영광을 위해 기꺼이 긍휼히 여기는 자가 되는 것이다. 이 삶의 태도가 바로 천국의 삶을 사는 자의 태도다. 이런 삶을 살게 되면 자신도 언젠가 다른 사람들로부터 긍휼히 여김을 받는 복을 누리게 된다. 하나님은 긍휼히 여기는 자를 결코 잊지 않으신다.

'마음(*kardia*, heart)이 청결한 자(*hoi katharoi*, the pure)는 복이 있나니 그들이 하나님을 볼 것임이요(8절).' 마음이 청결한 자는 하나님에 대해 청결한 것을 가리킨다. 위선이나 두 마음, 또는 사악한 생각들을 품지 않고 오직 하나님을 향하는 단순한 마음, 곧 신실하고 정직한 마음을 품는 사람이다. 이런 사람은 하나님을 보는 축복을 얻는다. 여기서 하나님을 본다는 믿음으로 하나님의 존재와 그분의 속성을 바르게 인식하는 것을 뜻한다. 이 말씀을 일차적으로는 종말론적인 약속으로 보거나(계 22:4), 현세에서 영적으로 실현되는 약속으로 보기도 한다.

'화평하게 하는 자(*hoi eirenopoioi*, the peacemakers)는 복이 있나니 그들이 하나님의 아들(*huioi Theou*, Sons of God)이라 일컬음을 받을 것임이요(9절).' 화평하게 하는 자는 예수 그리스도가 하나님과 인간의 관계를 화평하게 한 것처럼 우리도 하나님과 사람 사이에서 내가 해야 할 역할이 있음을 나타낸다. 우리가 그리스도인으로써 하나님과 화평하지 못한 다른 사람들에 대해 화평케 하는 자로서의 역할을 해야 한다. 그렇게 되면 하나님의 아들이라 일컬음을 받는 복을 누리게 된다. 예수님을 통해 죄인이 하나님과 화목하게 되었을 때 천국의 행복과 평안을 누리게 된다.

'의를 위하여 박해를 받은 자(*hoi dediogmenoi*, those having been persecuted)는 복이 있나니 천국이 그들의 것임이라(10절).' 의(righteousness), 곧 하나님의 의 때문에(*heneken*, on account of) 핍박을 받은 자는 복이 있다. 핍박을 축복이라 하 수 있는 것은 궁극적인 구원이 있기 때문이다. 천국이 그들의 것이 되는 축복이다.

주의 일로 욕을 먹고 박해 받고 거짓으로 모든 악한 말을 들을 때에는 기뻐하고 즐거워하라. 하늘의 상이 크기 때문이다. 전에 있던 선지자들도 이같이 박해를받았다. '기뻐하고(*chairete*, rejoice) 즐거워하라.' '즐거워하라(*agalliasthe*, exult)' 는 문자적으로 '크게 뛰라' 는 뜻이다. 기쁨을 도저히 참지 못하여 나타난 행동이다. 하늘의 복을 누리는 자가 할 수 있는 행동이다.

2. 너희는 세상의 소금이요 빛이다(13-16절)

예수님은 팔복에 이어 우리로 하여금 세상으로부터 숨으려 하지 말고 오히려 세상에 소금과 빛이 되라 말씀하신다. 그리스도인은 빛과 소금이라는 남다른 인격을 소유해야 한다는 것이다. 천국의 자녀답게 살고, 주님을 닮은 제자가 되어야 한다는 말씀이다. 이것은 우리가 천국시민으로서 하늘의 복도 받지만 그 못지않게 이 땅에서 책임도 크다는 것을 가르쳐 준다. 그리스도인은 세상에 거룩한 영향을 주는 적극적인 사람들이 되어야 한다.

'너희는 세상의 소금(*to halas tes ges*, the salt of the earth)이니(13절).' 예수님은 소금이 가진 맛에 대해 말씀하셨다. 소금의 본질은 짠맛을 내는 데 있다. 우리로 하여금 본질을 잃지 말라는 것이다. 어떤 본질인가? 그리스도인으로서 낼 수 있는 독특한 맛이다. 소금은 짠 맛을 잃지 않은 소금은 점점 음식물에 스며들며 맛을 내고 부패를 방지한다. 스며드는 것은 보이지 않는다. 소금은 그리스도를 닮은 우리의 인격이다. 그 인격은 보이지 않는다. 하지만 그 인격과 행실이 세상에 스며들면 세상은 달라진다.

소금 같은 사람이 되라. 소금 같은 사람이 되었다는 것은 차원이 다른 사람이 되었다는 뜻이다. 세상 사람과는 다르다는 것이다. 우리가 훌륭한 자격이 있어서 그렇게 된 것이 아니다. 하나님의 놀라운 사랑에 의해 받아들여진 존재가 되었다. 우리는 늘 삶 속에서 예수의 인격이 드러나야 한다. 소금기가 없는 소금은 버림을 받는다. 그리스도인다운 소금기가 살아 움직이도록 하라. 소금은 자극이 심해 사회가 받아들이지 못하고 핍박할 수 있다. 모욕을 당할 수도 있다. 그럴수록 진리의 소금이 된 것을 감사하라.

성경에서 빛은 하나님을 아는 참 지식, 모든 착함과 의로움과 진실함, 기쁨과 즐거움과 참된 행복 등을 가리킨다. '너희는 세상의 빛(*to phos tou kosmou*, the light of the world)이라(14절).' 이 말씀은 빛이 사물을 밝게 해주듯 그리스도인들이 받은 복음을 온 세상에 전하여 진리를 알도록 해야 한다는 것이다. 빛의 본질은 발광이다. 빛이 나야 한다. 예수님을 바라보며 그 빛을 세상에 비치게 한다. 예수님으로 인해 나는 빛이다. 얼마나 멋있는가. 이것이 바로 예수를 믿는 사람만이 낼 수 있는 멋이다.

등불은 기름이 들어가야 하는 값비싼 것이다. 등불은 등경 위에 두어 모든 사람이 이 빛을 보도록 한다. 빛이 온 방에 비취게 한다. 그러면 어두웠던 방이 밝다. "너희가 전에는 어두움이더니 이제는 주 안에서 빛이라 빛의 자녀들처럼 행하라"(엡 5:8). 그리스도인은 거룩한 행동으로 빛을 드러내는 존재들이다. 가정에서, 일터에서, 교회에서 두드러진, 당당한 그리스도인이 되어야 한다. 진리를 감추지 말고 적극적으로 드러냄으로써 하나님이 영광 받으시도록 하라.

소금이 인격적 스며듦이라면 빛은 행동이다. 거룩한 행동으로 그리스도인의 자존심을 회복하라. 에세네파들은 스스로 '빛의 아들들' 이라 불렀으나 잘못된 금욕주의로 인해 빛의 역할을 하지 못했다. 오히려 많은 해악을 끼쳤다. 우리가 진짜 빛인지 점검할 필요가 있다.

예수님은 우리를 세상의 소금과 빛이 되라 하셨다. 세상을 기피하는 것이 아니라 우리가 속한 세상을 적극적으로 변화시킬 소금, 어둠을 밝게 할 빛이 되라는 것이다.

'너희 착한 행실(*gala erga*, good works)을 보고 하늘에 계신 너희 아버지께 영광을 돌리게 하라(16절).' 우리의 소금 같은 행동, 빛 된 행실을 보며 사람들이 하나님께 영광을 돌리게 된다. 사람들이 "그리스도인은 과연 다르구나!" 하는 것을 느낀다. 착한 행실은 하나님의 영광을 위해 드리게 하기 위한 행위이다. 이것은 윤리적인 행실만 의미하는 것이 아니다. 그리스도인으로서 소금이 갖는 맛과 빛이 갖는 멋을 낼 때 사람들은 그리스도인은 과연 다르다 한다. 그럴 자격이 전혀 없는 데도 불구하고 우리를 이 세상에 소금과 빛, 곧 주의 진리를 전하는 자로 불러주신 주님께 감사해야 한다.

3. 율법의 완성이신 그리스도(17-20절)

"내가 율법이나 선지자를 폐하러 온 줄로 생각하지 말라 폐하러 온 것이 아니요 완전하게 하려 함이라(17절)." 율법(*ton nomon*, the law)은 모세 오경을, 선지자(*tous prophetas*, the Prophets)는 선지서를 가리키는 것으로 구약 성경 전체를 가리킨다. 유대 종교지도자들은 예수님의 교훈과 행위가 기존 종교를 파괴시키는 것이라 생각했다. 하지만 예수님은 율법을 완전케 하려 함이라 하셨다. 율법은 사람들로 하여금 구원의 필요성을 깨닫게 하고, 선지자는 그 구원의 요구가 장래에 충족될 것을 가르쳐 주었다. 예수님이 오심으로 율법의 요구와 선지자의 예언이 성취되었기 때문이다. 율법이나 선지자는 불완전하고 부분적이었지만 예수님은 그것을 성취시키심으로 완전케 하셨다. 예수님은 율법의 폐기와 부정이 아니라 그 완성이자 승화로서의 복음을 주지시키신 것이다.

랍비들은 율법을 613계명으로 구분하였고, 보다 크고 중한 계명과 보다 작고 가벼운 계명에 관한 논쟁을 벌였다. 그들은 율법을 지키는 일에 치중했지만 하찮은 것으로 생각되는 것은 가볍게 생각하고 버렸다. 예수님은 그들이 의와 자비와 믿음을 하찮은 것으로 여기고 저버렸다 하셨다(마 23:23). 그들은 그들이 율법의 형식은 중시했지만 그 정신을 알지 못했기 때문이다. 예수님은 이들을 비유로 들면서 율법의 모든 계명이 똑같이 지켜져야 한다고 하셨다. 율법의 형식 못지않게 내용도 중요하다는 말씀이다. '율법의 일점일획도 결코 없어지지 아니하고 다 이루리라.' 일점(*iota hen*, one iota, 이오타는 헬라어 알파벳 24중 가장 작은 문자)은 히브리어 알파벳 22개에서 가장 작은 문자인 '요드(yod)'를 가리킨다. 일획(*mia keraia*, one stroke of letter)은 그 문자 끝에 튀어나온 돌출부분을 말한다. 자주 빠뜨리고 쓰기 일쑤인데, 그 작은 것으로 보이는 율법까지도 다 이루시겠다는 말씀이다.

그러므로 누구든지 이 계명 가운데 아주 작은 것 하나라도 어기거나 다른 사람에게 그렇게 하라고 가르치면 하늘나라에서 아주 작은 사람이 될 것이다. 그러나 누구든지 계명을 실천하고 가르치면 하늘나라에서 큰 사람, 곧 위대한 사람이 될 것이다.

예수님은 '너희의 의(*hymon he dikaiosyne*, your righteousness)'가 '서기관과 바리새인의 의'보다 나아야 한다고 하셨다. 서기관과 바리새인의 의는 자기에게서 난 의로 형식적이고 자기를 영화롭게 하는 의이지만 그리스도를 믿고 구원받은 자의 의는 하나님께서 주신 의로 순수하고 내적이며 하나님을 영화롭게 하는 의이다. 이 의는 자기를 나타내지 않는 겸손한 의다. 예수님은 제자들의 의가 그들의 의보다 훨씬 뛰어나야 한다고 하셨다. 하나님과의 관계를 맺어 의로운 행위를 할 수 있는 의로운 존재가 되지 않으면 그들의 의를 능가할 수 없다. 또한 천국에 들어갈 수도 없다. 그들의 의를 능가할 수 있는 유일한 길은 주께 나아오는 것이다. 우리 자신의 의로는 이룰 수 있는 것이 아무 것도 없기 때문이다.

4. 살인하지 말고 형제에게 노하지 말라(21-26절)

21-26절은 제6계명의 완성에 대해 말씀하고 있다. 살인의 내면적인 의미는 이웃에 대한 미움이다. 하나님의 법정에서는 인간의 외적 행위를 넘어 그 행위를 유발하는 내적 동기까지 심문하신다.

'라가(*Rhaka*, Raca)'는 '어리석은 놈,' '미련한 놈,' '바보'라는 뜻으로, 조롱하고 욕할 때 사용하는 경멸적인 언어다. 그런 말을 사용하면 공회에 잡혀 간다. 재판에 넘겨진다는 말이다. 공회는 유대인들의 최고회의인 산헤드린(Sanhedrin)을 말한다. 각 지파에서 6명씩 뽑힌 72명의 회다. 제사장, 장로, 바리새인, 서기관 등으로 구성되었다. '미련한 놈(*More*, Fool)' 이라 하는 자는 지옥 불에 던져진다.

형제에게 노하고 욕하며 모욕하는 죄는 살인죄에 해당한다. 죄악 된 분노, 곧 악한 말들을 유발시키는 분노는 본질상 마음속으로 행한 살인이다. 이와 같은 태도를 가지고도 회개하지 않는 사람들은 심판(*te krisei*, the judgment)을 받는다. 그러므로 제6계명을 지키려면 형제와 화목해야(*diallagethi*, be reconciled) 한다. 하나님께 예물을 바치기 전에 이웃에 대한 의무를 먼저 행하라 하신 것이다. 이처럼 예수님이 가르치신 계명은 모세의 율법보다 더 적극적이다.

'너를 고발하는 자와 함께 길에 있을 때에 급히 사화하라 그 고발하는 자가 너를 재판관에게 내어 주고 재판관이 옥리에게 내어 주어 옥에 가둘까 염려하라(25절).' 여기서 재판관은 하나님, 옥은 지옥, 길은 인생길을 가리킨다. 장차 하나님의 심판대 밑에 서기 전에 사람간의 미움과 불화를 해결하라 하신다. '사화하라(*Isthi eunoon*, be agreeing)' 는 것은 자발적으로 화해하라는 것이다. 타율에 의해서보다는 자율적으로, 적극적으로 이웃을 사랑하라는 것이다. 하나님은 예물 바치는 것을 잠시 보류해도 좋으니 먼저 사람들에게 자비를 베풀고 화해하라 하신다.

'네가 한 푼이라도 남김이 없이 다 갚기 전에는 결코 거기서 나오지 못하리라(26절).' '한 푼(*eschaton kodranten*, last kodranten)'은 '마지막 고드란트'다. 고드란트는 로마의 동전 중 가장 작은 단위의 돈이다. 그것까지 다 갚기 전에는 나오지 못한다는 것은 재판의 엄격성을 강조한 말이다.

5. 간음하지 말라(27-30절)

27-30절은 제7계명에 대한 교훈의 말씀이다. 구약의 율법은 겉으로 드러난 간음을 금하고 있지만 예수님은 간음의 동기가 되는 마음조차 금하셨다. "음욕을 품고 여자(*gynaika*, a married woman)를 보는 자마다 마음에(*en te kardia*, in the heart) 이미 간음하였느니라(28절)." 결혼한 여자를 음욕의 눈으로, 곧 성적인 소유의 욕망으로 바라보는 것을 실질적인 간음행위와 보신 것이다. 간음죄를 저지르지 않기 위해서는 무엇보다 마음의 부정을 경계해야 한다.

그 다음으로는 행동에 옮겨야 한다. "만일 네 오른 눈이 너로 실족하게 하거든 빼어(*exele*, pluck out) 내버리라(29절)." "네 오른손이 너로 실족하게 하거든 찍어(*ekkopson*, cut off) 내버리라(30절)." 이 명령을 문자적으로 받아들이면 눈과 손이 성한 사람은 아무도 없을 것이다. 이 말씀은 철저하게 극기하라는 것으로, 음욕에 대한 철저한 자기포기를 요구하는 말씀이다. 죄는 매우 파괴적인 힘을 가졌기 때문에 그대로 방치해 두어서는 안 된다. 죄의 유혹은 즉시, 그리고 단호하게 물리쳐야 한다는 말씀이다. 만일 어떤 것이 우리의 영적인 삶의 진보를 가로막고 죄를 짓게 하며 주님의 가르침을 따르지 못하도록 방해한다면 그것을 단호히 잘라버려야 한다.

6. 이혼하지 말라(31-32절)

이혼증서를 주라는 것은 신명기 24:1에 나오는 모세의 율법이다. 모세의 법에서는 남자에게 버림받은 여자가 다시 재혼할 수 있도록 이혼증서(*apostasion*, a letter of divorce)를 주도록 했다. 이것은 본래 여성을 보호하기 위한 것이었다. 그럼에도 불구하고 유대인들은 이것을 남용했다.

이혼에 관한 신명기 24:1의 해석을 놓고 랍비들은 의견이 달랐다. 이혼 사유로 언급된 '수치 되는 일' 을 엄격하게 간음에 국한 시킨 학파가 있는가 하면 바리새인 중 자유로운 힐렐 학파의 경우 '수치 되는 일' 을 자유롭게 해석하여 남자들이 아내를 쉽게 버릴 수 있는 구실을 주었다. 이들은 아내가 못생겼다든지 아내가 거짓말을 했다든지 남편에게 공손하지 못하다든지 집안일을 서투르게 하는 것까지 포함하여 이혼 사유가 된다고 했다. 그러나 예수님은 '음행(*porneias*, sexual immorality)한 이유 없이(32절)'라 말씀하심으로 함부로 이혼할 수 없다 하셨다. 아내가 부부의 신의를 저버리고 부정을 저질러 결혼의 본질을 파괴했을 경우가 아닌 한, 이혼할 수 없다 하신 것이다.

7. 맹세하지 말라(33-37절)

율법에는 맹세하는 것을 인정하고, 그것을 하나님 앞에서 실행할 것을 강조하고 있다(출 20:7, 레 19:12, 민 30:2, 신 23:21). 그러나 바리새인들은 이 조항을 교묘하게 해석하여 '하나님의 이름' 을 사용한 맹세는 반드시 지켜야 하지만 그렇지 않은 경우는 구속력이 없다고 가르쳤다. 그 결과 수많은 맹세들이 남발되었다. 마태복음 23:16, 18에 따르면 심지어 '성전으로' 또는 '제단으로' 하는 맹세까지 나타났다. 그러나 예수님은 그들이 아무리 문구를 조작한다 할지라도 하나님에 대하여 말하지 않을 수 없다 하셨다. 온 세상이 하나님의 것이기 때문이다.

예수님은 맹세를 모두 금하셨다. 하늘로 맹세해서는 안 된다. 그곳은 하나님의 보좌(*thronos*, throne)이기 때문이다. 땅으로 맹세해서도 안 된다. 그곳은 하나님의 발등상(*hypopodion*, footstool)이기 때문이다. '예루살렘

(*Hierosolyma*, Jerusalem)으로도 하지 말라 이는 큰 임금(*tou megalou Basileos*, the great King)의 성임이요(35절).' 예루살렘은 하나님의 도성이라 불렀다. 랍비들은 예루살렘을 두고 한 맹세도 예루살렘 쪽을 행하고 하지 않으면 효력이 없는 것으로 해석했다. '네 머리(*te kephale*, the head)로도 말라(36절).' 머리로 맹세한다는 것은 만일 약속을 지키지 않으면 머리를 잃어도 좋다는 것, 곧 생명을 잃어도 좋다는 뜻이다. 그러나 생명은 하나님의 주권사항이다. 인간이 마음대로 할 수 없다.

맹세는 일반적으로 마음속에 허위가 있기 때문에 하게 된다. 남이 믿지 않을 때 맹세한다. 하나님의 통제에서 벗어나 사단의 지배아래 들어갈 때 인격의 진실성은 상실된다. 언어의 진실성도 상실하여 장황한 설명이나 헛맹세(*epiorkeseis*, falsely swear)를 덧붙이게 된다. 그래서 예수님은 "오직 너희 말은 옳다 옳다, 아니라 아니라 하라 이에서 지나는 것은 악으로부터 나느니라(37절)." 하셨다. 진실한 사람은 맹세에 의지할 필요가 없다는 것이다. 과장하면서 증명하고 싶은 마음을 억누르고 단순하게 '옳다,' '아니다' 라고 말하라는 것이다. 옳으면 '옳다(*Nai*, Yes)' 하고, 아니면 '아니라(*Ou*, No)' 하면 된다. 정직하고 신실한 자세를 견지하라.

8. 보복하지 말라(38-42절)

구약의 복수 법에 대해 예수님은 무저항주의를 제시하신다. 구약의 법은 보복을 정당시 했고, 이에 대한 세칙까지 두었다.

'눈은 눈으로(*ophthalmon anti ophthalmou*, eye for eye), 이는 이로(*odonta anti odontos*, tooth for tooth) 갚으라(38절).' 보복 법(동해보복법)에 관한 이 구절은 출애굽기 21:24, 25, 레위기 24:20, 신명기 19:21에 있다.

이 보복 법은 원래 악을 징벌함으로써 정의를 확립하고, 개인으로 하여금 복수를 하지 못하도록 함으로써 보복의 악순환을 방지하는 데 목적이 있었다. 구약은 거듭 개인적인 보복을 금지하고 있다(레 19:18, 잠 20:22). 이 법은 법정에서 재판관이 시행할 법률이었다. 그러나 바리새인들은 이 규정에 호소하여 개인적인 보복과 분풀이를 정당화하였다.

복수는 복수를 불러일으킬 뿐이므로 근본적인 해결이 되지 못한다. 따라서 예수님은 악한 자는 상대하지 말고, 송사하여 재산을 취하려는 자에게는 더 주어 악한 자에게 보복하지 말고 오히려 관대하게 대하여 그를 정복하라 하신다.

'네 오른편 뺨을 치거든 왼편도 돌려대며(39절).' 우리가 사람의 뺨을 칠 땐 오른 손을 들어 상대방의 왼 뺨을 치게 되게 된다. 그런데 본문은 '네 오른 뺨을 치거든' 이라 했다. '뺨을 치거든(*rhapizei*, shall strike)' 의 헬라 원어의 의미는 손등으로 상대방의 얼굴을 때리는 것으로, 가장 심한 인격 모독 행위로 간주되었다. 지금으로 치면 얼굴에 침을 뱉는 행위에 준한다. 손바닥으로 침을 당하는 것도 모독적인데, 손등으로 침을 당한다면 얼마나 더 모독적일까. 로마 시대 때 에픽테투스라는 노예는 뺨을 맞기보다 차라리 맞아 죽는 것이 낫다고 했다.

그런데 예수님은 오른 뺨을 치거든 왼편도 돌려 대라 하셨다. 이 모독적 상황에서도 그리스도인은 달라야 한다는 것이다. 사람들이 아무리 모욕하고 조롱하며 인격적으로 짓밟는다 해도 참으라는 것이다. 개인적으로는 참을 수 없는 모욕이지만 주님의 제자라면 자신을 위해 다툴 시간이 없다. 오히려 이것은 우리 안에 있는 주의 성품을 드러낼 수 있는 절호의 기회이다. 참음으로 사랑을 실천하는 것이다. 우리가 참음으로 아버지의 뜻이 이루어질 수 있다면 참으라. 인간적으로 참을 수 없다 해도 하나님의 마음으로 바라볼 수 있다면 참을 수 있다.

'속옷을 달라 하면 겉옷까지도 가지게 하라(40절).' 당신으로부터 뭔가 강탈하려고 하면 그로 하여금 다 가져가게 하라. 악에게 이기는 것이 제자가 할 일이다. '너로 억지로 오리를 가게 하거든 그 사람과 십리를 동행하고(41절).' '억지로 가게 하거든.' 이 말은 로마 군인들이 행군할 때 백성을 강제 징용하여 군인들의 짐을 대신 지게 하던 관습을 나타낸 것이다. 아무나 붙들고 억지로 오리(*hen milion*, one Roman mile)를 가게 할 수 있었다. 구레네 시몬이 그런 일을 당했다. 얼마나 힘든 일인가. 그런데 예수님은 주의 제자라면 십리, 곧 extra mile을 갈 수 있어야 한다고 하셨다. 제자라면 삶의 모습이 달라야 한다는 것이다. 그들 때문이 아니라 주님 때문이다. 그리스도인의 유일한 권리는 자신의 권리를 주장하지 않는 것이다.

예수님은 우리를 위해 엑스트라 마일을 간 분이다. 그 외에 주님의 길을 따른 사람이 많다. 가난한 자와 죽어 가는 자의 어머니가 되어준 마더 테레사, Goodwill Industry를 창설해 장애인에게 도움을 에드가 헬름 목사 등도 엑스트라 마일을 간 사람들이다. 사랑과 봉사로 십리를 간 사람들이 존경을 받는다.

"네게 구하는 자에게 주며 네게 꾸고자 하는 자에게 거절하지 말라(42절)." 가난한 자를 보면 마음이 아파서 자선을 하기도 한다. 그러나 예수님은 자신에게 찾아와 구하는 자에게 주라 하신다. 네게 꾸고자 하는 자에게 거절하지 말라 하신다. 그 사람이 그것을 받을 자격이 있느냐를 먼저 따지라는 것이 아니다. 주님의 명령이기 때문에 하는 것이다.

9. 원수를 사랑하라(43-48절)

38-42절이 약한 자의 소극적인 자기 유지라 한다면 43-48절은 원수를 적

극적으로 사랑하도록 하고 있다. 우리에게 공격을 가하는 사람일지라도 그를 원수로 보지 말고, 하나님의 마음으로 그를 사랑하라 하신다. 그렇게 함으로써 율법을 완성하고 하나님의 형상을 따르라는 것이다.

"네 이웃을 사랑하고 네 원수를 미워하라 하였다는 것을 너희가 들었으나(43절)." 구약의 율법에는 '네 이웃을 사랑하라' 는 말씀은 있지만 '네 원수를 미워하라' 는 말씀은 나타나지 않는다. 따라서 이 말씀은 예수님이 임의로 첨가한 것이라는 주장도 있다. 하지만 원수를 미워하는 사상은 율법에서도 찾아볼 수 있다(레 26:7, 신 7:2, 3, 23:3-6). 유대인들의 원수는 주로 이방족속들이었다.

"너희 원수를 사랑하며 너희를 박해하는 자를 위하여 기도하라 이같이 한즉 하늘에 계신 너희 아버지(*tou Patros*, the Father)의 아들(*huioi*, sons)이 되리니(44, 45절)." 그리스도인들이 인간적인 사랑의 경지를 초월하여 하나님의 사랑과 같은 사랑을 보여줄 때, 그 사랑은 그들이 하나님의 아들임을 결정적으로 입증해 줄 것이다. 주님의 제자다운 행동이 바로 하나님의 아들임을 보여주는 것이다.

"너희가 너희를 사랑하는 자를 사랑하면 무슨 상이 있으리요 세리(*telonai*, tax collectors)도 이같이 아니하느냐(46절)." 당시 세리는 유대인들로부터 세금을 징수하여 일정액을 로마에 상납하고, 거기서 폭리를 취했기 때문에 동족들로부터 반역자로 여기고 천대받았다. 죄인의 대명사인 세리도 자신을 사랑하는 자를 사랑하지 않느냐.

"너희가 너희 형제에게만 문안하면 남보다 더하는 것이 무엇이냐 이방인들(*hoi ethnikoi*, the Gentiles)도 이같이 아니하느냐(47절)." 유대인들은 이방인을 개나 돼지처럼 생각했다. 멸시받는 이방인도 자기가 좋아하는 사람을 사랑한다. 그러니 너희들 '남보다 더 하는 것이 무엇이냐,' 너희가 스스로 부정하다고 여기는 이방인이나 세리보다도 더 나은 것이 무엇인가 반문하신다. 그리스도의 제자가 되기를 원한다면 서기관이나 바리새인의 의보다 나아야 한다. 믿는 자는 하나님의 온전하심(*teleios*, perfect)을 목표로 더 높은 윤리를 추구해야 한다는 말씀이다.

'온전하라(*teleioi*, Be perfect)' (48절)는 '완전히 개발하라' 는 뜻으로, 하나님의 완전한 경지를 목표로 하여 꾸준히 노력할 것을 의미한다. 이것은 우리의 인간적인 노력으로 가능하게 되는 것이 아니다. 예수 그리스도로 인해 가능해진다(히 10:1, 12:2).

마태복음 6장

산상설교 2: 구제, 기도, 금식, 재물, 염려에 대한 가르침

1. 구제에 대한 가르침(1-4절)

5장에 이어 6장에서도 예수님은 제자들에게 천국 시민으로서의 생활지침을 가르치셨다. 구제와 기도와 금식은 유대교에서 경건의 대표적인 표현들이었다. 이것은 그리스도인들에게도 요구된다. 예수님은 외식과 위선을 경계하시고 겉보다는 내면적 동기를 중시하셨다. 이것은 우리의 헌신의 자세가 어떠해야 하는가를 보여준다.

1-4절에서는 구제(*eleemosynen*, charity, giving) 문제에 대해 언급하셨다.

"사람에게 보이려고 그들 앞에서 너희 의를 행하지 않도록 주의하라(1절)." '사람에게 보이려고(1절),' '사람에게서 영광을 얻으려고(2절)' 하는 것은 참된 경건이 아니다. 참된 경건은 사람을 기쁘게 하는 것이 아니라 하나님을 기쁘게 하는 것이다. 여기서 '의(*ten dikaiosynen*, the righteousness)'는 종교적 의무를 통 털어 하는 말이다. 구제, 금식, 기도 등이 그 보기다. 사람들에게 칭찬을 받기 위해 구제를 하는 것은 가난한 사람을 이용하여 자기의 영광을 얻으려는 것이므로 태도가 불순하다. 구제는 하나님이 인간을 불쌍히 여기셨기 때문에 인간도 마땅히 이웃에게 사랑을 베풀어야 하고, 자기의 의가 아니라 하나님의 의만 드러나도록 해야 한다.

외식하는 자(*hypokritai*, hypocrites)는 문자적으로 '배우(actor)' 를 뜻하지만 위선자를 가리키는 말로 사용되었다. 신약에서 이 말은 대부분 바리새인들의 위선을 책망할 때 사용되었다.

'너희 앞에 나팔을 불지 말라(*me salpises*, do not sound a trumpet)(2절).' 이에 대해서는 바리새인들이 구제의연금을 낼 때 자신들의 선행을 나타내기 위해 실제로 나팔을 불었다는 주장도 있고, 그저 '자기선전' 을 뜻하는 상징적 표현일 뿐이라는 주장도 있다.

'아버지께서 갚으시리라(*apodosei*, will reward)(4절).' 하나님은 다른 사람들의 궁핍함을 채워주는 사람들에게 반드시 보상(*misthon*, reward)해주신다. 그러나 그 선행이 이기적인 동기나 위선적인 목적에서 이뤄졌을 때는 하나님께로부터 보상을 기대하지 말아야 한다. 이웃에게 선을 베푼 것이 있으면 그것을 숨겨둘 때 오히려 더 큰 보상을 하나님께로부터 받게 된다.

2. 기도에 대한 가르침(5-8절)

5절에서도 '사람에게 보이려고' 라 하였다. '사람에게 영광을 얻으려고' 하는 것과 같다. 예수님은 왜 반복해서 이것을 강조하실까? 기본이라 생각되는 것을 우리가 도외시하기 때문이다.

유대인들은 보통 회당에서 오전 9시, 정오, 그리고 오후 3시 세 차례 기도시간을 가졌다. 외출 중에 시간을 맞게 되면 길가에 멈추어 서서 성전 쪽을 향해 두 손을 들고 기도하기도 했다. 원래는 이처럼 철저하게 기도하기 위한 것이었는데 나중에는 외식하는 자들이 늘어났다. 위선자들은 부러 이 시간에 맞추어 혼잡한 거리에 나와 자신들의 경건함을 자랑하곤 했다. 바리새인들은 자신들의 외식을 통해 사람들로부터 평가를 받고자 했다. 그러나 사람의 평가와 하나님의 평가는 다르다.

예수님은 이런 외식을 타파하고 은밀한 곳에서 기도하기를 원하셨다. 골방(*tameion*, room)은 '저장실,' '내실,' '침실' 등 여러 용도로 사용되지만 여기서는 세상 모든 것에서 벗어나 은밀한 가운데(*en to krypto*, in secret) 하나님과 대화를 나눌 수 있는 공간을 가리킨다. 다른 사람을 의식하지 않고 하나님께만 집중할 수 있는 곳이다. 하나님은 사람이 보지 못하는, 은밀한 것을 보신다. 그것을 인정하신다.

'중언부언하지 말라(7절).' 중언부언(*battalogesete*, vain repetitions)은 무의미한 말을 반복하는 기도이다. 공허한 것을 반복하여 중얼거리는 것으로, 하나님을 대하는 진지함도 없고 진정한 열망도 없이 아주 뜻 없는 구문의 반복이나 형식적인 기도를 말한다. 하나님께서는 우리가 하루에 몇 번 기도했느냐보다는 드린 기도의 무게를 다신다. 하나님은 기도의 길이보다는 그 깊이를 재는 분이시다.

그리스도인의 경건 생활에서 기도는 매우 중요하다. 바리새인의 경건은 사람을 죽인다. 그러나 예수의 경건은 사람을 살린다. 이 땅에서 우리의 경건은 결코 완성될 수 없다. 미완성 상태에서라도 생활 속에서 하나님을 신뢰하고 그리스도의 경건을 착실히 나타내야 한다. 그리스도인에게는 예수의 향기가 난다. 그 향기는 바로 경건한 향기다. 그리스도인의 경건은 사람을 살린다.

3. 주기도문(9-15절)

주기도문(the Lord's prayer)은 예수님께서 제자들에게 기도의 모범으로 가르쳐 주신 것이다. 주기도문은 간결하면서도 심오한 교훈을 담고 있다. 처음 세 문장은 하나님의 본성과 나라와 뜻에 대한 찬양이고, 나머지 네 문장은 개인의 현실문제에 관련된 간구이다(눅 11:2-4). 주기도문은 서론(기도의 대상), 여섯 가지의 간구, 그리고 송영(하나님께 찬송과 영광을 돌리는 끝맺음)으로 구성되어 있다. 여섯 가지 간구 중 세 가지는 하나님을 위한 것이고, 나머지 세 가지는 사람을 위한 것이다.

"하늘에 계신 우리 아버지여(9절)." 우리가 드리는 기도의 대상이 하나님 아버지이심을 가르쳐 주신다. 하나님은 살아계시고 권능과 주권으로 역사하시는 분이시며, 그분은 우리의 아버지로 우리가 자유롭게 그분 앞에 나아갈 수 있는 친밀한 분이시며, 그분은 우리의 기도를 들으시는 인격적인 분이시다. 하늘(*tois ouranois*, the heavens)에 계신다는 것은 하나님께서 계시는 곳을 의미하기보다 하나님은 만물의 창조자이시자 다스리는 분으로 그의 권세와 능력이 크심을 나타낸다.

"이름이 거룩히 여김(*hagiastheto*, hallowed)을 받으시오며(9절)." 하나님의 '이름(*to onoma*, the name)' 은 하나님 자신을 가리킨다. 하나님이 영광 받으시기를 바라는 간구다. 이것은 우리의 기도 목표가 하나님께 영광을 돌리는 것임을 나타낸다. 이 기도는 하나님을 깊이 사랑하는 자만이 할 수 있다.

"나라가 임하시오며(10절)." '나라(*he basileia*, the kingdom)'는 '주권,' '통치'의 뜻이다. 하나님의 나라는 어떤 장소를 뜻하기보다 하나님의 통치가 구현되는 상태를 말한다. 이 땅에 하나님의 통치가 확장되고, 예수님께서 재림하심으로 나라가 완성될 것을 기도하는 것이다.

"뜻(*to thelema*, the will)이 하늘에서 이루어진 것 같이 땅에서도 이루어지이다(10절)." 하나님의 뜻이 하늘에서 완전하게 실현되는 것처럼 땅에서도 실현될 것을 구한다. 하나님의 뜻은 인간들이 하나님의 법을 순종하며 거룩하게 되는 데 있다.

"오늘 우리에게 일용할 양식(*ton arton*, the bread)을 주옵시고(11절)." '일용할(*epiousion*, daily)' 는 '오늘을 위한,' '다음 날을 위한' 의 뜻을 가지고 있다. 하루치 양식을 구한 것은 하나님 중심으로 살고자 한 것이다. 또한 너무 가난하여 하나님께 욕을 돌릴까, 또 너무 부하여 하나님을 잊을까 두렵기 때문이기도 하다.

여기서 양식은 음식뿐 아니라 영의 양식, 그리고 우리의 생명이 이 땅에서 유지되는 데 필요한 모든 것(좋은 건강, 가정, 국가, 평화 등)을 포함한다. '오늘,' 오늘 쓸 양식에 주목하라. 그리스도인의 삶은 하루하루 선택(day-to-day choice)의 삶이다. 또한 그 시간에 필요한 양식에 주목하라. 그리스도인의 삶은 순간순간 선택(moment-by-moment choice)의 삶이다. 그 날 일은 그 날 생각한다. "내일 일을 위하여 염려하지 말라 내일 일은 내일 염려할 것이요 한 날 괴로움은 그 날에 족하니라,"(마 6:34). " '너희 천부께서 이 모든 것이 너희에게 있어야 할 줄을 아시느니라 너희는 먼저 그의 나라와 그의 의의를 구하라 그리하면 이 모든 것을 너희에게 더하시리라."(마 6:32-33). 주님은 우리가 무엇을 필요로 하고 있는지 이미 아신다. 우리가 주님에게 우리 삶의 첫 자리를 내어드리고 그분이 원하시는 삶을 산다면 그 모든 것을 주신다.

"우리가 우리에게 죄 지은 자를 사하여 준 것 같이 우리 죄(*ta opheilemata*, the debts)를 사하여 주시옵고(*aphes*, forgive)(12절)." 이 말씀은 우리가 다른 사람을 용서해준 것 때문에 하나님이 우리 죄를 용서해 주셔야 한다는 조건적 뜻이 아니다. 죄 사함은 전적으로 하나님의 자비와 은혜에 근거한다. 단지 우리가 하나님께 보다 진지하고 위선됨이 없이 자신의 죄 용서를 구하려면 우리의 마음이 다른 사람에 대한 적개심이나 복수심으로부터 자유로워야 한다는 것이다. 따라서 이 구절은 '우리 죄를 용서하시는 하나님의 사랑을 기뻐하듯 우리도 다른 죄진 자를 용서해주는 주는 일을 잘하게 하옵소서.' 기도하는 것이다. 하나님으로부터 죄의 용서함을 받은 자로서 우리도 다른 사람을 용서할 수 있는 성숙한 존재가 되게 해달라는 것이다. 죄는 우리를 하나님으로부터 격리시키므로 죄의 문제를 해결하기 전에는 평안을 찾을 수 없기 때문이다.

"우리를 시험(*peirasmon*, temptation)에 들게 하지 마옵시고 다만 악에서 구하옵소서(13a절)." 시험을 없게 해 달라고 기도하는 것이 아니다. 시험을 당할 때 피할 길을 주시고 그 시험을 잘 이기게 해 달라는 것이다. 우리 인간은 죄를 범하기 쉬운 나약한 존재임을 고백하면서 우리 삶을 다스리시는 하나님께서 우리를 시험의 상황으로 이끌지 않게 해 달라는 청원이다.

'악(*tou ponerou*, the evil)' 은 문자적으로 '악한 자' 로도 번역할 수 있는 말이다. 따라서 이 단어를 사단으로 보기도 한다. 하지만 이 악은 밖에서만 오는 것은 아니다. 즉 우리 밖의 요인이 우리를 시험하기도 하지만 우리 안에 있는 우리 자신의 악의 욕망이 우리 스스로를 유혹하기도 한다. 시험에 들 때 우리는 "그만 둬(Just stop do it)"라고 말한다. 그러나 그 말이 통할 리 없다. 시험은 우리의 가장 약한 부분을 친다. 시험은 공정한 게임을 하지 않는다. 우리는 흔히 우리의 의지력으로 이길 수 있다고 믿는다. 그러나 우리의 의지력은 과도하게 평가되어 있다. 자기 훈련으로도 죄를 이길 수 없다.

시험에 들지 않기 위해 우리는 어떻게 해야 하는가? 우리가 해야 할 일은 우리에게 은혜를 주시는 하나님께 다시 연결될 필요가 있다. 생명의 목적은 사는 것이다. 유혹의 궁극적인 목적은 우리를 하나님으로부터 단절시키고 하나님의 방식이 아니라 우리 방식대로 살도록 하는 데 있다.

유혹이 시험할 때 유혹으로부터 도피한다. 젊은 육욕을 자극하는 그 어떤 것으로부터 도피한다(딤후 2:22). 요셉도 도피했다. 유혹은 우리보다 더 강하다. 우리가 약할 때 하나님께 도망한다.

기도하는 사람들을 통해 유혹을 이기도록 한다. 서로 죄를 고백하고 서로를 위해 기도한다. 그러면 고침을 받을 수 있다(약 5:16). 규칙적으로 만나는 친구, 밤중에도 통화할 수 있는 친구를 가지라.

시험을 당할 때 낙망하지 말자. 시험을 통해 오히려 배우라. 시험은 하나님이 우리를 고치고자 하는 곳이 무엇인가를 진단하는 것과 같다. 약한 부분이 발견되면 그것을 강하게 한다. 시험은 우리의 영혼을 개선하는 데 도움을 준다.

"나라와 권세(*he dynamis*, the power)와 영광(*he doxa*, the glory)이 아버지께 영원히 있사옵나이다 아멘(13b절)." 주기도문의 끝맺음으로, 하나님께 찬송과 영광을 돌리며 끝을 맺는다. 송영으로 기도를 마친다.

14, 15절에서는 용서를 반복 강조하고 있다. 그런데 이것이 왜 주기도문이 끝나면서 강조되고 있을까. 기도에 앞서 용서하고 사랑하는 것이 중요하기 때문이다.

기도는 영적인 일로 예수님은 그 가운데서 용서를 강조하셨다. 용서는 현실적이고 실제적인 생활문제이다. 용서는 중요한 경건의 문제라는 것이다. 예배를 드리러 가다가 형제를 화목하지 못한 일이 생각나거든 가서 화목하고 와서 제사를 드리도록 했다. 먼저 용서하고 예배를 드리라 하셨다(마 5:23, 24). 용서는 예배 이전에 있어야 할 중요한 문제라는 것이다. 예배는 깨끗한 마음을 드려야 하는데 용서 없이 그것은 불가능하기 때문이다.

용서의 바탕에는 사랑이 있다. 사랑은 경건을 드러내 주는 힘이다. 고아의 아버지 조지 뮬러는 영국에서 93세에 죽었다. 그는 그곳에서 15만 명 이상의 고아를 돌보았다. 그는 기도의 사람이지만 그 이전에 사랑의 사람이었다. 테레사 수녀도 마찬가지다.

인간의 용서가 하나님의 용서를 받을 수 있는 근거가 되는 것은 물론 아니다. 하지만 우리가 다른 사람을 용서할 때 그것은 하나님으로부터 사죄의 은총을 받은 그리스도인으로서의 증거를 보이게 된다.

4. 금식에 대한 가르침(16-18절)

금식(*nestis*, fasting)은 하나님 앞에서 기도하지 않을 수 없는 상황에 처했을 때 오직 기도에만 전념하기 위해 먹는 것조차 거르는 것을 말한다. 금식은 영적 목적을 달성하기 위해 먹고 마시는 것을 삼가는 것이다. '금식할 때에'는 금식을 권장하는 뜻이 포함되어 있다. "꼭 해야 된다."고 명령하시지는 않았지만 하나님과의 관계를 재정립하기 위해서는 금식이 필요하다.

"외식하는 자들과 같이 슬픈(*skythropoi*, gloomy) 기색을 내지 말라(16절)." 금식은 원래 슬픔의 표시였고, 죄를 회개하는 표시였다. 그러나 금식이 점차 형식화되면서 바리새인들은 일주일에 두 번씩 금식했다. 금식하는 사람들은 자기 얼굴이 창백하게 보이도록 재나 횟가루를 바르기도 했다. 침울한 표정을 지음으로써 사람들로부터 칭찬과 동정을 구했다. 예수님은 그들을 향해 '자기 상(*misthon*, reward)을 이미 받았느니라(16절)' 하셨다. 하나님에게는 효력이 없다는 뜻이다.

예수님은 '금식할 때에 머리에 기름을 바르고(*aleipsai*, anoint) 얼굴을 씻으라(*nipsai*, wash)' 하셨다(17절). 사람 앞에서 표를 내지 말라는 말이다. 평소처럼 자연스러운 태도를 취하고 사람에게 보이기 위한 금식은 하지 말라는 것이다. 사람들로부터 주의를 끌려하지 말고 하나님 앞에서만 금식하라는 것이다.

"오직 은밀한 중에(*en to kryphaio*, in secret) 계신 네 아버지께 보이게 하려 함이라(18절)"는 말씀은 오직 하나님만 알도록 하라는 의미이다. 그렇게 기도하면 은밀한 중에 보시는 하나님 아버지께서 그 기도를 들어주시리라.

5. 재물에 대한 가르침(19-24절)

물질생활에 대한 예수님의 말씀이다. "보물(*thesaurous*, treasures)을 땅에 쌓아 두지 말라(19a절)"는 것은 재산을 소유하거나 만약을 위해 저축하는 것을 금하신 것은 아니다. 자기를 위해 현세의 일에만 물질을 사용하는 것을 경계하는 말이다. 가난한 이웃에 대한 관심을 두지 않고 이기적으로 재산축적에만 몰두하는 행위를 지적하시는 것이다. "거기는 좀과 동록이 해하며 도둑이 구멍을 뚫고 도둑질하느니라(19b절)." 세상에는 가만히 있어도 재산을 노리는 요소들이 많다. 동록(*brosis*, rust)은 화학적인 작용으로 쇠붙이가 녹 쓰는 현상을 가리킨다.

"오직 너희를 위하여 보물을 하늘(*ourano*, heaven)에 쌓아 두라(20a절)." 이것은 하나님을 위한 선한 일에 물질을 사용할 것을 가르치는 말씀이다. 하늘에 보물을 쌓아두면 아무도 그것을 노리는 자가 없다.

"눈은 몸의 등불(*lychnos*, lamp)이니 그러므로 네 눈이 성하면 온 몸이 밝을 것이요(22절)." 육신의 눈이 밝고 어두움이 몸에 큰 영향을 주듯 영안이 밝고 어두움이 영혼에 영향을 준다. 재물에 대한 욕심으로 영의 눈이 흐려지고 참된 가치관을 상실한다면 우리가 어디로 가는지 알 수 없다. 하늘에 보물을 쌓아두는 자는 영안이 밝은 자이다.

"너희가 하나님(*Theo*, God)과 재물(*mamona*, money)을 겸하여 섬기지 못하느니라(24절)." '겸하여(*kai*, and)'는 '대등하게'라는 뜻이다. 이 세상의 창조주이신 하나님과 인간의 피조물인 재물을 동격으로 대해서는 안 된다는 것이다. 하나님에 대한 전적인 충성과 재물 사이에는 어떤 타협점도 찾을 수 없다. 하나님은 온전하고 절대적인 헌신만을 요구하시기 때문이다. "나는 여호와이니 이는 내 이름이라 나는 내 영광을 다른 자에게, 내 찬송을 우상에게 주지 아니하리라"(사 42:8). 하나님은 "나 외에 다른 신을 두지 말라" 하셨다.

6. 염려에 대한 가르침(25-34절)

마태복음 6장은 25-34절을 통해, 누가복음 12장은 22-32절을 통해 염려와 근심에 관한 예수님의 말씀을 소개하고 있다. 마태복음 6장은 "염려하지 말라"(25절) 하였고, 누가복음 12장에는 "근심하지 말라"(29절) 하였다. 칼뱅은 이 말씀을 보며 하나님이 우리 생명의 상태를 얼마나 잘 보고 계시는가를 입증하는 것이라고 했다.

염려는 의심에서 나온 것이다. 염려는 내일을 약속할 수 없기 때문이다. 염려(*merimna*, anxiety)는 '나누어지다, 분열되다'는 뜻을 가지고 있다. '마음이 나누어짐'을 의미한다. 하나님께 집중하지 못하게 한다. 염려는 하나님을 생각하지 않고 이리저리 요동하는 것, 곧 과도하게 분주히 뛰는 상태를 나타낸다. 하나님을 전적으로 의지하지 못한 결과이다. 염려는 불신앙에 근거하고 있다. 조지 뮬러는 말한다. "염려의 시작은 믿음의 끝이요 염려의 끝은 믿음의 시작이다." 믿음은 우리를 변화시키지만 염려는 우리를 변화시키지 못한다.

근심(*meteorizesthe*, be in suspense, raise in mid-air)'로 '고지에서 내려다보며 궁리하다', '멀리 보다'는 뜻을 가지고 있다. 사람은 한 500년 앞을 내다보아야 속이 풀린다고 한다. 그러나 예수님은 인간의 한계를 알라고 말씀하신다. 한 치 앞도 알 수 없는 것이 인간이기 때문이다. 근심은 의심에서 출발한다. 이것은 믿음의 근간을 흔드는 일이다. "근심도 하지 말라"는 예수님의 말씀은 의심스런 마음도 품지 말라는 것이다.

“그러므로 내가 너희에게 이르노니 목숨을 위하여 무엇을 먹을까 무엇을 마실까 몸을 위하여 무엇을 입을까 염려하지 말라 목숨이 음식보다 중하지 아니하며 몸이 의복보다 중하지 아니하냐(25절).” ‘목숨을 위하여,’ ‘몸을 위하여’ 는 우리의 염려의 뿌리가 이것에 있음을 보여준다.

목숨은 먹는 문제와 연결되어 있고, 몸은 입는 문제와 연결되어있다. 세상 염려는 대부분 의식주 문제에 대한 불안에서 나온다. 여기에 너무 집착하면 신앙생활을 바로하기 어렵다. 땅에 보물을 쌓으면 쌓을수록 염려가 많다. 이것에 대한 염려가 신앙생활에 거침돌 역할을 한다.

예수님의 결론은 “그러므로 염려하지 말라” 이다. 새도 먹이시고 꽃 한 송이도 입히시는 하나님을 바라보라는 것이다. 이것들을 걱정하지 말라. 이것들이 마음의 주인이 되어서는 안 된다. 하나님께서 책임져 주실 것이라, 해결해 주실 것이라 믿고 신앙생활에 정진하라. 그렇다고 의식주 문제에 대해 노력하지 말라는 것은 아니다. 물질에 대한 과도한 집착 때문에 신앙에 손상이 가서는 안 된다. 초대교회 에서는 성도들 이름 앞에 ‘티테디오스(Titedios)’라는 단어를 하나 더 붙였다. 이것은 ‘염려에서 해방된 사람’ 이라는 뜻이다. 염려하거나 근심하는 것은 제자답지 못하다

예수님은 먹고 마시고 입는 문제는 다 이방인들이 구하는 것이라고 하신다. 이방인은 하나님을 모르는 사람들이다. 그런 사람들은 의식주문제가 제일 중요하다. 그러나 그리스도의 제자들은 그것을 최우선순위에 놓아서는 안 된다. 그리스도의 제자들은 달라야 한다.

주님은 “너희 하늘 아버지께서 이 모든 것이 너희에게 있어야 할 줄을 아시느니라(32절).” 하셨다. 하나님은 우리가 무엇을 염려하고, 무엇을 필요로 하는지 알고 계신다. 그가 아무리 작은 자라 할지라도 하나님은 자기백성을 기억하시고 소홀히 하지 않으신다. 그러므로 염려할 것이 없다. 오직 하나님

을 신뢰해야 한다. 하나님을 모르는 사람은 그것을 죽자 사자 구하고 그것이 없으면 죽는지 알지만 그리스도의 제자들은 그것에 매달려 과욕을 부려서는 안 된다. 세상물질은 하나님의 사람들이 먼저 구할 것들이 아니다. 성도는 세상 사람들이 구하는 것과 다른 것에 우선권을 두어야 한다.

"공중의 새를 보라 심지도 않고 거두지도 않고 창고에 모아들이지도 아니하되 너희 하늘 아버지께서 기르시나니 너희는 이것들보다 귀하지(*diapherete*, more valuable) 아니하냐(26절)." 하나님이 책임져 주시겠다는 예증의 하나다. 예수님은 무엇을 먹을까 무엇을 마실까 하는 인간의 염려에 대해 공중의 새로 답을 주신다. 이것은 식생활 염려에 대한 예증이다.

예수님은 "공중의 새(*peteina*, birds)를 보라." 하셨다. 주님이 예로 든 이 새는 공중에 나는 새 중에 '가장 작은 새'를 가리킨다. 누가복음에는 까마귀를 예로 들었다. 시편에는 소리쳐 우는 새끼 까마귀(시 147:9)가 소개된다. 이 힘없고 연약한 어린 새를 보라는 말씀이다. 이 새는 하나님이 주시는 것을 가져다 먹을 뿐 사람들처럼 먹을 것을 심거나 거두거나 창고에 모아들이지도 않는다. 세상에는 조류만도 1000억 마리가 넘는다. 인구 80억과 비교해보라. 제비가 새끼에게 하루에 100번 이상 곤충을 잡아 먹인다. 수백억 마리의 어미들이 자식을 먹이기 위해서는 얼마나 많은 곤충이 필요할 것인가. 그런데도 새들은 살아있다. 새도 이처럼 먹이시는 데 새보다 귀한 그의 자녀들에게 먹을 것을 주시지 않겠는가. 하나님과 우리는 부자관계다. 하나님 아버지께서 사랑하는 자녀들을 돌보시지 않겠는가. 염려하지 말라.

"염려함으로 그 키를 한 자나 더할 수 있느냐(27절)." 예수님은 염려하지 말라고 하신다. 무익하기 때문이다. 예수님은 키로 염려의 무익함을 입증하신다. 유대인은 로마인의 훤칠한 키에 대해 콤플렉스를 가지고 있었다. 키에 대해 염려한다고 한 자가 커지겠는가? 무익한 일이다. 한 자는 구약의 규빗(one cubit)과 같은 말로 약 45cm, 곧 한 발자국 옮길 거리이다. 키(*helikian*, stature, lifespan)는 '생명'의 뜻도 있다. 새번역은 "자기 수명을 한 순간인들 늘릴 수 있느냐"로 표현하고 있다. 한 순간(일각)은 '눈 깜짝할 사이'를 말한다. 염려한다고 한 순간이라도 생명을 더 연장할 수 있는 것은 아니다. 염려는 그만큼 무익하다.

"들의 백합화가 어떻게 자라는가 생각하여 보라(28절)." 의복에 관한 예증으로 들의 백합화를 들었다. 백합화(*krina*, lilies)는 아네모네 속에 속한 꽃으로 유대 땅에서 가장 아름다운 야생화로 꼽힌다. 흰 꽃만 아니라 빨강 등 여러 색이 있다. 아무도 이 들꽃을 가꾸는 이 없지만 하나님은 이것을 아름답게 입히신다. 이 아름다운 의복을 가리켜 주님은 "솔로몬의 영광으로 입은 것이 이 꽃 하나만 못하다"고 하셨다. 솔로몬은 어느 누구도 비할 수 없는 부귀영화를 누린 왕이다. 솔로몬의 찬란한 영광, 곧 그의 영광을 상징하는 의복의 찬란함도 하나님이 공급하시는 아름다운 자연의 백합화에 비교할 수 없다.

"하물며 너희일까 보냐 믿음이 적은 자들아(30b절)." 공중에 나는 작은 새, 땔감으로 아궁이에 던져지는 들풀까지 아름답게 입히시는 하나님이 하물며 우리를 입히시지 않겠느냐. 우리는 "하물며 너희일까 보냐."는 믿음을 가져야 한다. 그렇지 않으면 "믿음이 적은 자들아(*oligopistoi*, you of little faith)"라는 책망을 듣게 된다.

"이는 다 이방인들이 구하는 것이라 너희 하늘 아버지께서 이 모든 것이 너희에게 있어야 할 줄을 아시느니라(32절)." 하늘 아버지는 창조주시자 전능하신 분이시다. 우리는 "너희에게 있어야 할 줄을 아시느니라."는 믿음을 가져야 한다. 하나님은 하나님을 믿지 않는 이방인들의 필요까지 공급해주신다. 하나님은 악인에게도 햇빛과 비를 주신다(마 5:45). 하물며 그분의 자녀들인 우리에게는 더 하시지 않으랴. 하나님은 우리의 사정을 익히 다 아신다.

우리는 그들과는 다른 길을 가야 한다.

"너희는 먼저 그의 나라와 그의 의를 구하라 그리하면 이 모든 것을 너희에게 더하시리라(33절)." 산상설교의 핵심이다. '먼저(*proton*, first)' 는 우리가 최우선권(first priority)을 두어야 할 것을 가리킨다. 세상 것보다 먼저 구해야할 것은 '그의 나라와 그의 의' 이다. 이방인들처럼 물질만이 삶의 전부인 양 그것을 추구해서는 안 된다.

'그의 나라' 는 영원한 하나님의 나라(*ten basileian tou Theou*, the kingdom of God)이다. 유한한 세상과는 차원이 다르다. 유한한 세상을 사모할 것이 아니라 영원한 것을 사모하라는 것이다.

'그의 의(*ten dikaiosynen autou*, the righteousness of Him)' 는 하나님 나라에 들어가는 의, 믿음으로 의롭다함을 얻는 의이다. 하나님의 의다. 이 의를 소유하면 하나님 나라에 넉넉히 들어간다(벧전 1:9, 벧후 1:11). 칼뱅은 이 의를 가리켜 영적인 새로운 삶이라 했다. '그의 나라' 와 '그의 의' 는 영원한 것이다. 세상과는 영적으로 다른 고귀한 삶이다.

'구하라(*zeteite*, seek)' 는 목표를 세우고 그 목표를 달성하기 위해 최선을 다하는 것을 의미한다. 그것을 구하라는 것은 먼저 신앙생활에 힘쓰라는 말이다. 예수를 믿고 구주로서 고백한다. 주님을 기쁨으로 찾고 주님을 경배한다. 하나님을 경외한다. 하나님의 섭리에 의존한다. 하나님의 뜻에 관심을 갖고 그 뜻이 우리 삶에서 이루어지도록 한다. 나의 일상을 통해서도 하나님의 영광이 드러나도록 한다. 나의 젊음을 하나님께 헌신한다. 한 마디로 하나님만 섬기라는 말씀이다.

세상생활에 대한 염려를 하지 말고. 신앙생활에 대해 먼저 관심을 가지라. 그것을 먼저 구하고 힘쓰라. 이것이 하늘에 보물을 쌓아두는 것이다. 세상에 보물을 쌓아두면 염려가 늘어나지만 하늘에 보물을 쌓아두면 염려할 것이 없다.

"이 모든 것을 너희에게 더하시리라." '이 모든 것(*panta tauta*, all these things)' 은 하나님의 나라와 그 의를 구할 때 먹고 마시고 입을 것, 곧 의식주를 모두 해결해 주신다는 말씀이다. 왜 더하시는가? 신앙생활을 더 잘하라는 의미에서다. 현재의 삶에 필요한 것은 영원한 것에 비해 액세서리에 불과하다. 하나님 나라를 우선하는 사람은 의식주 문제에 있어서도 절도를 지키게 된다. 그리스도의 제자는 "이 모든 것을 너희에게 더하시리라"는 말씀에 대한 확고한 믿음을 가지고 있어야 한다.

40년간 사우디 선교를 한 건위 선교사는 말한다. "나를 후원한 단체는 마태복음 6:33이다." 그 어려운 회교권 선교를 하면서도 하나님은 그의 필요를 채워 주셨다. 먹는 문제, 입는 문제, 위험에서의 문제를 하나님이 도맡아 해결해 주셨다.

"내일 일은 내일 염려할 것이요 한 날 괴로움은 그 날에 족하니라(34절)." 일이 아직 터지지 않았는데 염려하는 것이 우리 염려의 태반이다. '내일(*aurion*, tomorrow)' 은 아직 이르지 않는 것을 말한다. 헨리 나우웬은 염려를 가리켜 아직 오지 않은 시간과 장소에도 불구하고 자신의 마음에 '혹시'로 가득 채우는 것이라 했다.

물질에 대한 과도한 염려는 신앙생활을 바르게 하지 못하게 하므로 하지 않을수록 좋다. 예수님은 그에 대한 대안으로 "내일 일은 내일 염려할 것이요 한날 괴로움은 그날에 족하니라" 하셨다. 인간의 일에는 괴로움이 따르게 되어 있다(창 3:19). 그래도 그 날 할 일은 그 날에 최선을 다하라. 내일 일에 매여 걱정하다 오늘 일까지 그르치지 말라. 내일(그 결과)는 하나님께 맡겨라. 호라티우스는 "잃는 자만이 행복하리라. 오늘을 내 날이라고 말할 수 있는 자만이 행복하리라"고 말한다.

염려 속에 살던 베드로는 훗날 "모든 염려를 주께 맡기라"(벧전 5:7) 했다.

야베스가 하나님을 향해 "주께서 내게 복에 복을 더 하사 나의 지경을 넓히시고 주의 손으로 나를 도우사 나로 환난을 벗어나 근심이 없게 하소서."(대상 4:9-10) 기도했다. 하나님은 그의 기도를 들으시고 허락하셨다. 하나님의 자녀, 그 나라의 백성은 자신의 염려를 하나님께 맡겨야 하고, 하나님을 전적으로 신뢰해야 한다.

이방인은 이 땅의 것으로 염려한다. 그러나 성도라면 그것에 마음을 빼앗기지 말라. 오히려 그 나라와 그 일에 집중하라. 우리가 그 나라와 그 의를 위해 일할 때 하나님은 우리를 위해 일하신다.

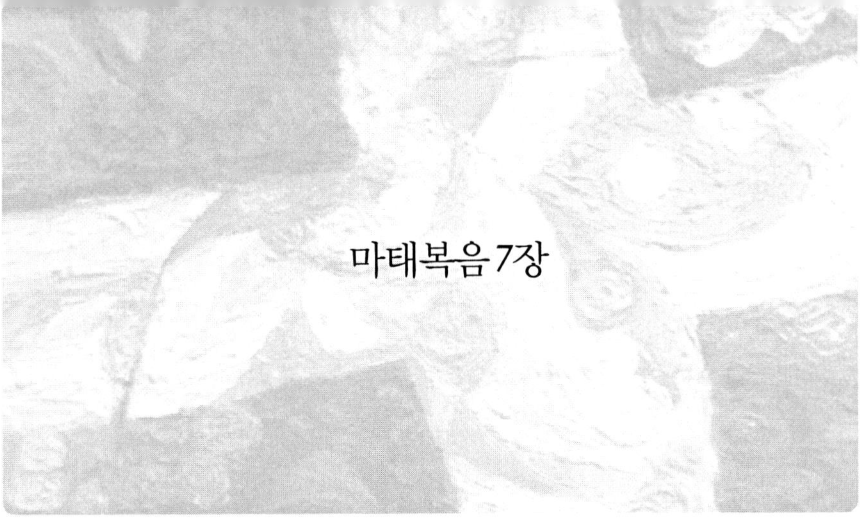

마태복음7장

산상설교 3: 판단, 구함, 좁은 문, 거짓 선지자, 반석위에 지은 집

1. 남을 판단하지 말라(1-5절)

7장은 산상설교의 마지막 부분으로 우리가 경계해야 할 여러 사항들을 보여주고 있다. 1-5절은 남을 심판하지 말고 오히려 자기 자신에 대해 엄격할 것을 가르치고 있다.

예수님은 남을 판단하지 말 것을 말씀하셨다. "비판을 받지 아니하려거든 비판하지 말라(1절)." 사람은 사람을 심판하고 정죄하고 판단하고 재판한다. 심판한다(요 13:17, 5:22). 정죄한다(행 13:27, 눅 6:37). 판단한다(눅 19:22, 요 7:24). 재판한다(요 18:31).

"비판하지 말라(*me krinete*, do not judge)"는 것은 다른 사람의 잘못을 못 본 체 하거나 진실과 거짓, 선과 악을 분별하지 말라는 것이 아니다. 도덕적 비판 능력을 버리라는 것이 아니다. 사람들의 흠 잡는 것을 좋아하고 잘못에 대해 지나치게 가혹하지 말라, 사사로이 이웃을 정죄하고 비난하기를 좋아하지 말라는 것이다. 그리스도인은 비판적인 분별력을 가져야 한다. 하나님 나라의 의를 소유한 제자라 할지라도 자신에 대해서는 엄격하고 타인에 대해서는 관용하며 설사 비판할 경우에도 자기의 의를 과시하는 위선적인 비판을 해서는 안 된다. 비판에 앞서 관용하고 덕을 세우며 서로에게 도움을 줄 수 있는 권면을 할 수 있어야 한다.

서기관과 바리새인은 사람을 예사로이 정죄했다. 다른 사람의 잘못에 대해 관대하지 못하고 가혹하게 정죄하고 비난한다. 정죄는 월권행위이자 하나님의 권리를 침범하는 것이다. 자신을 재판관으로 내세워 하나님의 역할을 대신하려는 교만한 행동이다.

인간을 재판하고 정죄할 수 있는 분은 하나님 한 분 외에 아무도 없다. "입법자와 재판자는 오직 하나이시니 능히 구원하기도 하시며 멸하기도 하시느니라."(약 4:12). 심판자는 오직 하나님 한 분이시다. 인간이 인간을 정죄하는 것에는 하나님의 심판이 따른다(롬 2:1, 2, 14:10).

바리새인의 비판은 남을 비판함으로써 자기를 높이려는 사리 추구의 성격을 가지고 있다. 그 비판은 무서운 오만, 교만한 우월감이 담겨있다. 비판은 몸에 배인 병폐이다. 악의 독이자 전염병이다. 남에게 한 대로 자기에게 돌아온다. 자기를 정죄한 것과 같다. "남을 판단하는 사람아 무릇 누구든지 네가 핑계치 못할 것은 남을 판단하는 것으로 네가 너를 정죄함이니 판단하는 네가 같은 일을 행함이라."(롬 2:1). 자신이 정죄를 받지 않으려면 남을 정죄하는 일을 하지 말아야 한다.

"그 비판으로 비판을 받을 것이요 그 헤아림으로 헤아림을 받을 것이니라(2절)." 하나님은 그 행한 내로 공평하게 갚아주신다(하나님의 공평과 공의). 자기가 행한 대로 자기에게 돌아온다(자업자득).

"저가 저주하기를 좋아하더니 그것이 자기에게 임하고 축복하기를 기뻐 아니하더니 복이 저를 멀리 떠났으며 또 저주하기를 옷 입듯 하더니 저주가 물

같이 그 내부에 돌아가며 기름같이 그 뼈에 들어갔나이다."(시 109:17-18). "화있을진저 너 학대를 당하지 아니하고도 학대하며 속임을 입지 아니하고도 속이는 자여 네가 학대하기를 마치면 네가 학대를 당할 것이며 네가 속이기를 그치면 사람이 너를 속이리라."(사 33:1).

"형제의 눈 속에 있는 티는 보고 네 눈 속에 있는 들보는 깨닫지 못하느냐(3절)." 남의 티(*karphos*, splinter 먼지)는 볼 줄 알면서 왜 자신의 들보(*dokon*, beam 석가래)를 보지 못하는가. 남의 작은 죄는 보면서 왜 자기의 큰 죄는 깨닫지 못하는가. 남이 데나리온 빚진 것을 용서하지 못하면서 왜 자기의 달란트 빚진 것 깨닫지 못하는가. "어찌하여 깨닫지 못하느냐?" 자기 자신을 엄격하게 살피라.

"우리가 우리를 살폈으면 판단을 받지 아니 하려니와"(고전 11:31). "각각 자기의 일을 살피라 그리하면 자랑할 것이 자기에게만 있고 남에게는 있지 아니하리니"(갈 6:4). 각자 자기의 오만을 살피라. 자기를 살펴보면 자랑할 것이 없다. 자랑할 때 다른 사람과 비교해서 자랑하지 말라. 다른 사람의 결점과 비교해서 자랑하지 말라. 자랑이 있으면 그것은 너 자신에 관해서만 자랑하라. 그러나 따지고 보면 그 자랑할 것은 하나님의 은혜로 된 것이다. 자신에게서 온 것이 아니다. 자기의 공로가 아니다. 그러므로 하나님께 감사하게 될 것밖에 없다.

자기 눈 속에 들보가 있으면서 어찌 형제에게 "나로 네 눈 속에 있는 티를 빼게 하라 하겠느냐(4절)." 남의 작은 허물은 잘 보면서 자신의 큰 잘못은 느끼지 못하는 것을 경고하고 있다. 이것은 염치없는 짓이다. 위선이다. 자기의 죄를 감추는 자이다. 사랑이 없는 자의 짓이요 핑계하는 자들의 속성이다. 형제의 티 같은 죄를 가지고 정죄한다면 정죄 자체가 들보보다 큰 죄여서 하나님의 정죄를 받게 된다. 자기의 큰 허물을 감추어두고 남의 작은 허물만 가지고 이러쿵저러쿵 하는 것은 무서운 죄를 범하는 것이다. 자기 허물이 더 큰 것을 기억하라.

"외식하는 자여 먼저 네 눈 속에서 들보를 빼어라(*ekbale*, cast out) 그 후에야 밝히 보고 형제의 눈 속에서 티를 빼리라(5절)." 엄격한 자기비판을 통해 자신을 바로 안 후에 남에 대해 말할 수 있어야 한다는 것이다. 서기관과 바리새인은 외식하는 자였다. 제 허물 큰 자가 남에 대해 정죄하기를 좋아했기 때문이다. 예수님은 자기의 죄를 다 청산한 자라야 남을 정죄할 수 있는 자격이 있다고 말씀하신다. 이 세상에 이런 자격을 가진 사람이 누구인가? 사람은 완전 성화가 불가능하다. 정죄 권은 하나님의 권한에 속한다.

그렇다고 교회에서 치리회가 권징하지 못한다는 것은 아니다. 치리회는 사람의 권위로 하는 것이 아니라 하나님의 뜻으로 하는 것이다. 권징은 하나님께서 교회에 위임하신 것이므로 하나님의 권위로 하는 것이다(마 16:19, 18:18). 권징은 정죄가 아니고 회개시키기 위한 사랑의 징계이다(딤전 1:5).

우리는 남을 혹평하기 전에 자신을 먼저 혹평해야 한다. 자신을 철저히 살피고 회개하며 긍휼을 입는 자가 되어야 한다. 서기관과 바리새인 같이 자기만 의로운 줄 알고 남을 정죄해서는 안 된다. 남을 비판하는 그 자체가 벌써 들보보다 더 큰 죄인 줄 깨달아야 한다. 비판하기보다 용서가 필요하다. 우리 모두가 하나님으로부터 긍휼함을 입은 것처럼 이웃의 허물과 실수를 주님의 사랑으로 덮어주어야 한다.

2. 거룩한 것을 욕되게 하지 말라(6절)

"거룩한 것을 개에게 주지 말며." 이것은 제사장이 성전에 바쳤던 음식을 당시 성전 주변을 떠돌아다니는 개들에게 주는 모습을 비유로 들어 말씀하신 것이다. 여기서 거룩한 것(*to hagion*, that which is holy)은 그리스도의 구원의 복음과 그리스도인의 증거를 가리키고, 개(*kysin*, dogs)나 돼지(*choiron*, pigs)는 그 복음의 귀중한 가치를 모른 채 이를 완강하게 거부하며 노골적으로 멸시하는 사람들을 가리킨다. 사악하여 치료가 불가능할 만큼 불경건하게 사는 사람들이다. 이런 사람들과는 함께 하지 말라는 말씀이다. 영적인 진리를 받아들일 능력이 없거나 거부하는 사람들과는 나누지 말라는 것이다. 진주(*margaritas*, pearls)처럼 값진 복음을 알아보지 못하고 돼지처럼 무조건 발로 밟고 그것을 전해준 너희에게 덤벼들어 찢어발기지나(*rhexosin*, tear to pieces) 않을까 두렵기 때문이다. 그들의 이런 행동으로 인해 복음이 훼손당하고 값싼 것으로 전락될 수 있다.

예수님이 말씀하신 이런 경우는 매우 극단적 상황을 상정한 것이다. 일반적으로 그들이 거부한다 할지라도 인내심을 갖고 복음을 전하는 것이 바른 태도이다. 예수님이 이 말씀을 통해 가르치고자 하는 것은 하나님의 진리나 거룩한 것은 소중하게 보존하라는 것이다.

3. 구함과 응답(7-11절): 구하라, 찾으라, 두드려라

하나님은 너무나 크고 두려우신 분이기 때문에 감히 그분께 기도드릴 수 없다고 생각한 사람도 있다. 예수님은 그런 우리에게 기도의 자리로 인도하신다. "구하라, 찾으라, 두드리라. 그리하면 응답하리라." 크던 작던 모든 간구 사항들을 은혜의 보좌 앞에 담대히 들고 나아가라. 하나님께서 도우시고 응답하시리라.

"구하라 그리하면 너희에게 주실 것이요 찾으라 그리하면 찾아낼 것이요 문을 두드리라 그리하면 너희에게 열릴 것이니(7절)."

"구하라(*aiteite*, ask), 찾으라(*zeteite*, seek) 두드리라(*krouete*, knock)." 흔히 이것을 가리켜 기도의 강도, 기도의 3유형으로 설명하는 사람이 많다. 그러나 이것은 기도에 대해 3중 강조를 한 것이다. 열정을 가지고 기도하라. 끈기 있게 매달려 기도하라. 포기하지 말라. 이 기도가운데 우리가 가장 구해야 할 것은 하나님 나라의 삶이다. 그 나라의 삶을 우리의 삶의 현장에서 실현할 수 있도록 기도해야 한다.

'그리하면(*kai*, and)' 도 세 번 반복되고 있다. '그리하면' 하나님께서 응답을 주신다는 것이다. "주실 것이요 찾아낼 것이요 열릴 것이니." 이것은 기도에 대해 하나님의 때가 있음을 가리켜 준다. 우리가 기도하면 하나님이 움직이실 때가 있고, 움직이지 않을 실 때가 있다. 움직이실 땐 여호수아가 싸울 때 태양을 머물게 하신 때처럼 즉각 응답하실 때가 있는가 하면 요셉이 13년간 이집트에서 기다리도록 하신 것처럼 우리로 하여금 기다리게 하실 때가 있다. 하나님께서 '아니다' 라고 하실 땐 나름대로 이유가 있다. 아시아 전도를 생각한 바울에게 유럽 전도의 문을 여신 것처럼 하나님께서 다른 큰 그림을 그리시고 그리로 인도하실 수도 있다.

하나님께서 우리의 간구에도 불구하고 더디다고, 답을 주신지 않는다고, 심지어 허락지 않으신다고 실망할 필요는 없다. 그럼에도 불구하고 우리가 주님께 매달리는 동안 우리 스스로 달라질 수 있다. 하나님의 아름다운 자녀의 모습으로 변해가는 것이다. 그것이 하나님 보시기에 아름답다. 기도는 인내하며 하나님의 때를 기다리는 것이다.

"떡(*arton*, bread)을 달라하면 돌(*lithon*, stone)을 주며 생선(*ichthyn*, fish)을 달라하면 뱀(*ophin*, serpent)을 줄 사람이 있겠느냐(9,10)." 부모는 자식에게 가장 좋은 것을 주고자 한다. 자신이 먹지 못한다 해도 자식이 먹는 것만 봐도 배가 부르다. 이것이 부모의 모습이다. 하나님 아버지는 우리가 아무리

악하다 할지라도, 다시 말해 불완전하고 연약하다 할지라도 그의 자녀에게 먹을 수 없는 돌처럼 무익한 것을 주지 않으며, 독 있는 뱀처럼 해로운 것을 주지 않으신다.

"하늘에 계신 너희 아버지께서 구하는 자에게 좋은 것으로 주시지 않겠느냐(11절)." '하늘에 계신 너희 아버지께서.' 기도의 대상은 하늘에 계신 아버지이심을 기억하라. 아버지는 우리를 도와주시는 분이시며 약속을 지키시는 분이시다. 하나님은 우리로 하여금 자신을 '아버지'라 부르실 수 있는 권세를 주셨다. 아무나 하나님을 아버지라 부를 수 없다. 그의 자녀만이 아버지라 부를 수 있다. 바리새인들은 예수님이 하나님을 "아버지"라 부른다 하여 참람하게 생각했다. 우리가 하나님을 아버지라 부르는 것은 그만큼 가깝다는 뜻이다. 하나님을 아버지로 신뢰하면 기도하지 않을 수 없다. 하나님은 우리의 아버지시다.

'구하는 자에게 좋은 것으로 주시지 않겠느냐.' 하나님은 자녀에게 좋은 것을 주시는 분이시다. 하나님은 자기의 자녀들에게 좋은 것(*agatha*, good things)을 주시겠다고 약속하셨다. 그러나 그 좋은 것이 하나님 보시기에 좋은 것이냐 우리 보기에 좋은 것이냐 하는 것이다. 두 경우가 서로 같을 때도 있지만 서도 다를 때도 있다. 비록 다른 것처럼 보일지라도 주님은 그 길을 통해 선한 결과를 얻도록 하신다. 우리의 보기에 좋은 것이 아니라 하나님 보시기에 좋은 것이 가장 좋은 선택이다.

하나님이 우리에게 주시는 선물 가운데 가장 좋은 것은 성령이다(눅 11:13). 기도하는 가운데 성령의 통치를 받으면 삶이 달라진다. 하나님께서는 우리의 작은 헌신을 보고 우리 인생을 바꿔 주신다.

4. 남을 대접하라(12절)

"무엇이든지 남에게 대접을 받고자 하는(*thelete*, desire) 자는 너희도 남을 대접하라(12절)." 주님이 가르쳐 주신 황금률(the golden rule)이다. 이 말씀은 내가 먼저 변해야 한다는 것을 가르쳐 준다. 이것은 산상설교의 결론이기도 하다. 성경의 기본적인 가르침은 사랑이다. 주는 삶을 살라, 다른 사람들을 능동적으로 사랑하고 선을 베풀라는 것이다. 희생적, 능동적, 적극적 사랑으로 이기적 인간관계에 얽혀있는 악순환을 제거하는 것이 그리스도인의 삶이다.

기도하는 자는 받을 것만 생각하지 말고 줄 것을 생각하라. 하나님을 향해 달라고 하기 전에 "내가 하나님을 위해 그리고 이웃을 위해 무엇을 할 것인가를 생각하라." 그리하면 하나님께서는 이를 기뻐하시고, 우리가 생각하는 이상으로 풍성하게 좋은 것을 주신다.

"이것이 율법이요 선지자니라(12절)." 원문은 '율법(*ho nomos*, the law)과 선지자들(*hoi prophetai*, the prophets)이다.'라 했다. 이것은 구약의 율법과 예언서들을 가리킨다. 이것이 율법과 예언서의 정신이라는 말이다(공동번역).

5. 좁은 문으로 들어가라(13-14절)

"좁은 문으로 들어가라(13절)." 산상설교를 어떻게 적용할 것인가를 명확히 가르쳐주는 말씀이다. 좁은 문(*tes stenes pyles*, the narrow gate)은 상징적인 것으로 예수님을 나의 구주로 모시고 사는 영생의 길을 말한다. 좁은 문은 산상설교대로 사는 길을 가리킨다. 넓은 문(*he eurychoros pyle*, the broad gate)은 예수를 거부하는 사람들이 선택하며 가는 멸망(*apoleian*, destruction)의 길이다. 그럼에도 불구하고 그 길은 넓어 그리로 들어가는 자가 많다.

"생명(*zoen*, life)으로 인도하는 문은 좁고(*stene*, small) 길이 협착하여(*tethlimmene*, compressed) 찾는 자가 적음이라(14절)." 예수님이 이 영생의 길을 가르쳐 주었음에도 불구하고 사람들이 이 길로 들어가려 하지 않는다. 그 길로 가는 길이 협착하기 때문이다. 협착하다는 것은 끊임없는 제재와 압

박으로 어려운 상태를 말한다. 그 길이 좁고 협착하다는 것은 성도의 삶이 수많은 역경과 고난의 가시밭길임을 보여준다. 이 세상에서 믿음을 가지고 산다는 것이 그만큼 어렵다.

좁은 문으로 들어가기 위해서는 행함, 곧 말씀대로 사는 것이 중요하다. 13-21절의 말씀은 산상설교의 후기로 우리가 가지 않으려 하는 길이 있다는 것을 보여준다. 그러나 주님은 이 길을 택하라고 단언적으로 말씀하신다. "좁은 문으로 들어가기를 힘쓰라." 신앙의 결단이 필요하다는 말씀이다. 신앙에는 선택과 결단이 필요하다. 좁은 길, 곧 하늘의 길, 하나님이 기뻐하시는 길을 택한다. 버릴 것은 과감히 버린다. 신앙생활에는 하나님을 향한 결단적 태도가 중요하다.

우리는 하나님의 은혜로 좁은 문에 들어오게 되었다. 내가 능력이 있어서 좁은 문을 선택한 것 아니다. 좁은 문에 들어왔다고 해서 다 주님의 말씀을 따르는가? 그렇지 않다. 예수 믿기와 예수 쫓아가기가 일치하지 않는 사람이 있다. 성경은 그런 우리의 실상을 보여준다. 다윗은 시기를 보여주었고, 솔로몬은 향락에 빠졌다. 지금 우리 자신도 우리의 어려운 현실을 들먹이며 마땅히 가야 할 길을 가지 않고 있다. 이것이 과거나 현재나 우리의 문제이다. 나 자신부터 변해야 한다. 사단이 아니라 '나 자신' 이 문제이다. 성결운동은 자기회개에 바탕을 두고 있다.

예수님은 공생애를 시작하기 전 시험을 당하셨다. 이 시험은 사탄의 시험이었다. 그러나 그의 생애에 있어서 가장 어려운 십자가 시험은 자신과의 시험이었다. 주님도 우리를 향해 "자기 십자가를 져야 한다."고 말씀하신다. 우리는 우리의 힘으로 자기를 이길 수 없다. 성령의 지도와 인도함을 받아야 한다. 성령만이 우리의 연약함을 도울 수 있기 때문이다.

산상설교는 천국과 지옥을 보여주고, 천국의 길을 향해 걸어가야 한다는 것을 가르쳐주고 있다. 이 길만이 영생의 길이기 때문이다. 좁은 문만이 생명으로 인도하는 문이기 때문이다. 당신은 지금 신앙생활을 위해 무엇을 희생하고 있는가? 기독교는 십자가의 종교이다. 십자가를 지는 것는 희생을 치루고 값을 지불하는 삶이다. 땀 흘리고 올라가지 않으면 정상에 오르는 기쁨을 느낄 수 없다. 그리스도인은 하나님의 영광을 바라보고 기뻐하며 좁을 길을 가는 사람들이다(롬 5:2). 우리 안에 하나님 나라의 소망이 주는 기쁨이 있는가? 많은 선교사들이 외지에서 순교했다. 그들은 한결같이 '내 안에 사는 이 예수 그리스도니 나의 죽음도 유익함이라' 노래했다. 좁은 문은 영광에 이르는 길이다.

6. 거짓 선지자를 삼가라(15-20절)

"거짓 선지자(*pseudoprophetọn*, false prophets)를 삼가라(15절)." 당시 여러 곳을 돌아다니면서 성도들을 현혹하는 거짓 예언자들이 있었다. 그들은 예수의 이름으로 귀신을 쫓아내고 기적들을 행했다. 하지만 이들은 사람들을 유인하여 넓은 길로 가게 하는 흉악한 이리들(*lykoi*, wolves)이었다. 이런 사람들 예나 지금이나 교회 안팎에 자리하고 있다. 다원주의로 감성화 된 이 시대는 어떤 종교를 믿어도 구원을 얻는다고 말한다. 칼뱅이 주요 역할을 한 제네바 생피에르 교회는 달라이라마를 초청하여 주일 강단 설교자로 세웠다. 어떤 이는 "당신이 하나님이요."라고 말한다. 창조주는 당신밖에 있지 않다는 말이다. 세상과 적당히 타협하도록 유도하는 사람도 있다. 복음을 값싸게 만드는 사람들이다. 우리는 그들의 말을 분별할 필요가 있다. 영으로 말한다고 해서 다 바른 예언자가 아니기 때문이다.

"그들의 열매(*karpon*, fruits)로 그들을 알지니(16절)." 나쁜 나무는 나쁜 열매를 맺는다. 불순종의 열매를 맺는다. 근본이 잘못되어 있다. 회개하지 않는다. 좋은 나무는 좋은 열매, 곧 순종의 열매를 맺는다. 예수님은 "아름다운 열매를 맺지 아니하는 나무마다 찍혀 불에 던져지느니라(19절)." 하셨다.

믿음은 자기 좋은 대로 신앙생활을 하는 것이 아니다. 하나님 뜻대로 행하는 자가 구원을 받는다. 산상설교의 마지막 말씀은 순종이다. '말씀을 행하라,' '듣기만 하지 말라.'는 것이다. 이것이 작은 예수가 되는 길이다. 듣고 순종하지 않으면 아무것도 남지 않는다. 순종은 믿음만큼 중요하다.

7. 불법을 행하는 자에 대한 경고(21-23절)

말로는 "주여(*Kyrie*, Lord)" 하면서 행동은 안 한다. 말만하고 행하지 않는 자는 거짓 선지자와 다름이 없다. 사람의 됨됨이는 그의 말이 아니라 그의 행실을 보고 알 수 있다. 예수를 '주' 라고 부르는 것, 자신을 기독교인이라 하는 것으로 충분하지 않다. 하나님의 뜻(*to thelema*, the will), 곧 주님이 원하고 기뻐하시는 것을 행하는 사람만이 그의 나라에 들어갈 수 있다.

'그 날(*te hemera*, the day)에,' 곧 심판 날에 많은 사람이 주님을 향해 말한다. "주여, 주여 우리가 주의 이름으로 선지자 노릇 하며 주의 이름으로 귀신을 쫓아내며 주의 이름으로 많은 권능을 행하지 아니하였나이까?" 하지만 심판자이신 주님은 아주 분명하게 말씀하신다. "내가 너희를 도무지 알지 못하니 불법을 행하는 자들아 내게서 떠나가라(23절)." '불법(*ten anomian*, lawlessness)을 행하는 자들' 은 믿음의 법을 어기는 자라는 뜻이다. 예수님이 그들을 거절하신 이유는 그들의 고백의 말뿐, 그것이 삶과 연결되지 않았기 때문이다.

믿음은 순종과 함께 가야 한다. 즉, 믿음의 고백과 함께 순종의 선한 행실이 함께 가야 한다. 우리가 "주여"라고 말할 때는 "주님께 절대 충성하겠습니다."는 순종이 포함되어 있다. 그리스도인은 맹세에 그치지 않고 순종해야 한다. 참 믿음은 순종한다. 믿게 하고, 순종하도록 한다. 야고보는 "내 형제들아 만일 사람이 믿음이 있노라 하고 행함이 없으면 무슨 유익이 있으리요 그 믿음이 능히 자기를 구원하겠느냐"(약 2:14) 했다. "주의 이름을 부르는 자마다 불의에서 떠날지어다."(딤후 2:19).

본회퍼는 "믿는 자는 순종하며 순종하는 자만이 믿는다." 하였다. 믿음으로만 예수님을 닮아갈 수 없다. 행동으로, 순종으로 예수를 닮아갈 수 있다. 원수를 사랑하라는 말씀에 따라 미워하는 사람을 사랑하면 그를 위해 기도하게 된다. 순종하면 은혜의 파도가 밀려온다. 신앙생활의 행 · 불행의 갈림길은 순종에 있다. 순종은 믿음 못지않게 중요하다.

8. 반석 위에 지은 집(24-27절)

이 부분은 산상설교의 결론 부분이다. 지금까지 예수님은 여러 말씀으로 교훈을 주셨다. 그리고 "누구든지 나의 이 말을 듣고 행하는 자는 그 집을 반석 위에 지은 지혜로운(*phronimo*, wise) 사람 같으리니(24절)"라 하셨다. 예수님의 말씀을 듣고 순종하는 자는 그 집을 반석 위에 지은 사람이자 지혜로운 사람이라는 것이다. 반석(*ten petran*, the rock)은 원래 '높은 벼랑'을 뜻한다. 이곳은 아무리 홍수가 난다 해도 그곳에 물이 미치지 못하는 안전한 곳이다. 바른 믿음에 선 자, 곧 오직 예수님을 따르고 예수님과 함께 하는 신앙에 확고히 서 있는 자는 믿음의 집을 제대로 짓고 사는 사람이다. 비(*he broche*, the rain)가 내리고 물이 불어 강물이 넘칠 만큼 창수(*hoi potamoi*, the torrents)가 나고 바람(*hoi anemoi*, the winds)이 불어도, 다시 말해 어떤 시험과 역경이 와도 쓰러지지 않는다. 주추, 곧 기둥 밑에 괴어 있는 돌을 반석 위에 놓았기(*tethemelioto*, founded) 때문이다.

그러나 예수님의 말씀을 듣고 행하지 아니하는 자는 그 집을 모래(*ten ammon*, the sand) 위에 지은 어리석은(*moro*, foolish) 사람 같다(26절). 비가 내리고 창수가 나고 바람이 불면 무너짐이 심하다. 모래 위에 지은 집, 와디(wadi)에 지은 집은 조금만 비가 내려도 금방 물이 불어나 쉽게 무너져 버린다. 바른 믿음이 아니라 다른 믿음, 곧 율법주의, 기복주의, 종교다원주의 등에 물든 믿음은 그 안에 예수님이 없어 결국 무너질 수밖에 없다. 인생의 위기나 시련이 올 때 믿음의 진가가 밝혀진다. 그러므로 나는 죽고 예수님과 함께 사는 집을 만들며 살라.

평소 이 두 집은 매우 비슷해 보일지 모른다. 보기에는 다 신앙생활을 한다는 점에서 차이가 없다. 그러나 마지막 심판이 그 진위를 가릴 것이다. 마지막 심판을 견뎌낼 수 있는 것은 단 한 가지다. 우리 신앙의 기초를 예수님의 말씀에 두고, 그 가르침을 실천했는가 하는 것이다.

9. 예수님의 권위 있는 가르치심(28-29절)

예수님께서 산상설교를 마치자 사람들은 그분의 가르치심에 놀랐다(*exeplessonto*, astonished). 천국의 삶에 대한 그의 생동감 넘치는 가르침이 높은 생명력과 함께 권위(*exousian*, authority)가 있었고, 지금까지 그들이 서기관들(*hoi grammateis*, the scribes)로부터 배워온 것, 곧 율법과 전승 중심의 가르침과는 너무나 달랐기 때문이다.

마태복음8장

나병환자, 백부장의 하인, 큰 놀, 귀신 들린 자

1. 나병환자를 고치시다(1-4절)

나병은 작은 반점이 온몸으로 번지고 감각이 없어진다. 이스라엘 백성들은 나병을 천벌로 간주했고 치료 또한 불가능했다. 랍비들은 나병이 생기는 것은 여인이 정결 법을 지키지 않을 때 생기는 병이라 가르쳐 부정한 자식이라는 수치심을 갖게 만들었다. 랍비들의 관습에 따르면 나환자에게 인사하는 것도 율법에 어긋난 행위였다. 제사장들은 나환자를 보는 순간 몸을 숨기곤 했다. 나환자는 어느 정도 거리를 둬야 한다. 3미터 이상 떨어져 있어야 한다. 사람이 가까이 오면 "부정하다. 부정하다" 외쳐야 한다. 그렇지 않으면 돌로 침을 당할 수 있다.

그런데 이 나병환자(*lepros*, a leper)는 예수님 앞에 나아와 엎드렸다(*pro-sekynei*, worshipping). 사실 목숨 건 행동을 한 것이다. 그리고 "주여 원하시면 저를 깨끗하게(*katharisai*, cleanse) 하실 수 있나이다(2절)." 하였다. 그는 '원하시면(*ean theles*, if you're willing)'이라는 가정법으로 나왔다. 과연 주님이 나를 받으실까 확신이 없었던 것이다. 낮은 자존감을 가지고 있었다. 우리는 은혜의 보좌 앞에 담대히 나아갈 필요가 있다(히 4:16).

예수님은 손을 내미시고(*ekteinas*, stretched out) 그에게 대시었다(*hepsato*, touched). 손을 들어 그를 만지신 것이다. 말씀 한 마디로 고칠 수 있으심에도 불구하고 만져주셨다. 이것은 율법규정과는 다르다. 정결 법을 어기신 것이다. 구약의 관점에서 볼 때 엄청난 사건이다. 율법 안에 있는 사람은 그렇게 할 수 없다. 복음 안에 있는 사람만이 할 수 있는 일이다. 예수님이 오신 후에는 율법에 따른 규정의 의미는 없어졌다.

"내가 원하노니 깨끗함을 받으라." 이것은 확신을 주기 위한 말씀이다. "그래 내가 원한다. 걱정마라. 내가 지금 응답할 것이다." 그의 병은 즉시 나았다. 고칠 수 없다고 믿었던 병이 나은 것이다. 주님만이 우리 죄를 고칠 수 있듯 예수님 외에는 이 병을 고칠 수 없다.

그리고 아무에게도 이르지 말고 오직 제사장에게 가서 네 나은 몸을 보이고 모세가 명한 예물을 드려 그들에게 입증하도록 했다. 아무에게도 이르지 말라 하신 것은 자신의 기적이 군중의 흥분을 촉발시키지 않기를 바라신 것이다. 군중들이 떼로 모이면 로마 당국을 자극할 것이고, 그 결과 메시야 사역에 장애가 줄 것이기 때문이다. 제사장에게 보이도록 하신 것은 정결 법에 따른 것이다. 그가 나음을 입어 식구들과 함께 새로운 삶을 살려면 제사장의 검증과 깨끗하다는 선언이 필요하다. 나병이 나으면 산 새 두 마리와 백향목과 홍색실과 우슬초를 바치고(레 14:4), 8일 후에는 어린 수양과 암양 하나를 바치도록 되어 있다(레 14:10). 이것은 예수님이 율법을 신실하게 지키셨음을 보여준다.

산상설교를 마친 다음 이 병에 걸린 사람을 등장시킨 것은 예수님께서 나병을 치유하심으로 메시야 왕국의 도래를 드러냄과 동시에 메시야 시대의 축복이 얼마나 영광스럽고 풍성한가를 보여주기 위한 것이었다. 유대인들은 나병의 치료를 메시야의 임한 증거로 믿었기(사 35:5-6, 61:1, 마 11:5) 때문에 이런 과정을 통해 예수님에 대한 인식도 크게 달라졌을 것이다.

오늘날의 나병환자는 누구일까? 육체적으로 나병에 걸린 자들에 한정될까. 죄, 패배의식, 중독 등에 빠져 있는 사람들도 나병환자들이다. 그런 사람들은 우리 주변에 많다. 우리도 그들에게 다가서야 한다. 그들의 상처를 만져주어야 한다. 주님은 살리는 자이셨고, 우리를 살리는 자로 부르셨다.

2. 백부장의 하인을 고치시다(5-13절)

예수님이 가버나움에 들어가시자 백부장이 찾아왔다. 가버나움은 갈릴리 북서안에 위치한 큰 성읍으로 로마 주둔군이 있었던 곳이며 예수님의 갈릴리 전도 중심지였다. 백부장(*hekatontarchos*, a centurion)은 군졸 100명을 거느린 장교다. 비유대인으로 헤롯 안디바에 속한 군인 중 한 사람이었을 것으로 추정되고 있다.

백부장은 하인(*ho pais*, the servant)의 중풍병(*paralytikos*, paralyzed) 문제로 예수님 앞에 나아와 간구했다. 이것은 그가 얼마나 하인을 사랑했는가를 보여준다. 당시 하인은 물건 취급을 당하던 시대였다. 죽이거나 팔아도 아무 말 할 수 없는 시대다.

백부장은 겸손한 사람이었다. 로마 군인은 황제 외에는 '주' 라고 부르지 않기로 서약한 사람이다. 그럼에도 불구하고 그는 예수님을 '주(*Kyrie*, Lord)' 라 불렀다. 주님 앞에 무릎을 꿇은 자가 큰 자이다. 예수님은 겸손한 자를 높이시고 '내가 가서 고쳐주겠다' 하셨다.

백부장은 하나님의 말씀만 의지하는 믿음을 가지고 있었다. 오시겠다고 하자 자기 집에 주님을 모시는 것조차 감당할 수 없다 했다. 원문은 "주님, 저는 주님을 제 집으로 모실 가치가 없습니다(*ouk eimi hikanos*, I am not worthy).” 라 했다. 유대인들이 이방인의 집에 들어가는 것은 율법으로 금지되어 있기 때문이라기보다 그 크신 예수님 앞에서 자신의 무가치성을 깨달은 것이다. 그는 주님 앞에 자신의 겸손을 드러냈다.

그리고 “다만 말씀으로만 하옵소서(*monon eipe logo*, only speak the word).” 하나님이신 당신이 명령만 하시면 병이 떠날 것이라 했다. 자기가 명령을 하면 부하들이 복종하는 데, 큰 권세를 가지신 예수님께서 한 마디 말씀하시면 병을 낫게 하지 못하겠느냐는 믿음이다. 이것은 예수님의 말씀을 절대적으로 믿었음을 보여준다. 여기서 백부장의 놀라운 믿음과 겸손이 보인다.

예수님은 그의 믿음을 보시고 “이스라엘 중 아무에게서도 이만한 믿음을 보지 못하였노라.” 하셨다. ‘이만한 믿음’ 의 원문은 ‘이처럼 큰 믿음(*tosauten pistin*, so great faith)’ 이다. 이스라엘 수천 년의 역사에서 지금까지 찾아볼 수 없었던 믿음이라는 것이다. 정작 하나님의 능력을 믿어야 할 사람은 이스라엘 사람들인데, 예수님께서 그 믿음을 이방인인 백부장에게서 발견하신 것이다.

이에 대해 예수님은 “동 서로부터 많은 사람이 이르러 아브라함과 이삭과 야곱과 함께 천국에 앉으려니와 그 나라의 본 자손들은 바깥 어두운 데 쫓겨나 거기서 울며 이를 갈게 되리라(11, 12절).” 하셨다. 이것은 세상 마지막 날에 메시야가 이스라엘의 족장들과 동서로부터 온 많은 이방인들과 함께 둘러앉아 잔치를 벌이는 모습을 보여주고 있다. 이방인들이 족장들과 함께 천국의 즐거움에 참여한다는 것이다. 그런데 천국에서 열리는 큰 잔치(혼인잔치)에 ‘그 나라의 본 자손들(*hoi huioi tes basileias*, the sons of the kingdom),’ 곧 혈통으로만 유대인일 뿐 예수님을 믿지 않는 이스라엘 자손들은 쫓겨나 이를 갈게 되리라 하신다. ‘앉으려니와(*anaklithesontai,* will recline)’ 는 ‘기대어 누우리라' 는 뜻으로 유대인들의 잔치 때 식탁 자세를 가리킨다. '바깥 어두운 데(*to skotos to exoteron*, the darkness the outer)' 는 빛이신 하나님을 떠난 지옥의 어두운 곳을 가리킨다.

이 말씀을 하신 다음 백부장을 향해 "가라 네 믿음대로(*hos episteusas*, as you have believed) 될지어다(*genetheto*, be it)."고 하셨다. 그 즉시 하인의 병이 나았다. 주님이 말씀 하시면 역사가 일어난다.

3. 베드로의 장모를 고치시다(14-17절)

베드로의 처 쪽에 관련해 성경에서는 예수님께서 베드로의 장모의 열병을 고치신 사건과 복음 전도 여행 때 베드로가 그의 아내와 동행한 것을 기록하고 있다(고전 9:5). 베드로는 벳새다 출신으로(요 1:44) 가버나움 출신의 여인과 결혼한 것으로 보인다. 가버나움 근처에 베드로의 집이 있었던 것으로 보이며, 가버나움은 예수님의 전도 중심지였기 때문에 오가며 그의 집에 자주 들르셨을 것이다. 장모의 열병(*pyressousan*, fever)은 말라리아로 추정되고 있다. 잘못하면 죽을 수도 있다. 예수님이 그녀의 손을 만지자(*hepsato*, touched) 열병이 곧 사라졌다. 마가복음에는 그 손을 잡아 일으키셨다고 하였다. 건강을 회복한 여인은 일어나 주님을 섬겼다.

그러자 사람들이 병자들을 데리고 예수님을 찾았다. 그 중엔 귀신들린 자들이 많았다. 예수님은 그들을 다 고쳐주셨다. 이 사건은 이사야 선지자를 통해 하신 말씀, 곧 "우리의 연약한 것을 친히 담당하시고 병을 짊어지셨도다." (사 53:4)을 이루신 것이다. 이 예언의 말씀처럼 예수님은 죄인들과 병자들의 친구가 되시고 그들의 고통을 담당하심으로 고난의 종으로서의 사명을 성취하셨다.

4. 예수를 따르는 자의 각오(18-22절)

예수님이 이곳저곳을 방문하실 때마다 사람들이 나와 제자 되기를 청하였다. 병자를 고치고 기적이 일어날수록 사람들의 관심은 더했다. 무리들이 주님을 에워싸기도 했다. 마침 갈릴리 건너편으로 건너가자 하시는데 서기관 한 사람이 나아와 말한다. "선생님이여(*didaskale*, teacher) 어디로 가시든지 저는 따르리이다"(19절).

아주 적극적이다. 그러나 주님은 소극적인 반응을 하신다. "여우도 굴이 있고 공중의 새도 거처가 있으되 인자는 머리 둘 곳이 없다"(20절). 인자(*Huios tou anthropou*, the Son of Man)는 아람어로 '사람' 이라는 뜻이지만 복음서에서는 예수님이 자신을 가리킬 때만 사용하셨다. '나' 라는 의미로 사용하시기도 하시고, 때로는 고난과 관련하여 사용하시기도 하시고, 세상 마지막 때의 영광을 가리켜 사용하시기도 하셨다. 예수님 자신이 이처럼 일정한 거처가 없으심을 말씀하시며 그런데도 나를 따르겠느냐 하셨다. 제자 된다는 것은 이처럼 어려운 상황에 처하는 것인데 그것을 이길 수 있겠느냐는 말씀이다.

예수님이 아니라고 한 것은 사이비제자도에 대한 단호함이 내재되어 있다. 성공과 안정의 대박 제자도가 아니라 핍박과 배척 등 값을 지불하는 제자도다. 잔머리를 굴려 피하려는 제자도가 아니라 우직하게 순종하는 제자도다. 성공과 풍요와 편함을 위해 차차선을 택하는 제자도가 아니라 중요한 일을 먼저하는 최우선 제자도다. 인기에 영합하는 스타 제자도가 아니라 건너편 곧 변두리와 변방으로, 이방인의 거주지 가다라로 가는 제자도다.

제자는 적극적인 태도가 중요하다. 하지만 그리스도의 제자 된다는 것은 그보다 더한 헌신이 필요하다. 이런 의미에서 주님의 태도는 결코 소극적 반응이 아니다. 상대의 적극성을 이끌어내는 소극성이다. 그런 각오를 가지고 어디든 나를 따르라는 말씀이다.

21절과 22절에 소개된 또 다른 제자와의 담화 내용은 위의 경우와 아주 다르다. 제자 가운데 한 사람이 말한다. 이 제자는 예수의 12제자 가운데 하나라기보다 열두 제자 외에 예수의 가르침을 받고자 따르던 여러 제자 중 하나로 간주되고 있다. "주여 내가 먼저 가서 내 아버지를 장사하게 허락 하옵소서"(21절). 소극적이다. 이에 반해 주님은 아주 적극적이시다. "죽은 자들(*tous nekrous*, the dead)이 그들의 죽은 자들을 장사하게 하고 너는 나를 따르라"(22절). 그는 예수를 따르는 제자이다. 그럼에도 불구하고 지금 아버님이 돌아가셨기 때문에 제자 역할을 수행하기에 어려움이 있다는 것이다. 그러므로 이 문제를 고려해 주실 수 없겠느냐는 것이다. 이에 대한 주님의 답은 매우 단호하고 적극적이시다.

상을 당한 제자를 이해하지 못할 만큼 주님은 매정하신가. 아니면 불효를 하라는 말씀이신지 종잡을 수 없다. 하지만 주님을 매정하신 분, 또는 효를 무시하는 분으로 생각하진 말자. 주님은 그 뜻으로 말씀하신 것이 아니다.

유대인의 장례법은 일반적으로 2회이다. 첫 번 장례는 죽은 날 바로 한다. 석회암 굴을 이용한다. 두 번째 장례는 12개월 후다. 유골을 수습한 후 납골당에 안치한다. 이장하는 것이다. 장사하게 해달라고 허락을 구하는 것은 두 번째 장례로 보인다. 첫 번째 장례는 허락받을 필요 없다. 가는 것이 도리이다. 자식이 부모를 장사지내는 일은 다른 종교적 의무를 지연시켜도 될 만큼 중요한 의무였다.

예수님께서 하신 말씀은 장례를 치루지 말라는 것이 아니다. 장례 치루는 일은 허락하셨다. 그런데 문제는 죽은 자들로 하여금 죽은 자들을 장사하게 하라는 그 말씀이다. 이 말씀은 이해하기 아주 어려운 구절이다. 이에 대해 다양한 해석이 있다.

첫 번째 해석으로는 영적으로 죽은 자와 육적으로 죽은 자를 구분했다는 것이다. 22절에 죽은 자가 두 가지 경우로 소개되어 있다. 앞의 죽은 자는 영적으로 죽은 자(불신자)이고, 뒤의 죽은 자는 육체적으로 죽은 자이다. 영적으로 죽은 자는 아직 죽지 않았다 해도 앞으로 죽을 자이다. 예수를 믿지 않는 불신자로 하여금 지금 육체적으로 죽어 있는 자를 장사하도록 하라는 것이다. 이 말씀은 여러 교훈을 준다.

주님의 사역은 생명의 사역이라는 것이다. 그리스도의 사역은 생명에 관계된 일로, 땅위의 그 어떤 일도 그리스도를 따르는 것보다 중요한 일이 없다는 것이다.

복음 선포의 긴박성이다. 지금 이 말씀을 하시는 정황을 보자. 주님은 제자들과 함께 배를 타고 건너편으로 가기로 이미 결정하셨고, 배는 항구를 떠나려 한다. 그런데 이 제자는 장례문제로 주저하고 있다. 이 땅에서 주님의 일은 급박한데 우리 일로 지체될 수는 없다. 제자로서의 아이덴티티를 확실히 하라는 것이다. 제자의 아이덴티티는 예수를 따르는 것이다. 그 선택에서 제자가 해야 할 일은 합류지 다른 길은 없다. 이 경우 장례는 다른 친척들에게 맡길 수밖에 없다.

기회의 우선순위를 확고히 하라는 것이다. 영적으로 살기를 바라는 자의 우선순위는 다르다. 죽은 부친의 장례는 다른 친척들도 얼마든지 치룰 수 있다. 하지만 영적인 기회는 한번 지나가 버리면 영원히 다시 만날 수 없는 경우도 있다. 그러므로 이 기회를 놓치지 말라는 것이다.

관계의 우선순위이다. 영적인 관계는 이 세상 어떤 관계보다도 앞선다. 가족 관계라 할지라도 영적 관계를 앞설 수 없다. 주님의 제자는 희생이 따른다. 주님은 따름에 있어서 그 어떤 예외를 두지 않으신다. 주님은 완전한 충성을 요구하신다. 주님의 말씀에 순종함에 있어서 가족관계도 예외일 수 없다.

신적인 명령은 거부할 수 없다는 것이다. 예수님은 그를 향해 "나를 따르라" 하셨다. 어떤 상황에서도 이 부르심을 가볍게 생각하거나 거역해서는 안 된다는 해석이다.

두 번째 해석은 유산상속에 관련된 것이다. 당시 풍습으로 아들이 아버지의 장례에 참석하면 그 아들은 유산을 상속받을 수 있지만 참석하지 않을 경우 상속을 받지 못할 수 있다. 그러므로 주님의 말씀은 유산, 곧 돈에 너무 집착하지 말라는 의미이다. 재물이 더 중한가, 아니면 주님이 더 중한지 그 우선순위를 바로 하라는 말씀이다.

세 번째 해석은 제자 사역은 중단될 수 없는 것이라는 것이다. 나중이 아니라 지금 그리고 계속해서 따르라는 말씀이다. "나를 따르라(*akolouthei moi*, follow me)"는 명령은 현재진행형이다. 장례를 치게 되면 장례 참석은 물론이고 법적인 절차, 상속문제 등을 처리하는 데 시간이 걸린다. 적어도 1년, 많게는 2년이 소요될 수 있다. 장례문제를 빌미로 제자로 주님 따르기를 당분간 쉬겠다는 것이다. 우리도 이런저런 이유를 대며 중단하고자 하지 않는가. 그러나 그리스도의 참 제자라면 주의 부르심에 중단은 없다.

끝으로, 장사보다 중병일 가능성이다. 첫 번째 해석은 교훈의 큰 틀에서 어느 정도 이해가 가능하다. 하지만 이 해석은 장례라는 대사를 두고 사람을 신자와 불신자 등 이분법으로 구분하고, 불신 친척들은 효를 행하지만 예수를 믿는 제자는 효를 행하지 못하는 문제를 낳는다. 장례에서 아들의 역할은 필수적이다. 특히 유대인들에게 있어서 죽은 사람을 장사지내는 일은 모든 일보다 우선하는 종교적 의무로, 율법을 공부하는 일보다 앞섰다. 따라서 이러한 의무를 이행하지 않는다는 것은 상상할 수 없다.

따라서 이 문제에 대한 합리적인 답을 찾기 위해 어떤 이는 제자가 말하는 아버지의 장사를 장례식으로 보지 않고 그의 아버지가 노쇠하거나 중병에 걸려 있는 것으로 상정한다. 언제 돌아가실지 모르기 때문에 아버님을 잘 돌보고 장례까지 치룬 다음 다시 오겠다는 것이다. 효를 행하는 동안 제자의 역할은 잠시 중단된다. 이에 대해 주님은 제자의 역할은 어떤 경우에서라도 중지될 수 없다는 뜻으로 그렇게 말씀하셨다는 것이다.

그러나 이 해석은 장사를 장사로 해석하지 않고, 말씀을 왜곡시킬 우려가 높다. 지금 우리 시각으로 해석하기 어렵다고 해서 말씀을 자의적으로 상정한다면 더 큰 문제를 낳을 수 있다.

주님을 따르려는 사람들에 대해, 그리고 그를 따르는 제자들에 대해 주님은 아주 적극적이다. 소극적으로 말씀하신다 해도 그것은 그들을 적극성으로 이끌기 위해 의도적으로 하시는 말씀이다.

소극적인 제자들에 대해서는 세상이 생각하는 이상으로 더 적극적이어야 한다는 것을 강조하신다. 장사문제에 있어서도 그 문제를 그렇게 소중하게 생각하는 유대 율법주의들의 생각과 달리 주의 일을 더 중시하신다. 주님은 말씀하신다. “죽은 자들이 그들의 죽은 자들을 장사하게 하고 너는 나를 따르라.” 이 극명한 말씀이 주님의 생각을 그대로 드러내고 있다.

그러나 이 구절은 매우 이해하기 어렵다. 이 난해 구절에 대해 여러 해석을 살펴보았다. 이 해석 가운데 어느 것이 주님의 뜻을 정확히 반영하는가를 말하기는 쉽지 않다. 첫 번째 해석이 가장 유력하고, 두 번째와 세 번째 해석도 많은 지지를 받고 있다.

중요한 것은 제자도가 어떤 것인가 하는 것이다. 주님은 이 말씀을 통해 우리로 깨닫게 하신다. 제자는 주님을 가장 우선순위에 놓아야 한다. 예수의 제자가 되는 일은 그 어느 것보다 절박하고 중대한 의무이기 때문이다. 주님을 SNS, 부모, 친척, 친구, 학교, 휴가, 재물, 명예 그 모든 것과 섞어놓지 말자. 그리스도인에게 있어서 주님은 우선순위중 제일이요 키다. 그것이 돈이든 가족이든 주님보다 앞설 수 없다. 주님의 일은 장사보다 더 급하고 중요한 일이다. 주님 외에 다른 것은 비우고 또 비우자. 우리 속에 주님의 파이를 더 넓히자. 그리고 주님의 일은 전진이 있을 뿐이다. 중단은 없다. 따라서 제자의 직분은 언제 어디서든 중단될 수 없다.

5. 큰 놀을 잔잔케 하시다(23-27절)

갈릴리 바다는 해면이 낮은 데다 주위의 산이 높아 기압의 교류가 생기면서 강풍이 일어나는 현상이 종종 발생한다. 예수님은 일정한 거처가 없었기 때문에 도처에서 수면을 취하셔야 했다. 제자들은 큰 놀(*megas seismos*, a great storm), 곧 폭풍이 일고 큰 파도(*ton kymaton*, the waves)가 이는 것에 놀랐다. 금방이라도 배가 잠길 것 같았다. 제자들은 예수님을 급히 깨우며 "주여 구원하소서 우리가 죽겠나이다(*apollymetha*, perishing)." 소리쳤다. 풍랑보다 마음을 다루는 것이 어렵다.

"어찌하여 무서워하느냐. 믿음이 작은 자들아(*oligopistoi*, you of little faith)." 두려워한다는 것은 믿음이 없다는 뜻이다. 믿음이 있을 때는 공포 상황에서도 큰 담력을 가질 수 있다. 제자들이 큰 믿음을 가졌다면 이렇듯 당황하지는 않았을 것이다. 그러나 믿음이 작을지라도 "나를 불쌍히 여기소서." 조그마한 외침(작은 믿음)에도 응답(반응)하신다. 두려움이 아니라 믿음이다.

예수님이 일어나 바람과 바다를 꾸짖으시자 아주 잔잔하게 되었다. 언제 폭풍이 쳤는가 싶을 정도였다. 이것은 예수님은 인간의 병고뿐 아니라 자연현상까지도 제어할 수 있는 분임을 보여준다. 구약에서 하나님만이 가졌다고 한 능력이 예수님에게서 나타난 것이다. 예수님이 하나님이심을 보여준 것이다. 이 단락에서 교훈하는 것은 예수님이 모든 자연계를 통치하시는 주님이시라는 것이다.

"이이가 어떠한 사람이기에 바람과 바다도 순종(*hypakouousin*, obey)하는가(27절)." 평생 잊을 수 없는 광경이었을 것이다. 제자들은 자기 힘으로 인생의 풍랑을 해결할 수 없음을 알았다. 주님만이 해결할 수 있다. 그러므로 우리 시선을 주님께 고정해야 한다. 하나님만이 풍랑을 잔잔케 할 수 있다.

이 기적의 중심은 예수님이 큰 놀, 곧 폭풍을 잠잠케 할 수 있다는 사실을 서술하는 데 목적이 있는 것이 아니다. 오히려 예수님께서 그들을 도울 수 있는 능력을 가지고 계심을 제자들이 신뢰해야 한다는 데 있다. 이 사건의 결과 제자들은 예수님께서 하나님만이 하실 수 있는 능력을 행하셨음을 인정하였다.

우리도 살면서 다양하게 큰 풍랑을 경험한다. 긴급한 환경, 관계에 따른 긴장, 정서적 두려움과 죄의식 등 다양하다. 인생에서 폭풍은 피할 수 없다. 예측할 수도 없다. 폭풍이 올 때 우리가 해야 할 일은 무엇보다 주님이 우리 가까이 계심을 기억하고, 주님이 돌보실 것을 믿고 편안한 마음을 가지며, 풍랑도 주님의 장중에 있음을 믿으며, 풍랑보다 주님께 집중하는 것이 중요하다. "두려워 말라. 내가 너를 구속하였음이라 내가 너를 지명하여 불렀나니 너는 내 것이라 네가 물을 지날 때 내가 너와 함께 할 것이요 강을 지날 때 물이 너를 넘어지지 않게 하리라."(사 43:1-2). 주님이 내 배 안에 있는 한 걱정하지 말라. 주님이 배안에 있는 데 빠지게 하겠는가. "모든 염려를 주께 맡기라. 그가 너를 돌보심이라."(벧전 5:7). 우리 삶 속에 모든 문제를 주님이 해결해 주신다. 우리 안에 사시는 주님만으로 가능하다. 우리 힘만으로 할 수 없다.

인생의 풍랑에도 주님이 주무신다고 생각하는가. 그렇지 않다. 풍랑도 주님이 계획하신 것이다. 제자로서 믿음을 키우기 위한 것이다. 큰 믿음을 가져라. 우리가 인생을 계획하는 것이 아니라 주님이 우리 인생을 계획하신다. 우리가 계획하면 믿음이 커지지 못한다. 그러나 주님이 계획하면 우리 믿음을 자라게 하신다.

6. 귀신 들린 자와 돼지 떼(28-34절)

예수님이 갈릴리 건너편에 있는 가다라(*Gadarenon*, Gadara, Gadarenes)로 가셨다. 그곳에 귀신들린 자들이 있음을 알고 고쳐 주시기 위함이다. 목적을 가지고 부러 가신 것이다. 그곳을 향한 예수님의 사랑의 마음을 읽을 수 있다. 가다라는 다른 복음서에는 거라사(*Gerasa*, Gerasenes)로 되어 있다. 갈릴리 호수 남동 해안의 성읍으로 이방문화의 영향을 많이 받은 데가볼리(Decapolis, 10 성읍) 중 하나이다. 데가볼리는 알렉산더와 그 장군들이 팔레스타인에 그리스 식민지로 세운 10개 도시를 말한다. 로마인들은 그 지역에서 헬라화를 촉진시키고 유대로부터 민족주의적인 영향을 막아보고자 열 도시 사이의 동맹을 형성하였다. 그곳 주민들이 돼지를 많이 키운 것은 이방문화가 얼마나 보편화되어있었는가를 보여준다. 그들은 유대의 민족주의를 막을 수 있었지만 예수님의 능력은 막을 수 없다.

사납게 귀신들린 자 두 사람이 예수님을 향해 소리를 지르며 "하나님의 아들이여(29절)"라 하였다. 사람들이 쉽게 하지 못하는 고백을 지금 귀신들이 하고 있다. 마가복음과 누가복음에는 한 사람으로 소개되어 있다. 두 사람 중 보다 더 난폭한 한 사람에게 초점을 맞췄기 때문이다. "우리가 당신과 무슨 상관이 있나이까?" 이는 구약에서 자주 사용하던 표현으로 '나를 번거롭게 하지 말고, 가만히 두라' 는 것이다. "때가 이르기 전에 우리를 괴롭게 하려고 여기 오셨나이까?" 귀신들은 때(*kairou*, the time 카이로스), 곧 하나님이 정하신 때, 곧 예수님이 재림으로 심판하시기 전에 자신들을 무저갱(계 20:3)으로 던져지지나 않을까 두려워했다.

“만일 우리를 쫓아내시려면 돼지 떼(*agele choiron*, the herd of pigs)에 들여보내 주소서.” 돼지는 불결한 짐승이었다. 악령이 거하기에도 좋은 장소였으리라. 이 때 돼지의 수는 약 2천 마리였고, 귀신의 수도 많아 군대(대부대)라는 뜻의 ‘레기온(Legion)’ 으로 불렸다(막 5:9).

예수님은 귀신들에게 “가라(*hypagete*, go)” 하셨다. 돼지 떼에 들어가도록 허락하신 것이다. 이것은 마귀의 활동도 하나님의 주권아래 있음을 보여준다. 귀신들이 그들에게서 나와서 돼지에게로 들어갔다. 돼지 떼는 비탈(*kremnou*, steep bank)로 내리달리더니 바다에 들어가 몰살되었다. 사람을 대신해서 돼지 떼가 몰살한 것은 사람의 생명이 돼지 떼보다 귀하고, 귀신이 그들로부터 완전히 떠났음을 보여준다.

그곳 사람들은 예수님의 초자연적인 이적에 놀랐다. 하지만 더 많은 손실이 더 나지 않을까 염려가 된 나머지 예수님께 그곳을 떠나 주시기를 간청했다.

마태복음 9장

중풍병자, 마태 부르심, 금식, 회당장의 딸과 혈루증 앓던 여인, 추수할 일꾼

1. 침상에 누운 중풍병자를 고치시다(1-8절)

마태는 예수님께서 본 동네(*ten idian polin*, the own city), 곧 갈릴리 전도의 중심지인 가버나움에서 침상에 누운 중풍병자(*paralytiko*, paralytic)를 고쳐 주시는 사건을 기록하고 있다. 이 단락에서는 당시 사회의 기득권층이었던 정치, 종교 지도자들이 예수님을 향한 핍박이 시작되었음을 보여주고 있다.

사람들이 그를 데리고 오자 예수님은 '그들의 믿음(*ten pistin*, the faith)'을 먼저 보셨다(2절). 마가복음에 따르면 사람이 많아 집안에 들어갈 수 없게 되자 친구들이 지붕을 뜯고 중풍병자를 달아 내린 것이다(막 2:1-4). 예수님은 친구들과 병자의 간절한 소원과 믿음을 보신 것이다.

그리고 "작은 자야 안심하라 네 죄 사함을 받았느니라(2절)." 하셨다. 예수님은 그의 질병을 고쳐주시기 전에 그의 죄가 용서받았음(*aphientai*, forgiven)을 선언하셨다. 예수님은 구원의 손길을 펴신 것이다. 이것은 치료 이전에 그 질병을 야기 시킨 죄의 문제가 처리되어야 한다는 것을 보여준다.

육신의 병보다 영혼의 병을 먼저 보시고 그것을 고치시고자 한 것이다. 이것은 예수님의 구원은 부분적인 것이 아니라 영과 육 모두 전인적 구원임을 말해준다.

"어떤 서기관들이 속으로 이르되 이 사람이 신성을 모독하도다(3절)." 신성모독(*blasphemei*, blaspheme)은 '하나님에 대한 모독' 이라는 뜻이다. 이것은 좁게는 '하나님' 이라 부르는 것도 해당되며, 넓게는 하나님의 능력과 위엄을 침해하는 것을 뜻한다. 당시 신성을 모독한 자에 대해서는 투석을 통해 죽이는 형벌이 행해졌다. 그들이 예수님을 신성모독으로 본 것은 하나님 한 분만이 죄를 용서할 수 있다고 믿고 있는데(막 2:7), 예수님이 죄를 하신다고 말했기 때문이다. 그러나 하나님께서는 예언자나 그의 대리인을 통해서도 죄를 용서하신다(삼하 12:13). 따라서 속으로 이런 생각을 가진 것은 예수님이 하나님의 특권을 부여받은 인물인지에 대해 의문을 가지고 있음을 보여준다.

예수님은 그들의 생각을 이미 아셨다. 그리곤 "너희가 어찌하여 마음에 악한 생각을 하느냐(4절)" 하셨다. 마음의 악한 생각(evil mind)까지 아시는 분임을 알고 속으로 움찔했을 것이다.

"네 죄 사함을 받았느니라 하는 말과 일어나 걸어가라 하는 말 중에 어느 것이 쉽겠느냐(5절)." 두 가지 모두 쉬운 일은 아니다. 하나님의 능력이 요구되기 때문이다. 하지만 죄 사함을 받았다고 하는 것이 일어나 걸어가라는 것보다 쉽다. 전자는 외적인 증거로 나타나지 않아도 되지만 후자는 병을 고치는 외적인 증거가 나타나야 하기 때문이다.

그리고 중풍병자를 향해 "일어나 네 침상을 가지고 집으로 가라" 하셨다. 예수님이 직접 치료의 능력이 있으심을 보여주고자 하신 것이다. "그가 일어나 집으로 돌아가거늘 무리가 보고 두려워하며 이런 권능을 사람에게 주신 하나님께 영광을 돌리니라(7, 8절)." 예수님은 더 어려운 일, 곧 치료의 기적을 보여주심으로 인자가 이 땅에서 죄를 용서해줄 권한이 있음을 아울러 입증하셨다. 사람들은 예수님의 권능을 보며 두려워하고(*ephobethesan*, marveled), 즉, 경이로워하며 하나님께 영광을 돌렸다.

2. 마태를 제자로 부르시다(9-13절)

"예수께서 그 곳을 떠나 지나가시다가 마태라 하는 사람이 세관(*telonion*, tax booth)에 앉아 있는 것을 보시고 이르시되 나를 따르라(*Akolouthei moi*, Follow me) 하시니 일어나 따르니라(9절)." 세리 마태(*Maththaion*, Matthew)를 제자로 부르시는 장면을 기록하고 있다. 마태의 본 이름은 '레위(Levi)' 이다. 마태는 제자가 된 다음에 불린 이름이다. 그는 세리였다. 당시 세리는 로마로부터 관세 징수권을 위임받아 세금을 거두어들이는 민간인이었다.

"예수께서 마태의 집에서 앉아 음식을 잡수실 때에 많은 세리와 죄인들(*hamartoloi*, sinners)이 와서 예수와 그의 제자들과 함께 앉았더니(10절). 세리는 여러 부정적인 거래가 있어서 동족인 유대인들로부터 미움을 받았고, 심지어 죄인 취급을 받았다. 유대인들은 세리들처럼 직업상 불결한 사람들이나 율법, 특히 정결 법을 엄격하게 지키지 않는 사람을 죄인이라 불렀다.

"바리새인들이 보고 그의 제자들에게 이르되 어찌하여 너희 선생은 세리와 죄인들과 함께 잡수시느냐(11절)." 바리새인들(*Pharisaioi*, Pharisees)은 구약의 율법 규정, 특히 정결 법을 엄격하게 지키는 사람들이었다. 그들은 자기들처럼 율법을 지키지 못하는 사람들을 보면 '땅의 백성(*Am haaretz*, the people of the land)' 이라 부르며 천민(죄인) 취급을 하며 상종하지 않았다. 예수님은 그 천민들과 어울리며 지내셨기 때문에 바리새인들의 비위를 건드린 것이다.

예수님은 그들을 향해 말씀하셨다. "건강한 자(*hoi ischyontes*, those strong being)에게는 의사가 쓸 데 없고 병든 자(*hoi kakos echontes*, those sick being)에게라야 쓸 데 있느니라(12절)." 여기서 의사는 예수를 가리키고, 건강한 자는 바리새인을, 병든 자는 죄인들을 가리킨다. 예수님의 메시야 사명은 오만하고 독선적인 바리새인들보다 종교적으로 버림받은 자들을 부르시는 데 있었기 때문에 예수님은 죄인들과 함께 하셨다.

"너희는 가서 내가 긍휼(*eleos*, mercy)을 원하고 제사(*thysian*, sacrifice)를 원하지 아니하노라 하신 뜻이 무엇인지 배우라 나는 의인(*dikaious*, the righteous)을 부르러 온 것이 아니요 죄인(*hamartolous*, the sinners)을 부르러 왔노라(13절)."

여기서 예수님은 호세아 6:6의 말씀, 곧 "나는 인애를 원하고 제사를 원하지 아니하며 번제보다 하나님을 아는 것을 원하노라"는 말씀을 인용하시면서 바리새인들에게 이 말씀을 깊이 생각해 보라 하셨다. 제사는 원래 죄를 용서받기 위해서 또는 감사를 드리기 위해 드려진 것이었다. 하지만 호세아 당시에는 제사가 형식화되었다. 이에 호세아 선지자는 하나님께서 율법의 의무를 지키는 것보다 긍휼과 자비를 베푸는 것을 더 기뻐하신다고 경고했다.

바리새인들은 스스로를 의인으로 자처하며 세리와 같은 천민들을 죄인이라 멸시했다. 하지만 예수님은 이스라엘 백성 모두를 품으려 애쓰셨고, 특히 소외당한 사람들에 대해 각별한 관심을 가지고 계셨다. 죄인 취급을 당하는 그들과 함께 하시며 그들에게 긍휼을 베푸셨다.

3. 금식에 대한 질문(14-17절)

"그 때에 요한의 제자들이 예수께 나아와 이르되 우리와 바리새인들은 금식하는데 어찌하여 당신의 제자들은 금식하지 아니하나이까(14절).” 요한의 제자들이 예수님을 찾아와 한 금식(*nesteuousin*, fast)에 관한 질문이다. 세례 요한의 제자들은 금욕생활을 했고, 스승을 따라 자발적으로 자주 금식을 했다(눅 7:33). 바리새인들은 민족을 생각하며 매주 월요일과 목요일에 금식을 했다. 그리고 모든 유대인들은 일 년에 한 번 속죄일에 의무적으로 금식을 했다(레 16:29). 이스라엘 민족이 페르시아의 총리 하만이 꾀한 유대인 절멸에서 벗어난 것을 기념하는 부림(Purim) 절에도 금식을 했다. 하지만 예수의 제자들은 예수님을 따라 금식하지 않았다. 그래서 먹고 마시기만 한다는 비난을 받았다. 요한의 제자들이 예수님을 찾아와 한 질문도 이런 맥락에서 나온 것이다.

“혼인집 손님들이 신랑과 함께 있을 동안에 슬퍼할 수 있느냐 그러나 신랑을 빼앗길 날이 이르리니 그 때에는 금식할 것이니라(15절).” 예수님의 답이다. 예수님은 자신을 신랑(*ho nymphios*, the bridegroom)이라 하셨다. 구약에서는 하나님을 신랑으로 비유했다(호 2:16-21, 겔 16장, 사 54:5-8, 62:5). 구약은 종말론적 구원을 혼인잔치로 상징하였고(사 61:10) 메시야는 그 잔치와 관련된 신랑으로 표현되었다(사 62:5, 렘 31:31-34). 15절에서 예수님은 자신이 마지막 때에 나타날 신랑인 메시야이심을 천명하고 있다. 예수님은 자신의 시대야말로 혼인잔치가 벌어지는 시기라 하셨다(마 22:1-14, 25:1-12). 지금은 신랑과 함께 있는 기쁜 때이다. 예수님은 ‘혼인집 손님들(*hoi huioi tou nymphonos*, the sons of the bridechamber),’ 곧 신랑의 친구들로서 지금 예수님과 함께 있는 사람에게는 금식이 아니라 잔치를 즐기는 것이 타당하다 하셨다. 혼인집 손님들은 문자적으로는 ‘혼인방의 아들들’로 잔치 기간 동안 신방에 필요한 모든 것들을 공급하고 관리하는 책임을 맡은 신랑의 친구들을 가리킨다. 세례 요한도 자신을 신랑의 친구에 비유하고 자신도 신랑의 음성을 듣고 크게 기뻐한다 했다(요 3:29). 하지만 신랑을 빼앗길(*aparthe*, shall be taken away) 날이 있을 터인데, 그 때는 금식하라 하셨다. 빼앗길 날은 예수님이 죽임을 당해 제자들과 이별하게 될 것을 가리킨다.

"생베(*agnaphou rhakous*, unshrunk cloth) 조각을 낡은(*palaio*, old) 옷에 붙이는 자가 없나니 이는 기운 것이 그 옷을 당기어 해어짐이 더하게 됨이요(16절)." "새 포도주(*neon oinon*, new wine)를 낡은 가죽 부대(*palaious askous*, old wineskins)에 넣지 아니하나니 그렇게 하면 부대가 터져 포도주도 쏟아지고 부대도 버리게 됨이라 새 포도주는 새 부대에 넣어야 둘이 다 보전되느니라(17절)."

16-17절의 비유는 복음과 관련된 새로운 삶을 유대교라는 낡은 방식(금식) 속에 가둘 수 없다는 말씀이다. 율법적, 의식적 행위는 낡은 것, 곧 '낡은 옷'이며 '낡은 가죽부대'에 해당한다. 이 같은 낡은 형식에 생명이 넘치는 그리스도의 새 복음을 담을 수 없다는 것이다. 위선적이고 형식적인 금식 준수에 집착하여 시비를 걸어온 것에 대해 예수님은 금식의 참된 의미와 함께 그리스도 안에 있는 새로운 비전을 제시하며 이를 공박하셨다.

4. 회당장 야이로의 딸과 혈루증 앓던 여인(18-26절)

두 사건이 혼재되어 있다. 회당장 야이로의 딸을 살리러 가실 때 혈루증(*haimorroousa*, a flux of blood) 앓는 여인이 고침을 받았기 때문이다. 그 사이 회당장의 마음은 탔을 것이다. 그 여인이 고침을 받고 난 뒤 예수님은 회당장의 집을 찾아가 죽은 딸을 살려내셨다. 회당장 야이로나 혈루증 앓는 여인은 주님을 만나 인생이 역전되었다. 마이너스 인생에서 플러스 인생으로 바뀐 것이다.

회당장은 유대 지도자이다. 그가 예수님 발아래 엎드렸다는 것은 매우 중요한 사건이다. 딸이 죽자 회당장 야이로는 매우 중요한 선택을 해야 했다. 예수님을 택할 것인가 전통을 택할 것인가. 그는 예수님을 택하고 그에게 나아갔다. 어렵고 힘든, 용기 있는 결단이었다.

"예수께서 이 말씀을 하실 때에 한 관리가 와서 절하며 이르되 내 딸이 방금 죽었사오나 오셔서 그 몸에 손을 얹어 주소서 그러면 살아나겠나이다 하니(18절)." 여기서 한 관리(*archon*, a ruler)는 회당장(*heis ton archisynagogon*, one of the synagogue rulers, 회당지도자들 가운데 한 사람, 막 5:22) 야이로(*Iairos*, Jairus)이다. 마가복음에는 '내 어린 딸이 죽게 되었사오니(막 5:23)' 안수하여 살려주실 것을 간구한다. 혈루증 앓는 여인이 끼어든 사이에 야이로의 딸이 죽었기 때문에 '방금 죽었사오니' 라고 한 말도 틀린 것은 아니다. 이미 죽었지만 예수님은 꼭 살리실 것이라는 확신을 가지고 있었다는 점에서 회당장의 믿음이 큼을 보여준다. 예수님이 일어나 그를 따라 가셨고, 제자들도 동행했다.

그 때 12년간 혈루증을 앓던 여인이 예수님 뒤로 와서 겉옷을 만졌다(*hepsato*, touched). 혈루증은 자궁의 하혈 증세로, 종교의식상 부정하였다(레 15:25-30). 다른 사람이 그를 만질 수도 없고, 그 사람이 다른 사람을 만질 수도 없다. 성전에 갈 수도 없다. 성전에 나타나면 사람들이 그를 경멸하고 저주할 것이다. 그녀가 앉은 자리에 앉는 사람도 부정하게 된다. 그러므로 그가 군중 속에 나타난 것이나 예수님의 옷 가를 만진 것은 금기를 깨뜨린 사건이다. 부정한 여인으로 12년 동안 성전이나 집회에 참석할 수 없어 하나님을 향한 갈급함이 컸을 것이다.

"이는 제 마음에 그 겉옷만 만져도 구원을 받겠다 함이라(21절)." 겉옷만 만져도(*hapsomai*, touch) 나으리라는 믿음을 가졌기 때문이다. '합소마이' 는 매달린다(*fasten to*, attach oneself to, cling to)는 뜻이다. 예수님에게 답이 있기 때문이다. 주님께 믿음의 손을 내밀라.

"예수께서 돌이켜 그를 보시며 이르시되 딸아 안심하라(*tharsei*, take courage) 네 믿음이 너를 구원하였다 하시니 여자가 그 즉시 구원을 받으니라(22절)." 마가복음 5:25-34에 소개되는 여러 과정을 생략하고 간략히 결과를 기록하고 있다. '네 믿음(*he pistis*, the faith)이 너를 구원하였다.' 예수님은 육신의 병만 목표 삼지 않았다. 영육간의 완전한 회복을 바라셨다. 전승에 따르면 이 여인은 성령강림 때 성령을 받고 초대교회에서 신실한 교인으로 생활했다.

혈루증 앓던 여인을 고치신 예수님은 회당장의 집으로 갔다. 그 집에 이르자 이미 초상을 치루고 있었다. '피리 부는 자들과 떠드는 무리'는 바로 초상집 분위기였음을 보여준다. 유대에서는 초상이 나면 피리 부는 두 사람과 곡하는 부인 한 사람을 구해야 했다(마 11:16-17).

예수님은 그들을 향해 "물러가라 이 소녀가 죽은 것이 아니라 잔다." 하셨다. 이것은 말 그대로 잔다는 것이 아니라 죽음이 최종적인 것이 아님을 뜻한다. 하나님의 능력으로 다시 일어날 수 있다는 것이다. 예수님은 소망을 열고 계셨다. 하지만 그들은 비웃었다. 이미 죽었는데 더 이상 무엇을 하겠느냐는 태도다. 세상은 교회를 비웃는다. 그러나 소망의 주님을 바라보아야 한다. 예수님은 사람들을 내보내셨다. 믿음 없는 사람들을 나가라 하신 것이다. 그들은 하나님의 능력을 볼 자격이 없다.

그 후 들어가 소녀의 손을 잡으셨다. 마가복음에는 "달리다굼(*Talitha koum*, little girl, arise)," 곧 "소녀야 일어나라." 하셨다(막 5:41). 예수의 능력이 인생에게 선포되는 것이다. 그러자 소녀가 일어났다. 예수님이 우리 인생의 능력이시다. 주님은 어떤 상황에서도 우리와 함께 하신다. 세상 끝 날까지 함께 하시리라. 그 소녀는 12살이었다(막 5:42). 회당장에게는 눈에 넣어도 아프지 않은 딸이 죽었다가 산 것이다. 예수님을 향한 회당장의 일관된 믿음이 그의 딸을 살렸다. 혈루증 앓던 여인, 죽은 회당장 의 딸을 살린 사건 소문이 온 땅에 퍼졌다.

5. 두 맹인을 고치시다(27-31절)

예수님이 그곳을 떠나가는 데 두 맹인이 따라왔다. 당시 팔레스타인에는 맹인들이 많았다. 티끌이나 모래가 눈에 들어가면 염증이 생기고 실명에 이른 경우가 많았기 때문이다. 그들은 따라오며 소리를 질렀다. 소리를 질렀다(*krazontes*, crying out)는 것은 결사적으로 매달렸다는 말이다.

"다윗의 자손이여 우리를 불쌍히 여기소서(27절)." '다윗의 자손(*huios Dauid*, Son of David)' 은 신약 시대에 이스라엘 백성들이 알고 있었던 메시야의 별칭이었다(마 21:15-16). 여기서 메시야에 대한 그들의 믿음을 보게 된다. 퍼진 소문을 듣자 그들도 예수님에 대한 확신과 꿈을 가지게 되었다. 믿음에는 꿈이 필요하다.

예수님이 어느 집에 들어가시자 맹인들도 왔다. 예수님은 그들에게 물으셨다. "내가 능히 이 일 할 줄을 믿느냐(28절)" 예수님은 기적적인 치유를 행하시기 전에 먼저 그들이 믿음이 있는지 그들의 입을 통해 확인하고자 하신 것이다. 그들은 대답했다. "주여, 그러하오이다." 성경에서 맹인은 때로 불신앙의 상징으로 나타난다(마 15:14). 그러나 이 두 사람은 달랐다. 주님이 하시면 눈 뜨는 것 정도는 아무것도 아니라고 생각한 것이다. 그들은 하나같이 예수님이 할 수 있다는 꿈을 가지고 있었다.

그들의 믿음을 확인한 예수님은 그들의 눈을 만지시며(*hepsato*, touched) "너희 믿음대로 되라(29절)." 하셨다. 문자적으로는 '너희의 믿음에 따라(*kata ten pisten hymon*, according to your faith) 너희에게 그렇게 될지어다.' 라는 말씀이다. 믿음의 은사가 작동되는 순간이다. 머리로는 어려움이 있다 생각하지만 마음으로 된다고 생각할 때 주님의 역사가 일어난다. 그들의 눈이 밝아진 것이다. 문제보다 크신 주님을 믿는 믿음, 문제를 압도하는 믿음이 구원을 가져온다.

그 눈들이 밝아진지라 예수님께서 그들에게 엄히 경고하셨다. "삼가 아무에게도 알리지 말라(*medeis ginosketo*, no one knows)(30절)." 엄히 경고한 것은 메시아에 대한 그릇된 개념(예수님을 정치적 해방자나 단순한 기적 행위자로 오해하는 것)을 가진 사람들의 찬사를 받지 않겠다는 주님의 의지를 보여준다. 하지만 그들은 나가서 예수의 소문을 그 온 땅에 퍼뜨렸다(31절). 전도는 하나님을 경험한 사람들의 야성에 의해 강하게 전파된다.

6. 귀신들려 벙어리 된 자를 고치시다(32-35절)

두 맹인이 고침을 받고 나갈 때에 사람들이 귀신이 들려 말을 하지 못하는 사람(*ho kophos*, the mute man)을 예수님께 데려왔다. 예수님이 그를 불쌍히 여기 고쳐주셨다. 귀신이 쫓겨나고 말 못하는 사람이 말하게 된 것이다. 귀신을 추방하신 사건은 크게 두 가지 반응을 보였다.

하나는, 크게 놀라는 사람들이다. 귀신을 쫓아낸 기적을 본 사람들이 놀랍게 여기며 말했다. "이스라엘 가운데서 이런 일을 본 적이 없다(33절)." 정신적으로, 육체적으로 심각하게 장애를 가진 사람이 이처럼 고침 받은 사실은 일찍이 없었기 때문이다. 사람들은 예수님께서 절대적 능력을 가진 분이심을 눈으로 보며 놀라지 않을 수 없었다.

다른 하나는, 바리새인들은 귀신의 왕인 바알세불(Beelzebul)의 힘을 빈 것이라며 비난했다. “그가 귀신의 왕(*to archonti*, the prince)을 의지하여 귀신을 쫓아낸다(34절).” 순수하지 못한 바리새인들은 이 기적에 대해 악의에 찬 비평을 했다. 이 논쟁은 마태복음 12:22-30, 곧 귀신 들려 눈멀고 말하지 못하는 사람을 고친 사건에서 다시 불거진다.

예수님은 이런 반응에 아랑곳 하지 않으시고 자신의 사역에 집중하셨다. “예수께서 모든 도시와 마을에 두루 다니사 그들의 회당에서 가르치시며 천국 복음을 전파하시며 모든 병과 모든 약한 것을 고치시니라(35절).” 주님은 쉴 틈 없이 복음을 전파하셨다. 가르침, 전파, 고치심은 예수님의 3대 사역이다.

7. 추수할 것은 많되 일꾼이 적으니(36-38절)

“무리를 보시고 불쌍히 여기시니 이는 그들이 목자 없는 양과 같이 고생하며 기진함이라(36절).” 예수님께서 사역을 하시면서 얼마나 목자의 심정을 가지고 일하셨는가를 보여준다.

‘불쌍히 여기시니(*esplanchnisthe*, moved with compassion)’ 는 문자적으로 장이 파열되는 아픔, 곧 내장이 뒤틀리고 창자가 끊어지는 아픔을 느꼈다는 것이다. 주님은 단장의 경험을 하신 것이다. 당시에는 인간의 감정이 배에 있다고 생각하여 이런 단어를 사용했다. 아비가 자식의 아픔을 느끼듯 차라리 내가 아팠으면 하는 사랑이다. 아픈 자와 함께 하는 주님이심을 보여준다. 구원은 주님으로부터 불쌍히 여김을 받는 것이다.

성경은 민망히 여기신 주님의 모습을 여러 차례 소개하고 있다. “예수께서 그가 우는 것과 또 함께 온 유대인들이 우는 것을 보시고 심령에 비통히 여기시고 불쌍히 여기사”(요 11:33). 이 모습은 죽은 나사로에 관한 이야기이다. 안타깝게 여기는 마음, 예수님의 마음, 하나님 아버지의 마음이다. 예수님은 우리의 고통을 함께 나누기를 원하신다.

"그들이 목자(*poimena,* a shepherd) 없는 양(*probata*, sheep)과 같이 고생하며 기진함이라." 예수님을 무리를 보시며 목자 없는(*me echonta*, not having) 양같이 유리하고 있음을 보셨다. 불쌍히 여기는 대상은 목자 없이 떠도는 양이다. 양은 목자의 보호를 받지 못하면 살 수 없다. 방향을 알지 못하고, 초지도 찾지 못한다. 고생하며 기진할 수밖에 없다. '목자 없는 양과 같이' 는 "목자가 없으므로 그것들이 흩어지고 흩어져서 모든 들짐승의 밥이 되었도다."(겔 34:5)는 말씀을 인용한 것이다. 이스라엘 지도자들을 탓하는 말씀인데, 예수님이 이스라엘의 참 목자 되심을 함축적으로 보여주고 있다.

'고생하며(*eskylmenoi*, wearied)' 는 몹시 지쳐있음을 나타낸다. 그리고 '기진함(*errimmeno*i, cast away)' 은 버림을 받은 상태를 가리킨다. '고생하며 기진함이라' 는, 원문에 따르면 "지쳐있고, 버림받았음이라" 라 되어 있다. 목자 없이 방황하다 지치고, 버림을 받은 상태에 놓여있다는 말이다. 지금 이스라엘의 상태가 이렇다는 것이다.

예수님은 이러한 상태에 있는 이스라엘 민족을 보시고 "차라리 이스라엘의 잃어버린 양에게 가라" 고 명령하신다. 하나님은 아직도 버림받은 상태에 있는 하나님의 양들을 보시고 분노하시고 목자들을 책망하신다. 예수님의 목자의 심정이다. 예수님은 "너희가 먹을 것을 주라," "서로 불쌍히 여기라." 하신다. 하나님과 원수 되어 심판을 받을 수밖에 없는 영혼을 불쌍히 여기라는 말씀이다.

"이에 제자들에게 이르시되 추수할 것(*ho therismos*, the harvest)은 많되 일꾼(*ergatai*, workmen)이 적으니(37절)." 성경에서 추수는 하나님의 심판을 가리킨다. 여기서는 이스라엘 백성들에게 하나님 나라를 선포하며 회개를 촉구해야 하는 상황을 뜻한다. 예수님은 제자들을 추수할 일꾼이라 하셨다. 제자들에게는 하나님의 백성을 모으는 종말적 과업이 부여되었다. 심판은 우리로 하여금 열심히 전도하도록 하는 동기를 심어준다. 하지만(*de*, however) 추수할 것은 많은데 비해 일꾼이 적다. 전도를 위해 파송할 일꾼이 더 필요하다. 마태복음 10장에서는 열 두 제자를 택하여 파송하는 내용을 담고 있다. 예수님은 제한된 3년 동안 12명의 일꾼을 길러 냈다. 우리도 하나님의 일꾼을 양성해야 한다. 일꾼다운 일꾼을 키워내야 한다.

"그러므로 추수하는 주인에게 청하여 추수할 일꾼들을 보내 주소서 하라 하시니라(38절)." 하나님 나라 추수는 일꾼이 있어야 가능하다. 추수해야할 지금 '일꾼들을 보내 주소서(*ekbale*, send out)' 기도하도록 하신다. 지금들판의 곡식이 더 이상 썩지 않도록, 하나님의 때에 적시에 주님께 인도되도록 기도하라는 것이다. '*ekbale*' 는 '--으로부터(*ek*) 끌어내다(*bale*)' 는 뜻을 가지고 있다. 하나님 나라와 복음을 위해 헌신하도록 우리를 끌어내는 것이다. "일꾼을 더 보내 달라"고 기도하라 하시는 주님의 말씀은 "네가 가줄 수 없겠니." 우리를 이끌어내시는 말씀이다. 하나님의 종이라면 가만있을 수 없다. 교회사가 필립 샤프(Philip Schaff)는 "난파선에서 구사일생으로 살아난 자가 어찌 말하지 않고 가만있겠는가. 이것이 핍박하는 로마를 기독교 국가로 만들고, 세계를 복음화 시켰다."고 했다. 매일 한 명 이상 전도하기로 결심한 네비게이토(the Navigator) 창시자 도슨 트로트맨(D. Trotman)은 샌디에이고 해군을 대상으로 전도하면서 열방을 품게 되었고 그는 열방을 위한 전도자로 쓰임 받았다.

마태복음 10장

열두 제자를 택하고 파송하심, 핍박을 견디고 두려워 말 것

1. 열두 제자를 부르시다(1-4절)

예수님께서 자신의 열두 제자를 부르셨다(*proskalesamenos*, summoned). 소집하신 것이다. 그리고 더러운 귀신을 쫓아내며 모든 병과 모든 약한 것을 고치는 권능을 주셨다(1절). '권능(*exousian*, authority)을 주셨다' 는 것은 임파워링(empowering)하셨다는 말씀이다. 성령의 능력을 받아 귀신을 쫓아내고 병을 고칠 수 있게 하신 것이다.

마태는 열두 제자(*mathetas*, disciples), 곧 열두 사도의 이름을 하나씩 기록하였다. '사도(*apostolon*, apostles)' 는 '보냄을 받은 자,' 곧 '대리자' 라는 뜻을 가지고 있다. 사도는 복음을 전하기 위해 보냄을 받은 자이다. 열둘을 택한 것은 열두 지파를 본 따 그렇게 한 것으로 보기도 한다.

베드로(*Petros*, Peter)라 하는 시몬(*Simon*, Simon)과 그의 형제 안드레(*Andreas*, Andrews), 세베대의 아들 야고보(*Iakobos*, James)와 그의 형제 요한(*Ioannes*, John), 빌립(*Philippos*, Philip), 바돌로매(*Bartholomaios*, Bartholomew), 도마(*Thomas*, Thomas), 세리 마태(*Maththaios*, Matthew), 알패오의 아들 야고보(*Iakobos*, James), 다대오(*Thaddaios*, Thaddaeus), 가

나나(*ho Kananaios*, the Zealot)인 시몬(*Simon*, Simon), 그리고 예수를 판 가룟(*ho Iskariotes*, Iscariot) 유다(*Ioudas*, Judas)이다.

베드로와 안드레는 형제이다. 베드로의 원 히브리 이름은 시몬이었다. 베드로는 헬라식 이름이고, 게바는 아람어 이름이며 뜻은 반석이다. 바요나 시몬이라는 별칭도 있었다. 벳새다 사람으로 가버나움에 집이 있었다. 그의 아버지는 요한이다(요 21:15). 안드레는 시몬 베드로의 형제이다.

야고보와 요한은 형제로 세베대의 아들이다. 다혈질이어서 이 두 사람에게는 '보아너게(우뢰의 아들)' 이라는 이름에 더해졌다. 야고보는 열두 제자 중 가장 먼저 헤롯에게 순교를 당했다. 요한은 요한복음을 기록한 저자로 예수의 사랑하는 제자였다.

빌립은 벳새다 사람으로 나다나엘을 예수님께 인도했다. 바돌로매는 빌립이 전도한 나다나엘(요 1:46)과 같은 인물로 보기도 한다. 하지만 다른 사람일 가능성도 있다. 전승에 따르면 그는 인도에 가서 복음을 전하다 물에 빠뜨림을 당해 순교했다고 한다. 도마는 쌍둥이로, 디두모라 불리기도 했다(요 11:16). 알패오의 아들 야고보는 '작은 야고보' 라 불리었다. 다대오는 야고보의 아들 유다와 동일인으로 간주된다. 가나나인 시몬은 셀롯으로도 불리었는데 이 두 명칭은 히브리어와 아람어에 바탕을 둔 보통명사다. 그를 열심당원으로 보기도 한다. 가룟 유다는 유다 성읍 그리옷 사람으로, 예수를 팔았다. 가룟 유다를 제외한 11 제자 모두 갈릴리 사람이며, 베드로와 안드레, 야고보와 요한은 어부였다.

2. 열두 제자를 파송하다(5-15절).

예수님께서 열두 제자를 천국 복음 전파자로 파송하시면서 제자들에게 전도할 때 어떻게 해야 할 것인지에 대한 지침을 제시해 주셨다. 이것은 예수님께서 제3차 갈릴리 사역 초기에 행하신 일로 복음 사역의 확장을 위한 것이었다. 지침 내용은 다음과 같다.

"이방인의 길로도 가지 말고 사마리아인의 고을에도 들어가지 말고 오히려 이스라엘 집의 잃어버린 양에게로 가라(5, 6절)."

이방인의 길(*hodon ethnon*, the way of the Gentiles)은 갈릴리 호수를 중심으로 북쪽의 두로(Tyre)나 시돈(Sidon) 혹은 동쪽의 데가볼리(Decapolis)로 가는 길을 가리킨다.

사마리아인의 고을(*polin Samariton*, any city of the Samaritans)은 사마리아 사람들이 사는 도시들을 가리킨다. 사마리아는 북 이스라엘의 수도였다. B.C. 722년에 북 이스라엘을 멸망시킨 앗수르 왕은 다른 지역에 거주하는 주민들을 이곳으로 이주시켰다. 이곳은 여러 민족이 혼합하게 되었다. 포로 생활을 마치고 돌아온 이스라엘 사람들은 오히려 순수성을 지켰다. 사마리아 사람들은 미움을 받게 되었다. 하지만 사마리아 사람들은 이방인보다 이스라엘 민족에 가깝다.

'이스라엘 집의 잃어버린 양' 은 하나님의 택한 백성이면서 하나님의 진리를 떠나 방황하는 자를 가리킨다. 사실상 이들에 대한 전도가 필요하다는 말씀이다.

이 말씀은 이방인이나 사마리아인이 구원의 범위에서 제외되었다거나 이방인에게 전도하지 말라는 뜻이 아니다. 다만 복음 전도의 순서와 경로를 나타낸 것뿐이다. 사도행전 1:8에 따르면 예루살렘, 유다, 사마리아, 땅 끝의 순으로 되어 있다. 먼저 이스라엘을 전도해야 한다는 것은 가까운 데서부터 시작하라는 말씀이다. 마태복음이 유대인들을 위해 기록되었다는 특수한 이유도 있다. 이것은 복음 전파의 국수주의적 성향을 나타내는 것이 아니라 복음 전파의 점진적 확대를 나타낸다.

“가면서 전파하여 말하되 천국이 가까이 왔다 하고(7절).” 천국, 곧 하나님의 나라는 하나님의 통치를 뜻한다. 천국이 가까이 왔다(*engiken*, drawn near)는 것은 하나님이 예수님의 인격과 사역을 통해 종말론적 통치를 이미 시작하셨으며, 머지않아 완벽하게 실현하실 것이라는 말씀이다. 또한 이 말씀은 철저한 회개를 촉구하는 말씀이다.

“병든 자를 고치며 죽은 자를 살리며 나병환자를 깨끗하게 하며 귀신을 쫓아내되 너희가 거저 받았으니 거저 주라(8절).” 질병의 치유와 귀신 추방은 하나님 나라의 임재에 대한 표징이다(눅 11:20). 거지 받았으니 거저 주라(*dorean dote*, freely give)는 말씀은 하나님께서 주신 복음전도를 위한 권능을 사욕을 채우는데 사용하지 말라는 말씀이다. 우리는 하나님으로부터 불가항력적 은혜를 받았다. 그 큰 사랑을 받았다. 그러니 주는 것이 마땅하다. 거저 주는 것은 우리의 존재론적 사명이다. 우리를 제자로 부른 것은 필연이다. 그 필연에 감사하라. 우리에게 하늘의 권능을 주셨다. 그 권능을 자유롭게 쓰게 하신 주님께 감사하라. 우리의 가진 것(권능)을 이웃을 위해 주는 사람이 되라.

“너희 전대에 금이나 은이나 동을 가지지 말고 여행을 위하여 배낭이나 두 벌 옷이나 신이나 지팡이를 가지지 말라 이는 일꾼이 자기의 먹을 것 받는 것이 마땅함이라(9, 10절).”

전대(*zonas*, belts)는 허리띠로, 동전을 넣어서 허리에 차는 지갑 대용품이다. 배낭(*peran*, provision-bag)은 여행을 하는 데 필요한 물건을 넣는 것이다. 예수님은 전대도 배낭도 허락지 않으셨다. 갈아입을 옷은 가져가야 하지 않겠느냐 생각했을 것이다. 그런데 두 벌 옷(*dyo chitonas*, two tunics)도 허락하지 않으셨다. 신(*hypodemata*, sandals)이나 지팡이(*rhabdon*, a staff)도 가져

가지 말라 하셨다. 그것이 전도자의 표시가 될 수 있으므로 그런 표식도 내지 말라는 것이다. 예수님이 이런 것들을 가지고 가지 말라 하신 것은 무소유 상태로 오직 전도에만 헌신하라는 말씀이다. 물질이 아니라 하나님만을 전적으로 신뢰하고 의지하라는 것이다. 먹는 문제는 하나님이 해결해주신다. 주님께서 일꾼으로 세워주셨는데, 일꾼이 먹을 것 얻는 것은 당연하다.

"어떤 성이나 마을에 들어가든지 그 중에 합당한(*axios*, worthy) 자를 찾아내어 너희가 떠나기까지 거기서 머물라(11절)." 전도 활동을 하는 데 더 좋은 유숙을 위해 이 집 저 집 전전하지 말고 주어진 여건에 만족하며 좋은 것만 취하려 해서는 안 된다.

"또 그 집에 들어가면서 평안하기를 빌라(*aspasasthe*, greet)(12절)." 인사하라는 뜻이다. 유대인들은 "샬롬(Shalom)," 곧 "평안할 지어다." 인사했다. 샬롬은 하나님으로부터 오는 참 평안이다. 그 평안이 임하도록 비는 것이다. 그 집이 이에 합당하면 빈 평안(*he eirene*, the peace)이 그 집에 임할 것이고, 합당하지 아니하면 그 평안이 너희에게 돌아올 것이다(13절).

"누구든지 너희를 영접하지도 아니하고 너희 말을 듣지도 아니하거든 그 집이나 성에서 나가 너희 발의 먼지(*ton koniorton*, the dust)를 떨어 버리라(*ektinaxate*, shake off)(14절)."

이것은 바리새인들이 부득이한 경우 이방인의 마을에 갔다가 나오면서 취하는 행동이다. 이방인들의 도시를 떠날 때 발의 먼지를 떨어버리는 행위는 유대인들의 관습이었다. 의식적으로 부정한 모든 것을 자식들의 땅으로 묻혀 들어오지 않으려 했기 때문이다. 제자들이 발의 먼지를 떠는 행동은 유대인들이 하나님의 메시지를 거부했기 때문에 참 이스라엘에 속하지 않음을 상징적으로 보여준다. 제자들은 책임을 다했다. 주를 영접하지 않음으로 인해 그들이 심판을 받는다 해도 그것은 더 이상 제자의 책임이 아니다. 그들은 구원과 상관이 없기 때문이다.

"내가 진실로 너희에게 이르노니 심판 날에 소돔과 고모라 땅이 그 성보다 견디기 쉬우리라(15절)." 소돔과 고모라는 아브라함 때 죄악이 극에 달하여 멸망한 도시다. 이 두 도시는 죄악과 심판의 표본이다. 주님께서 심판하시는 날에는 소돔과 고모라에 비교할 수 없는 고통이 따를 것임을 보여준다.

3. 핍박을 견디라(16-25절)

예수님은 복음을 전할 때 박해가 있을 것이라 하셨다. 박해를 경고하고, 그 핍박을 담대히, 그리고 끝까지 견디라 하셨다.

"보라 내가 너희를 보냄이 양(*probata,* sheep)을 이리(*lykon*, wolves) 가운데로 보냄과 같도다 그러므로 너희는 뱀 같이 지혜롭고 비둘기 같이 순결하라(16절)." 양이 이리에게 잡혀 먹히듯 전도자가 박해를 받게 된다는 말씀이다. 이리 가운데 보냄 받은 양이다. 복음 전하는 환경이 결코 녹록치 않음을 보여준다. 복음전파는 세상을 변화시키기 위해서다. 그 일은 결코 쉽지 않다. 사도는 그 일을 위해 보냄을 받은 자다. 그리스도인은 그 사명을 받았다. 사도들이 전한 복음을 계승하여 전하고 있다.

"뱀(*opheis*, serpents) 같이 지혜롭고(*phronimoi*, shrewd) 비둘기(*peristerai*, doves) 같이 순결하라(*akeraioi,* innocent)."는 말씀은 자기 생명을 보존하기 위해 지혜롭게 피하라는 것이 아니다. 하나님의 진리를 전하기 위해 지혜롭게, 곧 신중하고 분별력 있게 처신하라는 것이다. 여기서 뱀은 경계심과 소심성을 가지고 주변 환경에 기민하게 처신하는 지혜를 상징한다. 뱀처럼 지혜롭되 비둘기처럼 순결함을 잊지 않아야 한다. 하나님이 그때그때 보호하시리라.

"사람들을 삼가라 그들이 너희를 공회(*synedria*, courts)에 넘겨주겠고 그들의 회당(*synagogais*, synagogues)에서 채찍질하리라(17절).” 그리스도인들이 유대인들에게 받을 박해를 묘사하고 있다. 여기서 ‘사람들(*ton anthropon*, men)’ 은 복음을 대적하는 자들이다. ‘삼가라(*prosechete*, beware)’ 는 것은 ‘이들로부터 떨어져 마음을 지키라,’ 곧 ‘조심하라’ 는 것이다. 불신자들로부터 신앙의 순결을 지키라는 말씀이다. 이런 사람들은 세상 권세에 의지하므로 전도자들을 박해가운데 넘겨주기 때문이다. 공회는 회당의 유지 23인으로 구성된 지방의회를 가리킨다. 지방의회에서 배교 등 유죄 판결이 내려지면 법적으로는 최고 40대까지 때릴 수 있다(신 25:1-3). 하지만 실제로는 39대까지만 때렸다. 바울도 이런 태형을 다섯 번이나 받았다(고후 11:24-25). 데살로니가전서 2:14은 유대 지방의 그리스도인들이 유대인들에게서 박해를 받았음을 기록하고 있다.

“또 너희가 나로 말미암아 총독들(*hegemonas*, governors)과 임금들(*basileis*, kings) 앞에 끌려가리니 이는 그들과 이방인들에게 증거(*martyrion*, a testimony)가 되게 하려 하심이라(18절).” 이 말씀은 집권자들에게 끌려가 박해를 받을 것이라는 것이다. 박해를 받음으로 그들에게 오히려 복음이 전파된다. ‘총독들과 임금들’ 은 로마 총독들과 헤롯 대왕의 후손들을 가리킨다. 로마의 그리스도인들은 네로 황제에게 모진 박해를 받았다.

“너희를 넘겨 줄 때에 어떻게 또는 무엇을 말할까 염려하지 말라 그 때에 너희에게 할 말(*ti lalesete*, what you should say)을 주시리니(19절).” 사도가 붙잡혀 심문을 당하는 것은 하나님의 말씀을 전하시려는 섭리에 의해 일어나는 것이다. 하나님께서 언제나 동행하시므로 사도가 법정에서 답변할 말도 주신다. 베드로, 요한, 바울의 설교에 따르면 예수님이 주신 이 예언의 말씀이 영광스럽게 성취되었음을 알 수 있다(행 4:8-12, 19, 20, 4:13, 14, 21:39-22:21).

“말하는 이는 너희가 아니라 너희 속에서 말씀하시는 이 곧 너희 아버지의 성령(*to Pneuma,* the Spirit) 이시니라(20절).” 말하게 하시는 이는 누구실까. 바로 성령님이시다. 성령께서 담대히 말하게 하신다. 주께서 신령한 힘과 지혜로 도우시리라(히 2:18).

“장차 형제가 형제를, 아버지가 자식을 죽는 데에 내주며 자식들이 부모를 대적하여 죽게 하리라(21절).” 하나님의 뜻에 충직하게 따르다 보면 심지어 가족과도 갈라서게 된다. 사도라 할지라도 가깝게는 가족으로부터 배척을 받게 된다. 이런 현상은 복음에 적대적인 나라에서 자주 일어났던 것이고, 지금도 일어나고 있다.

“또 너희가 내 이름으로 말미암아 모든 사람에게 미움을 받을 것이나 끝까지 견디는 자(*ho hypomeinas*, the endured) 는 구원을 얻으리라(22절).” 또한 모든 사람들로부터 핍박을 받게 된다. 하지만 충성된 자는 모든 박해를 극복하고 결국 구원을 얻게 된다. 궁극적인 승리는 믿는 자에게 있다. 핍박이 불가피한 상황에서는 그리스도의 희생과 고난을 생각하며 견디라.

“이 동네에서 너희를 박해하거든 저 동네로 피하라 내가 진실로 너희에게 이르노니 이스라엘의 모든 동네를 다 다니지 못하여서 인자가 오리라(23절).” 박해가 극심할 땐 알아서 피한다. 베드로와 바울도 박해를 피해 다닌 적이 있다(행 12:17, 행 14:6). 그러나 죽을 때는 떳떳하게 죽는다. 하지만 “이스라엘의 모든 동네를 다 다니지 못하여서 인자가 오리라.” “인자가 오리라”는 말씀에 대해서는 예수님의 부활, 예루살렘 멸망, 그리고 그리스도의 재림 등 여러 견해가 있다. 일차적으로는 A.D. 70년 예루살렘 멸망을 가리키고, 이차적으로는 그 사건을 통해 그리스도의 재림을 나타내는 것으로 해석한다. 이 말씀은 당시 팽배해 있던 종말신앙을 반영한 것이기도 하다. 복음을 전하는 사명은 주님이 오실 때까지 계속된다.

"제자가 그 선생보다, 또는 종이 그 상전보다 높지 못하나니(24절)." 전도자들은 예수님보다 더 좋은 형편을 기대하지 말라는 말씀이다. 선생과 주인이 되신 예수님께서도 박해를 받으셨다. 고난과 죽임까지 당하셨다. 그러니 그 제자들은 그보다 더 나은 대접을 받을 수 없을 것이다. 박해와 죽임을 당하는 것은 당연하다는 말씀이다.

"제자가 그 선생 같고 종이 그 상전 같으면 족하도다 집 주인을 바알세불(Beelzeboul)이라 하였거든 하물며 그 집 사람들이랴(24, 25절)." 바리새인들은 예수님께 귀신들린 자를 고치시자 귀신의 왕인 바알세불의 힘을 빌려 악령을 쫓아냈다며 모독했다. 바알세불은 아람어로 '파리 떼의 주' 라는 뜻을 가지고 있다. 유대인들이 사단을 경멸하기 위해 부르던 이름이다. 여기서 바알은 귀신들의 왕, 곧 사단을 지칭한다(막 3:22-26). 그런데 유대인들이 예수님을 최대로 경멸하기 위해 '바알세불'이라 불렀다. 하물며 '그 집 사람들(*tous oikiakous autu*, those house members of him)' , 곧 제자들에 대한 박해는 오죽하겠는가.

4. 두려워하지 말라(26-33절)

"그런즉 그들을 두려워하지 말라 감추인(*estin kekalymmenon*, be concealed) 것이 드러나지 않을 것이 없고 숨은(*krypton*, hidden) 것이 알려지지 않을 것이 없느니라(26절)." 지금 숨은 행적은 앞으로 심판 때 드러나게 된다. 따라서 지금 제자들이 오해를 받고 박해를 당한다 해도 그 때가 되면 진실, 곧 무죄함과 성실함이 밝혀진다. 하나님께서 그들을 인정하시고, 사람들도 그것을 알게 된다. 그러므로 두려워 말고 복음을 전하라는 것이다.

"내가 너희에게 어두운 데서 이르는 것을 광명한 데서 말하며 너희가 귓속

말로 듣는 것을 집 위에서 전파하라(27절)." 유대 회당에서는 랍비들이 가르칠 때 해설자의 귀에 속삭이면 해설자는 들은 말을 큰 소리로 반복했다. 예수님의 이 말씀은 예수님이 사적으로 제자들에게 가르치신 복음을 공개적으로 전파하라는 것이다. '집 위에서(*epi ton domaton*, upon the housetops)' 전파하라는 것은 유대인의 가옥 구조와 연관되어 있다. 지붕은 평평하게 되어 있어서 그 위에서 걸어 다닐 수 있다. 그 위에서 큰 소리로 외치면 아래서 잘 들을 수 있다. 공개적으로 전파하라는 말씀이다.

"몸은 죽여도 영혼은 능히 죽이지 못하는 자들을 두려워하지 말고 오직 몸과 영혼을 능히 지옥에 멸하실 수 있는 이를 두려워하라(28절)." 몸(*soma*, body)의 죽음은 일시적 죽음이지만 몸과 영혼(*psychen*, soul)이 다 죽는 것은 영원한 죽음을 의미한다. 사람에게는 영혼을 죽일 힘이 주어져 있지 않다. 그것은 하나님만이 하실 수 있다. 사람을 두려워할 것이 아니라 영혼과 육신을 지옥에 던져 멸망시킬 수 있는 하나님을 두려워해야 한다. 지옥(*geenne*, hell)은 종말에 죄인들이 가게 되는 곳을 뜻한다. 문자적으로 '게헨나'는 예루살렘 남쪽에 있는 '힌놈의 아들 골짜기'의 헬라어 음역이다. 과거 유대인들은 여기에서 몰록 신에게 어린 아이들을 불살라 바쳤다(왕하 23:10).

"참새 두 마리가 한 앗사리온에 팔리지 않느냐 그러나 너희 아버지께서 허락하지 아니하시면 그 하나도 땅에 떨어지지 아니하리라(29절)." 한 앗사리온(*assariou*, an assarion)은 한 데나리온의 16분의 1에 해당하는, 로마의 소액 단위 동전이다. 한 데나리온이 노동자의 하루 품삯이다. 이렇게 값싸게 팔리는 참새라 할지라도 하나님께서 허락지 않으시면 죽지 않는다. 참새에도 하나님의 섭리가 깃들어 있다는 것이다. 하물며 자신의 사역자들을 내버려 두시겠느냐는 말씀이다.

"너희에게는 머리 털(*triches*, hairs)까지 다 세신 바 되었나니 두려워하지 말라 너희는 많은 참새보다 귀하니라(30, 31절).” 하나님은 심지어 우리의 머리카락까지도 낱낱이 다 세어 두실 정도로 귀하게 보시고 관심을 가지고 계신다. 아무리 핍박을 받는다 할지라도 많은 참새들과 비교할 수 없을 정도로 하나님께서 돌보시고 계신다. 그러므로 사람들을 두려워하거나 무서워할 필요가 없다는 것이다.

“누구든지 사람 앞에서 나를 시인하면(*homologesei*, confess) 나도 하늘에 계신 내 아버지 앞에서 그를 시인할 것이요 누구든지 사람 앞에서 나를 부인하면(*arnesetai*, deny) 나도 하늘에 계신 내 아버지 앞에서 그를 부인하리라(32, 33절).” 심판 때 우리가 맞이할 운명은 지금 이 땅에서 예수님에 대해 어떤 태도를 가지고 있느냐에 달려있다. 예수님에 대해 확신을 가지고 부끄러워하지 않으며, 핍박을 두려워하지 않고 굳세게 예수님을 구주로 고백하면 하나님 앞에서 인정을 받게 된다. 예수님의 이 말씀은 예수님에 대한 충성을 버리도록 핍박하는 상황에서도 오히려 예수님을 담대하게 고백하고 거침없이 증언하도록 격려하시는 말씀이다.

5. 자기 십자가를 지고 나를 따르라(34-39절)

“내가 세상에 화평(*eirene*, peace)을 주러 온 줄로 생각하지 말라 화평이 아니요 검을 주러 왔노라(34절).” 그리스도는 평화의 왕으로 오셨다. 그러나 썩고 불의한 것을 묵인하고 타협하는 데에는 진정한 평화가 있을 수 없다. 진정한 평화는 인류가 죄악을 버리고 하나님과 올바른 관계를 맺을 때 가능하다. “검(*machairan*, a sword)을 주러 왔노라.” 누가복음 12:51에는 “분쟁하게 하려 함이로라” 하였다. 복음으로 인한 분쟁이다. ‘검’은 대결과 분열을 상징한다. 믿음 때문에 이 세상 사람은 필연적으로 둘로 갈라설 수밖에 없다. 둘

중 하나는 예수님을 따르는 것이고, 다른 하나는 예수님을 대적하는 것이기 때문이다. 죄악을 버리고 진리를 수호하기 위해서는 진리로 거짓을 대항하는 철저한 삶이 요구된다.

"내가 온 것은 사람이 그 아버지와, 딸이 어머니와, 며느리가 시어머니와 불화하게 하려 함(*dichasai*, to set at variance)이니(35절)." 식구들 중에도 예수님을 따르는 자가 있고 거부하는 자가 있다. 그런 경우 식구라 해도 영적인 불화가 있을 수밖에 없다. 지금도 교회를 나가지 못하게 하는 부모 때문에 고통을 받는 자녀가 있고, 믿지 않는 남편의 핍박으로 고통당하는 아내가 있다.

"사람의 원수(*echthroi*, enemies)가 자기 집안 식구리라(36절)." 집안에 영적인 대결과 핍박이 있을 경우 집안 식구조차 서로 원수가 된다. 원수가 멀리 있지 않다.

"아버지나 어머니를 나보다 더(*hyper eme*, above Me) 사랑하는 자는 내게 합당하지(*axios*, worthy) 아니하고 아들이나 딸을 나보다 더 사랑하는 자도 내게 합당하지 아니하며(37절)." 이것은 가족을 사랑하지 말라는 것이 아니라 주님을 사랑하는 것이 우선되어야 한다는 것을 가르친다. 예수님은 가정을 중시하고 부모에 대한 효도를 강조하셨다. 하지만 영적인 문제에 있어서는 혈연관계보다 하나님의 뜻과 예수님 따르는 것을 더 중히 여기셨다. 우리는 주님이 무엇을 합당하게(가치 있게) 여기는가를 주목할 필요가 있다.

"또 자기 십자가(*ton stauron autou*, the cross of him)를 지고 나를 따르지 않는 자도 내게 합당하지 아니하니라(38절)." 당시 십자가 처형을 선고받은 사람은 처형 장소까지 자기 십자가를 지고 갔다. 따라서 이 말씀은 예수님을 위해, 그리고 주의 일을 위해 고난과 핍박, 죽음까지도 참아내야 함을 나타낸다. 제자의 길은 고난의 길이요 십자가의 길이다. 오늘도 그 십자가를 기쁘게 지고 가는 그리스도의 제자가 되어야 한다.

"자기 목숨을 얻는 자는 잃을 것이요(*apolesei*, will lose) 나를 위하여 자기 목숨을 잃는 자는 얻으리라(*heuresei*, will find)(39절)." 이 세상에서 자기 생명과 안전을 보존하기 위해 오직 안락한 삶을 추구하는 자는 자기 목숨을 잃는 자가 될 수밖에 없다. 진리의 길, 생명의 길을 떠나 살기 때문이다. 자기부정이나 순교를 회피하며 자신의 삶을 보존하려는 사람은 최후 심판 때 그 삶을 잃게 될 것이다. 하지만 '나를 위하여(*heneken emou*, on account of Me),' 문자적으로는 '나 때문에,' 즉 주님을 위해 자기 유익의 삶을 기꺼이 버리는 사람은 오히려 그의 삶, 곧 영원한 생명의 삶을 얻게 된다. 우리가 그리스도를 닮아갈수록, 복음을 증거 하면 증거 할수록 더 많은 핍박과 세상적인 손해가 예상된다. 하지만 우리가 주님을 위한 삶을 살아갈 때 세상만물과 역사의 주관자이신 하나님이 함께 하심으로 모든 두려움을 극복하고(시 27:1), 마침내 천국의 상급을 얻게 된다.

6. 너희를 영접하는 자는 상을 받으리라(40-42절)

"너희를 영접하는 자는 나를 영접하는(*dechetai*, receive, serve) 것이요 나를 영접하는 자는 나를 보내신 이를 영접하는 것이니라(40절)." 복음 증거자들은 자신의 사상이나 주장을 전하는 것이 아니라 오직 그리스도의 진리를 전하는 사람들이다. 따라서 그들을 따뜻이 맞아들여 대접하고 섬기는 것은 그리스도를 영접하는 것과 같다. 나아가 예수님을 대신하여 천국 복음을 전파하는 사도들을 영접하는 자는 예수님을 영접하는 것이고, 예수를 영접하는 자는 예수님을 이 땅에 보내신 하나님을 영접하는 것이다. 복음 사역에 관한 한 전도자, 예수, 하나님이 직결되어 있음을 보여준다.

"선지자의 이름으로 선지자(*propheten*, a prophet)를 영접하는 자는 선지자의 상(*misthon*, the reward)을 받을 것이요 의인의 이름으로 의인(*dikaiou*, a righteous man)을 영접하는 자는 의인의 상을 받을 것이요(41절).” 제자들은 하나님의 말씀을 전하기 때문에 선지자요, 산상설교에서 말씀한 의를 전파하고 실천하기 때문에 의인이다. 선지자를 선지자로 맞아들이는 사람은 선지자가 받을 상을 받을 것이고, 의인을 의인이라고 해서 맞아들이는 사람은 의인이 받을 상을 받을 것이다. 마찬가지로 예수의 이름으로 보냄 받은 사도를 영접하는 자는 사도가 받을 상을 받게 될 것이다.

“또 누구든지 제자의 이름으로 이 작은 자(*mikron*, little ones) 중 하나에게 냉수 한 그릇이라도 주는 자는 내가 진실로 너희에게 이르노니 그 사람이 결단코 상을 잃지 아니하리라 하시니라(42절).” 예수님의 제자들이 세상의 눈으로 볼 때는 비록 보잘 것 없는 사람들이다. 하지만 복음을 전하는 고귀한 소명을 받은 자들이다. 따라서 그들에게 냉수 한 그릇(*poterion psychrou*, a cup of cold water), 곧 자그마한 친절을 베풀어도 하나님은 반드시 보상해 주신다는 약속의 말씀이다. 냉수 한 그릇은 누구든지 베풀 수 있는 작은 친절이다. 하지만 더운 지방에서 냉수 한 그릇은 갈증을 푸는 요긴한 역할을 한다. 주의 종들에게 베푼 이 작은 친절을 하나님은 결코 잊지 않으신다.

마태복음 11장

요한의 질문, 회개하지 않는 도성에 대한 심판, 안식에의 초대

1. 세례 요한이 제자들을 예수님께 보내 질문하다(1-6절)

예수께서 열두 제자를 파송하시면서 여러 말씀을 주셨다. 이제 말씀을 마치시고 그들의 여러 동네에서 가르치시며 전도하시려고 거기를 떠나가셨다(1절). 그 때 요한이 옥에서 그리스도께서 하신 일(*erga,* works)을 듣고 제자들을 보내어 예수님께 질문을 했다. "오실 그이가 당신이오니이까 우리가 다른 이를 기다리오리이까(3절)." 당돌한 질문이다. 이 질문에는 그의 의심이 노골적으로 드러나 있다. 자기 뒤에 오실 이가 바로 메시야이심을 증거하고, 예수님께 세례를 베푼 그가 아닌가. 이제 와서 어떻게 다른 말을 할 수 있을까.

그가 이런 질문을 하게 된 것은 자기 제자들을 통해 들은 예수님의 최근 행적에 적지 아니 실망했기 때문이다. 메시야에 대한 자기 나름대로의 기대가 있었는데 그 기대가 무너졌기 때문이다. 학자들에 따르면 예수님에 대한 가장 큰 기대는 심판주의로서의 메시야에 대한 기대이다. 이 죄악 된 세상을 하나님의 정의로 심판하는 것이다. 당시 많은 유대인들은 메시야가 오면 즉시 악인들을 심판하고 의인들을 구하여 이 땅에 메시야 왕국을 건설하리라는 기대를 가졌다(마 3:12). 요한의 메시야 관도 별반 다르지 않았다. 누가복음 3장을 보면 진노, 도끼, 불에 던지움, 쭉정이 태움이라는 단어가 나온다. "독사의 자식들아 누가 너희를 가리켜 장차 올 진노를 피하라 하더냐"(눅 3:7). "이미 도끼가 나무뿌리에 놓였으니 좋은 열매 맺지 아니하는 나무마다 찍혀 불에 던지우리라"(눅 3:9). "알곡은 모아 곡간에 들이고 쭉정이는 꺼지지 않는 불에 태우시리라"(눅 3:17). 이것은 그의 메시야 관이 어떠한가를 잘 보여준다.

그런데 예수님이 하신 일이라며 전해준 소식은 심판 주와는 거리가 멀다. 백부장의 사랑하는 종을 고치고, 나인 성 과부의 죽은 아들을 살아나게 하며, 열두 제자와 함께 전도한다. 세례 요한이 생각하기에 그것은 메시야가 해야 할 일은 아니었다. 세상을 뒤집고 어떻게 하셔야 하는 것 아닌가. 게다가 자기는 지금 바른 말 하다 감옥생활을 하고 있다. 예수님이 심판 주라면 자기를 이 차디찬 감옥에 내버려 두지 않을 것이다. 우리도 나름대로의 생각을 가지고 예수님과 하나님의 뜻을 판단하고 회의에 빠지지 않는가.

이 기대는 메시야에 대한 정치적 기대와 연결된다. 세례 요한은 예수님이 정치적 메시야로 앞으로 어떻게 자신의 왕국을 세우실지 그 정치적 스케줄을 보고 싶어 했다. 그런데 그에게서 이것을 볼 수 없다. 로마가 뒤집히고 유대가 독립할 것으로 기대했는데 로마의 기세는 꺾일 줄 모른다. 예수님이 백부장의 종을 고쳐주셨다니 부화가 난다. 어떻게 로마군을 도와줄 수 있단 말인가. 로마를 격렬하게 심판하고 해방을 가져다주어야 하지 않는가. 정치적 기대가 한 순간에 무너졌다.

게다가 세례 요한은 지금 육체는 물론 정신적으로 지친 상태에 있다. 지하 감옥에서 격리되어 있은 지 1년 반이 지났다. 외롭고 고독한 것은 물론 우울증까지 왔다. 낙심은 말할 것 없다. 그런데 예수님은 제자들을 데리고 이리저리 전도하러 다니신다 하지 않는가. 자기는 안중에 없는 것일까? 예수님이 메시야라면 자기를 어떻게 해주셔야 하지 않는가? 아니, 의를 위해 감옥에 있는 자신을 한 번이라도 찾아줄 법도 한데. 섭섭함이 밀려들고, 메시야에 대한 그의 확신마저 뒤흔든다. 메시야에 대한 이런저런 기대가 무너지자 자꾸만 의문이 생겨났다. 그래서 "예수님, 정말 메시야 맞습니까?" 물었을 수 있다.

옥에 있는 세례 요한의 심정을 100% 헤아리기 어렵다. 하지만 정의를 향한 그의 불같은 성정, 메시야에 대한 정치적 기대의 무너짐이 그를 더 괴롭게 만들었을 것이다. 그 틈을 비집고 마귀가 들어온다. 마귀는 조종(manipulation)이라는 방법을 통해 마음을 흔들어 놓는다. 마귀는 낙심을 무기로 우리를 조종한다. 낙심은 보이지 않는다. 하지만 그 앞에서 무너지지 않는 사람은 없다. 그만큼 강력하다. 메시야에 대한 기대가 무너지자 그는 실망과 낙심의 나락으로 깊게 떨어졌다. 그 당당했던 세례 요한이 이 정도라면 우리는 더 문제가 있지 않을까. 하나님 뜻을 모르면 실족사건은 계속 일어날 수 있다.세례 요한만 실망한 것이 아니다. 엘리야도 하박국도 예레미야도 실망한 나머지 하나님께 도전적인 질문을 던졌다. "왜?" "어찌하여?" 가룟 유다는 실망한 나머지 예수를 배반했다.

세례 요한의 질문이 당돌한가? 우리도 예외가 아니다. 기도를 들어주지 않으면 노골적으로 주님을 향해 실망했다 말하고, 심지어 하나님을 떠나기도 한다. 왜 실망하는가? 하나님께 기대를 했는데 그 기대가 채워지지 않기 때문이다. 하나님은 적어도 자기의 기도를 들어주고, 자신의 욕망을 채워주어야 한다고 생각한다. 참으로 뻔뻔한 요구임에도 막무가내다. 하나님이 얼마나 당혹스러우실까.

우리는 예수를 의심하고 실망할 수 있는 사람들이다. 사단은 그 호기를 놓치지 않는다. 날로 더 섭섭한 마음을 갖게 하고, 결국 예수님으로부터 멀어지게 한다. 마귀에게 조종당하는 것이다. 주님은 우리를 조종하지도, 조종당하지도 않으신다. 주님께 당돌한 질문을 던지고 싶은가? 그 질문을 하기 전에 왜 그런가를 생각하자. 혹시 주님을 내 사고의 틀에 가두려 하지 않았는지, 그리고 주님을 내 욕망 채움의 자동기계로 삼으려 한 것은 아닌지 살펴볼 일이다.

"예수께서 대답하여 이르시되 너희가 가서 듣고 보는 것을 요한에게 알리되(4절)." 예수님은 특별한 답을 주지 않으셨다. 듣고(*akouete*, hear) 보는(*blepete*, see) 것을 고하라 하셨다. 실제 일어난 것에서 답을 찾도록 하신 것이다.

"맹인이 보며 못 걷는 사람이 걸으며 나병환자가 깨끗함을 받으며 못 듣는 자가 들으며 죽은 자가 살아나며 가난한 자에게 복음이 전파된다 하라(5절)." 이것은 예수님께서 하나님이 주신 권능을 수행한 것을 말한다. 이것을 요한에게 말하도록 한 것은 예수님께서 권능을 행하시는 메시야이심을 알도록 한 것이다.

예수님은 "나는 네가 생각하는 그런 메시야가 아니다"라고 단도직입적으로 말씀하실 수 있었다. 하지만 그렇게 하지 않으셨다. 그의 제자들이 본 상황을 전할뿐 아니라 지금 맹인이 눈을 뜨고, 나환자가 깨끗함을 입으며, 가난한 자에게 복음이 전파된다는 사실을 그대로 전하라 하셨다. 이것은 마치 직답을 피하신 것처럼 보인다. 그러나 그렇지 않다. 오히려 핵심으로 들어가셨다.

구약의 여러 선지자들은 오실 메시야가 어떤 분이신가를 예언하였다. 대표적인 것이 이사야서의 말씀이다.

> "주 여호와의 영이 내게 내리셨으니 이는 여호와께서 내게 기름을 부으사 가난한 자에게 아름다운 소식을 전하게 하려 하심이라 나를 보내사 마음이 상한 자를 고치며 포로 된 자에게 자유를, 갇힌 자에게 놓임을 선포하며 여호와의 은혜의 해와 우리 하나님의 보복의 날을 선포하여 모

든 슬픈 자를 위로하되"(사 61:1, 2).

예수님은 갈릴리 전도사역을 시작하면서 회당에 들어가 이 말씀을 읽으시고, "이 글이 오늘 너희 귀에 응하였느니라."(눅 4:21) 하셨다. 선지자의 예언대로 메시야로 오셨다는 말씀이다.

마태복음 11:4, 5절의 예수님의 말씀은 이사야 35, 42, 61, 62장의 말씀을 인용한 것이다. 시험을 받으실 때도 말씀으로 답한 것처럼 이번에도 말씀으로 답하셨다. 5절에는 이사야서에 언급되지 않은 것을 덧붙인 부분도 있다. "죽은 자가 살아나며"가 그것이다. 이것은 그리스도의 권능을 보여주시는 말씀이다. 5절에는 또한 이사야서에서 언급한 부분을 부러 빼놓은 부분도 있다. 예를 들어 "갇힌 자에게 놓임을"(사 61:1)이 있는데 이 부분이 생략되어 있다. 이것은 지금 갇혀있는 세례요한이 예수님이 메시야의 심판과 권능으로 풀려나게 되리라는 기대를 하지 않도록 일부러 생략한 것으로 보인다.

병든 자를 고치고, 가난한 자에게 복음을 전파하는 것은 메시야의 기본적인 사역이다. 그런데 세례 요한은 그 사역을 오해하였다. 그러므로 요한에게 이 말씀을 전하라는 것은 성경을 잘 아는 요한으로 하여금 말씀 속으로 들어가라는 당부이시다. 말씀이 성취되는 것을 보면 당신이 곧 메시야라는 사실을 금방 알게 될 것이다. 그러므로 그의 질문에 대한 주님의 대답은 회피가 아니라 말씀에 입각한 직답이자 최상의 답이다.

예수님은 요한의 제자들로 하여금 질병과 고통, 악귀 들린 자들, 그리고 많은 맹인들이 어떻게 고침을 받고, 그들에게 복음이 전해지는가를 눈으로 보게 하셨다. 예언이 그대로 성취되는 현장을 보도록 한 것이다. 예수님은 소망이 없는 자들에게 희망을 주셨다. 메시야로 오신 하나님이 인간과 세계를 위해 새로운 일을 시작하신 것이다. 그 일은 주님의 오심과 함께 시작되었다. 말씀의 성취다. 우리는 그것을 깨달아야 한다.

나아가 예수님은 세례 요한의 사역도 말씀의 성취임을 지적하셨다. "기록된바 보라 내가 내 사자를 네 앞에 보내노니 그가 네 앞에서 네 길을 준비하리라 한 것이 이 사람에 대한 말씀이라"(눅 7:27). 주의 길을 예비할 자가 나오리라는 말라기 3:1의 예언은 바로 세례 요한을 가리킨다. 이것도 말씀의 성취다.

예수님은 자신에 대한 이사야의 예언, 그리고 요한에 대한 말라기의 예언을 통해 자신이 메시야로 오신 것과 세례 요한이 주의 길을 예비하는 자로 온 것 모두 말씀의 이루심임을 확실히 하셨다. 성경이 그토록 예수의 메시야이심을 증명하는데 더 이상 의심할 필요가 있겠는가.

메시야의 사역은 구원 사역이다. 당장 지배자 로마를 어떻게 하고, 잘못된 헤롯을 어떻게 하는 것이 아니라 주변의 상황이 어떻게 전개되든지 상관없이 구원 사역은 일상의 삶을 통해 중단 없이 진행되고 있다는 사실이 중요하다. 하나님의 구원사역은 상황에 좌우되는 것이 아니라 하나님이 오히려 그 상황들을 이끌어 가신다. 요한의 의심에 찬 질문으로 흔들릴 주님이 아니시다. 구원은 세상의 시간표가 아니라 하나님의 시간표에 따라 움직인다. 구원 사역은 중단 될 수 없는 하나님의 사역이다. 상황에 조종당하지 말고 말씀에 더 깊이 들어가 보라. 그러면 예수님이 그리스도이심을 알 것이다.

"누구든지 나로 말미암아 실족하지(*skandalisthe*, fall away) 아니하는 자는 복이 있도다 하시니라(6절)." 실족은 '스칸달론'(*skandalon*)으로 돌부리에 걸려 넘이진다는 뜻을 가지고 있나. 우리가 사용하는 스캔들도 이 말에서 나왔다. 실족해서 넘어진다. 죄를 짓게 만든다. "나를 인하여 실족하지 말라"는 말씀은 예수님에 관한 것으로 인해 실족하는 인물이 되지 말라, 죄를 짓지 말라는 것이다. 세례 요한은 자신의 잘못된 메시야 관으로 인해 스스로 실족했다.

주님이 주인이 아니라 내가 주인인 것처럼 예수님을 자기의 틀 속에 묶어두고 주님은 이래야 된다며 자기방식을 고집한 것이다.

예수님을 전적으로 신뢰하지 못하면 실족한다. 큰 자도 그 나라에서 작은 자로 전락한다. 그러나 주님을 신뢰하고 또 신뢰하면 큰 자가 된다. 예수가 그리스도이심을 끝까지 붙들라. 우리를 위해 흘리신 보혈을 생각하며 주님에 대한 소망을 잃지 말라.

2. 세례 요한에 대한 예수님의 증거(7-19절)

"그들이 떠나매 예수께서 무리에게 요한에 대하여 말씀하시되 너희가 무엇을 보려고 광야(*eremon*, wilderness)에 나갔더냐 바람에 흔들리는 갈대냐(7절)."

세례요한의 제자들이 떠나자 사람들에게 물으셨다. 무엇을 보려고 광야에 나갔더냐? 흔들리는 갈대가 아니라 선지자 세례 요한을 보려 한 것이 맞다(9절). 회개의 필요성과 하늘의 메시지를 누구보다 강하게 전해준 당대 믿음의 용장인 세례 요한이었다. 흔들리지 않는 갈대, 예수님에 대해 심지가 굳은 사람처럼 보였다. 그런데 세례 요한은 지금 옥중에서 예수님의 사역에 대해 흔들리는 믿음, 연약한 믿음을 보여주고 있다. 그의 흔들림은 충격적이지 않을 수 없다. 정치적 메시야를 갈망한 다른 유대인들과 무엇이 다른가. 흔들리는 갈대다. 나아가 예수님은 16절에서 '이 세대'의 문제점도 강하게 제기하셨다.

"그러면 너희가 무엇을 보려고 나갔더냐 부드러운 옷 입은 사람이냐 부드러운 옷을 입은 사람들은 왕궁에 있느니라(8절)." 요한은 왕궁의 사람들처럼 호화로운 옷을 입고 산 사람이 아니었다. 낙타 털옷을 입고 허리에는 가죽 띠를 띠었다. 유목민처럼 메뚜기와 석청을 먹었다. 왕궁과는 거리가 먼 삶을 살았다.

“그러면 너희가 어찌하여 나갔더냐 선지자를 보기 위함이었더냐 옳다 내가 너희에게 이르노니 선지자보다 더 나은 자니라(9절).” 너희가 광야에 나간 것은 흔들리는 갈대가 아니라 선지자였다고 말씀하셨다. 선지자를 보려고 나갔다면 자신은 선지자보다 더 나은 자인데 사람들은 왜 알지 않으려 하는가. 주님은 이 점을 매우 안타깝게 생각하셨다.

“기록된바 보라 내가 내 사자(*ton angelon*, the messenger)를 네 앞에 보내노니 그가 네 길을 네 앞에 준비하리라 하신 것이 이 사람에 대한 말씀이니라(10절).” 세례요한은 성경에 기록된 바와 같이 “내 길을 네 앞에 예비하리라” 한 인물이다. 예수님은 세례요한을 선지자로 인정하셨다. 세례 요한은 예수님께 세례를 주고 예수님이 하나님의 아들이요 하나님의 어린 양이심을 증거 한 인물이다.

“내가 진실로 너희에게 말하노니 여자가 낳은 자 중에 세례 요한보다 큰 이가 일어남이 없도다 그러나 천국에서는 극히 작은 자라도 그보다 크니라(11절).” 요한의 역할에 대해 성경적으로 해석하신 주님은 그에 대해 한 말씀 더 하셨다. 여자가 낳은 자 중에 요한보다 큰 자가 없다. 요한을 사람들 가운데 가장 위대한 인물로 보셨다. 세례 요한은 주님의 길을 예비한 사람이자 그리스도의 계시를 접한 사람이었기 때문이다.

그럼에도 불구하고 천국에서는 극히 작은 자라도 저보다 크다 하셨다. 천국 백성가운데 가장 작은 사람일지라도 주의 길을 준비한 사자보다 더 크다고 하셨다. 천국은 오직 그리스도를 믿는 믿음을 가진 자라야 들어갈 수 있기 때문이다. 요한은 큰 인물임에 틀림없다. 하지만 천국에서 그는 작은 자이다. 그것은 바로 그의 실족 때문이다.

“세례 요한의 때부터 지금까지 천국은 침노를 당하나니(*biazetai*, taken by violence) 침노하는 자는 빼앗느니라(12절).” 이 말씀은 세례 요한 이후부터 하늘나라의 문이 모든 사람에게 개방되는 은총이 베풀어졌고 믿음만 있으면 들어갈 수 있게 되었음을 가리킨다. 그러나 흔들리는 믿음, 무감각한 믿음, 회개 없는 믿음을 가지고서는 그 나라에 들어갈 수 없다.

'침노를 당하다'는 헬라어 동사 '비아제타이(*biazetai*)' 이다. 이 단어는 '비아조(*biazo*)'에서 나온 것으로 '강제하다, 강탈하다(to force)'는 뜻을 가지고 있다. 비아(*bia*)는 힘(strength), 세력(force)을 뜻한다. 침노하는 자, 곧 들어가려고 힘쓰는 사람들(*biastai*, the violent)이 그 나라를 차지한다." 이제 그 나라는 믿음만 있으면 들어갈 수 있게 되었다. 천국은 믿음으로 받아들이는 자가 들어간다.

믿음으로 받아들인다는 것은 과연 어느 정도를 의미하는 것일까? 이 때 믿음은 수동적인 차원의 믿음이 아니라 자기의 목숨까지라도 미워하면서 그 나라를 사모하는 적극적이고, 희생적인 고차원의 믿음이다. 마치 이것을 얻지 못하면 안 된다며 기를 쓰고 덤벼드는 것이다. 이것이 바로 침노하는 자, 곧 그 나라에 들어가기 위해 힘쓰는 비아스타이의 모습이다. 결과적으로 천국은 이처럼 확고하고 강인하며 열심이 있는 믿음을 가지는 자들이 들어갈 수 있다는 말이다.

이 구절에 대해 보다 구체적이고, 이해 가능한 성경 번역본을 살펴보자.

> "세례 요한의 때로부터 지금까지 설파되고 세례가 베풀어지기 시작했다. 열심 있는 많은 사람들이 하늘나라를 향해 무리를 이루어가고 있다." (Living NT)

> "세례 요한의 날들로부터 현재의 시간까지 하나님의 나라는 격렬한 공격을 받아왔다. 격렬한 사람들이 그 나라를 힘으로 쟁취할게 될 것이다. 귀한 상, 곧 최고의 열심과 전력을 다해 얻는 하늘나라의 지분으로." (Amplified).

천국은 바로 침노하는 자, 곧 비아스타이의 나라이다. 그런 사람들이 들어갈 수 있는 곳이 하늘나라이다. 주님은 우리를 향해 실족하는 믿음을 가지지 말고 열심을 품고 그 나라를 쟁취하라 하신다. 그 나라에 들어가기 위해선 오늘도 치열한 영적 전투에서 이겨야 한다. 의심을 물리치고, 더 강하게 나가야 한다.

천국은 침노하는 자가 빼앗는다. 이것은 "천국은 지금 열려있고 활동 중이다. 뜨거운 열정과 열의로 천국을 소유하기 위해 노력하라"는 말씀이다. 천국에 대한 열정을 가지라. 이 열정이 없으면 신앙에서 실족하게 된다. 전진하는 신앙을 가지라. 주님 그 자체에 집중하라.

신앙은 선택이다. 의심을 선택하면 그 나라의 삶을 누릴 수 없다. 그러나 어떤 환경에서라도 주의 주되심(Lordship)을 확고히 붙잡고 믿으면 그 나라가 당신의 것이 될 것이다. 세례 요한은 감옥에서 주님을 의심했지만 바울은 감옥에서도 주를 생각하며 감사하고 기도하고 찬양했다. 의심과 실망을 선택하지 말고, 오히려 신뢰와 소망을 택하라. 예수를 택하고, 십자가를 택하라. 그러면 삶이 달라진다. 의심이 신뢰로 변하고, 슬픔이 기쁨으로 변한다. 주님을 신뢰할 때 고난의 밤이 찬양의 밤으로 변한다. 주님은 언제나, 어느 곳에서나 우리의 유일한 소망이시다. 그 주님을 붙잡으라.

"모든 선지자와 율법이 예언한 것은 요한까지니 만일 너희가 즐겨 받을진대 오리라 한 엘리야가 곧 이 사람이니라(13, 14절)." 모든 예언자들과 율법은 요한의 때까지 예언하였다. 너희가 받아들이기를 원한다면 요한이야말로 오기로 되어 있는 엘리야이다. 세례 요한은 십자가, 부활, 성령강림을 보지 못하고 사역을 마치게 된다. 이것은 세례요한의 사역이 유한하고 한계가 있음을 보여준다. 이 말씀은 또한 그가 주의 길을 예비하는 것으로 사역이 종식될 것을 의미하는 예언의 말씀이기도 하다.

"귀 있는 자는 들을지어다(15절)." 주님을 말씀을 주의 깊게 경청하도록 요청하시고 이 세대의 문제점에 대해 말씀하셨다.

"이 세대(*tauten genean*, this generation)를 무엇으로 비유할까 비유하건대 아이들이 장터에 앉아 제 동무를 불러 이르되 우리가 너희를 향하여 피리를 불어도 너희가 춤추지 않고 우리가 슬피 울어도 너희가 가슴을 치지 아니하였다 함과 같도다(16, 17절)."

예수님은 이 세대의 문제를 세례 요한에 국한시키지 않으셨다. 주님은 '이 세대를 무엇으로 비유할까' 하시며 당시 사람들을 장터에서 놀이하는 아이들에 비유했다. 한 무리의 아이들이 혼인잔치 놀이를 시작해도 다른 아이들이 호응하지 않고, 장례식 놀이를 해도 역시 호응하지 않았다는 것이다. 혼인잔치 놀이는 구원의 복음을 선포하는 예수님의 사역에 빗대지며 그 놀이를 거부하는 것은 그의 복음을 거부하는 유대인의 상황을 가리킨다. 그리고 장례식 놀이는 유대인의 신앙이 죽은 것과 같은 상황을 가리키며 세례 요한의 회개하라는 가르침에 아무 반응도 보이지 않은 태도와 연관된다. 주님은 이 세대는 마치 아무런 반응도 없는 장터의 아이들과 같다고 말씀하신다. 예수님의 이 말씀은 무감각증에 빠진 이 세대의 모습들을 단적으로 나타낸 것이다. 이 무감각은 예수님께서 그토록 수많은 병자를 고치고 가난한 자에게 복음이 전파되는 것을 보고도 그 의미(천국의 도래)를 도무지 알지 못하는 것에서 더욱 나타난다.

"요한이 와서 먹지도 않고 마시지도 아니하매 그들이 말하기를 귀신이 들렸다 하더니 인자는 와서 먹고 마시매 말하기를 보라 먹기를 탐하고 포도주를 즐기는 사람이요 세리와 죄인의 친구(*philos*, a friend)로다 하니 지혜는 그 행한 일로 인하여 옳다 함을 얻느니라(18, 19절)."

세례 요한이 먹지도 않고 마시지도 아니 하며 회개할 것을 촉구하는 것을 보고 사람들은 그를 가리켜 귀신들린 사람이라고 말했다. 이와는 달리 예수님께서 세리나 죄인들과 자리를 함께 하며 먹고 마시는 것을 보고 사람들은 먹기를 탐하고 포도주를 즐기는 사람이라고 비웃었다. 그들은 겉만 보고 판단하기를 좋아했다. 영적인 것을 보지 못하고 있는 것이다. 주님은 우리가 보아야 할 것은 영적인 세계임을 말씀하신다.

"지혜는 그 행한 일로 인하여 옳다 함을 얻느니라(*edikaiothe*, be justified)."는 말씀이 바로 그것이다. 이 말씀은 세례 요한과 예수님을 보내신 하나님의 지혜(진리)는 그 자녀들, 곧 예수님과 요한의 메시지를 듣고 응답한 사람들, 곧 세리와 죄인들에 의해 옳다는 것이 증명된다는 것이다.

3. 회개하지 않는 도성에 대한 심판(20-24절)

"예수께서 권능을 가장 많이 행하신 고을들이 회개하지 아니하므로 그 때에 책망하시되(20절)." 예수님은 권능을 많이 베푼 고을들에서 전혀 회개의 빛을 보이지 않는 것을 책망하셨다.

"화있을진저 고라신(Chorazin)아 화 있을진저 벳새다(Bethsaida)야 너희에게 행한 모든 권능을 두로(Tyre)와 시돈(Sidon)에서 행하였더라면 그들이 벌써 베옷을 입고 재에 앉아 회개하였으리라(21절)." 예수님이 책망하신 고을들은 바로 고라신, 벳세다, 가버나움 등이다. 예수님은 이 고을들에 대해서 '화있을진저' 라고 하셨다. 주님은 이러한 권능들을 두로나 시돈에서 행했더라면 저들이 벌써 베옷을 입고 재에 앉아 회개를 했을 것이라고 말씀하셨다.

"내가 너희에게 이르노니 심판 날에 두로와 시돈이 너희보다 견디기 쉬우리라(22절)." 두로와 시돈은 이스라엘이 아닌 이방도시를 가리킨다. 베옷은 회개나 애곡의 표시로 간주되며, 재는 깊이 회개하거나 슬퍼할 때 재 위에 앉거나 머리에 뿌리는 것을 나타낸다. 이것은 이스라엘 사람들이 얼마나 회개와는 거리가 먼 생활을 하고 있으며 주님이 행하신 권능을 보면서도 하나님의 임재를 두려워하거나 회개하는 모습이 없었음을 읽을 수 있다.

"가버나움아 네가 하늘에까지 높아지겠느냐 음부에까지 낮아지리라 네게 행한 모든 권능을 소돔에서 행하였더라면 그 성이 오늘까지 있었으리라(23절)." 주님은 가버나움의 교만을 책하며 너희의 교만이 지금 하늘 끝까지 닿아 있지만 결국 음부에까지 낮아지게 될 것을 말씀하셨다. 만일 주의 권능을 소돔에서 행했더라면 소돔이 회개하고 그 성이 지금까지 있었을 것이라고 말씀하셨다.

"내가 너희에게 이르노니 심판 날에 소돔 땅이 너보다 견디기 쉬우리라 하시니라(24절)." 심판 날에 소돔 땅이 너보다 견디기 쉬우리라 말씀하심으로 그 파국적 결국을 예언하셨다. 이것은 주님의 권능 행하심이 단순한 이적 행함이 아니라 그 이적을 보는 사람들로 하여금 회개를 촉구하시는 데 목적이 있었음을 보여준다.

4. 지혜롭고 슬기 있는 자(25-27절)

예수님은 하나님 아버지의 뜻을 아는 자와 모르는 자를 구별하고 그 뜻을 아는 자를 높이셨다.

"그 때에 예수께서 대답하여 이르시되 천지의 주재이신 아버지여 이것을 지혜롭고 슬기 있는 자들에게는 숨기시고 어린 아이들에게는 나타내심을 감사하나이다(25절)." 여기서 '지혜롭고(*sophon*, wise) 슬기 있는(*syneton*, learned) 자들'이란 지혜 있고, 배운 자들이다. 그들의 지혜와 배움에도 불구하고 하나님의 뜻을 참으로 인식하지 못한 유대 종교지도자들을 가리킨다.

이 세상에서는 이런 사람들을 높이 평가하고 인정해주고 있다. 반면에 '어린 아이들(*nepiois*, little children)' 이란 가난하고 단순하며 세상의 잡다한 지식으로 때 묻지 않아 하나님이 기뻐하시는 하나님의 백성들, 곧 겸손한 그의 제자들을 가리킨다. 이들은 지위나 지혜, 또는 물질로 인해 교만하거나 욕심 부리지 않는다.

바리새인과 서기관들과 같은 유대 종교지도자들은 하나님을 알고 섬긴다고 하면서도 하나님의 말씀보다 자기들의 유전을 더 중시함으로써 실상은 하나님 아버지를 알지 못하고 그분의 뜻과는 먼 생활을 했으며 특히 주님이 그들에게 말씀을 주어도 믿지 않았다(요 10:25). 예수님은 그러한 사람들을 가리켜 "너희가 내 양이 아니므로 믿지 아니하는 도다."(요 10:26) 하셨다. 이에 반해 그리스도를 따르는 무리들은 주님의 말씀을 받아들였다. 주님은 이런 무리들을 가리켜 '나를 아는 양' (요 10:14), '내 음성을 아는 양' (요 10:27)이라 하셨다. 복음은 어린 아이와 같이 마음이 깨끗한 자만이 받아들일 수 있다.

"옳소이다 이렇게 된 것이 아버지의 뜻이니이다(26절)." 유대지도자들과 무리들이 이처럼 구별되는 것을 예수님께서는 아버지의 뜻으로 간주하셨다. "아버지의 뜻이니이다."의 원문은 "아버지께서 기뻐하심이니이다(*eudokia*, well-pleasing)."이다. "내 아버지께서 모든 것을 내게 주셨으니 아버지 외에는 아들을 아는 자가 없고 아들과 또 아들의 소원대로 계시를 받는 자 외에는 아버지를 아는 자가 없느니라(27절)." 주님은 아버지의 뜻을 아는 사람은 주님과 그 뜻을 알도록 주님이 택하신 사람들뿐 임을 확실히 하셨다.

5. 안식에의 초대(28-30절)

예수님은 인생을 수고하고 무거운 짐 진 자들이라 규정하고 쉼을 얻기 위해서는 다음과 같은 세 가지 조치가 필요하다고 말씀하신다. "내게로 오라, 나의 멍에를 매라, 내게 배우라."

"수고하고 무거운 짐 진 자들아 다 내게로 오라 내가 너희를 쉬게 하리라(28절)." 예수님은 두 가지 쉼이 있음을 가르쳐 준다. 28절의 쉼은 주님께 나아오기만 해도 주는 쉼이다.

'수고하고(*kopiontes*, toiling) 무거운 짐 진(*pephortismenoi*, being burdened) 자들' 은 인생에 대한 예수님의 정의이다. 솔로몬도 이와 같이 정의했다. "사람이 해 아래서 수고하는 모든 수고와 마음에 애쓰는 것으로 소득이 무엇이랴 일평생에 근심하며 수고하는 것이 슬픔뿐이라 그 마음이 밤에도 쉬지 못하리니 이것이 헛되도다"(전 2:22-23). 인생은 밤에도 쉬지 못할 만큼 무거운 짐을 가지고 있다. 찬송가에 있는 말씀대로 우리는 무거운 짐을 나 홀로 지고 사는 사람들이다.

수고하고 무거운 짐 진 자들에 대해서는 여러 해석이 있다.

첫째는 유대민중들이다. 그들은 유대 종교지도자들이 부과한 과중한 율법의 의무를 지고 있었다. 예수님은 자신들은 그 법을 이행하지 않으면서 민중을 율법으로 묶는 유대지도자들을 신랄하게 비판하셨다(눅 11:46). 주님은 민중에게 하등 도움을 주지 못하면서 종교법으로 못살게 구는 유대지도자들에게 문제가 있음을 보여 주셨다. 그러므로 이 말씀을 유대인에게 적용할 경우 '의식과 율법의 무거운 짐에 눌려 고통당하는 자' 라고 볼 수 있다.

둘째, 일반적인 해석으로 죄의식에 사로잡혀 있거나 어려움에 처해 구원받기를 갈망하는 죄인이나 고통 받는 자를 의미한다. 즉, 우리 밖에 있는 양들이다. 예수님은 '우리에 들지 아니한 다른 양들' (요 10:16)이 있음을 아시고 그들을 인도하여 한 목자아래서 한 무리가 되어야 할 것을 말씀하셨다. 이 양들은 목자의 음성을 듣고 안다. 그러므로 안식에 초대된 사람들은 바로 잘못된 지도자들 때문에 억압된 생활을 하고 있는 사람들, 이리에 쫓겨 길을 잃은 주님의 양들임을 알 수 있다.

끝으로, 그리스도인이라 할지라도 아직도 세상 짐에서 벗어나지 못한 사람을 일컫는다. 수고는 양심대로 의롭게 살려다 당하는 수고이다. 무거운 짐은 인생의 좌절, 병, 죽음의 짐 등을 포함한다. 이 무거움은 우리를 짓누르는 고통의 무게이다.

예수님은 이렇듯 수고하고 무거운 짐을 진 자들을 초대하시고 그들에게 쉼을 주시겠다(*anapauso*, give rest)고 약속하셨다. 인생은 마음의 쉼이 필요하다. 진정한 마음의 쉼을 위해서는 예수님께 와야 한다.

주님은 우리의 모든 짐을 대신 져주실 만큼 크신 분이다. 그분은 우리가 맡겨놓은 모든 것을 처리해주실 수하물 전문 보관 장이다. 수고하고 무거운 짐을 주님 앞에 떨어뜨리면 그분이 다 맡아주신다. 그 짐에 대한 값을 지불할 필요가 없다. 우리는 그저 감사하고 찬송할 뿐이다.

그 쉼을 얻기 위해 주님은 먼저 "다 내게로 오라"고 말씀하셨다. 이 말씀은 "와서 나를 믿으라."는 말씀이다. 예수님이 주시는 쉼은 믿음으로 얻는 쉼이기 때문이다. 믿는 마음으로 주님께 나아오지 않고서는 이 쉼을 아무도 얻을 수 없다. 이 쉼은 주님께 나아오기만 해도 주시는 쉼이다. 무조건적인 쉼이자 주님이 주시는 선물이다.

베드로는 "주는 그리스도시요 살아계신 하나님의 아들이시니이다."(마 16:16)라고 고백했다. 이것은 믿음의 고백이다. 주님은 나를 수고로부터 해방시켜 진정한 쉼을 주시는 구원자시요 우리를 긍휼히 여기시는 자비로운 하나님의 아들이시다. 우리 자신의 선한 행실로, 나의 힘으로 구원을 얻는 것이 아니다. 만일 우리의 선행으로 구원을 얻는다면 구원에 이를 사람은 아무도 없다.

예수님은 두려워하는 제자들을 향해 "내니 두려워 말라"(마 14:27)고 하셨다. 주님을 믿는 자는 주님이 있음으로 두려움으로부터 해방될 수 있다. 그 주님은 우리를 향해 "볼지어다 내가 세상 끝 날까지 너희와 항상 함께 있으리라."(마 28:20)고 약속하셨다. 주님은 이 어둡고 사악한 세상에 우리를 홀로 두지 않으신다. 세상 끝 날까지 우리와 함께 하신다.

"나는 마음이 온유하고(*praus*, gentle) 겸손하니(*tapeinos*, humble) 나의 멍에를 메고 내게 배우라 그리하면 너희 마음이 쉼을 얻으리니(29절)."

29절의 쉼은 두 번째 쉼으로, 주님의 멍에(*zygon*, yoke)를 질 때 얻을 수 있는 영원한 나라의 쉼이다. 주님의 멍에를 맬 때 우리는 주님으로부터 배우게 되는 축복과 주님의 온유하고 겸손한 마음을 소유하는 축복이 있다. 예수님이 주시는 쉼을 얻으려면 우리 식으로 짐을 지는 것이 아니라 주님 식으로 멍에를 매는 것이다.

예수님은 안식에 초대를 함과 동시에 과거의 무거운 멍에와 짐 대신에 그리스도의 멍에와 짐을 지라고 말씀하신다. 이 짐은 우리 주님 앞에 내려놓은 짐과는 성격이 다르다. 예수님이 우리에게 지라고 하신 멍에와 짐은 한 단계 높은 삶으로 가게 하는 짐이다. 이 짐을 질 때 이 세상이 주지 못하는 영적인 쉼을 얻을 수 있다. 이 쉼은 주님의 멍에를 질 때 얻는 쉼이다. 멍에는 널빤지에 네 개의 구멍을 내어 그곳에 끈을 끼워서 두 마리 소의 목 위에 얹고 끈으로 고정시킨 장치를 말한다.

이 멍에는 한 방향으로 나가도록 한다. 이 멍에를 매면 차원 높은 쉼을 주신다. 순종하면 주님이 원하는 방향으로 나간다. 칼뱅은 자아를 버리고 내 마음의 모든 에너지를 주님께 향하는 것이라고 말한다. 주님은 과거의 멍에와 두 가지 점에서 다르다고 말씀하신다.

첫째, 주님은 유대지도자들과는 다르다. 주님은 자신을 가리켜 '나는 마음이 온유하고 겸손' 하다고 하셨다. 이 말씀은 교만하고 지시적이며 탄압적인 유대지도자들과는 대조된다. 주님은 우리를 불쌍히 여기시고 쉽게, 아프지 않게 맬 수 있도록 멍에를 다듬어 주신다. "우리에게 있는 대제사장은 우리 연약함을 체휼하지 아니하는 자가 아니요 모든 일에 우리와 한 결 같이 시험을 받은 자로되 죄는 없으시니라"(히 4:15). 주님은 우리가 당하는 고통을 친히 져보신 분이므로 우리의 사정을 누구보다 잘 아신다. 가난도 체험해보시고 아픔도 아신다. 사정을 모르면 냉정해지기 쉽다. 그러나 주님은 누구보다 우리를 아시므로 우리를 어떻게 돕는 것이 좋은가도 알고 계신다.

둘째, 멍에와 짐이 다르다. 유대지도자들은 율법의 멍에를 지는 것이 안식을 가져다주는 것이라고 하였다. 그들은 율법의 수행조항들을 더욱 강화시켜 613가지나 되는 율법계율(금령 365, 명령 248)을 만들어 그 짐을 더욱 무겁게 했고 그 짐을 무겁게 지는 사람이 큰 안식을 얻는다고 가르쳤다. 그러나 예수님은 율법의 멍에와 그 무거운 짐이 안식을 가져다주는 것이 아니라 예수님을 믿고 그 말씀에 따라 생활하는 것이 참 안식을 주는 것이라고 말씀하셨다.

멍에를 매는 것은 주님이 내 생애의 주인 되심을 선포하는 것이다. 창세기 1장은 내가 하나님께 내 삶의 주권을 내주지 않으면 공허하고 혼란이 일어난다는 것을 보여준다. 하나님의 말씀에 불순종할 때 우리는 부자유해진다. 우리는 주님의 나의 주인이심을 인정해야 한다. "주님 나를 홀로 주관하여 주옵소서. 나를 다스려 주옵소서." 기도해야 한다.

예수의 멍에는 우리를 자유하게 하는 멍에다. 지면 질수록 가벼워지지만 벗으면 벗을수록 무거워진다. 그리스도인이라 할지라도 그 멍에를 거부하면 열정과 능력까지 잃을 수 있다.

예수님의 멍에를 매게 되면 온유하고 겸손한 마음을 주신다. 이것은 주님으로부터 배울 수 있다는 것은 특권이요 축복이다. 온유와 겸손은 우리 내면의 속사람을 가꿔주는 기둥과 같다. 온유는 예수님의 주권아래 우리 자신을 두는 힘이요, 겸손은 자아에 대한 고집을 버리는 것이다.

"내게 배우라(*mathete ap emou*, learn from Me)." 예수님이 주시는 쉼을 얻기 위해서는 주님께 배우는 것이다. 배움은 순종이다. 우리가 말씀을 읽고 묵상하는 큰 이유는 그 말씀에 순종하기 위함이다. 따라서 그 말씀에 따라 행동하지 않으면 쉼도 없다. "내가 너희에게 행한 것 같이 너희도 행하게 하려 하여 본을 보였노라."(요 13:15). 주님의 멍에를 매면 주님으로부터 배우게 되는 축복을 얻게 된다. 배우고자 할 때 성령의 섬세한 인도를 받게 된다. 예수님이 주시는 쉼을 얻기 위해서는 그분으로부터 배워야 한다.

"이는 내 멍에는 쉽고 내 짐(*phortion*, burden)은 가벼움이라 하시니라(30절)." 주님은 이미 경험하신 분이시므로 우리가 어떻게 매야 하는지를 알고 계신다. 그리스도인이라고 멍에를 매지 않거나 짐을 들지 않는 것은 아니다. 같은 멍에를 맨다 할지라도 그것을 보는 눈이 달라진다. 주님의 멍에는 인생을 과거처럼 보는 것이 아니라 새로운 눈으로 보게 되는 이른바 패러다임의 전환을 의미한다. 이젠 혼자 지는 것이 아니라 주님이 함께 지기 때문에 다르다.

주님은 우리에게 어떻게 짐을 져야 하는가를 가르쳐 주신다. 그 방법은 바로 하나님 나라의 방법이다. 주님이 가르쳐주신 대로 멍에를 질 때, 더욱이 주님과 함께 멍에를 지고 그를 본받게 될 때 우리는 그 어떤 방법보다 쉽고 가볍게 질 수 있을 뿐 아니라 진정한 해방과 기쁨을 누리게 된다. 우리는 세상적인 방식이 아니라 하나님의 방식대로 살아야 한다.

하나님의 방식은 나의 영광이 아니라 하나님의 영광을 위해 사는 삶이다. 나의 영광을 위해 살면 조그만 뒤틀려도 기쁨이 없고 감사가 없다. 그러나 먹든지 마시든지 하나님의 영광을 위해서 하고, 모든 일에서 하나님 선하신 뜻을 찾게 되면 힘들어도 오히려 감사와 기쁨이 넘친다. 내 뜻이 아니라 하나님의 뜻을 이뤄드리는 것이 참 기쁨이요 참 쉼을 얻는 길이다. 섬기면 섬길수록 더 귀한 주님을 느끼며 매일 기쁨이 넘치는 삶을 살아야 한다.

우리가 주님으로부터 배워야 하는 것은 바로 이러한 하나님 나라의 방법이다. 이 방법으로 살 때 주님은 우리에게 참 안식을 주신다. 그렇기 때문에 우리의 영혼은 오직 주님을 통해 쉼을 얻을 수 있게 된다.

> "그러므로 형제들아 내가 하나님의 모든 자비하심으로 너희를 권하노니 너희 몸을 하나님이 기뻐하시는 거룩한 산제사로 드리라 이는 너희의 드릴 영적 예배니라."(롬 12:1).

> "항상 기뻐하라 쉬지 말고 기도하라 범사에 감사하라 이는 그리스도 예수 안에서 너희를 향하신 하나님의 뜻이니라."(살전 5:16-18).

예수님은 11장을 통해 흔들리는 믿음, 무감각, 회개 없음, 남에게 무겁게 짐을 지우는 삶에 대해 비판을 가하신다. 주님은 우리의 태도가 질적으로 달라지지 않으면 안 된다고 말씀하신다. 변화하지 않는 한 우리는 주님의 안식에 초대될 수 없다. 우리는 주님에 대해 흔들리지 않는 확고한 믿음을 가져야 하며 주님이 가르치신 천국의 삶의 방법을 배워 이 땅에서 그분이 원하시는 삶을 살 수 있어야 한다.

마태복음 12장

안식일의 주인, 바알세불과 성령,
좋은 나무와 좋은 열매, 예수의 참 골육

1. 인자는 안식일의 주인이니라(1-8절)

예수님께서 안식일(*sabbasin*, Sabbaths)에 밀밭 사이로 가실 때 배고 고픈 제자들이 이삭을 잘라 먹었다. 이것은 상대적으로 제자들의 삶이 그리 풍족하지 못했음을 보여준다.

바리새인들이 이것을 보고 예수님께 따졌다. "보시오 당신의 제자들이 안식일에 하지 못할 일을 하나이다(2절)." 하지 못할(*ouk exestin*, not lawful) 일은 안식일을 범했다는 말이다. 추수할 때 이삭을 잘라 먹는다면 몰라도 안식일에 그런 것은 안 된다는 것이다. 이것은 모세의 율법에 따른 것은 아니다. 자기들이 모세의 율법을 범하지 않기 위해 자기들이 만든 세목에 저촉된다고 보았기 때문이다. 그들은 안식일에 하지 않아야 할 39가지 규례들을 만들어 지키도록 했다. 예를 들어 이삭을 따는 것은 추수 행위에 해당하고, 이삭을 잘라 비비는 행위는 탈곡으로 보았다. 제자들의 행위에 대한 바리새인들의 지적은 신명기 23:25의 정신과는 거리가 멀다.

예수님은 그들에게 "다윗이 자기와 그 함께 한 자들이 시장할 때에 한 일을 읽지 못하였느냐(3절)" 물으시고 "그가 하나님의 전에 들어가서 제사장 외에는 자기나 그 함께 한 자들이 먹어서는 안 되는 진설병을 먹지 아니하였느냐(4절)" 하셨다. 다윗이 한 일은 사무엘상 21:1-6에 기록되어 있다. 진설병(*artous tes protheseos*, loaves of the presentation)은 고운 가루로 만든 12조각의 떡으로 누룩을 넣지 않는다. 12조각은 12지파를 상징한다. 제사장들은 안식일마다 새로운 떡을 진설병 상에 드리고 묵은 떡은 자기들끼리 나누어 먹었다. 다윗이 자신과 자기 배고픈 병사들을 위해 제사장 아히멜렉(Ahimelech)에게 요구한 것은 바로 이 떡이었다. 아히멜렉은 제사장만 먹을 수 있는 떡을 다윗과 그의 부하들에게 먹게 했다. 예수님은 이 일을 예로 들어 사람의 생명이 의식적인 것보다 중요하다는 것을 일깨워주셨다.

예수님은 또 "안식일에 제사장들이 성전 안에서 안식을 범하여도 죄가 없음을 너희가 율법에서 읽지 못하였느냐(5절)" 하셨다. 제사장들은 직무상 성전 안에서 안식일 법을 범하는 것이 허용되었다(레 24:8, 민 28:9-10). 그리고 "성전보다 더 큰 이(*meizon*, a greater than)가 여기 있느니라(6절)." 하셨다. 제사장들은 하나님이 성전에 계신다고 믿었기 때문에 성전을 받들어 섬겼다. 예수님은 성육신하신 하나님이시다. 그러므로 성전보다 큰 분이시다. 이것은 예수님이 자신의 능력과 신성을 암시적으로 말씀하신 것이다. 그리스도는 율법을 넘어서는 분이시므로 율법의 규제를 받지 않으신다.

"나는 자비(*eleos*, mercy)를 원하고 제사를 원하지 아니하노라 하신 뜻을 너희가 알았더라면 무죄한 자를 정죄하지 아니하였으리라(7절)." 하나님은 의식적인 법을 준수하는 것보다 의를 행하는 것을 더 기뻐하신다. 바리새인들이 하나님의 이 자비로운 마음을 알았다면 제자들이 배가 고파 이삭을 잘라 먹은 것을 비난하지 않았을 것이다.

"인자는 안식일의 주인(*kyrios*, Lord)이니라 하시니라(8절)." 하나님은 안식일의 주인이시다(레 23:3). 예수님은 하나님의 권세를 받은 인자로서 안식일을 마음대로 처리할 수 있는 주님이시다. 안식일 준수에 대해 지시할 권한이 주님께 있다.

2. 손 마른 자를 고치시다(9-13절)

예수님이 회당에 들어가시니 한쪽 손 마른(*xeran*, withered) 사람, 곧 손에 문제를 가진 자가 있었다. 그가 가장이었다면 그로 인해 가정은 큰 어려움을 겪고 있었을 것이다.

사람들이 예수를 고발하고자 하는 악의적인 의도를 가지고 물었다. "안식일에 병 고치는 것이 옳으니이까(10절)." 예수님을 죽이려 덫을 놓은 것이다. 유대인들의 안식일 법에 따르면 목숨이 위태로운 환자가 아니면 안식일에 치료하는 것을 허락하지 않고 있다.

예수님은 "너희 중에 어떤 사람이 양 한 마리가 있어 안식일에 구덩이에 빠졌으면 끌어내지(*egerei*, raise it up) 않겠느냐(11절)." 하셨다. 한 마리의 양을 가진 경우 양을 구할 수 있다. 생명이 위험한 경우 안식일일지라도 목숨을 구해 주어야 한다. 이것이 유대교의 율법해석이었다. 예수님을 이 점을 지적하셨다.

나아가 예수님은 "사람이 양보다 얼마나 더 귀하냐(*diapherei*, more valuable) 그러므로 안식일에 선을 행하는 것이 옳으니라(12절)." 하셨다. 예수님은 그들보다 한 걸음 더 나아가 일반 병자까지도 고쳐주는 선행을 해야 한다고 하셨다. 안식일의 규정보다 생명을 구하는 것을 더 귀중하게 보셨다. 이것은 안식일이 인간을 위한 선한 목적에서 제정되었음을 밝히신 것이다. 사람이 귀한가, 양이 귀한가. 자비의 하나님은 꺼져가는 생명도 끄지 않으신다. 상한 갈대도 꺾지 않으신다. 하나님의 자비하심 때문에 우리도 구원받았다. 우리도 자비를 행해야 한다.

예수님은 손 마른 자를 향해 "손을 내밀라(*ekteinon*, stretch out)" 하셨다. 그가 손을 내밀자 다른 손과 같이 회복되었다(*apekatestathe*, was restored). 이 광경을 본 바리새인들이 나가서 어떻게 하여 예수를 죽일까 모의하기 시작했다. 그들이 예수님에 대해 적의를 품은 것은 예수님이 행하신 이적으로 말미암아 자신들의 명성이 가려지고, 예수님이 자주 바리새인들의 교만과 위선 등을 공격했기 때문이다. 그들은 자신들의 종교적 열성을 빙자하여 예수님을 죽이고자 한 것이다. 또한 그들은 정치권력, 곧 헤롯당의 지원까지 받음으로써 정치와 야합하였다.

3. 자기를 숨기시는 예수님(15-21절)

예수님은 바리새인들이 어떤 생각들을 하고 있는지를 아셨다. 그리고 그곳을 떠나가셨다(15절). 유대 종교지도자들과 정면충돌을 피하신 것이다. 하지만 많은 사람들이 예수를 따랐다. 예수님은 그들의 병을 다 고치시고 자기를 나타내지 말라(*me phaneron auton*, not known him), 즉 '나를 나타내지 말라' 경고하셨다(16절). 기적을 보고 흥분한 군중들이 예수를 왕으로 모시고 정치적 반란을 일으킬 가능성이 있었기 때문이다. 예수님은 유대의 왕이 되기 위해 이 땅에 오신 것이 결코 아니다. 따라서 예수님은 자기 자신을 숨기도록 가르쳐야 하셨다. 예수님은 치솟는 여론을 이용할 수 있지만 스스로 이용하기를 거부하셨다. 하나님의 주권을 믿었기 때문이다.

마태는 이에 대해 이사야 선지자의 글을 인용하였다.

> "보라 내가 택한 종 곧 내 마음에 기뻐하는바 내가 사랑하는 자로다 내가 내 영을 그에게 줄 터이니 그가 심판을 이방에 알게 하리라 그는 다투지도 아니하며 들레지도 아니하리니 아무도 길에서 그 소리를 듣지 못하리라 상한 갈대를 꺾지 아니하며 꺼져가는 심지를 끄지 아니하기를 심판하여 이길 때까지 하리니 또한 이방들이 그의 이름을 바라리라 함을 이루려 하심이니라(17-21절)."

'나의 택한 종(*ho pais*, the servant)' 은 우리 구원을 위해 '하나님과 동등됨을 취할 것으로 여기지 아니하시고 종의 형체를 가져' (빌 2:6-7) 하나님의 뜻에 순종하신 것을 말한다. '내가 내 영(*to Pneuma*, the Spirit)을 그에게 줄 터이니' 는 예수님이 그리스도의 직무를 수행하는 데 필요한 모든 자격과 능력을 하나님으로부터 부여받았음을 보여준다. '들레지도 아니하리니(*oude kraugasei*, not cry out)' 는 소란한 소리를 내지 않으신다는 뜻이다. 조용하기 때문에 싸우기보다는 물러나시고 선하고 자비롭기 때문에 귀신을 쫓을 쫓아내고 병자를 고치신다. 이것은 예수님 자신이 메시야이심을 주장하기 위해 떠들썩한 방법으로 일하지 않으신다는 것을 보여준다. 은밀하고 겸손하게 일하신다. 상한 갈대를 꺾거나 심지를 끄지 않으시며 그 일을 '심판하여 이길 때(*nikos*, victory)까지' 하신다. 예수님이 재림하시면 사단의 모든 세력은 꺾인다.

17-21절은 이사야 42:1-4를 인용한 것이기는 하나 본문과 정확히 일치하지는 않는다. 마태가 기억을 더듬어 자유롭게 인용한 것으로 보인다. 예를 들어 '나의 사랑하는 자' 는 이사야서에 나타나지 않는다. 마태는 예수께서 세례 요한으로부터 세례를 받으셨을 때 하늘로부터 "이는 내 사랑하는 아들이요 내 기뻐하는 자라(마 3:17)" 는 말씀을 기억하고 삽입한 것으로 보인다. 또한 마태는 '심판' 이라 했지만 이사야서에서는 '정의'라 했다. 심판(히브리어

mishpat)은 공의(*krisin*, justice)와 심판(*krisei*, judgment) 두 가지 뜻을 함께 가지고 있다. 예수님이 심판이 있을 것임을 알게 하신다. "이방들이 그의 이름(*onomati*, name)을 바라리라" 했는데, 이사야서에서는 "섬들이 그 교훈을 앙망하리라" 하였다. 이것은 예수님이 이방인들의 빛이 되심을 가리킨다.

이사야서의 글은 다음과 같다. 여호와의 고난 받는 종에 대한 예언이다.

> "내가 붙드는 나의 종, 내 마음에 기뻐하는 자 곧 내가 택한 사람을 보라 내가 나의 영을 그에게 주었은즉 그가 이방에 정의를 베풀리라 그는 외치지 아니하며 목소리를 높이지 아니하며 그 소리를 거리에 들리게 하지 아니하며 상한 갈대를 꺾지 아니하며 꺼져가는 등불을 끄지 아니하고 진실로 정의를 시행할 것이며 그는 쇠하지 아니하며 낙담하지 아니하고 세상에 정의를 세우기에 이르리니 섬들이 그 교훈을 앙망하리라."

4. 분쟁하는 집안은 망한다(22-32절)

1) 바알세불과 성령(22-30절)

그 때 귀신이 들려 눈이 멀고 말을 하지 못하는 사람을 데리고 왔다. 예수님은 그를 고쳐 주시자 그 사람이 말도 하고 보게 되었다. 사람들이 그것을 보고 다 놀라며 "이는 다윗의 자손이 아니냐(23절)" 하였다. '다윗의 자손' 이란 유대인들이 메시야를 가리키는 칭호이다. 예수님이 메시야일 것으로 추측한 것이다.

바리새인들은 이 말을 듣고 "이가 귀신의 왕 바알세불을 힘입지 않고는 귀신을 쫓아내지 못하느니라(24절)" 했다. 바알세불은 문자적으로 '집 주인' 이라는 것으로, '집 귀신' 이라는 뜻이다. 원래 여러 귀신들 중 하나에 불과했는데, 여기서는 귀신의 왕이라 하여 사단과 동일시했다. 바알세불의 힘을 빌어 마귀를 쫓아낸 것이라며 예수님을 헐뜯었다.

예수님은 그들이 어떤 생각을 가지고 이 말을 하는 지 다 아셨다. 예수님은 "스스로 분쟁하는 나라마다 황폐하여질 것이요 스스로 분쟁하는 동네나 집마다 서지 못하리라(25절)."고 전제하신 다음 예수님은 만일 사단이 사단을 쫓아내면 사단의 왕국 내부에 분열이 생겨 자멸하게 되는 것인데, 사단이 어찌 그 일을 하겠느냐 하셨다(26절). 사단이 스스로 자기의 지배력을 약화시킬 리 없기 때문이다.

"또 내가 바알세불을 힘입어 귀신을 쫓아내면 너희의 아들들은 누구를 힘입어 쫓아내느냐 그러므로 그들이 너희의 재판관이 되리라(27절)." 예수님의 귀신 추방을 사단에게로 돌린다면 너희의 아들들(*huioi*, sons), 곧 바리새인 중에 귀신을 쫓아내는 자들도 분명 사단의 힘을 빌리는 것이 아니겠는가. 예수님의 반문이다. 그렇다면 그들이 너희를 판단하게 될 것이다. 바리새인들은 할 말을 잃을 수밖에 없다.

"그러나 내가 하나님의 성령을 힘입어 귀신을 쫓아내는 것이면 하나님의 나라가 이미 너희에게 임하였느니라(28절)." 예수님이 귀신을 쫓아내고 병자를 치유하는 것은 성령을 힘입은 것으로, 이것은 하나님의 종말 통치가 예수를 통해 힘 있게 작용하기 시작했음을 보여주는 것이다.

"사람이 먼저 강한 자를 결박하지 않고서야 어떻게 그 강한 자의 집에 들어가 그 세간을 강탈하겠느냐 결박한 후에야 그 집을 강탈하리라(29절)." 이 구절에서 사람은 예수님을, 강한 자는 사단을, 세간(*skeue*, goods)은 사단에게사로 잡혀 고통당하는 인간을, 강탈은 심판을 상징한다. 이 비유는 예수님이 사단을 이김으로써 귀신 들린 자를 사단의 세력으로부터 해방시켰음을 의미한다.

"나와 함께 아니하는 자는 나를 반대하는 자요 나와 함께 모으지 아니하는 자는 헤치는 자니라(30절)." 예수님과 사단의 싸움에 있어서 중립은 없다. 예수님과 함께 하지 않고 그를 비판하는 것은 예수를 반대하는 자요 예수를 헤치는 자이다. 예수님이냐, 사단이냐 선택을 촉구하는 말씀이다.

2) 성령을 모독하고 거역하는 죄(31-32절)

"그러므로 내가 너희에게 이르노니 사람에 대한 모든 죄와 모독은 사하심을 얻되 성령을 모독하는 것(*blasphemia*, blasphemy)은 사하심을 얻지 못하겠고(31절)." 사람에 대한 모든 죄와 모독은 용서받을 수 있다. 그러나 성령을 모독하는 것은 언어로 하나님을 적대시하는 것이므로, 용서 받지 못한다.

"또 누구든지 말로 인자를 거역하면 사하심을 얻되 누구든지 말로 성령을 거역하면(*eipe kata*, speak against) 이 세상과 오는 세상에서도 사하심을 얻지 못하리라(32절)." 예수님은 인자를 거역하는 경우와 성령을 거역하는 경우를 구별하셨다. 예수님은 구원사역의 목적상 자신의 정체를 은폐하셨기 때문에 예수님이 누구인지 알지 못해 그분을 거역하는 죄를 범할 수 있다. 이런 경우 용서받을 여지가 있다. 하지만 성령으로 인한 이적은 하나님의 나라가 이 땅에 임재하고 있음을 드러내는 증거이다. 그런데도 이것을 부인하는 것은 고의적인 거부이므로 용서받을 수 없다.

인간을 향한 하나님의 구속적 능력과 은혜를 의도적으로 거부하고 모독하는 죄는 용서받을 수 없다. 예수님의 사역을 사단의 역사라고 모함하는 바리새인들을 성령모독죄로 정죄하신 것이다. 그들은 진리의 말씀을 거짓이라 하고 성령의 역사를 귀신의 조화라 하며 예수님을 의도적으로 비방했다. 따라서 그들은 용서받지 못할 죄를 범했다.

5. 좋은 나무와 좋은 열매(33-37절): 선한 마음과 선한 말

“나무도 좋고(*kalon*, good) 열매도 좋다 하든지 나무도 좋지 않고(*sapron*, bad) 열매도 좋지 않다 하든지 하라 그 열매로 나무를 아느니라(33절).” 이 부분은 나쁜 사람이 좋은 말이나 좋은 행동을 할 수 없다는 일반 원칙을 제시하고 있다. 같은 말씀이 마태복음 7:16-20에 나오는데, 그 때는 거짓 선지자들에 대한 경고로 주어졌다. 그러나 여기서는 바리새인들에 대한 예수님의 경고로 제시되고 있다. 예수님의 이적과 행실(열매)이 선함에도 불구하고 귀신의 힘을 받은 것이라 악평하는 것에 대한 반박의 말씀이다. 말은 똑바로 하라는 것이다.

“독사의 자식들아 너희는 악하니 어떻게 선한 말을 할 수 있느냐 이는 마음에 가득한 것을 입으로 말함이라(34절).” “독사(*echidnon*, vipers)의 자식들아‘는 바리새인들을 향한 말씀이다. 그들은 스스로 아브라함의 자손이라 자부했지만 사실은 에덴에서 하와와 아담을 유혹한 사단의 사자, 곧 뱀의 후예들이었다. 그들은 악하여 말도 악하다. 선한 사람은 그 쌓은 선(*agathou hesaurou*, good treasure)에서 선한 것을 내고 악한 사람은 그 쌓은 악(*ponerou hesaurou*, evil treasure)에서 악한 것을 낸다(35절).

“내가 너희에게 이르노니 사람이 무슨 무익한 말을 하든지 심판 날에 이에 대하여 심문을 받으리니 네 말로 의롭다 함을 받고 네 말로 정죄함을 받으리라(36절).” 무익한(*argon*, careless) 말은 도덕적으로 쓸데없는 말이다. 내뱉지 않았으면 더 좋았을 말이다. 이 말은 바리새인들의 악한 말처럼 해롭지는 않지만 이롭게도 못하다. 틀린 것에 대해 틀리다고 증언해야 하는 데 가만히 있는 것은 해를 끼치지는 않지만 악을 조장하는 결과를 가져오기 때문이다. 따라서 이 말은 단순히 중립적인 말이 아니라 악하고 타락한 말이다. 마지막 심판 날에 인간이 의롭다 함을 받거나 정죄 받는 것은 그가 어떤 말을 했는가에 좌우된다. 사람의 말은 그 사람의 내면을 반영해주므로, 내뱉은 말들이 심판 날에 그 증거가 된다는 말씀이다.

6. 요나의 표적(38-45절)

그 때에 서기관과 바리새인 중 몇 사람이 예수님을 향해 표적 보여주기를 요청했다. 방금 전까지 귀신을 쫓아내는 기적을 본 사람들이었다. 하지만 귀신 추방 정도로는 예수님의 신적 권위, 곧 메시야 되심을 보증해 주지 못한다 생각하고 더 확실하고 새로운 표적을 구한 것이다. 이것은 그들이 얼마나 신앙적으로 완고한가를 보여준다.

이에 예수님은 "악하고(*ponera*, evil) 음란한(*moichalis*, adulterous) 세대가 표적을 구하나 선지자 요나의 표적 밖에는 보일 표적이 없느니라(39절)" 하셨다. 성경에서 '악하고 음란' 하다 할 때는 우상숭배를 두고 사용했다. 우상숭배를 하나님께 대한 간음으로 보았기 때문이다. 표적(*semeion*, a sign)을 구하는 것은 예수님이 전한 말씀과 기적을 믿지 못해서 그런 것이므로 그만큼 문제가 크다는 말이다. 예수님은 요나(*Iona*, Jonah)의 표적밖에 보일 표적이 없다 하셨다.

"요나가 밤낮 사흘 동안 큰 물고기 뱃속에 있었던 것 같이 인자도 밤낮 사흘 동안 땅 속에 있으리라(40절)." 요나가 3일 동안 물고기 뱃속에 있었지만 기적적으로 다시 살아났던 것처럼 예수님도 3일 동안 무덤에 있다가 다시 살아나실 것(부활)을 예표하는 말씀이다.

예수님은 이방인들인 니느웨(Nineveh) 사람들과 남방 여왕(*basilissa notou*, queen of the South)의 예를 들어 회개하지 않는 유대인들의 완악함을 책망하셨다.

"심판 때에 니느웨 사람들이 일어나 이 세대 사람을 정죄하리니 이는 그들이 요나의 전도를 듣고 회개하였음이거니와 요나보다 더 큰 이가 여기 있으며(41절)." 니느웨는 고대 앗수르(Assyria)의 수도였다. 그곳 사람들은 요나 선지자가 전하는 심판의 메시지를 듣고 즉시 회개했다. 그런데 하나님의 택한 백성이라 자처하는 유대인들이 요나보다 더 귀한 하나님 아들의 말씀을 듣고도 회개하지 않으니 그 죄악이 얼마나 큰가.

"심판 때에 남방 여왕이 일어나 이 세대 사람을 정죄하리니 이는 그가 솔로몬의 지혜로운 말을 들으려고 땅 끝에서 왔음이거니와 솔로몬보다 더 큰 이가 여기 있느니라(42절)." 남방 여왕은 아라비아 반도 서남부에 있던 스바의 여왕(왕상 10:1-13)으로 솔로몬의 지혜를 들으려고 예루살렘을 방문했었다. 지혜를 갈구하는 여왕은 얼마나 순수한가. 그런데 유대인들은 솔로몬보다 크신 예수님이 말씀하시는데도 불구하고 듣지 않는다.

예수님은 더 나은 것으로 인간의 영혼을 채우는 일이 없이 귀신만을 추방하는 것은 잘못된 것임을 말씀해 주셨다.

"더러운 귀신이 사람에게서 나갔을 때에 물 없는 곳으로 다니며 쉬기를 구하되 쉴 곳을 얻지 못하고(43절)." '물 없는 곳(*anydron topon*, waterless places)' 은 사람이 살지 않는 사막이나 빈들을 가리킨다. 사막은 귀신의 거처로 알려졌었다(레 16:10, 사 13:21, 마 4:1).

"이에 이르되 내가 나온 내 집으로 돌아가리라 하고 와 보니 그 집이 비고 청소되고 수리되었거늘 이에 가서 저보다 더 악한 귀신 일곱을 데리고 들어가서 거하니 그 사람의 나중 형편이 전보다 더욱 심하게 되느니라 이 악한 세대가 또한 이렇게 되리라(44, 45절)."

귀신 일곱에서 일곱(*hepta*, seven)은 유대인들에게 있어서 완전수다. 회개하지 않고 하나님의 능력에 의존하지 않는 자는 마치 나갔던 귀신이 더 나쁜 다른 귀신들을 많이 데리고 들어왔다는 것이다. 이것은 귀신이 추방되기 전보다 상황이 완전히 나빠지고, 더 비참해졌다는 것이다. 이는 유대인들이 하나님의 은총을 먼저 받았음에도 불구하고 주를 영접하지 않고 강팍해져 앞으로 큰 화를 당하게 될 것을 예고하시는 말씀이다. 천국 복음을 받아들이지 않고 귀신 추방(기적)에만 관심을 두면 상황은 더 악화될 뿐이다. "이 악한 세대가 또한 이렇게 되리라." 바리새인들과 서기관들이 회개하지 않으면 앞으로 유대교의 처지도 더욱 어려워질 것이라는 경고다.

7. 예수의 참 골육(49-50절)

예수님께서 무리에게 말씀하실 때 그의 어머니 마리아와 동생들이 찾아왔다. 예수님께 무엇인가 말하려고 온 것이다. 예수님은 당시 공생애를 사시느라 고향, 친척, 직업을 떠나 정처 없는 생활을 하고 계셨다. 예수님도 제자들에게 가족을 떠날 것을 말씀하셨고(마 19:12, 눅 14:26) 제자들도 그리했다. 그리하여 예수님을 중심으로 영적 가족을 형성하였다. 하지만 예수님의 가족이나 친척들은 그가 미친 것으로 생각해 붙들려했다(막 3:21). 이 때만 해도 식구들은 예수님을 믿지 않은 것으로 보인다.

한 사람이 예수님께 말했다. "보소서 당신의 어머니와 동생들이 당신께 말하려고 밖에 서 있나이다(47절)." 식구들이 찾아온 것을 알린 것이다.

그러자 예수님은 영가족의 의미가 무엇인가를 확실히 하셨다. 예수님은 "누가 내 어머니이며 내 동생들이냐" 하시고 손을 내밀어(*ekteinas*, stretched out) 제자들을 가리켜 말씀하셨다. "나의 어머니와 나의 동생들을 보라 누구든지 하늘에 계신 내 아버지의 뜻(*thelema*, will)대로 하는 자가 내 형제요 자매요 어머니이니라(49, 50절)." 하나님의 뜻대로 행하고자 하는 자, 예수님을 메시야로 받아들이는 자를 가족이라 하신 것이다. 이것은 예수님이 가족관계를 부정하려 한 것은 아니다. 하나님의 뜻대로 살려는 자에게서 더 깊은 결속감이 있다는 것이다. 예수가 누구인지를 모르는 가족들보다 예수를 따르는 제자들을 더 친밀하게 보신 것이다. 예수님은 이 말씀을 통해서 그리스도 안에서 참 가족은 무슨 의미를 가지고 있는가를 보여주셨다.

마태복음 13장

씨 뿌리는 비유, 곡식과 가라지 비유, 겨자씨 비유, 값진 진주 비유

1. 씨 뿌리는 비유(1-9절).

예수님께서 집에서 나가 바닷가에 앉으시자 큰 무리가 그에게로 모여 들였다. 이 집은 가버나움에 머물렀던 집으로 보인다. 예수님이 배에 올라가 앉으셨고 무리는 해변에 서 있었다.

예수님은 그들에게 비유로 여러 가지를 말씀하셨다. 해변 강화다. 비유(*parabolen*, parable)는 문자적으로 '위치를 바꾸어놓음,' '나란히 놓음' 이는 뜻을 가지고 있다. 두 가지 사물을 비교함으로써 그 뜻을 밝히는 것을 말한다. 우화는 비현실적이고 비역사적인 소재를 사용하기 때문에 논리적으로 비약에 많다. 하지만 비유는 현실적인 것을 소재로 삼아 쉽게 교훈을 준다. 예수님은 자주 비유를 사용하셨는데, 그 비유는 일상사를 통해 깊은 진리를 계시하는 특징이 있다.

그 첫 번째가 씨를 뿌리는 비유였다. 농부가 나가서 씨를 뿌렸다. 파종할 때 고랑을 파 한 알씩 넣는 방식이 아니라 손으로 뿌리는 직파 방식이다. 이스라엘에서는 10월 말 경이나 11월 초순에 첫 비, 곧 이른 비가 내린다. 그 때 농부들은 보리와 밀을 심는다. 여기서 씨를 뿌리는 자는 천국 복음의 전파자이신 그리스도를 가리킨다.

"더러는 길 가(*para ten hodon*, along the road)에 떨어지매 새들이 와서 먹어버렸고(4절)." 4월쯤 보리와 밀을 추수한 다음 10월까지 밭을 묵혀두기 때문에 사람들이 밭으로 질러 다녀 지름길이 나기도 한다. 또는 밭가에 길이 있었다고 생각할 수도 있다.

"더러는 흙이 얕은 돌밭(*petrode*, rocky places)에 떨어지매 흙이 깊지 아니하므로 곧 싹이 나오나 해가 돋은 후에 타서 뿌리가 없으므로 말랐고(5, 6절)." 흙이 얕은 돌밭은 이스라엘 땅 대부분 겉은 옷으로 덮여있지만 속은 바위가 깔린 박토이다.

"더러는 가시떨기(*akanthas*, thorns) 위에 떨어지매 가시가 자라서 기운을 막았고(7절)." 4월부터 10월까지는 건조기다. 이 때에도 가시 돋친 잡초는 무성하게 자란다. 가시 떨기는 그런 잡초를 가리킨다. 당시 사람들은 먼저 밭갈이를 해서 잡초를 없앤 다음 씨를 뿌리지 않고 먼저 씨를 뿌린 다음 밭갈이를 하기 때문에 씨앗이 잡초 속에 떨어지기 마련이다.

"더러는 좋은 땅(*ten gen ten kalen*, the good soil)에 떨어지매 어떤 것은 백 배, 어떤 것은 육십 배, 어떤 것은 삼십 배의 결실을 하였느니라(8절)." '백 배, 육십 배, 삼십 배' 는 보리나 밀을 심어 잘 가꾸면 낟알 하나가 적으면 30개, 많으면 100개 정도의 열매를 맺는 것을 가리킨다. 이것은 구원받은 성도라 할지라도 신앙의 열매는 각기 다르다는 것을 보여준다. 성도는 이 땅에 살면서 최선의 신앙생활을 지속해야 한다.

"귀 있는 자는 들으라 하시니라(9절)." 비유의 말씀을 올바로 이해하라는 말씀이다.

2. 씨 뿌리는 비유의 목적(10-17절)

제자들이 예수님께 나아와 왜 무리에게 비유로 말씀하시는지 물었다. 그러자 예수님은 천국의 비밀을 아는 것이 너희에게는 허락되었지만 그들에게는 허락되지 않았기 때문이라 하셨다(11절). 이 비유는 천국의 비밀로 하나님의 도움 없이는 이해될 수 없다는 말씀이다. 천국에 들어가기 위해서는 영적으로 거듭나야 하는데(요 3:3, 5) 그 비밀을 식별할 수 있는 능력이 예수의 제자들에게는 주어졌지만 무리, 곧 불신의 무리들에게는 주어지지 않았기 때문이다.

'천국의 비밀(*ta mysteria*, the mysteries)' 은 헬라의 신비종교처럼 특수한 부류의 사람에게만 나타나는 비밀이 아니다. 역사가운데 아직 실현되지 않았던 상태로 남아있던 하나님의 나라가 역사의 점진적 흐름 속에서 실현되고, 그 과정을 통해 밝히 계시되는 것을 말한다(롬 16:25, 26, 골 1:26).

'천국의 비밀' 이 지금까지는 숨겨져 있었다. 하지만 신약 시대에 와서 하나님의 구원과 경륜이 교회 앞에 계시되었다. 그런데 이 비밀이 그리스도를 적대시하는 바리새인들에게는 숨길 필요가 있다는 것이다. 그들은 진리를 고맙게 받아들이기는커녕 흠 잡으려 하기 때문이다.

"무릇 있는 자는 받아 넉넉하게 되되 없는 자는 그 있는 것도 빼앗기리라(12절)." 천국의 비밀을 알기 시작한 제자들에게는 그 이상의 진보를 보여 하나님을 아는 지식, 하나님의 깊은 사랑, 거룩함, 하늘의 기쁨을 누린다. 하지만 교만하여 그리스도의 진리를 받아들이지 않는 바리새인과 같은 자는 진리에서 떨어지고 그들이 가진 피상적인 지식마저 빼앗긴다는 말씀이다.

그러므로 그들은 예수님이 말씀하시는 비유를 들어도 듣지 못하고 깨닫지 못한다(13절). 그 비유의 본뜻을 깨달을 수가 없다. 보아도 그것이 무엇인지 알 수가 없다. 이것은 이사야의 예언이 그들에게 이루어졌음을 말해준다. 그리고 이사야 6:9, 10절의 말씀을 인용하셨다.

"너희가 듣기는 들어도 깨닫지 못할 것이요 보기는 보아도 알지 못하리라 이 백성들의 마음이 완악하여져서 그 귀는 듣기에 둔하고 눈은 감았으니 이는 눈으로 보고 귀로 듣고 마음으로 깨달아 돌이켜 내게 고침을 받을까 두려워함이라(14, 15절)."

이사야와 예수님 시대에 유대인들은 스스로 그들의 마음을 닫고 하나님의 말씀을 거부했다. 하나님은 진리를 외면한 그들이 자기들의 길을 가도록 내버려두셨다. "그러나 너희 눈은 봄으로, 너희 귀는 들음으로 복이 있도다(16절)." 제자들이 대망의 그리스도를 볼 수 있고, 그의 말씀을 들을 수 있는 축복을 누리게 되었음을 말한다. 실로 복 있는 눈이요 복 있는 귀가 아닐 수 없다.

"내가 진실로 너희에게 이르노니 많은 선지자와 의인이 너희가 보는 것들을 보고자 하여도 보지 못하였고 너희가 듣는 것들을 듣고자 하여도 듣지 못하였느니라(17절)." '선지자와 의인(*dikaioi*, righteous men)'은 구속사의 경륜 상 언약에 속한 자들로 메시야 시대의 축복을 대망하였지만 보지 못한 자들이다(히 11:1-13). 그 구약의 선지자들은 메시야를 간절한 마음으로 기다렸지만 메시야를 보지 못한 채 세상을 떠났다. 이에 비해 예수의 제자들은 얼마나 큰 축복을 받았는가.

3. 씨 뿌리는 비유의 설명(18-23절)

이 단락은 씨 뿌리는 비유에 대한 예수님의 설명이시다.

"아무나 천국 말씀을 듣고 깨닫지 못할 때는 악한 자가 와서 그 마음에 뿌려진 것을 빼앗나니 이는 곧 길 가에 뿌려진 자요(19절)." 길 가에 씨가 떨어지면 새들이 와서 먹어버리듯 길 가에 뿌려진 자는 하나님의 말씀에 응답지 않고 스스로 완고하여 말씀이 싹트기 전에, 즉 말씀을 듣고 깨닫기 전에 사단이 와서 그 마음에 뿌려진 것을 빼앗는다(*harpazei*, snatch away). 길가는 닫힌 마음(closed mind)이다. 바리새인들, 서기관들, 그리고 그 추종자들이 이에 해당한다. 자기방어가 심해 뚫고 들어갈 수 없다. 내 신앙, 내 생각이 먼저고, 주님의 말씀은 안 중에 없다.

"돌밭에 뿌려졌다는 것은 말씀을 듣고 즉시 기쁨으로 받되 그 속에 뿌리가 없어 잠시 견디다가 말씀으로 말미암아 환난이나 박해가 일어날 때에는 곧 넘어지는 자요(20, 21절)." 돌밭은 싹이 나지만 흙이 깊지 않아 뿌리를 내릴 수 없다. 햇볕이 나면 곧 마르고 만다. 신앙을 가졌다 해도 뿌리가 얕다. 그리스도의 축복은 사모하나 그리스도의 고난은 생각지 않아 환난이나 핍박이 일어나면 넘어진다(*skandalizetai*, fall away). 겉으로는 좋아 보이나 속엔 큰 돌이 자리한 피상적인 마음(superficial mind)이다. 돌은 겉으로 드러나지 않아 모른다. 무의식 저 밑바닥에 깔린 응어리 때문에 하나님을 만나지 못한다. 응어리는 깊은 상처와 한이다. 이것이 문제를 일으킨다.

"가시떨기에 뿌려졌다는 것은 말씀을 들으나 세상의 염려와 재물의 유혹에 말씀이 막혀 결실하지 못하는 자요(22절)." 농부가 씨를 밭에 심기는 했지만 가시가 기운을 막아 자라지 못한다. 가시는 세상의 염려와 재물의 유혹일 수 있고, 나를 괴롭히는 어떤 사람이나 어떤 사건들일 수 있다. 그것들로 인해 마음에 병이 들었다. 마음이 산란하여(distracted mind) 그 속에서 신앙의 싹이 자라거나 결실을 맺지 못한다(*akarpos*, unfruitful).

"좋은 땅에 뿌려졌다는 것은 말씀을 듣고 깨닫는 자니 결실하여 어떤 것은 백 배, 어떤 것은 육십 배, 어떤 것은 삼십 배가 되느니라 하시더라(23절)." 말씀을 듣고 깨닫는 자는 하나님을 말씀을 경청할 뿐 아니라 하나님의 뜻을 실행하는 자(눅 8:15)이다. 영적으로 성장하여 믿음의 결실이 있는 자이다.

주님이 원하는 것은 좋은 씨를 제 밭에 뿌린 사람이다. 씨도 좋아야 하고, 밭도 좋아야 한다. 씨야 주님의 천국말씀이니 100% 순종이다. 좋은 밭에 뿌려지면 100배(*hekaton*, hundredfold), 60배(*hexekonta*, sixty), 30배(*triakonta*, thrity) 결실을 볼 수 있다. 왜 30배, 60배, 100배가 아닐까. 주님은 우리에 대한 기대가 처음부터 크다는 말씀이다. 당신은 지금 어떤 밭을 가지고 있는가? 당신의 밭이 아무리 넓고 크다 해도 뿌린 씨를 악에게 빼앗긴다면, 환난이나 핍박이 올 때 쉽게 넘어진다면, 그리고 세상걱정과 염려에 늘 마음을 빼앗긴다면 그것은 좋은 밭이 아니다. 마음 밭을 완전히 바꾸라. 그 길 외에 다른 길이 없다. 열매를 맺을 수 있는 밭은 따로 있다.

4. 곡식과 가라지의 비유(24-30절)

예수님의 곡식과 가라지 비유다. "천국은 좋은 씨를 제 밭에 뿌린 사람과 같으니(24절)." 천국을 마치 자기 밭에 좋은 씨(*kalon sperma*, good seed)를 뿌리고 휴식을 취하러 간 농부의 상황에 비유하셨다.

사람들이 잘 때, 곧 밤에 그 원수가 와서 곡식(*sitou*, wheat) 가운데 가라지를 덧뿌리고 갔다(25절). 가라지(*zizania*, weeds)는 밀밭에 흔히 있는 독보리를 가리킨다. 해로운 잡초이고, 열매에 독이 있어 동물이 먹으면 해롭다.

"싹이 나고 결실할 때에 가라지도 보이거늘(26절)." 뽑아 없애야 하지만 싹이 나는 초기에는 밀과 흡사하여 구별해내기 어렵다. 이삭이 팰 무렵에야 비로소 구별해낼 수 있다.

집 주인의 종들이 주인을 찾아와 물었다. "주여 밭에 좋은 씨를 뿌리지 아니하였나이까 그런데 가라지가 어디서 생겼나이까(27절)." 확실히 좋은 씨를 뿌렸는데 그토록 많은 가라지가 나다니 종들도 이해하기 어렵다.

주인이 원수가 이렇게 했다고 하자 종들은 자기들로 하여금 그것을 제거할 것인지 물었다. 하지만 주인은 가만히 두라 하였다. 가라지를 뽑다가 곡식까지 뽑을까 염려되었기 때문이다(29절). 가라지는 밀보다 강한 뿌리를 가지고 있어 이것을 뽑아낼 때 자주 어린 밀이 함께 뽑힌다. 가라지를 뽑으려 하다 밀이 뽑힐 가능성이 아주 높다. 가라지만 제거한다는 것은 어렵다.

"둘 다 추수(*therismou*, harvest) 때까지 함께 자라게 두라 추수 때에 내가 추수꾼들에게 말하기를 가라지는 먼저 거두어 불사르게 단으로 묶고 곡식은 모아 내 곳간에 넣으라 하리라(30절)." 추수 때까지 기다린 다음 추수 때 알곡은 모아 곳간에 저장하고, 가라지는 단으로 묶어 불태우겠다고 했다.

이 비유에 대한 설명은 36-43절에 있다. 이 비유를 보면 세상에는 좋은 씨를 파괴하려는 악한 세력이 존재하고, 이 세상에서는 선과 악이 병존하고 있으며, 추수 때 하나님의 심판이 따를 것임을 가르쳐 주고 있다. 이 세상에 있을 때 교회에도 참 성도와 거짓 성도가 공존하지만 심판 때 양자가 확연히 구별될 것이므로 오늘을 살아가는 성도들은 가라지의 존재 때문에 낙심하지 말아야 한다.

5. 겨자씨 비유(31-32절)

예수님은 천국은 마치 사람이 자기 밭에 갖다 심은 겨자씨 한 알(*kokko sinapeos*, a grain of mustard) 같다 하셨다(31절). 겨자씨 비유다.

"이는 모든 씨보다 작은 것이로되 자란 후에는 풀보다 커서 나무가 되매 공중의 새들이 와서 그 가지에 깃들이느니라(32절)." 겨자씨는 가장 작은 씨는 아니지만 이스라엘에서는 작은 것의 대명사로 사용되었다. 하지만 겨자 나무(*dendron*, tree)는 보통 1.5m, 갈릴리 호수 주변에서는 3m까지 자란다. 정원의 어떤 풀보다 크게 자란다. 하나님의 나라는 예수님의 말씀과 행적으로 이미 작용하기 시작했다. 그 작용이 지금은 겨자씨처럼 잘 보이지 않고 미미할지 모른다. 심지어 반대도 심하다. 하지만 세월이 갈수록 더욱더 작용하여 종말에는 엄청난 위력을 드러내리라는 말씀이다.

공중의 새들은 복음을 받아들이게 될 세계의 민족들을 상징한다. 그리스도 공동체의 시작이 처음에는 지극히 미약해보이지만 나중에는 온 세계에 복음이 확산될 것이고, 종말에는 하나님의 통치가 완성될 것을 나타낸다. 이 비유는 천국이 확장되는 힘을 가지고 있음을 보여주고 있다.

6. 누룩 비유(33절)

누룩 비유이다. 예수님은 천국은 마치 여자가 가루 서 말 속에 갖다 넣어 전부 부풀게 한 누룩과 같다 하셨다. 누룩(*zyme*, leaven)은 때로 좋지 않은 의미로도 사용되지만(마 16:11, 고전 5:6) 여기서는 누룩의 변화시키는 힘을 천국의 속성에 비유하고 있다. 가루 서 말(*sata tria*, three measures)은 약 160인을 먹일 수 있는 많은 양이다. 부풀린 양은 더 엄청나다. 이것은 하나님 나라의 시작은 미약하지만 나중은 창대할 것임을 나타낸다. 겨자씨가 하나님 나라의 외적 확산 측면, 곧 외적 성장을 나타낸다면 누룩은 그 내적 성장과 성숙을 상징한다.

7. 비유로만 말씀하심(34-35절)

예수님은 이 모든 것을 무리에게 비유로 말씀하시고 비유가 아니면 아무

것도 말씀하지 아니하셨다(34절). 이것은 이미 선지자를 통하여 말씀하신 것으로, " '내가 입을 열어 비유로 말하고 창세부터 감추인 것들을 드러내리라" 함을 이루려 하신 것이다(35절). 이 구절은 시편 78:2을 인용한 것이다. 이 시편은 아삽의 마스길(*maskil*, 교훈의 시)로 "창세부터 감추인 것들(*kekrymmena*, hidden things)"의 시편 원문은 "예로부터 감추어졌던 것"이다. 이것은 옛 비밀, 곧 창조 때부터 숨겨진 천국의 신비를 뜻한다. 그것을 예수님께서 비유로 드러내신다는 말씀이다. 아삽을 선지자로 부르신 것은 그가 선견자(대하 29:30)였기 때문이다.

8. 가라지 비유의 설명(36-43절)

예수님께서 무리를 떠나 집에 들어가시자 제자들이 곡식과 가라지의 비유를 더 설명해 주기를 청하였다. 이에 예수님은 이 비유의 뜻을 설명하셨다.

"좋은 씨를 뿌리는 이는 인자요 밭은 세상이요 좋은 씨는 천국의 아들들이요 가라지는 악한 자의 아들들이요 가라지를 뿌린 원수는 마귀요 추수 때는 세상 끝이요 추수 꾼은 천사들이니(37-39절)."

씨를 뿌리는 농부는 예수님이시다. 예수님은 세상이라는 밭에 좋은 씨를 뿌리셨다. 앞의 씨 뿌리는 비유에서 '좋은 씨'는 천국 복음(19절)이었지만 여기서는 천국의 아들들, 곧 하나님의 택한 백성을 가리킨다. 가라지는 악한 자의 아들들로 좋은 씨와 대조된다. 이 가라지를 뿌리는 원수는 마귀다. 하나님 나라는 임했지만 현세대는 끝나지 않았다. 하나님의 백성들은 이 땅에서 악인들과 함께 섞여 살고 있다. 하지만 추수 때, 곧 주님이 재림하실 때 의인과 악인이 섞여 사는 것은 끝이 난다. 종말 심판 때 추수 꾼(*theristai*, harvesters), 곧 천사들이 악인과 의인을 구별하기 때문이다.

“그런즉 가라지를 거두어 불에 사르는 것 같이 세상 끝에도 그러하리라(40절).” 심판 때 알곡(의인, 예수를 믿는 자)은 천국 창고에 들이고 가라지(악인, 예수를 믿지 않는 자)는 불에 태운다.

“인자가 그 천사들을 보내리니 그들이 그 나라에서 모든 넘어지게 하는 것과 또 불법을 행하는 자들을 거두어 내어 풀무 불에 던져 넣으리니 거기서 울며 이를 갈게 되리라(41, 42절).” ‘넘어지게 하는 것(*ta skandala*, the causes of sin)’ 은 문자적으로 ‘올무에 빠지게 하는 것’ 으로, 죄를 짓게 하는 것을 말한다. 모든 타락한 교훈들과 행위들을 가리킨다. ‘불법(*anomian*, lawlessness)을 행하는 자들’ 은 하나님의 말씀을 거부한 악인들이다. 이들이 갈 곳은 풀무(*kaminon*, furnace) 불, 곧 지옥이다.

“그 때에 의인들은 자기 아버지 나라에서 해와 같이 빛나리라 귀 있는 자는 들으라(43절).” 의로운 자들, 곧 하나님의 택한 백성들은 아버지의 나라인 천국에서 해와 같이 빛나리라(*eklampsousin*, shine forth).

9. 감추인 보화 비유(44절)

“천국은 마치 밭에 감추인 보화와 같으니 사람이 이를 발견한 후 숨겨 두고 기뻐하며 돌아가서 자기의 소유를 다 팔아 그 밭을 사느니라(44절).” 천국은 마치 밭에 감추인(*kekrymmeno*, having been hidden) 보화(*thesauro*, treasure)와 같다. 밭을 갈고 있던 사람이 보화가 있는 밭을 발견했다. 이것은 우연이었다. 그는 이 보화를 숨겨두고, 즉 밭주인에게도 말하지 않고 이 밭을 사기 위해 자기의 소유를 다 팔아 그 밭을 샀다.

감추인 보화는 복음의 중요함을 가리킨다. 감추인 것을 발견한 사람이 있는가 하면 감추인 것을 알지 못하고 지나가는 사람도 있다. 일반적으로 발견했다고 선언한 경우 보화를 발견한 사람이 주인과 반반 나눠 가진다. 그러나 발견한 사람이 주인에게 보화가 있다고 말하지 않고 밭을 샀다. 애씀과 노력이 있었다는 말이다. 보화를 발견한 자는 차분히 일을 처리한다. 더 귀한 것(천국)을 얻기 위해 그동안 자기가 귀히 여겼던 것(자기 것)을 판다(포기한다). 다급하지 않고 절차 있게, 그리고 정당한 과정을 거친다.

이 비유는 천국을 얻기 위해서는 지금까지 자신이 소중히 여기는 것을 포기하는 희생도 감수해야 한다는 것을 가르치고 있다. 예수님을 얻기 위해 우리가 버린 것이 무엇이 있는가. 자기 것을 버릴 수 있는 용기가 있어야 더 귀한 것을 얻을 수 있다. 보화를 얻기 위해 밭 모두를 사야할 필요가 있다. 보화만 있는 부분만 살 수 없다.

10. 값진 진주 비유(45-46절)

천국은 마치 좋은 진주를 구하는 장사(*emporo*, a merchant)와 같다(45절). 진주 장사는 좋은 진주(*kalous margaritas*, fine pearls)를 얻기 위해 자기의 모든 시간을 바친다. 이것은 진리를 발견하기 위해 자기의 삶을 다 바쳐 구도의 길을 가는 사람을 상징한다. 그가 극히 값진 진주 하나(*hena polytimon margariten*, one very precious pearl)를 발견하자 가서 자기의 소유를 다 팔아 그 진주를 산다(46절). 자기 소유를 다 팔아 보물을 사는 것은 진리를 위해 모든 것을 버리는 결단력이 있음을 보여준다. 자기의 소유보다 진리가 더 귀하기 때문이다.

11. 그물 비유(47-50절)

그물 비유다. 천국은 마치 바다에 치고 각종 물고기를 모는 그물(*sagene*, a

dragnet)과 같다(47절). 그물에 고기가 가득하다. 그물을 일단 물 밖으로 끌어내고 그 다음 선별한다. 앉아서 좋은(*kala*, good) 고기(먹을 수 있는 고기)는 그릇에 담고, 못된(*sapra*, bad) 것(먹을 수 없는 것)은 내버린다(48절). 갈릴리 호수에는 20여 종이 넘는 물고기들이 잡힌다. 그 가운데는 율법에서 먹을 수 있도록 허용된 고기도 있고, 금지된 고기도 있다. 비늘이 있는 물고기는 허용되지만 비늘이 없는 물고기는 불결한 것으로 먹지 못하게 되어 있다(레 10:10-12).

세상 끝, 곧 종말에도 이러하다. 천사들이 와서 의인들(*ton dikaion*, the righteous) 속에 섞여있는 악인들(*tous ponerous*, the evil)을 분리해 낸다(49절). 의인은 천국에 들어가지만 악인은 풀무 불에 던져지고 거기서 울며 이를 간다(50절). 이 비유는 곡식과 가라지 비유와 비슷하다. 이 세상에서는 선과 악이 공존하고 있지만 분리할 때가 오면 의인과 악인이 갈 곳을 완전히 다르다.

12. 새 것과 옛 것 비유(51-52절)

예수님은 일곱 가지 비유를 말씀하신 다음 제자들을 향해 "이 모든 것을 깨달았느냐(*synekate*, have you understand)?" 물으셨다. 제자들은 깨달았다고 답했다.

그러자 예수님은 비유 하나를 더 하여 말씀하셨다. "그러므로 천국의 제자된 서기관마다 마치 새것과 옛것을 그 곳간에서 내오는 집주인과 같으니라(52절)." 52절은 본 장에 기록된 천국 비유의 결론부분이다. 천국의 제자가 된 자들은 구약의 말씀을 예수님의 새로운 가르침으로 재조명하여 전도하고 교육에 힘쓰도록 당부하는 말씀이다.

'천국의 제자 된 서기관(*grammateus matheteutheis*, scribe who has

become a disciple)' 은 예수의 제자를 가리킨다. 기존의 서기관이 모세의 제자였다면 하늘나라의 진리를 깨달은 그리스도의 제자들은 '천국의 제자 된 서기관' 이라는 것이다. 모세의 제자들은 율법을 배웠지만 천국의 비밀은 모른다. 하지만 예수의 제자들은 다르다. 예수님은, 그의 제자들은 "새것과 옛것을 그 곳간에서 내오는 집주인과 같다" 하셨다. '새것(*kaina*, new things)과 옛것(*palaia*, old things)' 은 새로 배운 진리(인간의 영혼을 감동시키는 예수님의 가르침과 행적)와 예전부터 알고 있던 진리(율법과 조상의 전통을 중시하는 것)로 해석하기도 하고, 신약과 구약으로 보기도 한다. 유대인들은 옛것에 집착하지만 천국의 서기관이 된 제자들은 옛것과 새것을 조화해야 한다. 즉, 구약성경과 율법도 예수님의 말씀과 행동에 비추어 풀이해야 한다는 말씀이다. 그 진리들을 쌓아두기만 하지 않고 적절한 때 예수님의 말씀에 비추어 효과적으로 사용하는 사람이 되라는 것이다. 이것은 예수의 제자가 지켜야 할 도리, 곧 제자도 가운데 하나이다.

13. 고향에서 배척을 받으시다(53-58절)

예수께서 이 모든 비유를 마치신 다음 그 곳을 떠나서 고향(*ten patrida*, the region)으로 돌아가셔서 그들의 회당에서 가르치셨다. 예수님의 탄생지는 베들레헴이었지만 나사렛에서 성장하셨기 때문에 그곳을 고향으로 불렀다. 복음서에 따르면 예수님은 삼년 여 공생애 중 단 한 번 나사렛을 방문하셨다(막 6:1-6, 눅 4:16-24).

그 가르침에 놀라 서로들 말했다. "이 사람의 이 지혜(*he sophia*, the wisdom)와 이런 능력(*hai dynameis*, the miraculous powers)이 어디서 났느냐(54절)." 예수님의 교훈이 주는 지혜와 그 깊이에 놀란 것이다. 지금까지 그런 말씀을 들어본 적이 없기 때문이다.

하지만 그들의 생각은 돌변했다. 편협한 마음에 시기심까지 더해져 진리를 받아들이지 않았다. "이는 그 목수의 아들이 아니냐 그 어머니는 마리아, 그 형제들은 야고보, 요셉, 시몬, 유다라 하지 않느냐(55절)." 그의 가족들도 알고 그의 성장 과정도 보지 않았던가. 예수님을 메시야로 믿기는커녕 그가 천한 가문의 출생임을 드러내며 조롱하기 시작했다. 그들의 선입감이 예수님을 이해하고 진리를 아는데 큰 장애가 되었음을 보여준다.

예수님을 '목수(*tektonos*, carpenter)의 아들' 이라 했다. 하지만 당시 팔레스타인에서는 목수가 별로 없었다. 대개 가옥을 돌로 지었기 때문에 목수는 석수나 석공을 의미하는 것으로 봐야 한다는 주장도 있다. '그 형제들' 가운데 야고보는 야고보서의 저자이자 초대 예루살렘 교회의 지도자였다(행 15:13). 다른 형제들도 예수님 생전에는 믿지 않았지만(요 7:5) 승천하신 이후 믿어 초대 교회 지도자들이 되었다(행 1:14).

"그 누이들은 다 우리와 함께 있지 아니하냐 그런즉 이 사람의 이 모든 것이 어디서 났느냐(56절)" 하며 예수를 배척하기 시작했다. "배척한지라(*eskandalizonto*, they were offended)"는 문자적으로 '그들이 걸려 넘어졌다' 는 것이다. 예수를 배척한 것이 멸망의 원인이 되었다는 말이다.

이에 예수님은 그들에게 말씀하셨다. "선지자가 자기 고향과 자기 집 외에서는 존경을 받지 않음이 없느니라(57절)." 예수님이 당시의 속담을 인용하신 것이다. 요한복음 4:44에는 "선지자가 고향에서는 높임을 받지 못한다" 하셨다.

나사렛 사람들이 믿지 않자(*apistian*, unbelief) 예수님은 거기서 많은 능력(*dynameis*, miracles)을 행하지 아니하셨다(58절). 치유와 기적의 은혜도 믿음이 있어야 한다는 것을 가르쳐 준다. 기적보다 믿음이 더 중요하다.

마태복음 14장

세례 요한의 죽음, 오병이어, 물 위를 걸으심

1. 헤롯이 세례 요한을 죽이다(1-14절)

그 때에 분봉 왕(*tetraarches*, tetrarch) 헤롯, 곧 헤롯 대왕의 아들 헤롯 안티파스(Herod Antipas)가 예수님에 관한 소문(*akoen*, news)을 들었다. 마가에 따르면 예수님의 정체를 두고 백성들 사이에 세 가지 소문이 돌았었다(막 6:14-15). 마가는 그 가운데서 하나를 소개하고 있다.

당시 헤롯 안티파스는 갈릴리 지방과 요단 강 동쪽 베레아 지방의 영주였다. 그는 원래 아랍 공주와 결혼했었다. 그런데 그는 자기의 동생 빌립(Philip) 1세의 아내 헤로디아(Herodias)를 유혹하여 결혼했다. 헤로디아는 헤롯 대왕의 손녀로 그녀의 숙부인 빌립 1세와 결혼하여 살로메를 낳았고, 나중엔 시숙되는 안티파스와 재혼했다. 이 같은 일은 유대교의 율법에 금지된 것이었다(레 18:16, 20:21).

예수의 소문을 들은 헤롯 안티파스는 신하들에게 "이는 세례 요한이라 그가 죽은 자 가운데서 살아났으니(*egerthe*, be risen) 그러므로 이런 능력(*dynameis*, miraculous powers)이 그 속에서 역사하는 도다(2절)."라고 했다.

예수님께서 놀라운 능력을 발휘하는 것을 볼 때 전에 자신이 죽인 세례 요한이 예수로 부활한 것으로 생각한 것이다. 이것은 그가 세례 요한을 죽이고 나서 그 일이 얼마나 마음에 걸렸는가를 보여준다. 당시 죽은 자가 부활한다는 사상은 유대인들에게 뿌리박혀 있었다.

이어 마태는 요한이 어떻게 죽임을 당하게 되었는가를 소상하게 기록하고 있다. 전에 헤롯 안티파스가 그 동생 빌립의 아내 헤로디아의 일, 곧 결혼 건으로 요한을 잡아 결박하여 옥에 가둔 일이 있었다. 투옥 이유는 요한이 헤롯을 향해 "당신이 그 여자를 차지한 것이 옳지 않다(*ouk exestin*, not lawful)(4절)" 했기 때문이다. 형제가 살아있을 때 그 아내를 취하는 것은 율법으로 보나 인륜상으로 보나 도저히 용납할 수 없는 일이었기 때문이다. 또한 헤로디아를 유혹해 결혼함으로써 아랍 공주와 이혼하게 되었는데, 그 결과 아랍국과 전쟁을 치르게 되었다. 요한은 즉시 헤롯의 행동을 책망했다.

헤롯은 요한을 죽이려 했지만 쉽게 행동에 옮기지는 못했다. 사람들이 그를 선지자로 여기고 있어 사람들의 눈이 두려웠기 때문이다. 그런데 기회가 찾아왔다. 마침 헤롯의 생일이 되어 헤로디아의 딸이 연석 가운데서 춤을 추어 헤롯을 기쁘게 했다. 사실 공주가 남자 손님들 앞에서 춤추는 법은 없었다. 그런데 법도를 깨고 공주 스스로 무희가 되어 춤을 춘 것이다.

헤롯은 그에게 맹세하며(*horkou*, oath) 그에게 무엇이든지 달라는 대로 주겠다고 약속했다. 복수심이 강한 헤로디아는 그 기회를 놓치지 않았다. 딸을 종용했고(*probibastheisa*, urged), 딸은 세례 요한의 머리를 소반(*pinaki*, a platter)에 얹어 자기에게 달라고 했다. 왕이 근심하기는 했지만 자기가 사람들 앞에서 왕으로서 맹세한 것도 있고, 그와 함께 앉은 사람들도 그 말을 다 들었기 때문에 요한의 목을 베어 그에게 주라 명령하지 않을 수 없었다.

왕의 명령에 따라 옥에 갇혀 있던 요한은 목 베임을 당했고, 그의 머리는 소반에 얹어 헤로디아의 딸에게 전달되었다. 회개를 외친 위대한 선지자의 목숨이 한낱 여인의 춤 값에 팔린 것이다. 이것은 모순되고 왜곡된 현실의 극단을 보여준다. 그 딸은 요한의 목을 자기 어머니 헤로디아에게 가져갔다. 이것은 헤로디아가 얼마나 잔인한 인물이었는가를 보여준다.

요한의 제자들이 와서 시체를 가져다가 장사를 치렀다. 그리고 가서 예수님께 그의 죽음을 아뢰었다. 또한 헤롯 안티파스가 예수님을 부활한 세례 요한으로 생각하고 있다는 사실도 전했을 것이다. 헤롯 안티파스는 예수님이 누구인가 하며 예수님을 보고 싶어 했다(눅 9:9). 하지만 위해를 가할 가능성이 아주 높다. 예수님은 이 소식을 들으시고 배를 타고 떠나 따로 빈들(*eremon topon*, a secluded place), 곧 사람들과 거의 접촉을 하지 않는 한적한 곳으로 가셨다. 예수님이 그 지역을 떠나신 것은 보다 안전한 곳으로 가신 것이다. 무모하게 위험에 빠질 필요가 없고 아직은 수난을 당할 때가 아니다. 예수님이 가신 곳은 갈릴리 바다 동쪽이었다. 누가는 벳세다로 가셨다고 했다(눅 9:10).

사람들도 세례 요한의 죽음과 예수님에 관한 소식을 듣고 여러 고을로부터 걸어서(*peze*, on foot) 예수님을 따라갔다. 예수님이 사람이 없는 한적한 곳으로 가셨지만 사람들은 곳곳에서 예수를 따라왔다. 그들은 영적으로 갈급해 있었다. 마가복음 6:34에 따르면 무리들은 목자 없는 양 같았다. 백성을 돌보고 영적으로 올바르게 지도해야 할 바리새인과 서기관들이 그 역할을 제대로 하지 못한 것이다. 백성들은 예수님께 소망을 두었다.

많은 무리가 예수님께 나아오자 예수님을 그들을 보시고 불쌍히 여기셨다(*esplanchnisthe*, be moved with compassion). 가슴 아파 하신 것이다. 그리고 그들 가운데 있는 병자를 고쳐 주셨다. 예수님이 무리를 불쌍히 여기심은 인간적인 애정을 넘어선 것으로, 인간에 대한 하나님의 애정이시다.

2. 오병이어로 오천 명을 먹이다(15-21절)

저녁(*opsias*, evening)이 되었다. 유대인들에게 있어서 저녁은 두 가지 개념을 가지고 있다. 오후 3시부터 해질녘까지(출 12:6)든지 해질녘인 오후 5시를 가리킨다. 여기서는 전자를 말하고 있다.

걱정이 된 제자들은 예수님께 제안을 했다. "이 곳은 빈들이요(*eremos*, desolate) 때도 이미 저물었으니 무리를 보내어(*apolyson*, dismiss) 마을에 들어가 먹을 것을 사 먹게 하소서(15절)." 무리들이 각자 알아서 사먹도록 하자는 것이다.

하지만 예수님은 "갈 것 없다 너희가 먹을 것을 주라(16절)." 하셨다. 이것은 예수님이 제자들에게 식사를 제공할 책임을 부여함과 동시에 제자들이 어떤 태도를 보이는가 보기 위한 것이었다(요 6:5-9). 제자들에게는 하나의 도전이 아닐 수 없다.

제자들은 말했다. "여기 우리에게 있는 것은 떡 다섯 개와 물고기 두 마리뿐이니이다(17절)." 제자들의 반응은 무지와 불신앙을 그대로 드러냈다. 떡 다섯 개(*pente artous*, five loaves)는 밀이나 보리로 만든 것으로 당시 유대인들이 먹는 것으로, 가난한 사람들이 주로 먹는 보잘 것 없는 음식이었다. 물고기 두 마리(*dyo ichthyas*, two fish)는 굽거나 소금에 절인 아주 작은 것으로, 바닷가 사람들이 볼 때 빈약하기 그지없는 반찬이었다. 요한복음 6:9에 따르면 이것은 어린 아이가 가진 음식이었다. 따라서 분량도 매우 작았을 것이다.

예수님은 "그것을 내게 가져오라(*pherete moi*, bring to me)(18절)" 하셨다. 지금 가지고 있는 것을 가져오도록 하셨다. 마을에 내려가 사온 것이 아니다. 오병이어는 한 사람에게도 부족할 만큼 보잘 것 없는 음식이었다. 하지만 그 작은 것이라 할지라도 예수님께서 들어 쓰실 때는 다르다. 우리의 생각을 뛰어넘어 아주 요긴하게, 그리고 풍성하게 사용된다.

예수님은 무리를 향해 잔디(*chortou*, grass) 위에 앉도록(*anaklithenai*, sit down) 하셨다. 이것은 예수님이 이스라엘의 참 목자로서 하나님의 백성들을 한 곳으로 불러 모은다는 상징적 의미를 가진다. 빈들은 삭막한 곳이다. 그런데도 갈릴리 바다가 가까워 풀이 듬성듬성 있었던 것으로 보인다. 하지만 예수님과 함께 한 곳에서 식사를 함께 할 것이니 이것이야 말로 푸른 풀밭에 눕게 하시고 상을 베푸시는 자리가 아니고 무엇이겠는가(시 23:2, 5). 이것은 황야에서 싹이 트는 메시야 시대의 상징이기도 하다(사 35:1 이하).

예수님은 떡 다섯 개와 물고기 두 마리를 가지시고 하늘을 우러러 축사하셨다(*eulogesen*, blessing). 이것은 유대인들의 식사습관을 따른 것이다. 식사할 때는 집안의 어른이 하나님께 감사하는 기도로 시작한다. 시작 기도는 "땅에서 일용할 양식을 주시는 세상의 왕, 우리 하나님 여호와여. 찬양을 받으소서."로 시작되고 음식종류에 따라 기도 내용이 달라진다. 예수님께서도 감사와 찬양의 기도를 드렸을 것이다.

예수님은 기도를 마치신 다음 떡을 떼어 제자들에게 주셨다. 그 때 기적이 일어났다. 마르지 않는 샘물처럼 음식이 주님의 손을 통해 공급되었다. 무리들이 다 배불리 먹고(*echortasthesan*, were satisfied) 남은 조각만도 열두 바구니(*kophinous*, hand-baskets)가 넘었다. 여기서 바구니는 휴대용 주머니로, 칠병이어 기적에서 소개되는 광주리(마 15:37)보다 크기가 작다. 광주리는 사람이 들어갈 만큼 사이즈가 크다.

이것은 나눔을 실천하는 삶이 가져다 줄 풍성한 결과를 상징한다. 오병이어 기적은 예수님의 다함없는 긍휼과 연민, 주님의 위대한 권능과 부요한 은혜를 깨닫게 한다. 주님이 함께 하시면 곤비한 자는 쉼을 얻고 주린 자는 충만한 만족을 경험하게 된다.

그 때 이 기적의 성찬을 먹은 사람은 여자와 어린이 외에 오천 명(*hosei echortasthesan*, about five thousand)이나 되었다. 당시 유대인의 인구계산법으로는 성인 남성만을 계산했기 때문에 여자와 어린이는 제외되었다.

3. 물 위를 걸으시다(22-33절)

예수님은 즉시(*eutheos*, immediately) 제자들을 재촉하여 자신이 무리를 보내는(*apolyse*, dismissed) 동안 배를 타고 자신보다 앞서 갈릴리 건너편으로 가게 하셨다. '재촉하다(*enankasen*, compelled)' 는 것은 문자적으로 '억지로 시키다' 는 뜻을 가지고 있다. 이것은 잘못된 메시야 관을 가진 무리로부터 급히 떠나려는 예수님의 의지를 보여주고 있다.

나아가 예수님은 제자들이 갈릴리 바다에서 풍랑으로 고난을 당할 것 알면서도 보내셨다. 왜 그러셨을까? 두 가지로 생각할 수 있다. 하나는 세속적 가치관, 곧 그리스도인이 되면 고통을 당하지 않는다는 가치관을 제거하기 위해서다. 다른 하나는 생생하게 살아 계시는 주님으로 만나주시기 위해서다.

무리를 보낸 다음 예수님은 기도하러 따로 산(*oros*, mountain)에 올라가셨다. 날이 저물자 거기 혼자 계셨다. 절정의 때는 위기의 때다. 절정의 때는 오병이어 사건이다. 이 사건으로 모두 들떠 있을 때 문제 발생했다. 오병이어 사건은 일거에 경제문제를 해결한 사건이다. 사람들은 예수님을 억지로 임금, 곧 정치적 지도자 삼으려 했다. 그러나 주님의 사명은 구원에 있었다. 제자도 부화뇌동했다. 주님은 제자와 무리를 분리하시고 혼자 산에 오르셨다. 홀로 기도하려 가신 것이다. 잘 되어가는 때 오히려 자기 사명을 정리하고 기도해야 한다.

제자들이 탄 배는 이미 육지에서 수 리(*pollous stadious,* many stadia)나

떠나 있었다. 그런데 바람이 거슬러 불어오고 파도가 높아 고난을 당했다. 고난은 죽을 지경을 말한다. 평소 1시간 저어가면 될 거리를 6시간 이상 고생했다. 오병이어 사건으로 들떠 있을 때 풍랑을 만난 것이다. 제자들은 바다 전문가임에도 불구하고 밤새 고생을 했다. 풍랑 앞에선 그들의 전문성도 아무 소용이 없었다. 풍랑에서 어떻게 살아날 수 있을까? "힘겹게 노 젓는 것을 보시고(막 6:48)." 주님은 이미 그들이 처한 상황을 알고 계셨다. 철저히 부서진 제자들, 그 때 주님이 찾아오신다.

밤 사경(the fourth watch of the night)이 되었다. 구약시대에는 밤을 삼등분했다. 밤을 삼경으로 나누었는데, 1경은 4시간씩이었다. 그러나 신약시대에는 밤을 사등분, 곧 4경으로 나누었다. 1경은 오후 6-9시, 2경은 9-12시, 3경은 12-3시, 4경은 새벽 3시에서 6시 사이를 말한다. 깊은 한 밤중에 사건이 일어난 것이다. 이것은 제자를 깨우쳐 주시려는 특별한 제자훈련 방법 가운데 하나이다.

그 때 예수님께서 바다 위로 걸어서(*peripaton*, walking) 제자들에게 오셨다(25절). 위험에 빠진 제자들을 구하기 위해 권능으로 임재하신 것이다. 예수님은 새벽 3시까지 기도하셨다. 꼼짝하지 않고 오래 기도하셨다. 바로 가지 않고 늦게까지 기도하셨다. 어느 때 도와주는 것이 가장 좋은지 주님은 아셨다. 주님은 우리를 위해 기도하신다. 그리고 주님의 때에 우리를 도우신다. 욥기 9:8에서는 하나님을 일컬어 '홀로 하늘을 펼치시고 바다의 물결을 밟으시는 이' 라 했다. 이제 예수님이 바다를 걸어가시는 것은 예수님이 참 하나님이심을 보여준다.

그러자 제자들이 바다 위로 걸어오심을 보고 놀라 필경 유령(*phantasma*, a ghost)이라 하고 무서워하며 소리를 질렀다. 제자들은 어둠 속에 걸어오시는 주님을 알아보지 못했다. 유령으로 착각한 것이다. 주님이 그들 가까이 오셨지만 주님으로 인정하지 않았다. “사람이 어떻게 물위를 걸을 수 있나.” 이것은 제자들의 세계관이 잘못되어 있음을 보여준다. 오병이어의 기적을 체험한지도 얼마 되지 않았는데, 주님의 전능하심을 그새 잊었다는 말인가. 마가는 기록하고 있다. “이는 그들이 그 떡 떼시던 일을 깨닫지 못하고 도리어 그 마음이 둔하여졌음이러라(막 6:52).”

예수님은 즉시 “안심하라 나니 두려워하지 말라(27절).” 하셨다. ‘나니(*ego eimi*, I it is)’ 란 ‘나다’ 라는 말씀으로, 히브리어로는 ‘아니(*ani*, I)’ 다(신 32:39, 사 41:4, 43:10, 13, 25, 46:4). 이 같은 표현은 일상적 표현 같지만 구약에서 하나님이 자신을 드러내실 때 사용한 문구다. “나는 스스로 있는 자(출 3:14),” 곧 자존하시는 분이라는 뜻이다. 만물을 다스리시는 절대주권자 되신 주님, 능력의 하나님이심을 드러내는 말씀이다. 그러니 걱정하지 말라는 것이다. 세상 풍파로 인한 시험과 환난에 빠진 우리를 끝까지 붙들어주실 이는 오직 주님이시다. 갈릴리 바다는 우리의 삶의 현장이자 고난의 바다이다. 그러나 그곳이 하나님을 만날 수 있는 기적의 현장이다.

C.S. 루이스에 따르면 오병이어가 옛 창조라면 예수님이 바다를 걸으신 이 사건은 새 창조이다. 오병이어는 자연물질을 이용해 믿는 자든 믿지 않는 자든 모두 먹여주셨다. 그러나 이 사건은 다르다. 공관복음을 보면 예수님을 신뢰하는 베드로에게도 허락되었다. 믿는 자에게만 주어진 이 사건을 통해서 믿음의 눈이 열리게 되었다는 점에서 새 창조다. 주님을 향해 영적인 오감을 열 필요가 있다. 물위를 걸으시는 모습은 부활 후 영광스런 모습과 비교된다.

28-31절은 마가복음 6:45-51과 요한복음 6:16-21에 나오지 않는 부분으로, 마태복음에 기록되어 있다.

베드로는 예수님이심을 알고 통 큰 주문을 했다. “주여 만일 주님이시거든 나를 명하사 물 위로 오라 하소서(28절).” “만일 주님이시거든”은 베드로가 다른 제자들처럼 예수님을 유령으로 의심하였고 약해진 믿음을 되찾았지만 아직은 굳게 다져진 상태가 아님을 보여준다. 베드로는 불쑥하는 성격을 가지고 있다. 생각보다 행동이 빠른 사람이다. 호기심도 많았다.

"나를 명하사(*keleuson me*, command me) 물위로 오라 하소서." 베드로는 주님의 명령을 구했다. 주님이라면 나도 주님처럼 걸을 수 있다. 주님에 대한 신뢰가 있었다. 물위를 걷기 위해서는 주님의 보장이 필요하다. 주님만 바라보면 걸을 수 있었다. 믿음은 불가능을 가능케 한다. 주님의 능력을 확신해야 한다.

모험 위해서는 확신이 필요하다. "오라 하시면 가겠나이다. 능력 주옵소서." 믿음으로 순종하고 결심하기보다 순종하면 능력이 나타날 것을 기대한 것이다. 주님을 향한 베드로의 이 요청이 충동적인가 아니면 믿음이 있는 것인가 논쟁을 하기도 한다. 일부 학자들은 베드로가 충동적이라는 편견 깰 필요 있다는 주장을 하기도 한다. 당시 베드로는 주님이 열쇠요 기회라는 것을 믿었다는 것이다.

물위를 걷고 싶다 할 때 예수님은 "오라(*elthe*, come)" 하셨다. 오면 보호하겠다는 뜻이 담겨있다. 하나님은 구하는 만큼 주신다. 이 사건은 모험심이 아니라 주님에 대한 순종을 가르쳐 준다. 베드로는 걸을 수 있겠느냐고 주님께 물었다. 주님이 걸어오라 하셨다. 이것은 그가 경솔하지 않았음을 보여준다. 베드로는 오라는 주님의 말씀에 순종했다. 순종하다 물에 빠지는 것도 복이다.

"오라"라는 말씀하신 그 특별한 순간, 그 말씀이 그에게 특별한 믿음을 불러일으켰다. 베드로가 광풍이 이는 바다 위로 뛰어들 수 있었던 것은 그 말씀을 받아들였기 때문이다. 걸어오는 주님을 보고 뛰어나가는 베드로가 싶은가 아니면 배 안에 앉아있는 제자들이 되고 싶은가? 베드로는 놀라면서 깊은 영적 각성을 했다. 예수님이 하나님임을 깨달았다. 창조자 하나님이 물을 밟고 서 계신 것을 보았다.

베드로는 용기를 내어 배에서 내려 물 위로 걸어서 예수께로 갔다. 물 위를 걷는 최초의 인간이 된 것이다. 바다 위를 걸으려면 배 밖으로 나와야 한다. 실패를 두려워하지 말고 안전지대에서 나오라. 이제 물위를 걷는 베드로를 상상해보라. 아무나 갖는 믿음이 아니다. 비상한 믿음이다. 세상은 불가능하다 해도 예수님 때문에 가능하다고 믿는 믿음이다. 예수님 때문에 긍정적으로 보는 믿음, 예수님 때문에 전적으로 헌신할 수 있는 믿음이다. 주님만을 바라보면 기적을 체험한다. 베드로는 주님의 말씀에 반응해 물 위를 걸었다. 이제 당신이 주님의 음성에 반응할 차례다.

하지만 불어오는 바람을 보자 무서움이 닥쳤다. 폭풍과 풍랑보다 예수님의 약속을 굳게 믿고 힘써 걸어 나가야 하는데 난관에 부닥치고 만 것이다. 그의 믿음은 약해지기 시작했고 의심과 두려움이 생겼다. 그는 물에 빠지기 시작했다. 험한 세파에 휩싸일 때 주님을 믿고 의지하지 않으면 우리도 시험과 공포에서 벗어날 수 없다. 주님을 향한 시선을 달리했을 때 우리는 문제에 빠진다.

그 때 그는 소리를 질렀다. "주여 나를 구원하소서(*soson me*, save me)." 믿음의 간구이다. 문제 상황에서 그는 시선을 배안의 사람들이 아니라 주님께 다시 고정했다. 위기만 바라보면 위기에 더 빠져든다. 파도를 보지 말고 파도 위에 서 계신 주님을 보라. 위기 닥칠 때 내가 무능하다는 것을 인정하고 예수님께 손을 내밀어야 한다. 구원의 능력은 오직 주님께 있다.

예수님께서 즉시 손을 내밀어(*ekteinas*, stretched out) 그를 붙잡으셨다. 빈 손 들고 구조를 요청하자 예수님이 즉시 손을 내미시고 그를 붙들어 주셨다. 이 사건에서 '즉시' 라는 말씀이 자주 언급된다. 풍랑 때 주님은 즉시 응답하신다. 풍랑 속에서도 주님은 우리 손을 붙잡고 계신다.

그리고 예수님은 말씀하셨다. "믿음이 작은 자(*oligopiste*, you of little faith)여 왜 의심하였느냐(31절)." 의심(*edistasas*, doubt)은 문자적으로 '서로 분리된 생각,' 곧 두 마음을 갖는 것을 말한다. 믿음은 오직 예수님과 그의 명령, 그의 도우심에 집중하는 것이다. 베드로는 믿음이 부족했다. "왜 의심하였느냐?" 질책은 아니라 할지라도 믿음에 대해 주의를 환기시켜 주셨다. 주님의 인격, 온전하심을 보라. 실패한 베드로를 보며 우리는 오히려 은혜 받을 수 있게 된다. 실패했을 지라도 주님이 붙들어 주신다는 것을 알 수 있기 때문이다. 하나님은 성공을 통해 일하시지만 실패를 통해서도 더 일하신다. 실패는 따른 방식으로 했다는 의미이다. 우리의 실패를 통해 하나님은 더 좋은 아이디어를 가지고 있다는 것을 느끼게 만들어 준다.

베드로는 밤새 풍랑과 싸운 과정에서 비상한 믿음을 갖게 되었다. 영원을 사모하는 믿음을 가졌다. "거친 파도 날 향해 올 때 주와 함께 날아오르리." 하나님은 우리가 가진 어떤 문제보다 더 크고 위대하시다. 거친 파도에서 이것을 발견할 수 있다. 그러므로 고통은 하나님을 만날 수 있는 기회이자 축복이다. 우리가 비상한 믿음을 가질 때 세상은 놀란다.

베드로는 배안에 있는 다른 제자와는 다른 차원의 체험을 했다. 살아있는 신앙체험이다. 베드로는 모험을 선택했다. 살아 계시고 능력을 행하시는 하나님을 느꼈다. 안전만 추구하는 사람에게는 주님을 체험할 수 없다.

베드로는 예수님과 같이 배에 올랐다. 그러자 바람이 그치고 평안했다. 예수님이 함께 하시면 위기 속에서도 예수님과 동행하면 평안하다. 내 경험이나 내 지식이 아니다. 위기를 자꾸 돌아보지 말라. 예수님 손 붙잡고 동행하며 살자.

예수님이 배에 오르자 제자들이 예수께 절하며 말했다. "진실로(*alethos*, truly) 하나님의 아들(*Huios Theou*, Son of God)이로소이다." 하나님의 아들이심을 고백한 것이다. 주님을 인격적으로 알게 되었다. 문제해결보다 예수님 아는 것이 더 중요하다.

4. 게네사렛에서 병을 고치시다(34-36절)

예수님과 제자들은 갈릴리 바다를 건너 게네사렛(Gennesaret) 땅으로 갔다. 이곳은 갈릴리 해안의 서북지역을 말한다. 이곳은 가버나움과 디베랴 중간에 있는 비옥한 땅이다. 그 곳 사람들이 예수님이 오신 줄을 알고 그 근방에 두루 통지하여 모든 병든 자를 예수께 데리고 왔다. 그리고 예수의 옷자락(*kraspedou tou himatiou*, fringe of the garment)만이라도 손을 대게 해달라고 간구했다. 옷자락은 옷술, 옷단을 뜻한다. 유대인들은 흰 실과 푸른 실을 꼬아서 옷자락 네 군데에 달았다. 이는 하나님의 계명을 상기하기 위한 것이다(신 22;12, 민 15:38, 39). 주님의 옷자락에 손을 대는 자는 다 나음을 얻었다.

마태복음 15장

바리새인의 전통과 외식, 가나안 여인의 믿음, 사천 명을 먹이심

1. 바리새인의 전통과 외식(1-20절)

이 부분은 전통(*paradosin*, tradition), 곧 유전에 대한 논쟁을 담고 있다. 전통이 중요한지 율법의 진정한 의미가 중요한지를 다룬다. 의식(儀式)적 형식 대 내면적 동기의 대립이다. 예수님은 율법의 목적과 정신을 망각한 채 형식적 세부 규칙을 세밀하게 규정했던 장로들(*presbyteron*, elders)의 전통을 하나님의 말씀을 인용하여 지적하셨다. 유대 종교지도자들과 예수님과의 대립이 신학적 논쟁으로 비화되고 있음을 본다.

그 때에 바리새인과 서기관들이 예수님이 팔레스타인 북부 갈릴리 지방에서 가르치고 이적을 행한다는 소문을 듣고 예루살렘에서 예수님을 만나러 왔다.

"당신의 제자들이 어찌하여 장로들의 전통을 범하나이까 떡 먹을 때에 손을 씻지 아니하나이다(2절)."

장로들의 전통은 구전된 법, 곧 유대인의 전승된 가르침으로, 율법학자들에 의해 발달된 율법에 대한 여러 해석 전통을 말한다. 여기에는 율법 실행을 위한 여러 규칙들이 담겨있다. 모세의 율법이 원리만을 가르치고 있어 생활에 구체적으로 적용하기 위해서는 상세한 규범이 필요하다고 느꼈기 때문이다. 바벨론 포로 이후 유명한 랍비들의 고대 전승 자료를 중심으로 정비한 것이다. 시간이 가면서 율법과 동등한 권위를 얻게 되었고, 그 구속력은 율법을 능가하기도 했다. 바리새인과 서기관들은 장로들의 전통을 중시했지만 사두개인들은 이를 받아들이지 않았다.

떡 먹을 때 손을 씻는 것은 식사 전과 식사 후, 그리고 경우에 따라서는 식사 도중에 손을 씻는 것을 말한다. 원래는 제사장들에게만 해당되는 규칙이었는데 율법학자들의 해석을 통해 점차 일반인들에게까지 확대되었다. 먼지가 많은 팔레스타인의 풍토와 손으로 음식을 먹는 풍습 때문에 생긴 것이다. 유대인들은 음식도 가려먹었고, 식사하기 전에 반드시 손을 씻었다. 이것은 종교적으로 불결한 물건과 접촉함으로 생긴 더러움을 제거하기 위한 것이었다. 바리새인들은 자기들이 정한 규칙을 왜 제자들이 지키지 않았는지 예수님께 따졌다.

예수님은 되레 "너희는 어찌하여 너희의 전통으로 하나님의 계명(*entolen*, commandment)을 범하느냐(3절)" 하셨다. 유대인의 전통은 단지 계명(율법)을 보충하는 의미를 가지고 있을 뿐이다. 전통으로 인해 계명을 흐리게 할 수는 없다는 말씀이다. 3-6절에서 예수님은 인간이 만든 전통으로 하나님의 계명을 대신하는 바리새인들의 율법해석을 비판하셨다.

"하나님이 이르셨으되 네 부모를 공경하라 하시고 또 아버지나 어머니를 비방하는 자는 반드시 죽임을 당하리라 하셨거늘(4절)." 예수님은 십계명 중 제5계명을 들어 말씀하셨다. 부모를 공경하는 것이 하나님의 법이다. 부모를 비방하는 자는 죽임을 당한다(출 21:17, 레 20:9).

"너희는 이르되 누구든지 아버지에게나 어머니에게 말하기를 내가 드려 유익하게 할 것이 하나님께 드림이 되었다고 하기만 하면 그 부모를 공경할 것이 없다 하여 너희의 전통으로 하나님의 말씀을 폐하는도다(5-6절)."

예수님은 부모를 공경하는 것이 마땅한데 불구하고 바리새인들이 전통을 준수하는 것처럼 하면서 효도하지 않음을 지적하셨다. "하나님께 드림이 되었다"는 것을 히브리어로 '고르반(*qorban*, corban),' 곧 하나님께 헌납된 것, 서약된 것이라 한다(막 7:11). 하나님께 드릴 '헌물,' '제물'로 서약되었다는 것이다. 이 서약을 고르반이라 한다. 서약된 물품은 하나님께 바치기로 약속된 것이므로 다른 사람이 사용하지 못하게 된다.

그런데 당시 유대인들 가운데는 못된 자식들이 부모공양을 기피하고자 고르반 서약을 남발하는 경우가 있었다. 재산을 성전에 바치겠다는 서약만 하면 랍비들은 그 재산을 언제 바치든 상관하지 않았다. 나아가 서기관들은 하나님 공경이 부모공경보다 앞선다는 논리로 이런 서약도 유효하다고 보았다. 부모와 사이가 나쁘면 고르반 서약문을 이용해 얼마든지 부모 공양의 의무를 저버릴 수 있다. 이것은 종교를 빙자하여 인륜을 저버리는 행위이다. 예수님은 고르반의 악용을 지적하셨다. 겉으로는 규칙을 엄격히 지키는 것 같지만 효도와는 거리가 멀고, 신앙을 위장하여 신앙의 참뜻을 해치는 악덕에 불과하다. 예수님은 하나님을 섬길 뿐 아니라 사람을 아끼라는 사랑의 이중계명을 강조하셨다(막 12:28-34).

예수님은 "너희의 전통으로 하나님의 말씀을 폐하는 도다." 하셨다. '폐하는 도다(에퀴로사테)'는 '권리를 빼앗다'는 뜻이다. 장로의 전통을 강조함으로 인해 하나님의 말씀을 무효화시킨다는 것이다. 이것은 있을 수 없는 일이다. 예수님은 인간의 법인 고르반 법보다는 하나님의 계명인 효도를 앞세워야 한다고 하셨다.

"외식하는 자들아 이사야가 너희에 관하여 잘 예언하였도다 일렀으되 이 백성이 입술로는 나를 공경하되 마음은 내게서 멀도다 사람의 계명으로 교훈(*didaskalias*, doctrines)을 삼아 가르치니 나를 헛되이 경배하는도다 하였느니라 하시고(7-9절)."

예수님은 바리새인들을 가리켜 외식하는 자들(*hypokritai*, hypocrites)이라 하셨다. 8-9절은 이사야 29:11을 인용하여 말씀하신 것이다. 8절에서는 말과 마음이 일치하지 않는 것을 탓하고, 9절에서는 하나님의 계명 또는 하나님의 말씀 대신 한낱 인간의 계명들을 가르치는 비행을 탓하셨다. 형식적으로는 열심히 잘 믿는 것 같지만 하나님을 믿지 않는다는 것이다. '사람의 계명(*entalmata*, precepts)' 은 율법에 속하지 않은 구전된 법, 곧 장로들의 전통을 가리킨다.

예수님은 무리를 가까이 부르신 다음 말씀하셨다.

> "듣고 깨달으라. 입으로 들어가는 것이 사람을 더럽게 하는 것이 아니라 입에서 나오는 그것이 사람을 더럽게 하는 것이니라(10, 11절)."

레위기 11장과 신명기 14:3-21에는 정결한 음식과 부정한 음식을 구별했다. 이 금기 식품 법은 예수님 시대에 더 강화되었다. 부정하다며 먹지 못하게 한 식품으로는 돼지, 쥐, 뱀, 토끼, 낙타, 개, 목 졸라 죽인 짐승, 피, 낙지 등이 있다. 이에 대해 예수님은 사람 밖에서 안으로 들어가는 음식물이 사람을 더럽히는 것이 아니라 사람에게서 나오는 악한 생각과 말, 그리고 행동이 사람을 더럽힌다고 하셨다.

이에 제자들이 다가와서 말했다. "바리새인들이 이 말씀을 듣고 걸림이 된 줄(*eskandalisthesan*, were offended) 아시나이까(12절)." 바리새인들이 이 말씀을 듣고 분개하고 있다는 것을 아시는지 물었다.

예수님은 대답하셨다. "심은 것마다 내 하늘 아버지께서 심으시지 않은 것은 뽑힐 것이니(13절)." 나의 하늘 아버지께서는 자기가 심지 않으신 식물은 모두 뽑아 버리실 것이다. 이스라엘은 하나님이 심으신 나무에 자주 비유되었다(사 5:1-7, 60:21, 렘 45:4). 하나님의 백성인 이스라엘은 자주 물 댄 동산이나 포도원으로 비유되었다. 또는 무성한 나무에 비유되기도 했다. 바리새 지도자들은 스스로를 하나님의 선민이라 자처해왔다. 하지만 예수님은 나무의 은유를 바리새인들에게 적용하면서 그들에게 엄한 심판을 예고하셨다. 하나님이 심지 않은 가라지이므로 결국은 뽑혀 불에 던져질 것이라는 것이다. '심은 것(*phyteia*, plant)' 은 말씀의 가르침을 말하고, 하나님이 심지 않은 것은 바리새인의 유전이라며 그들의 유전은 뽑혀 없어진다 해석하기도 한다.

"그냥 두라 그들은 맹인이 되어 맹인을 인도하는 자로다 만일 맹인이 맹인을 인도하면 둘이 다 구덩이에 빠지리라(14절)." 그들을 내버려 두라. 바리새인들은 눈 먼 사람들이다. 하나님이 주신 계명의 영적인 본질을 깨닫지 못하기 때문이다. 하나님의 계명은 의식만을 준수하는 데 목적이 있는 것이 아니라 계명을 통해 인간을 더 사랑하고 용서하는 데 목적이 있다. 그러면서도 자신들은 지도자로 자처하면서 사람들에게 이래라저래라 한다. 백성들도 맹목적인 신앙과 순종으로 그들의 말을 따른다. 바리새인은 눈 먼 사람을 인도하는 길잡이들과 같다. 눈 먼 사람이 눈 먼 사람을 인도하면 어떻게 되겠는가. 결국 둘 다 구덩이(*bothynon*, a pit)에 빠질 것이다. 모두 비참한 처지에 놓이게 된다. 진리를 모르는 자가 다른 사람을 가르치면 배움을 받는 사람 역시 멸망하게 된다.

이에 베드로가 이 비유를 우리에게 설명해 주기를 청하였다. 예수님은 "너희도 아직까지 깨달음이 없느냐(16절)" 하셨다. 바리새인들은 예수님의 말씀이 그들에게 걸림돌이 되어 그 말씀을 받아들이지 않았지만 제자들은 깨달을 능력이 부족하여 받아들이지 못하고 있는 것이다. 진리의 말씀은 성령의 조명이 없으면 누구든 깨달을 수 없다.

예수님은 "입으로 들어가는 모든 것은 배로 들어가서 뒤로 내버려지는 줄 알지 못하느냐 입에서 나오는 것들은 마음에서 나오나니 이것이야말로 사람을 더럽게 하느니라(17, 18절)." 하셨다. 마음은 감정과 의욕과 노력이 일어나는 자리이다. 음식은 마음과는 상관이 없다. 그러므로 음식이 사람을 더럽게 할 수 없다.

"마음에서 나오는 것은 악한 생각(*poneroi dialogismoi*, evil thought)과 살인(*phonoi*, murder)과 간음(*moicheiai*, adulteries)과 음란(*porneiai*, sexual immorality)과 도둑질(*klopai*, thefts)과 거짓 증언(*pseudomartyriai*, false testimonies)과 비방(*blasphemiai*, slanders)이니(19절)." 이처럼 인간을 더럽히는 여러 가지 것들은 음식이 아니라 마음에서 나오는 것이므로 자기 마음에로 눈을 돌리라는 말씀이다. 마가복음 7:21, 22에서는 12가지 악덕을 열거했는데, 마태는 7가지로 줄였다. 열거된 것들은 십계명의 후반부에 나오는 것으로 인륜에 관계된다. 살인은 제6계명을, 간음과 음란은 제7계명을, 도둑질은 제8계명을, 거짓증거는 제9계명을 거스르는 죄이다.

"이런 것들이 사람을 더럽게 하는 것이요 씻지 않은 손으로 먹는 것은 사람을 더럽게 하지 못하느니라(20절)." 바리새인들은 손을 씻지 않고 음식을 먹을 때 그 음식이 사람을 불결하게 만든다고 생각했다. 따라서 바리새인들은 제자들을 죄인 취급을 했다. 여기서 음식은 지식과 선행의 상징이다. 그것이 사람을 더럽히는 것이 아니라 진리를 거부하고 악을 행하는 자들의 거짓된 가르침이 사람을 더럽힌다는 것이다.

2. 가나안 여인의 믿음(21-28절): 여인의 딸을 고치시다

예수님께서 거기서 떠나 두로와 시돈 지방으로 들어가셨다. 이곳은 팔레스타인 서북 해안에 있는 곳으로, 예수님이 이곳에 가신 것은 복음이 유대에 국한되지 않고 전 세계로 전파되어야 한다는 것을 시사해주고 있다. 백부장의 경우(마 8:5-13)에 이어 복음의 우주적 성격을 보여주는 이방인 구원에 관한 내용이다.

그러자 가나안(*Chananaia*, Canaanite) 여자 한 사람이 나와서 소리 지르며 말했다. 마가복음 7:28은 이 가나안 여자를 헬라인(a Greek)이요 수로보니게 족속(Syrophenician)이라 했다. 수로보니게(Syrian Phoenicia)는 수리아(시리아)의 베니게(페니키아)로, 항구 도시 두로 주변에 있는 지방을 가리킨다. 베니게는 갈릴리 지방과 인접한 이방 지역으로, 두로와 시돈이 이 지역에 속한다. 이곳 주민들은 가나안 족속의 후손이었기 때문에 이 여인을 가나안 여자라 했다. 이 지역은 알렉산더 대왕이 점령한 곳이라 헬라 식민지이기도 했다. 이 여인을 헬라인이라 한 것은 이 때문이다. 헬라 여인은 교양이 있는 여인이자 자존심이 강한 여인이다. 그러나 이 여인은 하나님 앞에서 자기 자존심을 꺾었다.

"주 다윗의 자손이여 나를 불쌍히 여기소서 내 딸이 흉악하게 귀신 들렸나이다(22절)." '주(*Kyrie*, Lord) 다윗의 자손(*huios*, Son)이여' 는 메시야를 가리켜 부르는 것으로, 여자가 예수님을 메시야로 믿고 있었음을 보여준다. 여인은 딸의 병을 운명에 맡겨둘 수 없어 주님 앞에 나왔다. 여인은 자신의 딸이 귀신들렸는데도 자신을 불쌍히 여겨달라고 했다. 딸의 고통이 자신의 고통이 된 어머니, 흉악한 귀신 들린 딸을 위한 어머니의 지극한 사랑이 엿보인다.

하지만 예수님은 한 말씀도 대답하지 아니하셨다. 예수님이 침묵하신 것은 그 여성을 무시해서가 아니라 그의 신앙이 어떠한지 알아보기 위함이었다. 믿음의 시험을 통해 그의 믿음을 강화시키기 위해 의도적으로 대답하지 않으신 것이다.

그러자 오히려 예수님의 제자들이 와서 간청을 했다. "그 여자가 우리 뒤에서 소리를 지르오니 그를 보내소서(23절)." '보내소서(*apolyson*, dismiss)'는 소원을 들어주어 '되돌려 보내다'는 뜻이다. 제자들도 성가시게 생각했음을 보여준다. 끈질긴 요청은 결국 응답된다. 마침내 예수께서 여인에게 대답을 주셨기 때문이다. 하지만 주님의 답은 아주 냉정하셨다.

"나는 이스라엘 집의 잃어버린(*apololota*, being lost) 양(*probata*, sheep) 외에는 다른 데로 보내심을 받지 아니하였노라(24절)." 자신은 이스라엘 백성만을 돌보기 위해 오셨다는 것이다. 구약에서는 자주 이스라엘 백성을 양들이라 했다. 예수님은 주로 이스라엘 땅에서 이스라엘 백성들을 대상으로 복음을 전하셨다.

여인을 향한 예수님의 말씀은 겉으로는 거절의 말씀으로 보인다. 하지만 본질적으로는 이방인들에 대한 거절의 말씀이 아니라 예수님의 공생애가 유대를 중심으로 이루어짐을 뜻하는 말씀이다. 복음의 이방 전파는 예수님이 승천하신 이후 성도들에게 사명으로 주어졌다(행 1:8). 따라서 이 말씀은 이방인에 대한 구원은 유대인 다음에 있게 됨을 의미한다.

하지만 복음은 어느 시기를 막론하고 언제 어디서나 열려있다. 예수님은 지금 유대를 떠나 이방인의 도시에 와 있다. 그들에게 천국복음을 전하기 위해 오셨다. 이 여인의 사건은 그 과정에서 일어난 것으로 주님을 향한 믿음이 얼마나 중요한가를 일깨우기 위한 것이다. 하나님은 은혜를 값싸게 주지 않으신다. 쉽게 주지 않으신다. 어렵게 힘들게 시험을 거쳐 하나님 앞에 모두 쓰임을 받는다. 무조건적인 거부가 아니다.

여자는 와서 예수께 절하며 간청했다. "주여 저를 도우소서(25절)." 주님의 침묵과 거절에도 불구하고 포기하지 않았다. 계속 간청을 했다. 딸이 나을 수만 있다면 그 어떤 수모도 개의치 않았다.

하지만 예수님은 "자녀의 떡(*arton*, bread)을 취하여 개들(*kynariois*, dogs)에게 던짐이 마땅하지 아니하니라(26절)." 하셨다. 이 말씀은 예수님께서 여인을 경멸하기 위해 하신 것이 아니다. 당시 유대인의 일반적인 통념을 사용하여 여인의 믿음을 시험하신 것이다. 유대인들은 자신들을 하나님의 특별한 자녀로 간주하고 다른 민족들을 경멸하는 뜻에서 '개' 라 불렀다. 이 말씀은 냉대를 넘어 여자의 마음을 송두리째 찢기에 충분할 만큼 충격적인 말씀이었다. 여기서 '자녀' 는 주의 말씀에 순종하는 자를, '개' 는 말씀을 거짓으로 더럽히는 자를 상징한다.

예수님은 깊이 상처를 주는 말씀을 하셨다. 이 상황을 놓고 우리는 "예수님의 실수인가 인종차별인가?" "주님은 이처럼 차가운 분이신가?" 물을 수 있다. 하지만 주님은 그 여인이 넘어야 할 산이 있다는 것을 아셨기에 이 말씀을 하셨다. "이방인으로서 예수를 구주로 영접할 수 있는가? 예수를 딸을 낳게 해줄 구세주로 받아들일 수 있는가?" 우리는 여기에서 한 영혼이라도 구원하기를 바라는(얻고자 하는) 주님을 볼 수 있어야 한다. 한 영혼이라도 얻고자 하시는 주님, 주님은 영혼구원을 위한 일이라면 그 어떤 배경도 뛰어넘으신다.

이에 여자는 놀라운 믿음의 말로 반응했다. "주여 옳소이다마는 개들도 제 주인의 상에서 떨어지는 부스러기(*psichion*, crumbs)를 먹나이다(27절)." 주님이 기다렸던 반응이다. 여인은 예수님의 냉정한 말씀에도 불구하고 이에 항의하거나 불만하거나 오해하지도 않았다. 여인은 구원을 이스라엘 백성들에게 베풀겠다는 예수님의 말씀에 동의했다. 그럼에도 불구하고 자신들을 불쌍히 여겨달라고 했다.

여인은 자신을 개로 자처했고, 부스러기 조차로도 넉넉하다는 믿음을 보였다. 당시엔 빵에다 손에 묻은 더러운 것을 닦은 다음 버렸다. 그것을 개들이 먹었다. 그것이 바로 부스러기이다. 그 어떤 모욕에도 흔들리지 않았다. 주님에 대한 확신이 컸기 때문이다. 여인의 말은 "제 딸을 살릴 수 있다면 저는 기꺼이 개가 되겠습니다."는 것이다. 그의 말에는 절박함이 묻어난다. 여기에서 우리는 다시금 어미의 깊은 사랑을 만난다. 여기서 우리는 여인의 집요한 요구와 겸허한 믿음을 볼 수 있다. 은혜의 부스러기라도 얻고자 하는 여인의 절박한 호소는 주님의 은혜가 얼마나 소중한가를 일깨워준다.

이에 예수께서 말씀하셨다. "여자여 네 믿음이 크도다(*megale*, great) 네 소원대로 되리라(28절)." 예수님은 여인의 믿음을 '큰 믿음'이라 하셨고, 여인의 소원대로 딸이 나을 것이라 했다. 그 때로부터 여인의 딸이 나음을 입었다. 여인은 주님을 끝까지 신뢰했다는 점에서 믿음의 모범이 되었고, 거절과 냉대에도 불구하고 끝까지 참았다는 점에서 인내의 모범이 되었으며, 주님의 냉정한 말씀에도 불구하고 낮은 자세를 유지함으로써 겸손의 모범이 되었다. 그의 이 같은 모범으로 인해 "이방들이 그 이름을 바라리라(마 12:21)" 한 예언이 성취되었다.

3. 많은 병자를 고치시다(29-31절)

예수님께서 시돈과 두로 지방을 떠나 이방 땅 데가볼리(Decapolis) 지역까지 내려갔다가 갈릴리 호수 지방으로 다시 오셨다(막 7:31). 갈릴리 호수와 연접한 데가볼리일 가능성이 높다. 예수님이 그곳 산에 올라가 거기 앉으시니 많은 무리가 다리 저는 사람, 장애인, 맹인, 말 못하는 사람 등 여러 종류의 사람들을 데리고 와서 예수의 발 앞에 앉혔다. 고침을 원했기 때문이다.

예수님은 그들을 고쳐 주셨다. 말을 못하는 사람은 말을 하게 되고, 장애인은 온전하게 되어 장애에서 벗어나게 되고, 다리 저는 사람은 걷고, 맹인은 눈을 떠 보게 되었다. 사람들은 이 기적을 보고 놀랍게 여기지 않을 수 없었다. 나아가 그들은 이스라엘의 하나님께 영광을 돌렸다. 하나님께 감사드린 것이다. '이스라엘의 하나님(*Theon Israel*, God of Israel)' 이라 한 것을 볼 때 병자들이 주로 이방인이었음을 보여준다.

4. 4천명을 먹이시다(32-39절)

오병이어 기적에 이어 칠병이어(七餠二魚) 기적을 소개하고 있다. 오병이어 기적은 5천명을 먹인 사건으로 사복음서 모두에 소개되고 있다. 칠병이어 기적은 4천명을 먹인 사건으로 마태복음과 마가복음에만 기록되어 있다.

칠병이어 기적은 오병이어 사건과 내용이 아주 유사하다. 따라서 칠병이어 사건은 오병이어 사건을 다르게 구전된 것이라는 주장도 있다. 하지만 사용된 언어(광주리)와 숫자(사천 명)로 볼 때 이 두 사건은 서로 다른 사건이라는 것이 전통적인 견해이다. 예수님도 두 사건이 별개의 것임을 말씀하셨다(마 16:9, 10). 학자들은 오병이어 사건은 유대인을 대상으로 한 사건임에 반해 칠병이어 사건은 이방인을 대상으로 한 사건으로 이해하기도 한다. 이방인들에게도 자비와 긍휼을 베푸신 것이다.

예수님께서 제자들을 불러 말씀하셨다. "내가 무리를 불쌍히 여기노라 그들이 나와 함께 있은 지 이미 사흘이매 먹을 것이 없도다 길에서 기진할까 하여 굶겨 보내지 못하겠노라(32절)."

제자들이 답했다. "광야(*eremia*, a secluded place) 에 있어 우리가 어디서 이런 무리가 배부를 만큼 떡을 얻으리이까(33절)." 예수님은 "너희에게 떡이 몇 개나 있느냐" 물으셨다. 제자들은 "일곱 개와 작은 생선 두어 마리가 있나이다." 했다. 칠병이어다. '생선 두어 마리' 는 문자적으로 '몇 마리(*oliga*, a few) 작은 고기'이다. 반찬으로 먹고자 가지고 온 작은 생선이다.

예수님은 무리를 땅에 앉게 하시고 떡 일곱 개와 그 생선을 가지고 축사하셨다. 그리고 그것을 떼어 제자들에게 주시고 제자들은 또 무리에게 주었다. 모두가 다 배불리 먹고 남은 조각을 거두어들였는데 일곱 광주리(*spyridas*, baskets)에 차게 되었다. 오병이어에서는 열두 바구니를 남겼다. 바구니는 유대인이 들고 다니는 휴대용 주머니이다. 그런데 여기서는 일곱 광주리를 남겼다. 광주리는 사람이 들어갈 만큼 큰 것으로(렘 9:25, 행 9:25) 이방인이 사용한 것으로 이해되고 있다.

음식을 먹은 사람들은 여자와 어린이 외에 사천 명이었다. 유대인들은 인구를 계수할 때 여자와 아이들을 제외시켰는데, 여기에서도 그대로 적용되었다.

식사를 마친 후 예수님은 무리를 흩어 보내시고 배에 오르셨다. 그리고 마가단(Magadan) 지역으로 가셨다. 그 위치는 분명치 않으나 갈릴리 호수 연안이나 그 근처에 위치한 지역으로 보인다. 마가복음 8:10에는 달마누다(Dalmanutha)로 되어 있다. 헬라어 마가단은 히브리어 믹달에서 유래된 것으로 '탑,' '망대'라는 뜻을 가지고 있다. 이런 이유로 마가단은 아람어로 같은 뜻을 가진 '막달라(Magdala)' 로 간주되기도 한다. 막달라는 갈릴리 서쪽 포구에 있는 곳으로 전쟁을 위해 망대가 세워져 있는 것에서 나온 것으로 이해되고 있다. KJ는 마가단을 막달라로 표시하고 있다.

마태복음 16장

바리새인과 사두개인의 누룩, 베드로의 신앙고백, 첫 수난 예고

1. 바리새인과 사두개인의 누룩(1-12절)

바리새인과 사두개인들이 예수를 찾아왔다. 이들은 공회, 곧 산헤드린 회원들이다. 그들이 찾아온 것은 예수를 시험하기 위해서였다. 모세가 기도하여 만나를 내리게 한 것이라든가 엘리야가 하늘에서 불을 내려오게 해 제단을 사르는 등 '하늘로부터 오는 표적(*semeion*, a sign)' 을 보여 달라 한 것이다. 예수님이 메시야라면 당연히 뭔가 보여줘야 하지 않겠느냐는 것이다.

예수님은 그들에게 대답하셨다. "너희가 저녁에 하늘이 붉으면 날이 좋겠다 하고 아침에 하늘이 붉고 흐리면 오늘은 날이 궂겠다 하나니 너희가 날씨는 분별할 줄 알면서 시대(*kairon*, times)의 표적은 분별할 수 없느냐(2-3절)." 예수님은 이미 많은 표적을 보여주셨다. 귀신들이 쫓겨나고 가난하고 병든 자들에게 구원의 복음이 전해졌다. 이것은 천국이 이르렀음을 보여주는 실제적인 사건들이다. 하지만 그들은 완고함과 영적인 지각의 결여로 근본적으로 중요한 사건은 뒤로 한 채 사소하고 헛된 일에 관심을 쏟고 있는 것이다.

나아가 "악하고 음란한 세대가 표적을 구하나 요나의 표적 밖에는 보여 줄 표적이 없느니라(4절)" 하시고 그들을 남겨두고 떠나가셨다. 악하고(*ponera*, evil) 음란한(*moichalis*, adulterous, 절개 없는) 세대에 보여줄 표적은 요나의 표적뿐이다. 요나의 표적을 말씀하신 것은 요나가 큰 물고기 뱃속에서 사흘 있었던 것처럼 예수님도 삼일 만에 부활하실 것을 예표 한 것이다. 조만간 보여줄 예수님의 죽음과 부활이 자신이 메시야임을 보여줄 것임을 말씀하신 것이다.

제자들이 건너편에 이르렀다. 그런데, 그들은 떡(*artous*, bread)을 가져 오는 것을 잊었다. 예수님은 "삼가 바리새인과 사두개인들의 누룩을 주의하라(6절)" 하셨다. 누룩(*zymes*, leaven)은 발효케 하는 덩어리로, 유대인들은 발효를 부패와 동일시해 누룩을 악의 상징으로 보았다. 바리새인의 누룩은 의식만 중시할 뿐 내면적으로는 신앙심도 없고 사랑도 없는 위선을 말한다. 사두개인들의 누룩은 지나친 현실주의를 말한다. 정치와 결탁하여 부와 권력을 소유한 그들은 현세에서 부귀영화를 누리는 것에 관심이 많다. 이 두 가지 형태의 누룩은 지금도 우리에게 영향을 미치고 있다. 예수님께서 이 두 누룩을 경계하도록 하신 것은 그들의 가르침이 예수님의 가르침과 어긋나기 때문이다.

제자들은 서로 수군거리며 말했다. "우리가 떡을 가져오지 않았구나!" 예수님이 누룩을 말씀하시자 제자들은 떡을 가져오지 않은 것에 대해 말씀하시는 것으로 착각한 것이다.

예수님은 이것을 아시고 말씀하셨다.

"믿음이 작은 자들아 어찌 떡이 없으므로 서로 논의하느냐 너희가 아직도 깨닫지 못하느냐 떡 다섯 개로 오천 명을 먹이고 주운 것이 몇 바구니며 떡 일곱 개로 사천 명을 먹이고 주운 것이 몇 광주리였는지를 기억하지 못하느냐(8-10절)" 예수님이 말씀하신 것은 떡 때문이 아니라는 것이다. 주님은 누룩

없이도 이미 오병이어와 칠병이어의 기적을 보이지 않으셨는가. 두 번이나 기적적인 방법으로 그 많은 사람들을 먹이셨고, 지금도 그들을 먹이실 수 있음을 깨닫지 못하는 제자들의 믿음 없음을 나무라신다. 주님은 여기서 오병이어와 칠병이어 두 사건을 분리하여 말씀하셨다. 같은 사건이 아님을 보여주는 말씀이다.

"어찌 내 말한 것이 떡에 관함이 아닌 줄을 깨닫지 못하느냐 오직 바리새인과 사두개인들의 누룩을 주의하라(11절)." 떡에 관해 말씀하신 것이 아니라 바리새인의 누룩과 사두개인들의 누룩을 주의할 것을 다시금 환기시키셨다. 그제야 제자들은 떡을 위한 누룩이 아니라 바리새인과 시두게인들의 교훈(*didaches*, teaching), 곧 그들의 가르침을 조심하도록 하신 말씀인 것을 깨닫게 되었다.

2. 베드로의 신앙고백(13-20절)

예수님께서 빌립보 가이사랴 지방에 이르자 제자들에게 물으셨다. "사람들이 인자를 누구라 하느냐(13절)." 빌립보 가이사랴는 가이사랴 빌립보(Caesarea Philippi)이다. 이스라엘 최북단 헤르몬 산 북쪽에 자리 잡고 있다. 요단 계곡 상부 끝 쪽에 있다. 이곳은 베드로가 그 유명한 신앙고백을 한 곳이다.

빌립보 가이사랴는 크게 두 신을 신봉해 왔다. 첫째는 판(Pan) 신이고, 다른 하나는 로마 황제다. 판 신은 이 도시의 지형과 연관이 있다. 판 신은 그리스 신화에 등장한다. 헤르메스의 아들로 여겨지는 이 신은 이따금 잠든 인간에게 악몽을 꾸게 하고, 나그네에게 갑자기 공포를 안겨준다. 영어의 패닉(panic)은 판 신에서 나온 것이다. 페르시아 전쟁 땐 그리스 군을 돕는 신으로 여겨져 아테네의 아크로폴리스에 모셔졌고, 여러 동굴 곳곳에 판 신을 모시는 사당이 세워졌다.

빌립보 가이사랴 근처에 요단강 원류를 형성하는 세 지류가운데 하나인 '나르 바니아스' (Nahr Baniyas) 원천이 있고, 그 원천에서 흐르는 물에서 생긴 동굴이 있다. 이 동굴을 그리스인들이 판 신에게 헌상했고, 그로 인해 도시 이름이 '파네아스' (Paneas) 또는 '바니야스'(Baniyas)라 불리게 되었다. 판 신의 위세가 강했음을 보여준다.

세월이 바뀌면서 이 도시는 로마 황제를 신으로 모시게 되었다. 이것은 정치적 상황과 깊이 연관되어 있다. 주전 20년경 로마는 이곳을 헤롯대왕에게 하사했다. 헤롯은 이곳에 로마 황제 아우구스투스를 기념하는 흰 대리석 사원을 건축했다. 또 판 신전 가까이에 황제의 초상화를 세웠다. 헤롯 대왕이 죽자 분봉 왕 빌립이 그 도시를 아름답게 정비한 후 이 도시를 로마 황제에게 바친다는 뜻에서 '가이사랴' 라 했다. 도시에 '가이사랴' 라는 이름을 아무나 붙일 수 없다. 가이사랴라는 명칭이 붙으면 행정적으로 그 격이 달라지기 때문이다. 무엇보다 황제를 숭배하는 신전이 있어야 한다. 빌립보 가이사랴에는 황제 신전, 황제의 동상은 물론 여사제도 있다. 빌립보 가이사랴는 한 마디로 로마 황제를 신으로 숭배하는 대표적 도시가 된 것이다. 이 이름은 해안에 있는 가이사랴와 이름이 같아 구별하기 위해 일반적으로 '빌립보 가이사랴' 라 부르게 되었다. 주후 50년 헤롯 아그립바 2세는 황제 네로에게 존경을 표시하기 위해 이 도시의 이름을 네로니아스(Neronias)로 바꿨다. 이 도시는 그만큼 로마 황제와 연관이 있다. 유대를 진멸하기 위해 온 티투스와 베스파시안 모두 이곳에서 쉬었다가 갈 정도였다.

두 신을 섬기는 이 도시에 예수님이 오시었다. 그리고 제자들에게 물으셨다.

"사람들이 인자(*huion tou anthropou*, Son of man)를 누구라 하느냐(13

절)" 이 질문은 3년간의 공생애를 결산하는 질문이다. 예수님은 자신의 행적보다는 자신의 본질을 알게 하는 것이 중요하다고 생각하셨기 때문이다.

"더러는 세례 요한, 더러는 엘리야, 어떤 이는 예레미야나 선지자 중의 하나라 하나이다(14절)." 사람들은 이 같은 선지자가 예수님의 모습으로 다시 돌아왔다고 믿었다는 것이다.

"너희는 나를 누구라 하느냐?(15절)" 의도가 있는 질문이다. 다른 사람 말고, 지금 제자들의 고백은 무엇인가? 이 도시의 성격을 안다면 이 질문은 매우 도전적인 것임을 알 수 있다. 우리 신앙에 대한 도전이기도 하다.

베드로가 자신 있게 고백한다. "주는 그리스도시요 살아 계신 하나님의 아들이시니이다(16절)." '주는 그리스도(*Christos*, Christ)시요' 라는 고백은, 예수님은 인간 존재의 중심이요 우리의 구세주이심을 나타낸다. 베드로는 예수님이 하나님과 인간 사이에 단절된 관계를 화해시키는 영원한 중보자, 곧 구원자이심을 확고히 고백했다. 그리스도라는 말은 기름 부음 받은 자로서의 예수의 사명을 명확히 드러내고 있다. '살아계신 하나님의 아들(*Huios tou Theou*, Son of God)' 은 예수님이 하나님의 아들로서 신성을 가지신 분이라는 것이다. 이것은 예수의 본질을 나타낼 뿐 아니라 그분이 바로 하나님이시라는 고백이다. '살아계신(*zontos*, living)' 은 이방신, 곧 헛된 우상이 아니라 참신이심을 강조하는 표현이고 '하나님의 아들' 은 하나님이심을 역동적으로 보여준다.

마태복음 16장에 소개되는 이 대화는 누가 진정한 신(하나님)인가를 일깨워주고 있다. 진정한 하나님은 신화의 판 신도 아니고, 로마의 정치권력인 황제도 아니다. 예수님이 우리의 주인이요 모든 것이다. 이 고백 위에 우리 믿음이 세워지고, 교회도 세워져야 건강하다. 교회의 주인은 교인도 아니고, 장로나 목사도 아니다. 오직 주님이시다. 하나님은 우리의 영원한 주권자시다.

베드로의 고백을 들으신 주님은 네 가지를 말씀하셨다.

첫째, "바요나 시몬아 네가 복이 있도다 이를 네게 알게 한 이는 혈육이 아니요 하늘에 계신 내 아버지시니라(17절)." 예수님은 시몬 베드로의 또 다른 이름 바요나(Barjona)를 부르시며 축복하셨다. 바요나는 '요나의 아들' 이라는 뜻을 가지고 있다. 예수님을 하나님의 아들로 신성을 가지신 분이시고 구세주로 고백하는 믿음은 혈육(*sarx kai haima*, flesh and blood), 곧 사람이 아니라 하나님의 도움 없이는 불가능하다 하셨다. 이 같은 고백은 인간의 이성이나 지혜, 또는 교육으로 나오는 것이 아니다. 하나님의 도움, 곧 그의 계시 없이 불가능하다. 하나님으로부터 주어진 성경 66권은 오늘도 예수님이 우리의 구주이심을 증거 하고 있다. 성경은 우리의 신앙고백을 담고 있다.

둘째, "또 내가 네게 이르노니 너는 베드로라 내가 이 반석 위에 내 교회를 세우리니 음부의 권세가 이기지 못하리라(18절)." 가톨릭은 이것을 개인에게 절대적 권위를 주겠다는 것으로 해석해, 이 막강한 권리를 교황이 이어 받았다고 주장한다. 그러나 원뜻은 베드로의 이 신실한 고백 위에 자신의 교회를 세우겠다는 뜻이다. 반석(*petra*, rock)은 예수 그리스도를 가리키는 것으로 볼 수도 있고, 베드로의 신앙고백을 지칭하는 것으로 볼 수도 있다. 이 반석 위에 교회(*ekklesian*, church)를 세우시겠다는 것이다. "내(*mou*, my) 교회를 세우리라." 인간의 교회를 세우는 것이 아니라 '주님의' 교회를 세우시겠다는 말씀이다. 교회는 사람의 교회가 아니라 주님의 교회다. 음부의 권세(*pylai hadou*, gates of hades)는 문자적으로 음부의 문이다. 죄로 인한 죽음의 법칙과 사단의 조직을 동시에 일컫는 말이다. 음부는 죽은 사람들이 가는 곳을 뜻하지만 여기서는 죽음으로 해석된다. 음부(죽음)의 권세도 반석 위에 세운 교회를 막을 수 없다. 예수님의 죽으심과 부활로 그 권세를 깨뜨렸기 때문이다. 교회는 오늘도 부활의 승리를 영광스럽게 선포한다.

교회는 기초가 튼튼히 해야 한다. 그 기초는 외적 규모, 건물, 조직, 인간의 능력, 제도에 있지 않다. 교회의 본질은, 예수님은 그리스도시고 우리의 주시며 살아계신 하나님이심을 우리의 삶 전체를 내놓고 고백하며 이 고백에 부합해 살도록 하는 데 있다. 이렇게 살 때 음부의 권세가 이기지 못하는 교회가 된다. 교회를 파괴시키려는 영적인 공격이 있을 때마다 우리는 더욱 주님을 붙들어야 한다.

셋째, "내가 천국 열쇠(*kleidas*, keys)를 네게 주리니 네가 땅에서 무엇이든지 매면 하늘에서도 매일 것이요 네가 땅에서 무엇이든지 풀면 하늘에서도 풀리리라(19절)." 천국 열쇠는 엘리야김이 다윗 왕가의 열쇠를 가져 문을 열고 닫았던 것에서 유래된 것으로(사 22:22) 베드로가 그리스도의 청지기(사도)의 직무를 맡아 구원의 사역을 감당하는 그릇이 되리라는 것을 암시하고 있다(행 2:14-42). 이 열쇠는 천국, 곧 하나님 나라의 진리들을 열어 보일 수 있는 권세, 예수님의 말씀을 전할 수 있는 권세이다. 그 열쇠로 천국의 문을 여는 것은 복음을 전파하는 것을 뜻한다. 베드로가 사도직을 맡아 이 일을 수행하리라는 것이다. 이 직무는 사도들을 비롯해 그리스도인들에게도 주어졌다. 천국열쇠는 이 땅의 절망을 하나님 나라의 희망으로 여는 열쇠이다.

복음을 땅 끝까지 전해야 하는 교회는 하나님이 주시는 능력을 통해 힘 있게 열려 있어야 한다. 땅에서 매면(*deses*, bind) 하늘에서도 매일 것이고, 땅에서 풀면(*lyses*, loose) 하늘에서도 풀리리라. 매고 푸는 것은 율법에 관하여 어떤 결정을 내릴 때 사용되는 말이다. 맨다는 것은 금지하는 것이고, 푼다는 것은 허락한다는 말이다. 복음을 전하는 사도는 주님의 청지기로서 자신에게 맡겨진 사명, 곧 하나님의 뜻을 이 땅에 바르게 펴야 할 책임이 있다.

끝으로, "자기가 그리스도인 것을 아무에게도 이르지 말라(20절)." 자신을 숨기심이다. 주님은 자신을 드러내기보다 숨기셨다. 여러 이유가 있다. 무엇보다 주님은 하나님의 때를 기다리셨다. 우리는 조그마한 능력이 있으면 그것을 드러내놓고자 한다. 그러나 그 크신 주님은 하나님의 뜻을 이루기 위해 우리 작은 자들 앞에서 늘 겸손하셨다.

3. 수난에 대한 예수님의 첫 번째 예고(21-28절)

이 단락은 마태복음에 소개된 4대 수난 예고 중 첫 번째에 해당한다. 이 부분에 이르러 메시야의 고난에 대한 내용이 전면에 부각되면서 이야기는 일대 전환점을 맞는다.

이 때, 곧 베드로의 신앙고백이 있던 때로부터 예수님은 예루살렘에 올라가 장로들과 대제사장들과 서기관들에게 많은 고난을 받고 죽임을 당하고 제 삼 일에 살아나야 할 것을 제자들에게 비로소 나타내셨다(21절). '비로소'는 수난에 대해 말씀하기 시작했다는(*erxato*, began) 것으로 예수의 공생애가 새로운 국면에 접어들었음을 말해주는 표현이다.

베드로가 예수를 붙들고 항변하며 말했다. "주여 그리 마옵소서 이 일이 결코 주께 미치지 아니하리이다(22절)." "주님, 그럴 수 없습니다. 이런 일이 결코 일어나서는 안 됩니다." 극구 말린 것이다. 그토록 위대한 신앙고백을 했던 베드로가 잠시 사단의 생각에 빠짐으로써 충격을 안겨주는 장면이다. 이것은 그의 메시야 관이 아직 온전치 못했음은 물론 인간으로서 연약함을 드러낸 것이다. 항변(*epitiman*, rebuke)은 비난하다는 뜻으로, 베드로가 예수님의 말씀에 배신감을 느껴 거칠게 항의한 것으로 보인다.

예수께서 돌이켜 베드로를 보시고 꾸짖으셨다. "사탄(*Satana*, Satan)아 내 뒤로 물러가라 너는 나를 넘어지게 하는 자로다 네가 하나님의 일을 생각하지 아니하고 도리어 사람의 일을 생각하는 도다(23절)." "사탄아 물러가라" 하신 것은 그의 항변이 사단의 역사임을 분명히 아셨기 때문이다. 사단은 하나님의 일, 곧 하나님의 구원 계획과 섭리보다 사람의 일, 곧 사람의 생각을 앞세우게 한다. 예수님께 수난을 통하지 않고 메시야의 목적을 이루시라 말하는 것은 예수님이 시험받으실 때 사단이 말한 것과 같다. 그런 경우 사단의 대리인 노릇을 하는 것과 다름없다.

그리고서 예수님은 제자들에게 말씀하셨다. "누구든지 나를 따라오려거든 자기를(*heauton*, himself) 부인하고(*aparnesastho*, let him deny) 자기 십자가(*stauron*, cross)를 지고(*arato*, take up) 나를 따를 것이니라(24절)." "나를 따라 오려거든," 즉 나의 온전한 제자, 진정한 제자라면 자기를 부인하고 사기 십자가를 지고 주님을 따르라는 것이다.

자기 부인은 자기의 존재성을 거부하는 것이 아니라 주님과의 관계를 새롭게 하라는 말씀이다. 주님과 접속될 때 과거의 내가 아니라 새로워진 나로 살아갈 수 있기 때문이다. 나라는 존재는 그대로지만 그 존재는 더 이상 과거의 나가 아니라 주님으로 인해 새로워진 나, 새로운 피조물이다. 내 마음대로 사는 것이 아니라 주님의 가르치심 따라 산다. 하나님의 뜻을 순종하기 위해 자기이익을 기꺼이 포기한다.

자기 십자가를 진다는 것은 복음을 위해 주님이 우리에게 맡기신 사명은 아무리 힘들어도 피하지 않고 감내하는 것을 말한다. 자기 십자가는 주님이 지신 십자가와는 성격이 다르다. 주님의 십자가는 한 마디로 인류 구원의 십자가다. 그러나 자기 십자가는 그리스도인들이 이 땅에서 그의 제자로서의 삶을 살기 위해 마땅히 져야 할 십자가다. 제자 도를 이루기 위한 십자가다. 그리스도의 제자라면 달라야 한다는 것이다.

자기 십자가를 진다는 것은 주님이 앞서 '자기를 부인하고' 라고 하신 말씀과 맥락을 같이 한다. 자기 부인을 해야 자기 십자가를 질 수 있기 때문이다.

두 개념은 서로 떼어 생각할 수 없다.

자기 십자가를 지기 위해서는 무엇보다 과거의 삶, 육적인 나로부터의 자유가 필수다. 우리는 지금까지 자기유익과 자기주장에 익숙한 삶을 살아왔다. 자기의 권리가 조금만 침해당해도 참지 못한다. 고소하고, 고발하고, 무시하고, 미워한다. 없는 권리까지 자기 권리라며 억지를 부린다. 자기를 철저히 사수한다. 그러나 참된 제자는 자기권리가 보장된 것이라 할지라도 그것들을 주님의 십자가 아래 기꺼이 내려놓는다. 세상욕심을 철저히 상대화하는 것이다. 그것들이 없어도 주님만 있으면 된다. 더 이상 세상방식대로 살지 않는다.

십자가는 버림이다. 주님은 십자가 위에서 버림의 모범을 보여주셨다. "하나님, 왜 나를 버리셨나이까?" 외치셨다. 그 이유를 몰라서가 아니다. 하나님은 그 고통의 절규에도 왜 그를 십자가에 두셨을까. 자신의 독생자, 곧 십자가의 예수님을 아끼지 아니하고 버리실(죽게 하실) 만큼 우리를 사랑하셨기 때문이다. 우리도 그 다함없는 사랑에 참여하기 위해 우리는 십자가를 진다.

자기 십자가를 지는 것은 예수님의 자리로 더 깊이 나아가는 것이다. 십자가는 죽음이 있는 곳이다. 그 죽음은 인격적으로 대우받지 못하는 죽음이다. 몸을 다 드러내 놓고, 온갖 모욕과 수치를 받으며 죽어야 한다. 십자가를 진다는 것은 결코 쉽지 않다. 자기 유익을 생각지 않는다는 것은 쉽지 않다. 자기를 죽이는 일이 어찌 쉬운 일인가. 그런데 주님은 그 길을 함께 가자고 하신다. 하나님의 일을 이루기 위해 고난을 피하지 말라 하신다. 주님이 함께 하지 않으면 갈 수 없는 길이다. 제자로서 주님을 더 닮기 위해 오늘도 우리는 이 길을 간다. 주님이 명령하셨고, 주님의 뜻을 이루기 위해서다.

누가복음을 보면 "날마다 제 십자가를 지고(눅 9:23)"라 했다. 그렇지 않은 사람은 주님께 합당하지 않을(마 10:38) 뿐 아니라 능히 주의 제자가 되지 못하리라(눅 14:27) 하셨다. 자기 십자가를 지는 일은 제자로서 당연한 의무라는 것이다. 주님은 자기 십자가를 날마다 지라 하신다. 이것은 한번만 지라는 것이 아니다. 삶에서 십자가의 삶을 생활화하라는 것이다. 십자가, 멸망해 가는 사람에게는 미련하게 보인다. 때로는 "그래 자네가 십자가를 져서 어떻다는 거야. 그게 나와 무슨 상관이야. 그게 무슨 의미가 있어?" 조소하기까지 한다. 그러나 이 일은 주님 보시기에 매우 중요한 일이다. 주님의 나라를 이 땅에 세우고, 어두움 속에 빛을 밝히는 일이다. 우리는 이 일을 위해 매일 주님의 말씀을 묵상하며 십자가로 더 가까이 간다. 나에게 주어진 십자가가 매일 다르고, 참기 어렵다 할지라도 기쁨으로 진다. 그 일이 쉽다면 결코 십자가라 하지 않았을 것이다. 주님은 그 고통을 이시면서도 우리를 향해 십사가를 지라 명령하셨다. 고난이 클수록 그 열매가 크기 때문이다.

주님은 이 십자가를 질 수 없다면 능히 내 제자가 될 수 없으리라 하셨다. 하지만 날마다 자기 십자가를 질만한 능력이 우리에겐 없다. 말로는 제자라 하면서 실제론 그렇지 못한 우리가 아닌가. 그렇다고 제자이기를 포기할 수는 없다. 그것은 주님을 포기하라는 말과 같기 때문이다. 이럴 때 우리가 할 수 있는 일은 순간순간 주님 앞에 나아가 성령님이 내안에서 강하게 역사하시도록 나 자신의 체면, 나의 권리 모두 주님께 내어 드리는 것이다. 나를 깨뜨리고 주님의 것을 받아들이는 것이다. 나를 내세우는 것은 성령의 역사를 거부하는 것이다. 거부하면 십자가는 질 수 없다.

주님은 왜 우리를 향해 십자가를 지라 하셨을까? 그것은 제자의 삶이 과거와 달라야 하기 때문이다. 예수의 삶이 세상의 삶과 다르듯 작은 예수가 되기 위해선 세상과 다른 삶을 살아야 하기 때문이다. 자기희생의 삶이 없다면 그 나라는 이뤄질 수 없다.

십자가는 단두대가 있는 곳이다. 우리가 그리스도의 제자로서 날마다 자기 유익을 구하지 아니하고 주님이 홀로 지신 십자가를 생각하며 제물의 십자가를 질 때 우리 속에 하나님의 나라가 임한다. 주님이 기뻐하실 뿐 아니라 진정한 샬롬, 곧 하나님 나라의 기쁨과 평화가 우리 가운데 넘치게 된다. 하나님의 나라는 오늘도 자기 십자가를 진 사람들에 의해 아름답게 세워지고 있다.

"누구든지 제 목숨(*psychen*, life)을 구원하고자 하면 잃을 것이요 누구든지 나를 위하여 제 목숨을 잃으면 찾으리라 사람이 만일 온 천하를 얻고도 제 목숨을 잃으면 무엇이 유익하리요 사람이 무엇을 주고 제 목숨과 바꾸겠느냐(25, 26절)." 이 세상에서의 삶을 위해 자기부정이나 순교를 회피하는 자는 최후 심판 때 그 삶을 잃게 된다. 하지만 예수님을 위해 가장 귀한 것을 포기하는 사람은 오히려 참 생명을 얻게 된다.

"인자가 아버지의 영광(*doxe*, glory)으로 그 천사들과 함께 오리니 그 때에 각 사람이 행한 대로(*kata ten praxin*, according to the deeds) 갚으리라(27절)." 예수님이 심판 날에 천사들과 함께 아버지의 영광으로 올 것이다. 그때 주님이 심판주로서 각 사람이 행한 대로 갚아 주겠다는 말씀이다.

"진실로 너희에게 이르노니 여기 서 있는 사람 중에 죽기 전에 인자가 그 왕권(*te basileia*, the kingdom)을 가지고 오는 것을 볼 자들도 있느니라(28절)." 일부는 살아서 종말을 체험하리라는 이 말씀은 베드로, 야고보, 요한 등 세 제자가 변화 산에서의 영광을 볼 것을 의미한다. 변화 산 사건은 다음 17장에 소개된다. 변화 산에서의 사건 이 외에도 예수님의 부활, 오순절 성령 강림, 예루살렘 멸망 등을 가리키는 것으로도 해석한다.

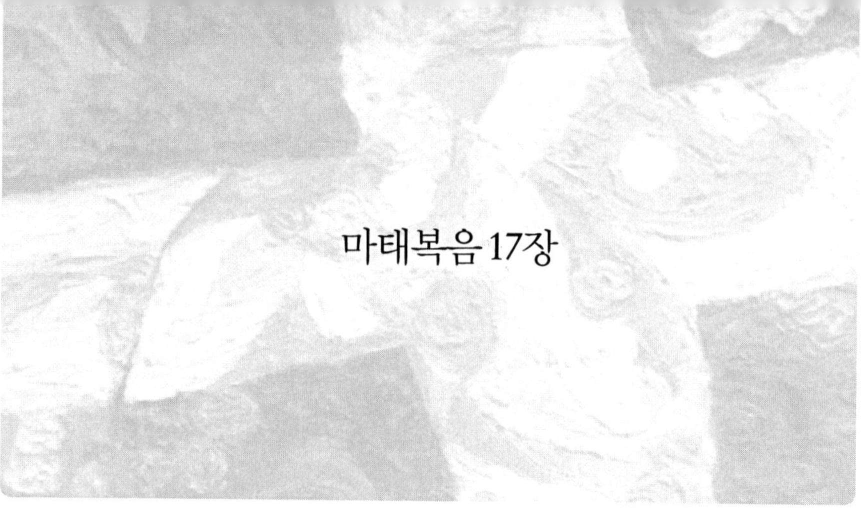

마태복음 17장

예수의 변형사건, 겨자씨만한 믿음,
두 번째 수난 예고, 성전세 납세 문제

1. 변화 산에서의 예수의 변형 사건(1-8절)

이 단락은 변화 산에서 예수님의 변형 사건을 소개하고 있다. 이 사건은 예수님 생애에 있어서 성육신, 변형, 십자가 수난, 부활, 승천 등 5대 사건 중 하나이다. 변형 사건은 예수님의 부활과 재림 때 갖게 될 영광스러움을 미리 보여주신 것이다. 베드로는 훗날 이 변화 산 사건을 회상하며 “우리 주 예수 그리스도의 능력과 강림하심”(벧후 1:16)이라 했다.

이 변형 사건에서 엿새, 세 사람의 동반자, 산, 구름 속에서의 소리 등은 하나님께서 시내 산에서 모세에게 나타나실 때의 소재와 비슷한 점이 있다(출24:16). 모세가 시내 산 위로 데려간 동반자로 아론, 나답, 아비후가 있었다. 여호와의 영광이 시내 산 위에 머물러 있어 구름이 엿새 동안 산을 덮고 있었다. 이레째 되는 날 여호와는 그 구름 속에서 모세를 부르셨다.

엿새 후에 예수님께서 베드로와 야고보와 그 형제 요한을 데리시고 따로 높은 산에 올라가셨다. 이 산은 헤르몬 산일 것으로 추정되고 있다. 이 산은 빌립보 가이사랴에서 20km 정도 떨어져 있다.

그런데 예수님이 그들 앞에서 갑자기 변형되었다(*metemorphothe*, transfigured). 그 얼굴이 해 같이 빛나며 옷이 빛과 같이 희어졌다(2절). 그 때에 모세와 엘리야가 예수님과 더불어 말하는 것이 그들에게 보였다(3절).

모세와 엘리야는 율법과 선지자, 곧 구약을 대표하는 인물이다. 이들의 출현은 예수님이 유대인들이 대망하던 메시야이심을 입증한다. 예수님이 그들과 더불어 말씀하신 주제는 예수님께서 예루살렘에 올라가 이루실 죽음에 대한 것이었다(눅 9:31). 이것은 그리스도가 행하실 바가 하나님의 뜻임을 보여준다.

영광을 본 베드로가 기쁨이 넘쳐 예수께 여쭈었다. "주여 우리가 여기 있는 것이 좋사오니 만일 주께서 원하시면 내가 여기서 초막(*skenas*, tabernacles, shelters) 셋을 짓되 하나는 주님을 위하여, 하나는 모세를 위하여, 하나는 엘리야를 위하여 하리이다(4절)." 유대에서는 귀한 손님을 위해 따로 천막을 짓는 풍습이 있었다. 베드로는 변화하신 예수님의 영광스러운 모습을 모세와 엘리야와 함께 가능한 오래 누리고 싶어 초막 셋을 짓고자 했다. 앞으로 예수님이 고난을 당하셔야 한다는 사실을 이해하지 못한 것이다.

베드로가 그 말을 할 때에 홀연히 빛난 구름이 그들을 덮으며 구름 속에서 소리가 났다. "이는 내 사랑하는 아들(*Huios*, Son)이요 내 기뻐하는 자(*ho agapetos*, the beloved)니 너희는 그의 말을 들으라(5절)." '빛난 구름(*nephele photeine*, a bright cloud)' 은 하나님의 은혜로운 임재의 상징이다. '내 사랑하는 아들' 은 그리스도의 메시야에 대한 하나님의 공인이다(사 42:1).

마가복음에는 "이는 내 사랑하는 아들이니(막 9:7)"라 했고, 누가복음에는 "이는 나의 아들 곧 택함을 받은 자니(눅 9:35)" 했다. 조금씩 차이가 있다. 훗날 베드로는 "이는 내 사랑하는 아들이요 내 기뻐하는 자라(벧후 1:17)" 말함으로써 마태의 기록이 보다 정확했음을 보여주었다.

제자들이 이 말씀을 듣고 엎드려 심히 두려워하자 예수님이 나아와 그들에게 손을 대시며 말씀하셨다. "일어나라 두려워하지 말라(7절)." 제자들이 눈을 들고 보니 오직 예수 외에는 아무도 보이지 아니했다(8절). 현실로 돌아온 것이다.

2. 엘리야와 세례 요한(9-13절)

그들이 변화 산에서 내려올 때에 예수님은 제자들에게 명령하셨다. "인자가 죽은 자 가운데서 살아나기 전에는 본 것을 아무에게도 이르지 말라(9절)." 이것은 유대인들이 가지고 있는 메시야 관을 바르게 고치기 위한 것이다. 정복자로서의 정치적 메시야가 아니라 수난을 받으시는 메시야 관을 확고히 하기 위함이다.

그러자 제자들이 물었다. "그러면 어찌하여 서기관들이 엘리야가 먼저 와야 하리라 하나이까(10절)." 엘리야는 산 채로 승천한 인물로, 이스라엘 백성들은 메시야가 오기 직전에 이스라엘에 엘리야가 재림하여 이스라엘 백성을 화해시키고(말 4:5-6) 열두 지파를 재건하리라는 믿음을 가지고 있었다. 당시 서기관들도 그렇게 가르쳤다. 제자들은 예수님께 이것을 확인하고 싶어 한 것이다.

예수님은 제자들에게 "엘리야가 과연 먼저 와서 모든 일을 회복하리라(11절)" 하셨다. 확실히 엘리야가 와서 모든 것을 회복시킬 것이란 말씀이다.

나아가 "내가 너희에게 말하노니 엘리야가 이미 왔으되 사람들이 알지 못하고 임의로 대우하였도다 인자도 이와 같이 그들에게 고난을 받으리라(12절)" 하셨다. 엘리야가 이미 왔지만 사람들이 그를 알지 못하고 그를 함부로 대했다. 인자도 이와 같이, 그들에게 고난을 받을 것이라는 말씀이다. '인자도 이와 같이 그들에게 고난을 받으리라' 는 말씀은 세례 요한이 구약에서 예언된 엘리야인 것을 서기관들이 알지 못하고 그를 박해하여 결국 죽임을 당한 것처럼 그들이 또한 예수님이 메시야인 것을 모르고 박해하고 죽일 것이라는 말씀이다. 그제야 비로소 제자들은 예수께서 말씀하신 엘리야가 세례 요한인 것을 깨달았다(13절).

3. 겨자씨만한 믿음(14-21절)

예수와 함께 한 제자들이 무리에게 이르자 한 사람이 예수께 다가와서 무릎을 꿇고 말했다.

"주여 내 아들을 불쌍히 여기소서 그가 간질(*seleniazetai*, epileptic)로 심히 고생하여 자주 불에도 넘어지며 물에도 넘어지는지라 내가 주의 제자들에게 데리고 왔으나 능히 고치지 못하더이다(14, 15절)."

제자들의 치유 능력 없음을 고발한 것이다. 전에 제자들은 예수님으로부터 권능을 받아 귀신을 추방하고 질병을 고쳤었다(마 10:18). 치유에 성공하고 크게 기뻐하기도 했다(눅 10:17). 그런데 여기서는 아홉 명의 제자들이 함께 있었지만 많은 군중들 앞에서 믿음의 능력을 발휘하지 못해 서기관들로부터 조롱을 받았다(막 9:14). 간질병으로 고통 받는 아이의 아버지가 보다 못해 이 일을 두고 예수님께 고한 것이다.

예수님께서 이에 대답하셨다. "믿음이 없고 패역한 세대여 내가 얼마나 너희와 함께 있으며 얼마나 너희에게 참으리요 그를 이리로 데려오라(17절)." '믿음이 없고 패역한(*diestrammene*, perverted) 세대' 는 믿음이 없고 비뚤어진 세대란 뜻이다. 누구를 향한 질책인지 분명하지는 않다. 귀신을 내쫓지 못한 제자들일 수 있고, 그것을 바라보며 조소하는 유대 종교지도자 모두를 포함할 수도 있다(막 9:19). '얼마나 너희에게 참으리요.' 사람들의 불신앙은 주님의 마음을 가장 아프게 한다. 이에 예수님께서 꾸짖으시니 귀신이 나가고 아이는 그 순간부터 나음을 입었다.

그러자 제자들이 조용히 예수께 나아와 물었다. "우리는 어찌하여 쫓아내지 못하였나이까(19절)." 예수님은 "너희 믿음이 작은 까닭이니라." 하시고 이어 아주 중요한 말씀을 하셨다.

"진실로 너희에게 이르노니 만일 너희에게 믿음이 겨자씨(*sinapeos*, mustard) 한 알(*kokkon*, a seed) 만큼만 있어도 이 산을 명하여 여기서 저기로 옮겨지라 하면 옮겨질 것이요 또 너희가 못할 것이 없으리라(20절)." 믿음은 전능하신 하나님을 의탁하는 것이다. 그러므로 아무리 작은 믿음이라도 엄청난 위력을 발휘할 수 있을 것이라는 말씀이다.

21절은 (없음)으로 표시되어 있다. 어떤 사본에는 "이런 유는 기도와 금식으로가 아니면 나가지 않느니라"는 말씀이 삽입되어 있다. 하지만 다른 사본에는 이 기록이 없다. 따라서 '없음' 으로 표시한 것이다.

4. 수난에 대한 두 번째 예고(22-23절)

제자들이 갈릴리에 모여 있을 때에 예수님께서 그들에게 말씀하셨다. "인자가 장차 사람들의 손에 넘겨져 죽임을 당하고 제삼일에 살아나리라(22, 23절)." 예수님은 자신의 죽으심과 부활에 대해 다시 말씀하셨다. 이것은 예수님이 수난에 대해 두 번째로 미리 말씀하신 것이다. 첫 번째 예고와 내용이 같다. 그 말을 들은 제자들이 매우 근심하였다. 부활에 대해서는 이해를 하지 못하고 죽으실 것만 생각하여 슬픔에 빠진 것이다. "그렇다면 이제 모든 것이

끝난다는 것인가?"

5. 성전세 납세문제(24-27절)

그들이 가버나움에 이르자 성전세를 거두어들이는 사람들이 베드로에게 다가와서 물었다. "너의 선생은 반 세겔(*didrachma*, didrachmas)을 내지 아니하느냐(24절)."

가버나움에는 베드로의 집이 있다. 그 집에 성전세 받는 자들이 찾아왔다. 세금이 미납되었다는 것이다. 당시 20세 이상의 유대 남성이라면 일 년에 한 번 성전의 유지관리를 위해 이스라엘 은화 반 세겔씩 내야 하는 유대의 자치세였다. 반 세겔이라 했지만 원문에는 '두 드라크마' 라 되어 있다. 세겔은 유대의 화폐 단위이고, 드라크마는 그리스의 화폐 단위이다. 반 세겔은 노동자의 이틀 치 임금에 해당하는 돈이다. 이렇게 물은 데는 세금 납부를 거부하면 책잡아 그를 고소하고자 하는 숨은 의도가 있었다. 계략이 담긴 질문이다.

베드로는 "내십니다." 대답하고 집으로 들어갔다. 그러자 예수님께서 먼저 말씀을 꺼내셨다. "시몬아, 네 생각은 어떠냐. 세상 임금들이 관세나 국세를 누구한테서 받느냐. 자기 아들한테 서냐 아니면 타인한테 서냐(25절)." 베드로의 생각이 무엇인지 물으신 것이다. 관세(*tele*, custom, duty)는 지방세인 물품세를 말하고, 국세(*kenson*, taxes, tribute, poll-tax)는 주민세로 사람에게 부과되는 세금이다.

베드로는 타인에게서라 답했다(26절). 당시 통치자와 그의 가족은 세금을 내지 않았다. 그 모두 자기들이 사용하기 위한 세금이었기 때문이다.

그 대답에 주님은 말씀하셨다. "그렇다면 아들들은 세를 면하리라(26절)." 논리가 그렇다면 예수님은 성전의 주인이신 하나님의 아들이시므로 성전세를 낼 필요가 없다.

"그러나 우리가 그들이 실족하지 않게 하기 위하여 네가 바다에 가서 낚시를 던져 먼저 오르는 고기를 가져 입을 열면 돈 한 세겔을 얻을 것이니 가져다가 나와 너를 위하여 주라 하시니라(27절)."

하지만 주님은 바리새인과의 갈등을 피하기 위해 세를 지불하라 하셨다. 예수님은 성전세를 낼 의무가 없다. 하지만 납세 문제로 메시야 사역에 차질을 빚어서는 안 된다. 또한 자신의 행동 때문에 하나님이 정하신 세금에 대해 잘못 해석함으로써 성전과 율법을 모독하는 일이 발생하는 것도 원치 않으셨다. 자신이 의무를 소홀히 하면 다른 사람들도 의무를 저버리려 하지 않겠는가. 예수님은 물고기를 낚아 그 입에서 한 세겔을 얻을 것이니 그것으로 성전세로 내라 하셨다. 한 세겔은 두 사람 분이다. 예수님과 베드로의 성전세가 된다.

이 말씀을 읽으면 우선 베드로가 갈릴리에 가서 낚시를 하고, 고기에서 한 세겔을 얻는 기적의 장면을 연상할 것이다. 그러나 이 말씀에는 베드로의 마음을 읽으시는 예수님의 자상함이 배어있다.

그 뒤 어떻게 했다는 기록은 없다. 베드로는 주님의 말씀에 순종해 그물이 아니라 낚시 대를 들고 갔고, 마침내 한 세겔을 입에 문 물고기를 낚아 그것으로 성전세를 납부했을 것이다. 그의 순종에 주님은 기적으로 응답하셨다.

주님은 베드로가 집문 밖에서 세받는 자들과 나눈 얘기뿐 아니라 그의 마음도 아셨다. 이 모든 상황을 해결하기 위해 작은 기적을 일으키셨다. 이 모든 과정에 주님의 세심한 손길, 곧 주의 놀라운 섭리가 작용하고 있다. 참 성전되신 주님이 우리를 위해 죄 값을 다 지불하신 것은 물론 지금 우리의 작은 일에도 섭리하신다. 그분이 바로 우리 주님이시다.

마태복음 18장

천국에서 큰 자, 실족, 길 잃은 양, 죄 범한 형제, 용서

1. 천국에서 큰 자(1-5절)

성전 세 문제로 예수님과 베드로가 이야기하고 있을 때 제자들이 예수께 다가와서 물었다. "천국에서는 누가 큰(*meizon*, the greatest) 사람입니까(1절)." 제자들이 이 물음을 한 것은 베드로의 신앙고백에 대한 주님의 칭찬과 약속, 변화 산에서의 베드로의 발언, 성전세 납세 문제 등에서 베드로가 두각을 보임에 따라 제자들 사이에서 '천국에서 누가 큰 사람인가' 논쟁이 일어났기 때문이다. '큰 사람' 은 문자적으로 '가장 큰 사람' 이다. 제자들은 메시야 왕국을 다윗 왕국과 같은 정치적인 목적으로 생각했다. 그러므로 이 질문은 정치성이 짙은 질문임을 알 수 있다.

예수님은 어린 아이 하나를 곁으로 불러서, 그들 가운데 세우셨다. 그리고 말씀하셨다. "진실로 너희에게 이르노니 너희가 돌이켜 어린 아이들과 같이 되지 아니하면 결단코 천국에 들어가지 못하리라(3절)." '너희가 돌이켜(*straphete*, you turn)' 는 문자적으로 '변화하다,' '방향을 전환하다' 는 뜻이다. 삶의 태도나 생각을 바꾸어야 한다는 것이다. 교만과 야심, 명예욕과 권세욕으로부터 돌이켜 회개하고 변화될 것을 촉구하신 말씀이다. '어린 아이들(*paidion*, little children)과 같이 되지 아니하면' 은 겸손을 강조하신 것이다(4절). 어린 아이의 몸과 키가 작은 것 같이 자신을 영적으로 작은 자로 여기며 스스로 낮추고 겸손해야 천국에 들어갈 수 있다는 말씀이다. 여기서 어린 아이는 말씀에 대한 순결성과 의뢰, 단순성과 소박성, 겸손과 신뢰성을 상징한다. 하나님의 뜻과 보호아래서 살아가고자 하는 천국 백성의 자세를 가리킨다.

"그러므로 누구든지 이 어린 아이와 같이 자기를 낮추는(*tapeinosei*, humble) 사람이 천국에서 큰 자니라(4절)." 세상은 강한 것을 추구한다. 그러나 천국에서는 다르다. 자신을 하찮고 보잘 것 없는 존재로 낮추는 자, 곧 지극히 연약한 자가 되어야 하나님으로부터 지극히 큰 관심의 대상이 될 수 있다. 연약한 자는 하나님을 절대적으로 의지할 수밖에 없고, 하나님의 시선은 그를 향해 있다. 자기를 낮추지 않으면 하나님의 관심에서 멀어진다. 우리가 연약한 자리에 앉게 될 때 하나님이 기뻐하신다. 자신을 낮추고 내세우지 않으며 묵묵히 희생하는 자라야 천국시민이 될 수 있다.

"또 누구든지 내 이름으로 이런 어린 아이 하나를 영접하면 곧 나를 영접함이니(5절)." 세상 사람들은 성공한 사람, 지위가 높은 사람, 능력이 있는 사람에게 관심을 갖는다. 어린 아이처럼 완전한 인격을 갖추지 못한 사람이나 소외당한 사람들에게 관심을 두지 않는다. 하지만 주님은 다르다. '내 이름(*onomati*, name)으로,' 곧 '나를 위하여' 또는 '나를 받아들이듯이' 그런 사람들을 귀중히 여기고 배려하면 곧 주님을 영접하는 것이라 하셨다. 예수님은 어린 아이를 자기 자신과 동일시하신 것이다.

2. 죄의 유혹과 실족(6-10절)

앞 절들에서는 어린 아이 같음과 그를 영접함에 대해 언급했다면 아 구절에서는 작은 자, 곧 어린 아이와 같이 미미한 자를 실족하게 하는 일에 대해 경고하고 있다.

"누구든지 나를 믿는 이 작은 자 중 하나를 실족하게 하면 차라리 연자 맷돌이 그 목에 달려서 깊은 바다에 빠뜨려지는 것이 나으니라(6절)." 하나님의 심판은 엄위하기 때문에 하나님을 믿는 이 작은 사람(*mikron*, little ones)가운데 하나(교회 공동체 안에서 미천한 존재로 여겨지는 교인)라도 걸려 넘어지게 하는 사람은 누구라도 차라리 그 목에 큰 맷돌을 달고 깊은 바다에 빠지는 편이 낫다.

실족하게 한다(*skandalise*, cause to stumble)는 것은 넘어지게 하는 것으로, 순진한 성도들의 믿음을 떨어뜨리는 행위를 가리킨다. 하나님이 사랑하시는 자를 대상으로 죄를 범하도록 한다든지 잘못을 범하도록 유혹하거나 올가미를 그 앞에 놓는 것이다. 남을 실족하게 할 바에는 차리라 죽는 것이 낫다는 말씀이다. 한 영혼이 얼마나 귀한가를 보여준다. 하나님 앞에서는 어떤 개인도 실족될 수 없다. 기독교 공동체에 속한 자들은 남녀노소, 빈부귀천을 막론하고 하나 같이 귀한 존재들이다.

연자 맷돌(*mylos*, millstone)은 '나귀 맷돌' 이다. 손으로 돌리는 맷돌이 아니라 나귀에게 매어 돌리는 큰 맷돌을 가리킨다. 당시 로마 형벌 중 하나로 연자 맷돌을 달아 바다에 빠뜨리는 형벌이 있었다. 이런 종류의 형벌은 유대인에게 있어서 절망을 주는 파멸의 상징이었다.

"실족하게 하는 일들이 있음으로 말미암아 세상에 화(*ouai*, owe)가 있도다 실족하게 하는 일이 없을 수는 없으나 실족하게 하는 그 사람에게는 화가 있도다(7절)." 실족하게 하는 일은 걸려 넘어지게 하는 일, 곧 걸림돌, 방해하는 것을 말한다. 이것은 죄를 짓게 하거나 배교하게 하는 것을 말한다. 그런 일은 사단의 영향을 받는 것이므로 하나님의 일과는 거리가 멀다. 실족하게 하는 사람은 화를 당한다. 하나님의 엄한 심판을 받기 때문이다.

“만일 네 손이나 네 발이 너를 범죄하게 하거든 찍어 내버리라 장애인이나 다리 저는 자로 영생에 들어가는 것이 두 손과 두 발을 가지고 영원한 불에 던져지는 것보다 나으니라(8절).” 8절과 9절은 우리가 우리 자신을 실족하게 하는 경우를 말한다. 죄의 결과는 인간에게 치명적인 것이므로 부패한 습관이나 성향, 죄를 범하게 하는 외적인 동기들은 단호하게 제거해야 한다는 것이다. 손이나 발이 범죄 하게 하거든 ‘찍어 내버리라(*ekkopson*, cut off)’ 는 말씀은 실제로 자신의 신체 일부를 절단하라는 말씀이 아니라 그만큼 단호하게 죄의 유혹을 물리치라는 말씀이다. 이것은 구원을 중심으로 하는 그리스도인의 윤리관이 얼마나 철저한가를 보여준다.

“만일 네 눈이 너를 범죄하게 하거든 빼어 내버리라(exele, gouge out) 한 눈으로 영생에 들어가는 것이 두 눈을 가지고 지옥 불에 던져지는 것보다 나으니라(9절).” 눈이 유혹을 받아 죄를 짓게 하는 경우 빼어 내버리라 하신다. 그만큼 자신에 대해 철저 하라는 말씀이다.

“삼가 이 작은 자 중의 하나도 업신여기지(*kataphronesete*, despise) 말라 너희에게 말하노니 그들의 천사들이 하늘에서 하늘에 계신 내 아버지의 얼굴(*prosopon*, face)을 항상 뵈옵느니라(10절).” 6절에 이어지는 말씀이다. 유대 랍비들은 천사들이 하나님을 볼 수 없지만 가장 높은 천사들에게는 하나님의 얼굴을 대할 수 있는 특권이 주어졌다고 생각했다. 이런 천사를 ‘얼굴의 천사들’ 이라 불렀다. 이 천사들은 무시당하는 작은 자들을 위해 하나님께 도움을 청하기도 하고, 하나님께 고발하기도 한다. 이 천사들이 사람들로부터 무시를 당하는 작은 자들을 위해 하나님께 아뢴다는 것은 사람이 얼마나 귀중한 존재인가를 보여준다. 하나님의 관심은 소외를 당하는 작은 자들에게 있고, 하나님은 그들의 기도를 들으신다. 교회 안에서 어느 누구도 업신여김을 받아서는 안 된다. 작은 자들을 염려하는 천사들이 하나님의 얼굴을 늘 보고 있기 때문이다.

하나님은 지극히 작은 자에게 한 것이 나에게 한 것이라 하시고 그들을 업신여기지 말라 하셨다. 마더 테레사는 120여 개국 600여 곳에 '사랑의 집'을 두었었다. 한국에도 있다. 그는 말했다. "나의 임무는 대중을 돌보는 것이 아니라 한 개인을 돌보는 것입니다. 저는 한 번에 한 사람밖에 사랑할 줄 모릅니다. 제가 한 것은 바다에 물 한 방울 보탠 것 밖에 안 됩니다. 그러나 그 한 방울이 없다면 바다는 한 방울이 부족할 것입니다. 그러므로 하나부터 시작하세요."

3. 길 잃은 양(11-14절)

11절은 (없음)으로 표기되어 있다. 어떤 사본에는 "인자가 온 것은 잃은(*apololos*, has been lost) 자를 구원하려 함이니라"는 말이 있다.

예수님은 계속해서 작은 자 중의 하나에 관심을 표하시면서 길 잃은 양에 대해 말씀하셨다. 잃은 양 한 마리를 귀하게 여기듯 작은 자 중의 하나까지도 귀중히 여기신다는 것이다.

"너희 생각에는 어떠하냐 만일 어떤 사람이 양 백 마리가 있는데 그 중의 하나가 길을 잃었으면(*planethe*, gone astray) 그 아흔아홉 마리를 산에 두고 가서 길 잃은 양을 찾지 않겠느냐(12절)." 어떤 사람에게 양 백 마리가 있는데 그 가운데 한 마리가 길을 잃었다고 하면 그는 아흔아홉 마리를 산에다 남겨 두고서 길 잃은 그 양을 찾아 나서지 않겠느냐는 것이다.

"진실로 너희에게 이르노니 만일 찾으면 길을 잃지 아니한 아흔아홉 마리보다 이것을 더 기뻐하리라(*chairei*, rejoice)(13절)." 길 잃은 양을 찾은 기쁨은 그 어느 것과도 비교할 수 없다.

"이와 같이 이 작은 자 중의 하나라도 잃는(*apoletai*, perish) 것은 하늘에 계신 너희 아버지의 뜻(*thelema*, will)이 아니니라(14절)." 마찬가지로 이 작은 자 중 하나라도 망하는 것은 하나님의 뜻이 아니다. 하나님은 개개인에게 관심을 가지고 계시며 지극히 작은 자의 곤란을 살피시고 구원해 주신다.

4. 죄 범한 형제에 대한 교훈(15-20절)

길 잃은 작은 자에 대한 관심이 이 부분에서는 죄를 범한 한 형제에 초점이 맞춰져 있다. 예수님이 작은 자 중 하나를 귀중하게 여겼듯이 죄를 범한 형제 하나라도 잃지 않는 길을 제시하셨다.

그리스도 공동체 안에서 불가피하게 상대를 실족시키는 경우가 발생한다. 이런 경우 어떻게 해결해야 할까? 첫 단계는 은밀하게 권고한다. "네 형제가 죄를 범하거든 가서 너와 그 사람과만 상대하여 권고하라 만일 들으면 네가 네 형제를 얻은 것이요(15절)." 공동체 안에서 피해를 입은 당사자가 가해자를 개인적으로 만나 권고한다. 권고(*elenxon*, reprove)는 문자적으로 '밝히 드러내다,' '죄를 깨닫게 하다' 는 뜻이다. 형제의 죄를 드러내 깨닫고 고치게 하는 것이다. 피해자도 가해자를 구원할 책임이 있다. 분한 생각만 품지 않고 관대하게 그리고 겸손한 자세로 권고한다(레 19:17). 가능하면 비밀에 붙여둔 채 가해자와 접촉한다. 가해자가 용서를 구하면 문제는 쉽게 풀릴 수 있다.

"만일 듣지 않거든 한두 사람을 데리고 가서 두세 증인의 입으로 말마다 확증하게 하라(16절)." 그러나 가해자가 자신의 행위를 인정하지 않고 완고하게 고집을 피울 수 있다. 그런 경우 다음 단계로, 두세 명의 증인(*martyron*, witnesses)을 데리고 간다. 그리고 그가 하는 모든 말(*stomatos*, testimony)

을, 두세 증인의 입을 빌어서 확정짓는다. 증언을 들어 확증한다. 죄를 지적하여 죄를 뉘우치게 하는 것이다.

"만일 그들의 말도 듣지 않거든 교회(*ekklesia*, church)에 말하고 교회의 말도 듣지 않거든 이방인과 세리와 같이 여기라(17절)." 그래도 말을 듣지 않으면 교회 공동체에 회부한다. 교회의 권고에도 불구하고 말을 듣지 않으면 그를 이방 사람이나 세리와 같이 여긴다. 이것은 이방인들과 세리들을 무시하라는 말씀이 아니라 교회 구성원이 아닌 외인, 곧 교회 공동체 밖의 사람으로 여기라는 말씀이다.

"진실로 너희에게 이르노니 무엇이든지 너희가 땅에서 매면 하늘에서도 매일 것이요 무엇이든지 땅에서 풀면 하늘에서도 풀리리라(18절)." 매는 것과 푸는 것은 유죄와 무죄를 각각 선언하는 것을 말한다. 교회의 결정이 하나님의 말씀에 근거한 것이라면 하나님께서도 인정하실 것이다. 매고 푸는 역할을 교회에 주신 것으로 보아 마태복음 16:19의 말씀이 베드로에게만 적용되는 것은 아님을 알 수 있다.

"진실로 다시 너희에게 이르노니 너희 중의 두 사람이 땅에서 합심하여(*symphonesosin*, agree) 무엇이든지 구하면 하늘에 계신 내 아버지께서 그들을 위하여 이루게 하시리라(19절)." 교회 공동체가 한마음으로 기도하면 하나님께서 그 기도를 들으시고 이루게 하실 것이라는 말씀이다. 이것은 교회가 징계를 결정하기 전에 기도해야 할 것을 가르치고 있다. 증인으로 나설 두세 사람도 기도로 하나 되어야 하고, 교회가 치리할 때에도 한마음으로 기도해야 한다. 교회가 기도하지 않고 특정 개인의 호불호 감정에 따라 징계를 하는 것은 성경적이 아니다.

"두세 사람이 내 이름으로 모인 곳에는 나도 그들 중에 있느니라(20절)." '내 이름(*onoma*, name)으로 모인 곳' 은 교회를 말한다. 이 약속은 좁게는 교회의 징계 행위와 연관이 있다. 하지만 넓게는 성도들이 주님의 이름으로 모였을 때 그 자리에 임재하시겠다는 약속이다. 주님이 교회 안에서 활동하시겠다는 말씀이다.

5. 용서에 대한 교훈(21-35절)

그 때에 베드로가 예수님께 다가와서 말했다. "주여 형제가 내게 죄를 범하면 몇 번이나 용서하여 주리이까(*apheso*, forgive) 일곱 번까지 하오리이까(21절)." 용서의 한계를 묻는 말이다. 당시 유대 랍비들은 세 번까지는 용서하라 가르쳤다. 유대 풍습에 익숙한 베드로가 일곱 번까지라고 한 것은 아주 넉넉하게 잡은 것이다.

예수님께서 답하셨다. "네게 이르노니 일곱 번뿐 아니라 일곱 번을 일흔 번까지라도 할지니라(22절)." '일곱 번을 일흔 번(7×70)'은 숫자적으로는 490번이지만 뜻으로는 "끝까지, 한계를 정하지 않고"의 뜻을 가지고 있다. 아무리 죄를 많이 짓더라도 뉘우치기만 하면 무한정 용서하라는 말씀이다.

예수님은 23-34절을 통해 용서받은 사람은 언제나 다른 사람들에게 용서하는 정신을 보여주어야 한다는 것을 가르치셨다.

"그러므로 천국은 그 종들과 결산하려 하던 어떤 임금과 같으니(23절)." 여기서 종들(*doulon*, servants)은 노예라기보다 직책을 맡은 관리를 가리킨다. 어떤 임금은 유대 비유에서 자주 하나님을 왕으로 묘사했다. '결산(*synarai logon*, settle accounts)'은 계산을 매듭짓는다는 뜻으로, 그들이 얼마나 경영을 잘했는가를 총결하는 것을 말한다. 최후의 심판 날에 하나님 앞에서 일생 동안 한 일을 총결산하는 것을 의미하기도 한다.

'이러므로 천국은'은, 천국백성이 마땅히 지켜야 할 생활윤리가 용서의 삶임을 가르쳐 준다. 이 윤리는 우리가 죽은 다음 천국에 가서 지켜야 할 윤리를 말하는 것이 아니다. '우리 가운데,' 곧 이 땅에서도, 우리의 삶의 현장에서, 인간적 관계에서 실천되어야 할 윤리이다. 하나님의 나라는 공간이나 지리적인 개념이기보다 하나님이 다스리는 나라, 하나님의 뜻이 지배하는 나라이다. 천국은 하나님의 윤리가 실천되어야 하는 나라이다. 그리스도인은 이 땅에 살면서도 그 나라의 삶을 살아야 한다. 우리가 사랑과 용서의 삶을 살아야 하는 것은 우리가 그 나라의 백성이기 때문이다.

"결산할 때에 만 달란트 빚진 자 하나를 데려오매(24절)." 한 달란트는 6,000 데나리온에 해당한다. 일만 달란트(*talanton*, talents)는 약 육천만 데나리온에 달한다. 당시 노동자의 하루 품삯은 한 데나리온(마 20:2)인 것을 감안할 때 한 달란트는 노동자가 안식일을 빼고 20여 년 동안 일해야 벌 수 있는 큰 액수이다. 따라서 일만 달란트는 20만년을 갚아야 하는 금액에 해당한다. 당시 이스라엘이 로마에 바치던 세금이 연 8백 달란트였음을 감안할 때 일만 달란트는 인간이 도저히 갚을 수 없는 천문학적인 액수를 상징한다. 이것은 그 종(경영자)이 얼마나 부실경영을 했는가, 다시 말해 우리가 하나님 앞에 얼마나 큰 죄를 지었는가를 상징한다. 나뿐 아니라 자손 대대로 갚아도 못 갚을 만큼 큰 죄를 지었다. 사람이 갚을 수 있는 빚의 정도가 아니다. 죄의 값이 너무 크기 때문이다. 이것을 통해 주님은 우리가 얼마나 큰 죄인인가를 깨닫게 해주신다.

"갚을 것이 없는지라 주인이 명하여 그 몸과 아내와 자식들과 모든 소유를 다 팔아 갚게 하라 하니(25절)." 주인이 그에게 "네 몸과 처와 자식들과 모든 소유를 다 팔아 갚으라."고 한 것을 보면 그 빚의 액수가 얼마나 큰가를 보여준다. 자식 대대로 벌어도 갚을 수 없는 액수이다. 당시 빚진 자는 아내와 자식을 팔아서라도 갚아야 하는 것이 당시 관습이었다. 갚지 못하면 죄인처럼 살아야 했다.

"그 종이 엎드려 절하며 이르되 내게 참으소서 다 갚으리이다 하거늘(26절)." '엎드려(*prosekynei*, bowing on his knees)' 는 문자적으로 '납작 엎드려' 이다. 절박한 상황을 드러낸다. 다 갚겠으니 참아 달라 애원했다.

"그 종의 주인이 불쌍히 여겨 놓아 보내며 그 빚을 탕감하여 주었더니(27절)." 주인은 갚을 수 없는 액수를 갚겠다고 말하는 그를 불쌍히 여겨 탕감해 준다. 왜냐하면 주님은 우리가 도저히 갚을 수 없음을 알았기 때문이다. '불쌍히 여겨(*splanchnistheis*, moved with compassion)' 는 우리에 대한 주님의 파격적인 은혜가 있었음을 말한다. 탕감해 주었음(*apheken*, forgave)은 채무증서를 없앨 정도의 완전한 용서를 의미한다. 이것은 죄를 용서하시는 하나님의 긍휼하심을 반영하고 있다. 하나님이 우리를 용서하셔야 죄로부터 완전히 자유 함을 얻을 수 있다.

이 종이 죄를 용서받은 것은 평생 갚지 못할 빚을 용서받은 것이다. 예수님은 십자가의 피로 단번에 그토록 큰 죄악을 용서해 주셨다. 주님은 십자가상에서 "다 이루었다," 곧 "다 용서했다"고 말씀하셨다. 이것은 상상할 수 없는 용서이자 사랑이다.

채무해결은 우리 자신의 노력으로 된 것이 아니다. 오직 채주이신 주님만이 탕감해주실 수 있다. 탕감선언과 함께 우리는 죄로부터 해방되었다. 따라서 그리스도인은 탕감 받은 기쁨을 가져야 한다. 그 은혜에 대한 감사와 찬송이 넘치는 곳이 바로 천국이다. 이것은 하나님 나라가 아니면 누릴 수 없는 축복이다. 우리는 눈물겹도록 감사해야 한다. 나아가 주님의 그 크신 사죄의 은총을 받은 자들은 동일하게 남을 용서하는 삶을 살아야 한다. 이것이 주님의 가르침이다.

"그 종이 나가서 자기에게 백 데나리온 빚진 동료(*syndoulon*, fellow

servants) 한 사람을 만나 붙들어 목을 잡고 이르되 빚을 갚으라 하매(28절).” 자신은 엄청난 빚을 탕감 받고도 상대적으로 지극히 적은 양의 빚을 진 동료에게 인색하고 모질게 다그친다. 백 데나리온은 일만 달란트에 비하면 비교할 수 없을 만큼 작은 액수이다. 20만년 일해야 하는 것에 비해 100일 정도 일하면 갚을 수 있는 것이고, 일만 달란트에 비하면 60만분의 1에 불과하기 때문이다.

“그 동료가 엎드려 간구하여 이르되 나에게 참아 주소서 갚으리이다 하되 허락하지 아니하고 이에 가서 그가 빚을 갚도록 옥(*phylaken*, prison)에 가두거늘(29, 30절).” 그는 들어주려 하지 않고, 가서 그 동료를 감옥에 집어넣고, 빚진 돈을 갚을 때까지 갇혀 있게 하였다. 이 종은 주님으로부터 엄청난 죄 용서함을 받았으면서도 그 은혜를 망각하고 이웃의 허물에 대해 가혹하게 대하는 인간의 모습을 보여준다.

우리의 용서는 조건이 있어서는 안 된다. 하나님은 우리를 조건 없이 용서하셨다. 우리도 그 은혜를 생각하며 무조건 용서해야 한다. 그러나 여기서 종은 돌아서 그 은혜를 잊었다. 은혜를 망각하는 순간 교만해져 자기에게 조금 잘못한 이웃을 비방하며 옥에 가두게 되기에 이른다.

“그 동료들이 그것을 보고 몹시 딱하게 여겨 주인에게 가서 그 일을 다 알리니 이에 주인이 그를 불러다가 말하되 악한 종아 네가 빌기에 내가 네 빚을 전부 탕감하여 주었거늘 내가 너를 불쌍히 여김과 같이 너도 네 동료를 불쌍히 여김이 마땅하지 아니하냐 하고(31-33절).”

다른 종들이 이 광경을 보고 매우 딱하게 여겨 주인에게 그 일을 다 일렀다. 그러자 주인이 그 종을 불러 ‘악한(*ponere*, evil) 종’ 이라 했다. ‘나쁜 놈,’ ‘불한당’이라는 것이다. 주인이 그를 불쌍히 여긴 것처럼, 그도 동료를 불쌍히 여겼어야 했다.

천국은 은혜로 탕감 받은 자들이 사랑의 빚을 갚으며 살 때 천국은 계속 확장될 수 있다. 주님은 지극히 작은 자에게 한 것이 곧 나에게 한 것이라고 말씀하셨다. 빚 갚으며 사는 것이 바로 신앙생활이다. 전도와 봉사는 모두 빚 갚는 일이다. 그것을 자신의 희생이라고 생각해서는 안 된다. 희생은 자신이 손해 보는 것이다. 그러나 빚 갚는 일은 탕감 받은 자로써 마땅히 해야 할 의무이자 하늘나라의 상급이 약속된 것이므로 더 더욱 기쁨으로 감당해야 한다. 용서의 동기는 내가 아니라 하나님이시다.

예수님의 가르침은 행위모범의 가르침이다. "내가 너희를 사랑함같이 너희도 남을 사랑하라," "내가 너희를 불쌍히 여김같이 너희도 네 동료를 불쌍히 여기라."

"주인이 노하여 그 빚을 다 갚도록 그를 옥졸들(*basanistais*, jailers)에게 넘기니라(34절)." 주인은 악한 종을 다시 불러 문책하시고 다 갚도록 하셨다. 그를 옥졸, 곧 형무소 관리에게 넘겨주고 빚진 것을 다 갚을 때까지 가두게 한 것이다. 옥졸은 문자적으로 흉악한 죄를 범한 사람들을 고문하기 위해 임명된 관리를 가리킨다.

큰 용서의 은혜를 받고도 이웃의 작은 허물을 용서하지 못하는 삶을 살면 결국 용서하지 않으며 산 것에 대한 책임을 물으신다. 그 책임을 물으실 때 과거의 것도 따지게 된다. 옥졸에게 붙이게 되는 것은 영원한 파멸의 나락으로 떨어져 하나님 나라의 밖으로 밀려날 수밖에 없음을 보여준다. 용서하지 않는 삶은 하나님 나라의 삶이 아니기 때문이다.

"너희가 각각 마음으로부터 형제를 용서하지 아니하면 나의 하늘 아버지께서도 너희에게 이와 같이 하시리라(35절)." "마음(*kardion*, heart)으로부터 형제를 용서하지 아니하면." 입으로만 용서를 말할 것이 아니라 마음 속으로부터 우러나 행동으로까지 나타나는 참된 용서를 해야 한다는 말씀이다. 삶의 현장에서 진심으로 용서한다. 용서를 하지 못하면 기쁨도 없다. 요셉은 두려워 떠는 형제들을 향해 "두려워 마옵소서. 주님이 앞서 나를 애굽에 보내었나이다."며 진정으로 용서했다.

"하늘 아버지께서도 너희에게 이와 같이 하시리라." 우리는 "죄지은 자를 사하여 준 것같이 나의 죄를 사하여 주옵시고."라고 주기도문을 암송하며 그대로 살 것을 하나님 앞에 약속한다. 그 약속은 "내가 용서하는 삶을 살지 않으면 나를 용서하지 말아 주소서"라는 것과 같다. 우리가 용서하지 않으면 하나님께 가까이 갈 수 없다. 진정 죄로부터 자유하기를 원한다면 용서하는 삶을 살아야 한다.

마태복음 19장

결혼과 이혼에 대한 교훈, 어린이를 축복하심, 부자 청년과의 만남

1. 결혼과 이혼에 대한 교훈(1-12절)

예수님께서 이 말씀을 마치시고 갈릴리를 떠나 요단 강 건너편 유대 지방으로 가셨다(1절). 예수님께서 사마리아 지방을 통과하지 않으시고 요단강을 건너 유대 지경으로 가셨다는 말씀이다. 19-20장은 예루살렘 상경기로 예수님이 갈릴리를 떠나 예루살렘에 입성하기까지의 사역을 다루고 있다. 베레아(Perea) 전도라 부르기도 한다.

많은 무리가 예수를 따라왔다. 예수님은 거기서 그들의 병을 고쳐주셨다(2절). 바리새인들이 예수께 다가와 그를 시험하려고 물었다. "사람이 어떤 이유(*aitian*, cause)가 있으면 그 아내를 버리는 것(*apolysai*, divorce)이 옳으니이까(3절)." 무엇이든 이유만 있으면 남편이 아내를 버려도 되는지 물었다. 바리새인들은 아내를 버리는 관례에 대해 예수님이 단죄하신 사실을 잘 알고 있었다. 그래서 부러 이혼에 대한 질문을 던져 예수님으로 하여금 모세의 이혼 법을 폐기하는 말씀을 하도록 유도한 것이다.

당시 바리새파 중 보수적인 샴마이파는 간음한 이유 외에는 이혼할 수 없다고 했다. 하지만 진보적인 힐렐파는 여러 가지 이유를 내세워 이혼과 재혼을 쉽게 허락했다. 그들은 모세의 이혼 법, 곧 신명기 24:1-4에 근거하여 판단했는데, 이혼 조건으로 아내에게 수치스러운 일(신 24:1)이 있어야 한다. 하지만 힐렐파 바리새인들은 이 '수치스러운 일'을 넓게 해석하여 아내가 음식을 태우거나 이웃이 들을 정도로 큰 소리 치는 것 등 아주 사소한 것까지 포함시켰다. 따라서 남편이 아내를 버릴 마음만 있으면 이런저런 구실로 이혼증서를 만들어 쉽게 이혼할 수 있었다. (에세네파는 아예 독신주의를 주장했다. 쿰란 종파는 일부일처를 주장하고 이혼과 재혼을 인정하지 않았다. 반면 바리새인들은 일부다처제를 묵인했을 뿐 아니라 이혼과 재혼을 쉽게 허락했다.)

그러므로 바리새인들의 질문은 예수님이 어느 파의 의견을 따르는지를 알아내 그를 곤경에 빠뜨리고자 한 것이다. 예수님이 질문의 의도를 모르실 리 없다. 예수님이 그들에게 답하셨다.

"사람을 지으신 이가 본래 그들을 남자와 여자로 지으시고 말씀하시기를 그러므로 사람이 그 부모를 떠나서 아내에게 합하여 그 둘이 한 몸(*sarka mian*, flesh one)이 될 지니라 하신 것을 읽지 못하였느냐 그런즉 이제 둘이 아니요 한 몸(*sarx mian*, flesh one)이니 그러므로 하나님이 짝지어 주신 것을 사람이 나누지 못할지니라(4-6절)."

예수님은 창조주 하나님의 원초적 뜻에 따라 이혼을 허락지 않으셨다. 그 근거로 창세기 1:27, 2:24을 내세우셨다. '합하여(*kollethesetai*, be joined with)'는 '들러붙어 떨어지지 않는다'는 뜻으로 부부 사이가 이 세상에서 서로 나뉠 수 없는 결합체임을 보여준다. '한 몸' 된다는 것은 육체적으로만이 아니라 인격적으로 하나 됨을 뜻한다. 부부는 두 사람이면서 동시에 한 인격이다. 하나님은 부부를 짝지어주신 분이시다. 예수님은 하나님의 창조원리, 곧 창조의 근본으로 돌아가 답을 주셨다. 이것은 모세의 이혼 법을 내세워 이혼을 정당화한 바리새인들의 생각과는 차이가 있다. 예수님은 부부가 전인격적으로 결합되어야 함을 말씀하시며 이혼을 허락하지 않으셨다. 그들의 논쟁에 휘말릴 틈을 주지 않을 만큼 아주 완벽했다.

여기서 끝날 바리새인들이 아니었다. "그러면 어찌하여 모세는 이혼 증서(*biblion apostasiou*, a roll of divorce)를 써 주고 아내를 버리라고 명령하였습니까(7절)." 그들은 모세의 이혼 법을 예수님께 들이댔다. 모세가 이혼증서를 주라고 한 것은 죄 없이 버림받은 여자들에게 다른 남자와 결혼할 수 있는 기회를 주고, 나아가 법적 절차를 밟게 함으로써 함부로 이혼을 하지 못하도록 하기 위함이었다. 하지만 바리새인들은 이런 동기를 바르게 이해하지 못했다.

예수님은 대답하셨다. "모세가 너희 마음의 완악함 때문에 아내 버림을 허락하였거니와 본래는 그렇지 아니하니라 내가 너희에게 말하노니 누구든지 음행한 이유 외에 아내를 버리고 다른 데 장가드는 자는 간음함(*moichatai*, commit adultery)이니라(8, 9절)."

모세가 이혼 법을 제정한 것은 사실이다. 하지만 그가 이혼을 찬성해서가 아니다. 마음의 완악함(*sklerokardian*, hardness of heart), 곧 이스라엘 사람들이 타락하여 부부일신의 도리를 깨닫지 못했기 때문에 잠정적으로 그런 법을 만들지 않을 수 없었다. 이혼 증서마저 없이 아내를 함부로 버리는 일을 제한하고, 여성의 권리를 보호하기 위해 이 법을 만든 것이다. 하지만 이혼, 일부다처 등은 하나님의 창조 원리에서 벗어난다. 음행(*porneia*, sexual immorality)한 이유 없이 아내를 버려서는 안 된다. 예수님은 보다 엄격한 입장을 취해 이혼 사유를 간통으로 제한하셨다.

제자들이 예수께 말했다. "만일 사람이 아내에게 이같이 할진대 장가들지 않는 것이 좋겠나이다(10절).” 유대 사회에서 아내는 남편의 종속물로 취급되었는데, 예수님은 아내들을 존중해주었다. 이에 놀란 제자들은 부부 관계가 그처럼 엄격하여 음행의 조건 외에 이혼이 허락되지 않는다면 차라리 장가들지 않는 것이 좋겠다고 했다. 예수님의 교훈이 너무 엄격해 차라리 결혼하지 않는 것이 더 좋다고 생각한 것이다.

그러자 예수님께서 말씀하셨다. “사람마다 이 말을 받지 못하고 오직 타고난 자라야 할지니라(11절).” 누구나 다 독신을 받아들이지는 못하고 오직 타고난(*dedotai*, it has been given) 사람들만이 받아들인다는 것이다. 독신은 은사로, 특정한 사람에게만 부여된 특별한 선물이다(고전 7:7). 예수님은 일반적으로 결혼도, 독신도 요구하시지 않았다. 두 가지 모두 하나님을 섬기는 방편이 될 수 있기 때문이다. 바울은 독신을 고귀하게 여겼다. 하지만 모든 사람들에게 독신을 요구하지는 않았다.

“어머니의 태로부터 된 고자도 있고 사람이 만든 고자도 있고 천국을 위하여 스스로 된 고자도 있도다 이 말을 받을만한 자는 받을 지어다(12절).”

어미의 태로부터 된 고자는 선천적으로 고자 된 사람을 말한다. 사람이 만든 고자는 후천적, 곧 신체적으로 거세된 사람을 말한다. 궁중에서 환관으로 쓰려고 일부러 고자를 만드는 것이 그 예다. ‘고자(*eunouchoi*, eunuchs)’는 ‘침실 맡은 자’라는 뜻으로 거세당한 내시에서 유래된 말이다. 선천적이든 후천적이든 이들은 모두 숙명적으로 고자 신세가 된 사람들이다. 하지만 천국을 위하여 스스로 고자 된 자는 신체적으로 아무 결함이 없지만 복음에 전력하기 위해 스스로 독신생활을 하는 사람을 말한다. 이스라엘에서 고자는 하나님의 백성들로부터 배척당했다. 그들은 공동체 안으로 들어갈 수 없었다(신 23:1). 하지만 예수님은 사람들로부터 배척당하는 사람들을 옹호하셨다.

2. 어린이를 축복하시다(13-15절)

그 때에 사람들이 예수께 어린이들(*paidia*, little children)을 데리고 왔다. 손을 얹어서(안수하여) 기도해 주시기를 바란 것이다. 이스라엘에서는 속죄의 날에 부모들이 자녀들을 장로들과 율법학자들 앞에 데리고 나아와 축복기도를 받는 관습이 있었다. 그런데 제자들이 그들을 꾸짖었다. 이혼 문제에 대한 변론으로 피곤하시리라 생각하신 것이다.

그러나 예수님은 말씀하셨다. "어린이들이 내게 오는 것을 허락하고, 막지 말라. 천국은 이런 어린이들의 것이다(14절)." 예수님은 어린이들의 천진함(벧전 2:2)과 겸손한 특성(벧전 5:5), 특히 그들의 순수한 수용성을 크게 보셨다. 어린이들은 바리새인처럼 율법 준수를 통해 업적을 쌓고 그것으로 천국을 얻으려 한다. 이것은 잘못된 생각이다. 예수님은 어린아이들에게 손을 얹어주시고, 거기에서 떠나셨다.

3. 부자 청년과의 만남(16-30절)

예수를 찾아온 부자 청년과의 만남을 소개하고 있다. 그는 주님을 향해 매우 의미 있는 질문을 던진다.

"어떤 사람이 주께 와서 이르되 선생님이여 내가 무슨 선한 일(*agathon*, good things)을 하여야 영생을 얻으리이까(16절)." 여기서 '어떤 사람'은 부자 청년으로, 누가복음 18:18에 따르면 그는 관원이었다. 회당의 지도자이거나 산헤드린 공회의 일원일 가능성이 높다. "내가 영원한 생명(*zoen aionion*, eternal life)을 얻으려면, 무슨 선한 일을 해야 합니까?" 그는 영생을 선행의 결과로 얻어지는 것으로 생각했다. 이러한 생각은 바리새인뿐 아니라 당시 유대 종교지도자들의 전형적인 생각이었다. 하지만 영생은 율법을 열심히 지켜서 얻는 것이 아니다. 구원은 인간의 행위가 아니라 하나님의 선물이요 은혜다(엡 2:8).

예수님께서 말씀하셨다. "어찌하여 선한 일을 내게 묻느냐 선한 이는 오직 한 분이시니라 네가 생명(*zoen*, life)에 들어가려면 계명들을 지키라(17절)." 선한 이는 오직 한 분이라는 말씀은 그가 주님을 향해 '선한 선생님(눅 18:18)' 이라 했기 때문이다. 당시 유대인들은 '선한 선생님' 이라는 칭호를 사용하지 않았다. 선한 이는 오직 하나님 한 분이시라 말함으로써 예수님은 청년의 아첨을 일축하셨다. 그리고 생명에 들어가기를 원한다면 계명을 지키라 하셨다. 율법을 지킴으로 영생을 얻는 것은 아니다. 하지만 예수님은 청년이 질문한 식으로 대답하시면서 그로 하여금 올바른 관점을 갖도록 이끄셨다.

계명을 지키라는 말씀에 청년은 어느 계명을 말씀하시는 지 물었다. 예수님은 "살인하지 말라, 간음하지 말라, 도둑질하지 말라, 거짓 증언 하지 말라, 네 부모를 공경하라, 네 이웃을 네 자신과 같이 사랑하라 하신 것이니라(18, 19절)." 하셨다. 예수님은 십계명 중 제5계명에서 제9계명까지 언급하셨다. 이 계명은 십계명 중 이웃사랑을 강조한 부분이다. 예수님이 이 부분을 말씀하신 것은 부자 청년에게 말씀하고자 하는 의도가 있었기 때문이다. 그 의도는 21절에 나타난다.

청년은 말씀하신 이 모든 것을 다 지켰다고 했다. 이 청년은 율법의 의로는 부족함이 없는 사람이었음을 보여준다. 그러나 영생의 확신이 없었기 때문에 "아직도 무엇이 부족합니까?" 라고 물었다. 그러자 예수님은 말씀하셨다.

"네가 온전(*teleios*, perfect)하고자 할진대 가서 네 소유를 팔아 가난한 자들에게 주라 그리하면 하늘에서 보화가 네게 있으리라 그리고 와서 나를 따르라(21절)."

이 말씀은 청년과의 대화에서 가장 중요한 부분이다. 영생을 얻기 위해서 그가 해야 할 일은 예수님을 따르는 것이다. 그러나 따르기 전에 해야 할 일이 있다. 가진 것을 다 팔아 가난한 자에게 주어야 한다는 것이다. 그래야 온전하다. 율법을 지키는 것만으로는 부족하다.

그 청년은 예수님의 말씀을 듣고 근심하며 떠나갔다. 그에게는 재산이 많았기 때문이다. 청년은 예수를 따르는 일과 재산 소유 중 하나를 택해야 하는 상황에서 재산을 붙들었다. 청년은 계명을 다 지켰다고 말했지마 하나님보다 재물을 더 섬기는 죄를 범하고 있었다(골 3:5).

청년이 떠나자 예수님은 제자들에게 말씀하셨다.

"내가 진실로 너희에게 이르노니 부자는 천국에 들어가기가 어려우니라 다시 너희에게 말하노니 낙타가 바늘귀로 들어가는 것이 부자가 하나님의 나라에 들어가는 것보다 쉬우니라(23, 24절)."

'부자는 천국에 들어가기가 어렵다. 부자가 하나님 나라에 들어가는 것보다 낙타가 바늘귀로 지나가는 것이 더 쉽다.' 이 말씀은, 재물에는 구원을 가로막는 위험이 도사리고 있음을 보여준다.

낙타(*kamelon*, kamilon, camel)는 유대인들에게 있어서 큰 동물 가운데 하나이다. 바늘귀(*trypematos rhaphidos*, eye of a needle)는 문자적으로 '바늘의 귀' 이지만 실제적으로는 근동 성벽에 나있는 '바늘귀 문,' 곧 작은 문을 가리킨다. 성곽을 두른 도시에는 큰 대문이 있고, 그 옆에 낮고 좁은 문이 있는데, 이 작은 문을 바늘귀 문이라 했다. 이 문은 야간에 상인들이 출입했는데, 그 크기가 나귀 하나가 겨우 들어갈 정도로 작았다. 예수님은 큰 낙타가 이 문을 통과하기 어려웠기 때문에 이 말씀을 사용한 것이다.

어떤 사본에는 낙타를 밧줄로 표기되어 있다. 낙타를 뜻하는 '카멜론'을, 밧줄(rope)을 뜻하는 '카밀론(*kamiilon*, kamilos)' 으로 읽은 때문이다. 따라서 본문의 낙타를 밧줄로 보기도 한다. 굵은 밧줄이 바늘귀를 통과할 수 없다는 것이다.

제자들이 주님의 말씀을 듣고 깜짝 놀라서 말하였다. "그렇다면 누가 구원을 얻을 수 있습니까(25절)." 당시 이스라엘에서는 부는 하나님의 축복이고, 가난은 저주이자 죄라고까지 생각했다. 그런데 예수님의 말씀은 사람들의 생각과는 크게 달라 놀라지 않을 수 없었다. 나아가 가진 재산을 다 버리고 예수를 따르라 하시는 것은 엄청난 결단을 필요로 하는 것이 아닌가. 그래서 제자들은 과연 누가 구원을 얻을 수 있느냐 묻지 않을 수 없었다.

예수님께서 그들을 눈여겨보시며(*emblepsas*, look on, discern clearly, 생각을 가지고 주의 깊게 보시며) 말씀하셨다. 제자들의 마음을 안정시키고자 하신 것이다. "사람(*anthropois*, men)으로는 할 수 없으나 하나님(*Theo*, God)으로서는 다(*panta*, all things) 하실 수 있느니라(26절)." 사람은 이 일을 할 수 없지만 하나님은 무슨 일이나 다 하실 수 있다. 이 말씀은 구원은 사람의 힘을 넘어서는 일이기에 하나님의 전능하심에 기댈 도리밖에 없다는 말씀이다. 구원은 사람의 노력이나 수양으로 얻어지는 것이 아니다. 자력 구원은 불가능하다. 오직 하나님의 주권적 은혜로만 구원을 얻을 수 있다. 사람들에게 필요한 것은 하나님의 은혜를 받아들이는 믿음이다. 따라서 구원받은 성도는 구원의 조건으로서가 아니라, 하나님이 주신 선물로 받은 구원에 대한 감사의 표시로 자기 몸을 산제사로 드리는 헌신의 삶을 살아야 한다.

이 말씀을 듣고, 베드로가 예수님께 말했다. "보소서. 우리는 모든 것을 버리고 주님을 따랐습니다. 그러니, 우리가 무엇을 받겠습니까?" 예수님을 따르는 제자들이 받을 몫에 대한 관심이 커진 것이다.

예수님이 말씀하셨다. "내가 진실로 너희에게 이르노니 세상이 새롭게 되어 인자가 자기 영광의 보좌에 앉을 때에 나를 따르는 너희도 열두 보좌에 앉아 이스라엘 열두 지파를 심판하리라(28절).” 예수님이 재림하여 하나님 나라가 임할 때(계 11:15) 열두 사도들이 유대인들을 심판하게(*krinontes*, judging) 될 것이라는 말씀이다. ‘세상이 새롭게 되어(*palingenesia*, regeneration)’에서 새롭게 된다는 것은 문자적으로 ‘갱생하여’라는 뜻으로, 개인의 중생을 말할 때 이 단어가 사용되기도 한다. 하지만 사회질서의 변혁과 새로운 세상의 도래를 가리키기도 한다. 여기서는 주님의 재림으로 새 하늘과 새 땅이 열릴 때를 말한다.

“또 내 이름을 위하여 집이나 형제나 자매나 부모나 자식이나 전토를 버린 자마다 여러 배를 받고 또 영생을 상속하리라(29절).” 제자들은 예수님을 위해 가족들을 버렸다. 그러나 복음 안에서 ‘여러 배(*hekatontaplasiona*, a hundredfold, 백배),’ 곧 새로운 영의 가족, 헤아릴 수 없을 만큼 많은 하나님의 가족들을 얻게 되었다. 그리고 영원한 생명을 물려받는다.

“그러나 먼저 된 자(*protoi*, first)로서 나중(*eschatoi*, last) 되고 나중 된 자로서 먼저 될 자가 많으니라(30절).” 하지만 첫째가 꼴찌가 되고, 꼴찌가 첫째가 되는 경우가 많을 것이다. 이것은 현세와 내세에서 보상을 약속받은 제자들로 하여금 자만하지 않도록 경계하시는 말씀이다. 이 말씀은 또한 종말이 되면 서열이 뒤바뀐다는 것으로, 장차 하나님의 나라가 오면 지금의 부자들과 모든 것을 바친 제자들의 형편이 뒤바뀐다는 것으로 해석되기도 한다.

마태복음 20장

포도원 품꾼 비유, 세 번째 수난 예고, 섬기는 자가 큰 자, 여리고의 두 소경

1. 포도원 품꾼의 비유(1-16절)

포도원의 품꾼(*ergatas*, workmen) 비유이다. 이 비유는 천국에 관한 비유로 하나님 나라와 그의 의를 나타내고 있고, 그 나라는 하나님의 자애가 넘치는 나라임을 보여주고 있다. 하나님은 공로에 정비례해서 보상해 주시기도 하지만 공덕에 상관없이 은혜를 베푸시기도 하신다. 이것은 하나님의 절대주권에 해당한다.

이 비유는 또한 마태복음 19:30, 곧 "먼저 된 자로서 나중 되고, 나중 된 자로서 먼저 될 자가 많으리라." 하신 말씀에 대한 예화로 주어진 것으로, 이 말씀이 16절에서도 반복되고 있다.

팔레스타인에서는 포도가 6월부터 익기 시작하고 9월 말 경에 포도를 수확했다. 그 때는 우기가 시작되기 직전이라 서둘러 수확하지 않으면 안 된다. 이를 위해 포도원 주인은 품꾼을 가능한 많이 확보해야 한다. 이 비유는 포도 수확기의 이 같은 환경을 배경으로 하고 있다.

하지만 이 비유를 보면 집주인은 일꾼이 꼭 부족해서가 아니라 일자리가 없어 애태우는 사람을 구제하려는 선한 마음에서 이른 아침부터 장터에 나갔음을 알 수 있다. 일이 필요해서가 아니라 돈을 주기 위해 부르러 나가는 것이다. 약자를 배려하는 마음이 크다. 이 마음이 바로 천국 주인의 마음, 죄인 된 우리를 향하신 주님의 애틋한 마음이다.

"천국은 마치 품꾼을 얻어 포도원에 들여보내려고 이른 아침에 나간 집 주인과 같으니(1절)." 당시 유대의 노동 시간은 해 뜰 때부터 해 질 때까지 열두 시간이었다고 한다. 이 때는 해가 대략 오전 6시경에 떠서 오후 6시경에 진다. 이른 아침(*proi*, morning)은 오전 6시 경을 말한다.

"그가 하루 한 데나리온씩 품꾼들과 약속하여(*symphonesas*, having agreed) 포도원에 들여보내고(2절)." 데나리온(*denarion*, denarius)은 로마의 화폐로, 한 데나리온은 당시 노동자의 하루 품삯이었다. 경우에 따라 더 받거나 덜 받을 수도 있었다. 그 때 온 사람은 조금이라도 빨리 일자리를 구하고 싶은 마음에서 나왔을 것이다. 포도원 주인이 일자리를 주자 너무 감사한 마음을 가지고 포도원에 들어갔을 것이다.

"또 제삼시에 나가 보니 장터(*agora*, marketplace)에 놀고 서 있는 사람들이 또 있는지라 그들에게 이르되 너희도 포도원에 들어가라 내가 너희에게 상당하게 주리라 하니(3, 4절)." 주인은 제삼시(*triten horan*, the third hour), 곧 오전 9시에 나가 보니 아직도 일자리를 구하지 못한 사람들이 있었다. 주인은 그들을 향해 "포도원에 들어가라 내가 너희에게 상당하게 주리라." 약속했다. 주인은 우리가 일해야 굶지 않고 먹고살 수 있다는 것을 아시기에 불렀다. 주님은 우리가 구원을 받아야 할 존재인줄 아시기에 우리를 부르신다. '상당하게(*dikaion*, right)' 는 문자적으로 '의롭게' 라는 뜻이다.

"그들이 가고 제육시와 제구시에 또 나가 그와 같이 하고 제십일시에도 나가 보니 서 있는 사람들이 또 있는지라 이르되 너희는 어찌하여 종일토록 놀고 여기 서 있느냐(5, 6절)."

주인은 제육시(12시), 제구시(오후 3시), 제십일시(오후 5시) 등 여러 차례에 시장에 나가 일자리를 구하지 못한 사람들을 계속 불러 들였다. "어찌하여 종일토록 놀고 여기 서 있느냐." 주인은 놀고 서 있는 한 사람 한 사람에 대해 관심을 가지고 있었다. 이것이 우리를 향한 주님의 마음이다. 오후 6시는 해지는 시간으로 농장의 문을 닫는 시간이자 더 이상 일을 할 수 없는 시간이다. 오후에 나온 사람들은 아주 절망적인 상태로 일자리를 구하고자 했을 것이다. 특히 5시에 들어간 사람은 얼마나 행운아인가.

구원의 시각에서 보면 주님은 우리를 포도원, 곧 하나님의 나라로 부르신다. 새벽에 나가 부르시고, 정오에도, 오후에도, 문 닫기 전에도 나가 우리를 부르신다. 그 사랑이 얼마나 크신가. (봉사의 시각에서 보면 주님은 우리를 동일한 시간에 부르지 않으시고 다양한 시간에 다양하게 부르셨다. 그렇게 불러 주님을 위해 일하게 하셨다는 점을 생각해보면 구원보다 봉사에 더 큰 의미를 부여하는 메시지가 될 수 있다. 그러면 시간마다 주님을 위해 바람직한 봉사는 무엇인가 생각해볼 필요가 있다.)

"이르되 우리를 품꾼으로 쓰는 이가 없음이니이다 이르되 너희도 포도원에 들어가라 하니라(7절)." "우리를 품꾼으로 쓰는 이가 없음이니이다." 그동안 어느 누구도 고용해 주지 않았다는 것이다. 늦게 들어온 사람은 고용하기에 문제가 많았었을 수도 있다. 주님은 그런 자에 대해 오히려 관심을 가지셨다. 언제 부름을 받았든지 간에 주인이 일꾼으로 불러준 것만으로도 감사해야 한다. 일해서 돈을 벌 수 있다는 것, 그리고 굶지 않고 먹고 살 수 있게 되었다는 것이 얼마나 감사한 일인가.

"저물매 포도원 주인이 청지기에게 이르되 품꾼들을 불러 나중 온 자로부터 시작하여 먼저 온 자까지 삯을 주라 하니(8절).”

날이 저물기 시작하자 주인은 정한 품삯(*misthon*, wages)을 주도록 한다. 레위기 19:13과 신명기 24:15에 따르면 가난한 사람들이 굶지 않도록 일한 그날 저녁에 품삯을 지불하도록 했다. 품삯 지불은 나중 온 자로부터 시작하도록 했다.

“제십일시에 온 자들이 와서 한 데나리온씩을 받거늘 먼저 온 자들이 와서 더 받을 줄 알았더니 그들도 한 데나리온씩 받은지라 받은 후 집 주인을 원망하여(*egongyzon*, grumbling) 이르되(9-11절).” 오후 5시에 일하러 온 자들이 먼저 한 데나리온을 받았다. 한 시간 정도밖에 일하지 않았는데, 하루 품삯을 다 받은 것은 긍휼의 품삯이었다. 주인이 은혜를 베푸신 것이다. 은혜를 베푸신 것은 하나님의 절대주권에 속한다. 먼저 온 자들, 곧 그들보다 먼저 들어와 일한 자들은 속으로 자기들은 더 많이 받으리라 생각했다. 내심 기대가 컸다. 그런데 자기들에게도 한 데나리온씩만 지급되자 주인에 대해 원망이 터지기 시작했다.

한 데나리온은 세상 사람이 보는 표준이다. 눈으로 보이는 한 데나리온 때문에 큰 것을 잃어서는 안 된다. 하나님이 우리에게 주실 것은 한 데나리온보다 더하다. 그 크기는 주님만이 아신다. 우리는 하나님의 놀라운 비밀 속에 살고 있다. 우리는 불평보다 소망을 가지고 살아가야 한다. 주님을 위해 일하는 자는 언제나 주님이 나를 불러 이 일을 시키신다는 기쁨을 가져야 한다.

“나중 온 이 사람들은 한 시간밖에 일하지 아니하였거늘 그들을 종일 수고하며 더위를 견딘 우리와 같게(*isous*, equal) 하였나이다(12절).” 임금지급(분배)이 공정하지 않다 불평하며 분배적 정의를 요청한 것이다. ‘더 받겠지’ 는 자신의 생각이지 주인의 생각은 아니다. 자신의 생각과 기준에 따라 원망한 것이다. 주인은 우리의 기준과 생각과 달리 처음 약속하신 대로 했다.

우리는 비교하는 마음을 가지고 있다. 불공정성 지각이나 상대적 빈곤감을 느끼게 되면 초라한 느낌을 갖게 한다. 그러나 그리스도인은 내 생각과 내 기준이 아니라 하나님의 기준과 생각을 가지고 원망하지 않아야 한다. 그저 우리가 각자의 처소에서 주께 찬양하고 말씀대로 사는 것을 오히려 감사해야 한다. 우리는 원래 포도원에 들어올 자격이 있는 사람이 아니었다. 하나님이 우리를 불쌍히 여겨 불러 주셨다. 그러므로 불러주신 것만으로도 은혜요 감사할 조건이 충분하다.

"주인이 그 중의 한 사람에게 대답하여 이르되 친구여 내가 네게 잘못한 것이 없노라 네가 나와 한 데나리온의 약속을 하지 아니하였느냐(13절)." 각 사람에게 약속한 몫을 약속한대로 다 주었다는 말씀이다. 합의(정의)를 존중해서 다 주었다는 것이다.

"네 것이나 가지고 가라 나중 온 이 사람에게 너와 같이 주는 것이 내 뜻이니라(14절)." '내 뜻이니라(*thelo*, I desire).' 는 이 비유의 주제로, 하나님의 절대주권을 가리킨다. 분배적 정의를 넘어 인간의 존엄과 가치(필요)를 인정하고, 부양해야 할 가족도 생각해서 그리 하셨다는 말씀이다. 이 말씀 안에 하나님의 선하심이 담겨 있다.

"내 것을 가지고 내 뜻대로 할 것이 아니냐 내가 선하므로 네가 악하게 보느냐(15절)." 주인의 행위를 받아들일 수 없다거나 주인의 행위를 눈 뜨고 못 보겠다는 것은 악이다. 악한 눈의 소유자이다. '악하게(*poneros*, envious)' 는 '질투하며' 라는 뜻이다. 주인의 뜻, 곧 하나님의 선하심(*agathos*, generous), 곧 자비하심을 악하게 보아서는 안 된다. 내 몫보다 하나님의 선하심에 주목하라. 우리는 이 말씀을 통해 눈(*ophthalmos*, eye)의 본질을 회복할 필요가 있다. 눈의 본질은 눈물이다. 이 눈물에는 하나님 나라의 의, 사랑, 자비가 담겨 있다. 눈물의 렌즈를 통해 하나님 나라를 보라. 그들이 내세운 정의는 나의 몫에 관한 한 침범을 당하지 않겠다는 것이다. 그러나 하나님은 사랑의 눈을 가지고 계신다. 그 사랑은 다른 사람의 아픔을 이해하는 것이다. 정의도 중요하지만 사랑도 중요하다. 이것이 하나님의 나라요 그의 의를 구하는 것이다.

"이와 같이 나중 된 자로서 먼저 되고 먼저 된 자로서 나중 되리라(16절)." 나중 된 자(eschatoi, last)는 늦게 부름을 받은 자를 말한다. 이 사람은 늦게나마 불러주어 감격하는 사람이다. 더 열심히 해야겠다고 생각하는 사람이다. 이 사람은 초심을 잃지 않아야 한다. 늦게나마 줄려 주셨다는 이 감격, 감사를 잊지 않아야 한다. 감격과 감사가 사라지고 불평하고 불만하며 고집을 부린다면 문제 있는 그리스도인으로 전락하게 된다.

먼저 된 자(*protoi*, first)는 먼저 알고 먼저 경험했다. 먼저 믿었기 때문에 성경도 많이 알고, 교리도 많이 안다. 그러나 자신이 많이 안다고 자기교만에 빠지고 자기고집에 매이게 되면 문제가 있다. 고착된 고정관념을 버려라. 자기지식, 자기경험을 모두 주님 앞에 내려놓고 언제나 겸손하게 신앙생활을 할 필요가 있다. 먼저 된 자는 스스로 개혁하는 노력이 필요하다. 개혁은 변화에 응답하는 적극적인 방법이다. 개혁을 위해서는 생각을 바꿔야 한다. 생각이 안 바뀌면 나중 된 자로 전락할 수밖에 없다.

먼저 된 자는 어떤 특권의식(기득권의식)이나 상대적 우월감 또는 배타심에 사로잡힐 것이 아니라 한 사람이라도 더 이 구원의 은총을 누릴 수 있도록 기도하고 증거 하는 삶을 살아야 한다.

나중 된 자가 먼저 되고 먼저 된 자로서 나중 될 수 있다. 그 기준은 자신의 생각과 기준으로 사는가, 하나님의 기준으로 사는가 하는 것이다. 아무리 오래 믿었다 할지라도 아직도 자신의 기준에서 벗어나지 못한다면 나중 될 수밖에 없다. 먼저 된 자는 자리를 빼앗기지 않도록 더 열심히 해야 할 것이고, 나중 된 자도 처음의 마음을 잃지 않고 열심을 다해야 할 것이다.

포도원 품꾼의 비유는 몇 시간이든 감사함으로 일하게 하셨다는 데 의미가 있다. 일꾼은 열심히 일해야 한다. 열심히 일한다는 것은 생명까지 드리는 것을 말한다. 우리는 날마다 자신을 주 앞에 드려야 한다. 주 앞에 드린다(*paristemi*, present)는 것은 주인의 부르심에 응답하기 위해 그 옆에(*para*, beside) 서있는(*histemi*, stand) 것을 말한다. 항상 대기한다. 한국의 최장기 청와대 비서실장으로 김정렴이 있다. 그는 언제 부를지 몰라 사무실에서 언제나 웃옷을 입고 있었고, 대통령이 퇴근한 다음 퇴근했다. 또한 언제 부를지 몰라 집밖에 나가지 않았다. 항상 스탠바이(standby) 상태에 있었다. 우리도 주님이 부르시면 언제든 달려갈 준비를 하고 있어야 한다.

2. 수난에 대한 세 번째 예고(17-19절)

수난과 부활에 대한 세 번째 예고의 말씀이다. 첫 번째 예고에서 언급되지 않은 부분들이 있다. 그것은 사형선고, 이방인들에게 넘겨짐, 조롱, 채찍질, 그리고 십자가형에 처해진다는 사실이다.

예수님께서 예루살렘으로 올라가시면서 열두 제자를 따로 곁에 불러 놓으셨다. 그리고 길에서 그들에게 말씀하셨다(17절).

"보라 우리가 예루살렘으로 올라가노니 인자가 대제사장들과 서기관들에게 넘겨지매 그들이 죽이기로 결의하고(18절)." 우리는 지금 예루살렘으로 올라가고 있으며, 그곳에 닿으면 예수님이 대제사장들과 서기관(율법학자)들에게 넘겨지고, 그들은 예수님에게 사형을 선고할 것임을 구체적으로 밝히셨다.

"이방인들에게 넘겨주어 그를 조롱하며 채찍질하며 십자가에 못 박게 할 것이나 제삼일에 살아나리라(19절)." 그들은 예수님을 이방사람들(*ethnesin*, Gentiles), 곧 그들의 지배자인 로마인들에게 넘겨주어서 조롱하고 채찍질하고 십자가에 못 박아 죽게 할 것이다. 그러나 예수님은 사흘째 되는 날에 살아나리라(*egerthesetai*, will rise again). 이 예언의 말씀은 수난에 대한 첫 번째와 두 번째보다 내용이 더 상세하다.

3. 세베대의 아들들을 경계하심(20-28절): 섬기는 자가 큰 자다

예수님은 자신의 수난과 죽음을 예고하시는 데 반해 제자들은 몰지각하게도 출세욕에 사로잡혀 있다.

"그 때에 세베대의 아들의 어머니가 그 아들들을 데리고 예수께 와서 절하며 무엇을 구하니(20절)." 야고보와 요한은 세베대의 아들이다. 마태는 그들의 어머니 살로메(마 27:56, 막 16:1)가 두 아들, 곧 야고보와 요한을 데리고 온 것으로 기록하고 있다. 이에 비해 마가복음에는 야고보와 요한이 직접 예수님께 나아와 요청한 것으로 기록하고 있다(막 10:35). 그 때 그들은 모친과 함께 와서 말했을 것이다.

예수께서 그 여자에게 물으셨다. "무엇을 원하십니까?" 여자가 대답하였다. "나의 이 두 아들을 주의 나라에서 하나는 주의 우편에, 하나는 주의 좌편에 앉게 명하소서(21절)." 자기의 두 아들을 주의 나라에서, 하나는 주의 오른쪽(*dexion*, right hand)에, 하나는 주의 왼쪽(*euonymon*, left hand)에 앉게 해 달라는 것이었다. 높은 관직을 달라는 것이다. 살로메는 예수님의 모친 마리아와 자매간으로 믿어지기도 하는 인물인 만큼 그의 요청은 상당한 외압에 해당한다. 이것은 예수님을 정치적 메시야로 짐작하고 그분이 지상에 그의 왕국을 세울 날을 은근히 기다리고 있었음을 보여준다. 예수님이 수난을 당하여 죽임을 당하시고 부활하고 승천하시며, 종말에 영광스럽게 재림하실 인자이심을 깨닫지 못한 것이다.

예수께서 대답하셨다. “너희는 너희가 구하는 것을 알지 못하는도다 내가 마시려는 잔(*poterion*, cup)을 너희가 마실 수 있느냐(22절).” 주님 보시기에 그들은 자신들이 구하는 것이 무엇인지도 모르고 있다. 황당한 일이다. 마가복음 10:38에는 “너희가 나의 마시는 잔을 마시며 나의 받는 세례를 받을 수 있느냐” 하셨다. 여기서 잔과 세례는 예수님의 고난과 죽음을 상징한다.

그들이 대답하였다. “마실 수 있나이다(22절).” 야고보와 요한은 주님을 위해 수치와 박해를 견디어내겠다는 충성심을 가지고 있었을 것이다. 하지만 이 말은 그들의 자만심에서 나온 것이다. 예수님이 잡히시던 밤, 그들은 모두 도망하였다. 예수님만 홀로 그 잔을 마셔야 했다.

“이르시되 너희가 과연 내 잔을 마시려니와 내 좌우편에 앉는 것은 내가 주는 것이 아니라 내 아버지께서 누구를 위하여 예비하셨든지 그들이 얻을 것이니라(23절).” 정말로 너희는 나의 잔을 마실 것이다. 그러나 나의 오른쪽과 왼쪽에 앉히는 그 일은 내가 할 수 있는 것이 아니다. 그 자리는 내 아버지께서 정해 놓으신 사람들에게 돌아갈 것이다.

‘너희가 과연 내 잔을 마시려니와.’ 이 구절은 두 형제의 순교를 암시하고 있다. 야고보는 헤롯 아그립바 1세에 의해 참수형을 당했다(행 12:2). 그러나 요한의 순교를 확증하는 자료는 없다. 어떤 학자들은 요한이 그의 나이 90세 또는 100세까지 장수한 것으로 보기도 한다. 장수하면서 여러 고난을 겪었을 것이다. 하지만 초대교회사를 남긴 유세비우스는 두 사람 모두의 순교를 다음과 같이 기록하고 있다.

> “그들은 먼저 스데반을 돌로 쳐 죽였으며, 세베대의 아들 야고보와 그의 형제 요한을 목 잘라 죽였으며, 사도의 반열에 올라 최초의 교회 지도자가 된 야고보(예수님의 형제)를 죽였으며 나머지 사도들을 유대지방에서 축출하였다.”

이 글은 김상근이 쓴 「세계사의 흐름을 바꾼 기독교 역사」 22쪽에 실린 것으로, 그는 유세비우스의 「교회사」 일부를 번역하여 소개하였다. 하지만 요한은 밧모 섬에 유배되어 거기서 자연적인 생을 마쳤다는 것이 전통적인 입장이다.

열 제자가 이 말을 듣고 그 두 형제에 대하여 분개하였다(24절). 다른 제자들 역시 서로 높아지려 했기 때문이다. 다른 제자들 역시 두 제자 못지않게 출세욕에 사로잡혀있었다. 몰지각한 일이 아닐 수 없다.

예수님은 제자들을 곁에 불러 놓고 말씀하셨다.

"이방인의 집권자들(*archontes*, rulers)이 그들을 임의로 주관하고 그 고관들(*megaloi*, great ones)이 그들에게 권세를 부리는 줄을 너희가 알거니와(25절)." 너희도 알다시피 이방 민족들의 통치자들(왕들)은 백성을 마구 내리누르고, 고관들은 백성에게 세도를 부린다는 것이다. 세속사회에서 지배자들은 부패하여 쉽게 폭군이나 압제자로 변한다. 그래도 사람들은 그 권력자들을 위대하다 말한다. 지배자를 두려워하기 때문이다.

"너희 중에는 그렇지 않아야 하나니 너희 중에 누구든지 크고자 하는 자는 너희를 섬기는 자가 되고 너희 중에 누구든지 으뜸이 되고자 하는 자는 너희의 종이 되어야 하리라(26, 27절)." 세상(세상왕국)은 그런다 할지라도 하나님 나라의 삶을 사는 너희끼리는 그렇게 해서는 안 된다고 하신다. 너희 가운데서 위대하게 되고자 하는 사람은 누구든지 너희를 섬기는 사람이 되어야 하고, 너희 가운데서 으뜸이 되고자 하는 사람은 너희의 종이 되어야 한다. '섬기는 자(*diakonos*, servant)'는 문자적으로 '서두른 나머지 먼지를 일으키는 자'라는 뜻이다. 최선을 다해 섬기느라 분주한 모습을 나타내는 표현이다. 제자들과 교회에서는 지위가 높이 올라갈수록 봉사하고 종(*doulos*, slave)이 되는 삶을 사는 것이 마땅하다. 섬기는 일이 비록 미천하게 보일지라도 섬김과 희생만큼 감동을 주는 것은 없다. 하나님 나라에서는 섬기는 자가 위대하다.

“인자가 온 것은 섬김을 받으려 함(*diakonethenai*, to be served)이 아니라 도리어 섬기려 하고(*diakonesai*, to serve) 자기 목숨을 많은 사람의 대속물로 주려 함이니라(28절).” 인자, 곧 예수님은 섬김을 받으러 이 땅에 온 것이 아니라 섬기러 왔으며, 많은 사람을 위하여 자기 목숨을 몸값으로 치러 주려고 왔다는 것이다. 대속물(*lytron*, ransom)은 문자적으로 ‘품’을 뜻한다. 이것은 노예나 포로를 석방시키기 위해 지불하는 속전, 곧 몸값을 말한다. 이런 행위를 속량 또는 구속이라 하였다. 이 용어에는 예수의 대속적 희생의 의미가 함축되어 있다. 예수님은 죄와 죽음의 종이 되었던 인류를 해방시키기 위해 자신을 몸값으로 지불하셨다. 주님의 섬김은 우리의 생명을 살린다. 예수님은 미천한 우리를 섬기셨다. 우리도 주님의 모범을 따라 이웃을 섬기는 자가 되어야 한다.

4. 여리고의 두 소경을 고치심(29-34절)

이 사건은 예수님이 여리고를 떠나 예루살렘으로 향하던 때에 일어난 일이다. 예수님이 죽음을 향해 나아가면서도 병자들을 돌보셨다. 예수님의 자비는 끝이 없다.

“그들이 여리고에서 떠나 갈 때에 큰 무리가 예수를 따르더라(29절).” 유대사람들은 예루살렘으로 갈 때 사마리아 지역을 통과하지 않기 위해 요단강 쪽으로 돌아서 갔다. 그래서 여리고를 통과하게 된다. 예수님 일행도 여리고를 통과해 예루살렘을 향해 갔다. 그 때 많은 사람들이 예수님을 따랐다.

“맹인 두 사람이 길 가에 앉았다가 예수께서 지나가신다 함을 듣고 소리 질러 이르되 주여 우리를 불쌍히 여기소서 다윗의 자손이여 하니(30절).” 눈먼 두 사람이 예수님이 지나가신다는 말을 듣고 소리를 질렀다. 그들에겐 일생일대의 절호의 기회가 아닐 수 없다. 마가복음 10:46에 따르면 그 중 한 사람의 이름은 바디매오였다. 그들은 예수님을 향해 '다윗의 자손이여' 라 했다. 이것은 예수님이 메시야이심을 가리킨다. "주여 우리를 불쌍히 여기소서(*eleeson hemas*, have a mercy on us)." 주님이 불쌍히 여기시면 고침을 받는다는 확신을 가지고 있었다.

"무리가 꾸짖어 잠잠하라 하되 더욱 소리 질러 이르되 주여 우리를 불쌍히 여기소서 다윗의 자손이여 하는지라(31절)." 무리가 조용히 하라고 꾸짖었다. 하지만 그들은 더욱 큰 소리로 외쳤다. "다윗의 자손이신 주님, 우리를 불쌍히 여겨 주옵소서."

예수님께서 가던 걸음을 멈추시고 그들을 불러 말씀하셨다. "너희에게 무엇을 하여 주기를 원하느냐(32절)." 너희 소원이 무엇이냐는 말씀이다.

그들이 한 목소리로 말했다. "주여 우리의 눈 뜨기(*anoigosin*, might be opened)를 원하나이다(33절)." 눈을 뜨는 것이 소원이라는 것이다. 예수께서 그들을 불쌍히 여기셨다. 주님이 가엽게 여기시면 기적이 일어난다. 그리고 주님은 그들의 눈을 만지셨다. 눈에 손을 대신 것이다. 그러자 그들은 곧 보게 되었다. 얼마나 기뻤을까. 그들도 예수를 따라갔다(34절).

마태복음21장

예루살렘 입성, 성전 정화 사건, 무화과나무 저주, 예수의 권위에 대한 질문, 두 아들의 비유, 악한 농부의 비유

1. 예루살렘 입성(1-11절)

예수님께서 예루살렘에 입성하시는 장면이다. 고난 주간 중 첫째 날(일요일)의 기록이다. 이 입성을 시작으로 예수님은 지상에서의 마지막 한 주간, 곧 수난 주간이 시작된다. 주님의 입성은 유월절 순례자로 입성하신 것이 아니다. 창세기 49:11과 스가랴 9:9에 예언된 바와 같이 나귀를 타고 입성하시는 겸손한 왕, 곧 메시야 왕으로 입성하신 것이다. 승리의 입성(the triumphal entry)이다. 예수님은 이제 만민에게 메시야이심을 밝히 드러내신 것이다. 그러나 영광을 얻기 위해 고난을 당해야만 한다는 점에서 당시의 통념적 메시야 관과는 다르다.

예수와 그 제자들이 예루살렘에 가까이 이르러 감람산에 있는 벳바게 마을에 들어섰다. 순례자들이 여리고에서 길을 나서면 베다니와 벳바게를 거쳐 예루살렘으로 들어가는 것이 정상이었다. 감람산은 올리브가 많은 산으로, 예루살렘 동편에 자리하고 있다. 이곳에서 예루살렘을 내려다 볼 수 있다. 벳바게는 감람산 동편 언덕에 있는 마을이다.

그 때에 예수께서 두 제자를 보내며 말씀하셨다

"너희는 맞은편 마을로 가라 그리하면 곧 매인 나귀(*onon*, donkey)와 나귀 새끼(*polon*, colt)가 함께 있는 것을 보리니 풀어 내게로 끌고 오라 만일 누가 무슨 말을 하거든 주가 쓰시겠다 하라 그리하면 즉시 보내리라(2, 3절)."

맞은편 마을은 베다니를 가리킨다. 창세기 49:11에서는 유다의 후손인 메시야가 오면 새끼 나귀를 아름다운 포도나무에 매어 두리라 예언했다. 나귀 새끼는 한 번도 사람을 태운 적이 없는 것으로 거룩한 목적에 쓰이기 위함이었다. "주가 쓰시겠다(*chreian*, need) 하면 즉시(*euthys*, immediately) 보내리라." 예수님은 나귀를 징발할 권리를 가지신 분이심을 보여준다. 예수님이 나귀를 타신 것은 전쟁이 아니라 평화의 왕이며 사랑의 왕이심을 보여주기 위함이었다.

"이는 선지자를 통하여 하신 말씀을 이루려 하심이라 일렀으되 시온 딸에게 이르기를 네 왕이 네게 임하나니 그는 겸손하여(*praus*, gentle) 나귀, 곧 멍에 메는 짐승의 새끼를 탔도다 하라 하였느니라(4, 5절)."

이 구절은 스가랴 9:9를 짧게 인용한 것이다. 원문은 다음과 같다. "시온의 딸아 크게 기뻐할지어다 예루살렘의 딸아 즐거이 부를 지어다 보라 네 왕이 네게 임하시나니 그는 공의로우시며 구원을 베푸시며 겸손하여서 나귀를 타시나니 나귀의 작은 것 곧 나귀 새끼니라."

제자들이 가서 예수님이 말씀하신 대로 했다. 어미 나귀와 새끼 나귀를 끌어다가 그 위에 자기들의 겉옷을 얹었다. 예수님은 그 위에 오르셨다. 예언대로 나귀 새끼를 타신 것이다. 로마 정복자들은 개선할 때 군마를 타고 입성했다. 하지만 예수님은 겸손하여 새끼 나귀를 타셨다.

큰 무리의 대다수도 자기들의 겉옷을 길에다가 폈다. 사람들이 길 위에 겉옷을 깐 것은 왕에 대한 예우였다. 다른 사람들은 나뭇가지를 꺾어다가 길에 깔았다.

그리고 앞에 서서 가는 무리와 뒤따라오는 무리가 외쳤다. "호산나 다윗의 자손이여 찬송하리로다 주의 이름으로 오시는 이여 가장 높은 곳에서 호산나(9절)." 예수님은 다윗의 나라, 곧 메시야 왕국을 세우러 오시는 왕이시고, 시편 118:26(여호와의 이름으로 오는 자가 복이 있음이여 우리가 여호와의 집에서 너희를 축복하였도다)에 예언된 대로 주(여호와)의 이름으로 오시는 분이심을 보여주고 있다. '주의 이름으로 오시는 이' 는 하나님이 보내신 메시야요 하나님이라는 뜻이다. '가장 높은 곳' 은 하늘을 말한다. 하늘에 있는 천사들도 '호산나' 라고 외치라는 것이다.

이 구절의 앞뒤에 있는 '호산나(Hosanna)' 는 문자적으로는 '지금 구원하소서,' '간절히 비오니 구원하소서.' 라는 뜻을 가진 기원문이다. 할렐 시편(113-118편)에서도 나온다. 그러나 장막절 등 명절에 감람나무 가지 등을 흔들게 부르게 되어 차차 그 뜻을 잃어버리고 단순히 환호로만 사용되었다. 따라서 여기서도 메시야를 환호하는 '만세' 의 환성으로 보는 것이 적합하다.

예수님이 예루살렘에 들어가셨다. 당시 성 안에는 유월절을 맞아 각지에서 온 순례자로 발 디딜 틈이 없을 정도였다. 성안에 들어서자 온 성 사람들이 들떠서 물었다. "이 사람이 누구냐?" 사람들은 말했다. "갈릴리 나사렛에서 나온 선지자 예수라(11절)."

2. 성전 정화 사건(12-17절)

이 단락은 예수님께서 성전을 청결하게 하시는 장면이다. 고난 주간 중 두 번째 날의 기록이다. 예수의 진노를 불러일으킨 것은 성전 제사 제도나 반 세겔의 성전 세 자체가 아니라 종교의 이름으로 부정과 폭리를 일삼는 행위였다. 마가에 따르면 예수님은 예루살렘에 입성하여 성전을 둘러보신 다음 베다니로 가서 하룻밤을 머무시고 이튿날에 성전을 정화하신다. 마태는 시기를 고쳐 입성 즉시 성전을 정화하신 것으로 기록하고 있다.

예수님께서 예루살렘 성전에 들어가셨다. 예수님은 성전 안에서 매매하는 모든 사람들을 내쫓으시며 돈 바꾸는 사람들의 상과 비둘기파는 사람들의 의자를 둘러엎으셨다(12절). '성전(*hieron*, temple) 안에서' 는 성전 경내를 뜻한다. 경내 중 이방인들도 들어갈 수 있는 '이방인의 뜰' 을 가리킨다. 이곳에서 거래가 이뤄지고 있었다.

예수님은 매매하는 모든 사람들을 내쫓으셨다. 여기서 '매매' 는 주로 희생제사에 필요한 짐승들, 곧 소, 양, 염소, 비둘기 등이나 포도주, 기름 등을 사고파는 것을 말한다. 이곳 상인들은 대제사장과 결탁하여 순례자들로부터 몇 배의 값을 지불하도록 함으로써 엄청난 경제적 이득을 취했다. 비둘기 한 쌍에 일반 가격의 10배가 넘는 가격으로 폭리를 취했을 정도였다. 먼 곳에서부터 짐승들을 가지고 올 수 없는 순례자들은 울며 겨자 먹기로 사지 않을 수 없었다. 힘들게 가지고 왔다 해도 성전 밖에서 희생제물로서 적합지 않다며 불합격 시키고 성전 안에서 사도록 했다. 상인이나 유대 종교지도자들은 제사의 기본정신보다 돈벌이에 몰두함으로써 가난한 사람들을 착취했다.

'돈 바꾸는 사람들(*kollybiston*, money changers)' 은 성전 세를 내기 위해 오는 사람들에게 일반화폐(로마나 그리스 화폐)를 은화 반 세겔(이스라엘 화폐)로 바꿔주는 사람들을 가리킨다. 당시 이스라엘 모든 남성들은 일 년에 한 번씩 성전 세를 내야 했는데, 성전 세를 납부하기 위해서는 규정된 화폐라야 하기 때문에 환전상이 필요했다. 그들도 그냥 환전해주는 것이 아니라 상당한 수수료를 붙이기 때문에 폐해가 이만저만이 아니었다.

예수님은 그들을 향해 말씀하셨다. "기록된바 내 집은 기도하는 집(*oikos proseuches*, a house of prayer)이라 일컬음을 받으리라 하였거늘 너희는 강도의 소굴(*spelaion leston*, a den of robbers)을 만드는 도다(13절)."

예수님이 인용하신 말씀은 이사야 56:7이다. 내 집은 유다 백성만 아니라 모든 이방인을 위한 기도하는 집이라는 말씀이다. 예수님께서 이 말씀을 하신 것은 상인들이 이방인의 뜰을 점유하고 상거래를 함으로써 성전을 찾은 이방인들로 하여금 기도조차 할 수 없는 지경으로 만들었기 때문이다. 예수님 보시기에 기도하는 집이 강도의 굴혈이 되었다.

"맹인과 저는 자들이 성전에서 예수께 나아오매 고쳐주시니(13절)." 성전 뜰에서 눈 먼 사람들과 다리를 저는 사람들이 예수께 다가왔다. 예수님은 그들을 고쳐 주셨다. 자기를 찾는 자들에게 기꺼이 도움을 주신 것이다. 이 구절은 마태복음에만 기록된 것으로, 진노하신 이전 모습과는 대조적이다. 이것은 수많은 제물보다 고통 받는 이들에 대한 섬김과 사랑이 하나님께 더욱 합당한 예배임을 보여준다.

그러나 대제사장들과 서기관들은, 예수께서 하시는 이상한 일, 곧 여러 가지 놀라운 일과, 또 성전 뜰에서 "호산나! 다윗의 자손이여." 하고 외치는 어린이들을 보고 화가 나 말했다. "당신은 아이들이 무어라 말하는지 듣고 있소?"

이에 예수님께서 말씀하셨다. "그렇다. '어린 아기(*nepion*, babes)와 젖먹이들(*thelazonton*, sucklings)의 입에서 나오는 찬미를 온전하게 하셨나이다' 함을 너희가 읽어 본 일이 없느냐(16절)." 예수님은 그들을 향해 '주님께서는 어린 아이들과 젖먹이들의 입에서 찬양이 나오게 하셨다' 하신 말씀을 읽어 보지 못했느냐 되물으셨다. 이것은 시편 8:2를 인용하신 것으로, 주님은 하늘에서뿐 아니라 이 땅의 어린이에게서까지 찬양받으시는 분이시다. 대제사장과 서기관들은 다윗의 왕국을 기대하면서도 '다윗의 자손'으로 오신 예수님을 애써 간과했지만 오히려 어린아이들은 그분을 알아본 것이다. 순진한 어린 아이들의 찬미는 탐욕과 위선으로 가득 찬 대제사장과 서기관들의 모함과 뚜렷한 대조를 이루고 있다.

예수님은 그들을 떠나 성 밖으로 나가 베다니로 가셔서 거기에서 밤을 지내셨다.

3. 무화과나무를 저주하시다(18-22절)

이른 아침, 곧 성회 주간의 월요일 아침에 예루살렘 성으로 들어오시는 데 예수님께서 시장하셨다. 마침 길 가에 있는 무화과나무 한 그루를 보시고 그 나무로 가셨다. 그러나 잎사귀(*phylla*, leaves) 밖에는 아무것도 없었다. 예수님은 그 나무에게 말씀하셨다. "이제부터 너는 영원히 열매를 맺지 못할 것이다." 그러자 무화과나무가 곧 말라 버렸다(19절).

무화과(*syke*, fig tree)는 꽃이 없다 하여 무화과라 한다. 그러나 꽃이 없는 것은 아니다. 무화과는 무화과 안에서 핀다. 무화과는 내면의 아름다움이 있다. 무화과는 씨앗이 있다. 재생산 능력이 있다. 무화과는 잎이 나오기 전에 먼저 열매를 맺는다. 꽃이 피지 않고 바로 푸른 열매를 맺는다.

무화과라는 한자는 꽃이 눈에 띄지 않고 열매를 맺는 것에서 유래한다. 열매를 먼저 맺은 다음 잎이 나온다. 그러므로 예수님이 그 나무에 무엇이 있을까 하여 가신 것은 잎이 있는 것을 보시고 당연히 열매가 있을 것을 기대하신 것을 알 수 있다. 예수님은 이 무화과나무에 열매가 없자 저주하셨다. 하나님은 우리의 삶에 열매를 기대하신다는 것을 가르쳐 준다.

그러나 마가복음 11:11에 따르면 '이는 무화과의 때가 아님이라' 했다. 이 때는 4월경으로 열매 맺을 시기가 아니라는 것이다.

무화과는 매년 두 차례 열매를 맺는다. 봄, 곧 4월에 작은 열매를 맺고 그 것이 커서 여름과 가을에 큰 열매가 된다. 봄에 작은 열매를 맺지 못하면 가을에 큰 열매를 맺을 수 없다. 4월에 처음 열리는 무화과를 '파게'라 한다. 영어 fig도 히브리어 파게에서 나온 것이다. 아람어로는 '티크쉬'라 한다. 파게는 열매가 작고 단맛이 없다. 아직 즙을 갖지 않아 푸석하다. 상품 가치가 없어 버리기도 한다. 파게는 지나가는 사람들에게 주기도 하고, 가난한 사람들이 따서 먹도록 허락하기도 한다. 먹기에 부적당하지만 그 시기에는 다른 과일들이 부족하기 때문에 사람들은 그것을 모아 먹기도 한다. 벳바게(Beth-phage)는 '파게(*phage*)의 집(*beth*),' 곧 '어린 무화과의 집(house of unripe figs)'이라는 뜻을 가지고 있다. 예수님이 무화과 열매를 찾으신 때는 가을이 아니라 봄 열매를 맺는 시기였다. 예수님이 유월절에 드시려 했던 것은 바로 파게다.

무화과나무가 열매를 제대로 맺는 철은 보통 6월부터 9월 사이이다. 4-5월경 파게가 다 떨어지고, 6주 지나 새로운 열매가 열린다. 파게를 맺지 못하면 새 열매도 맺지 못하므로 파게 과정도 중요하다. 이 때 열리는 새 무화과는 '테에나(*teena*)'로 맛이 좋은 진짜 무화과이다. '베다니(Bethany)' 는 집을 뜻하는 '벧' 과 '테에나'를 합한 말로, '테에나 무화과의 집(house of figs)'이라는 뜻이다. 테에나는 맛과 모양이 모두 좋아 시장에 내다 판다. 베다니는 '가난한 자의 집(house of the poor)'이라는 뜻을 가지고 있다는 주장도 있다.

예수님이 왜 저주를 하셨을까? 잎사귀가 없었다면 처음부터 기대도 하지 않았을 것이다. 그런데 자세히 보니 열매도 없이 잎사귀만 무성한 것이다. 속은 느낌을 주기에 충분하다. 예수님이 저주하신 이유도 여기에 있다. 이것은 단순한 사건이 아니다. 여기에서 우리는 예수님께서 우리에게 가르쳐주시고자 하는 교훈이 있음을 알아야 한다.

첫째, '열매 맺을 시기가 아니었다.' 는 것은 가을 열매 맺을 시기가 아니었다는 뜻이다. 주님은 우리의 큰 열매만 원하시는 것이 아니라 삶의 과정에서 맺는 작은 열매도 원하신다.

둘째, 열매 없이 잎만 무성한 무화과의 모습은 이스라엘의 현재 모습이다. 열매 없는 무화과나무에 대한 예수님의 저주는 완악한 그의 백성 또는 그들의 율법주의적인 종교 행위에 대한 하나님의 심판을 표현하고 있다. 그들 속에서 주님이 진정 바라는 거룩함과 경건함을 발견할 수 없었다. 겉 치례 행위만 무성하고 열매를 맺지 못하는 이스라엘 백성에 대한 저주다. 그래서 무화과나무가 마른 것은 이스라엘이 당할 국가적 운명에 대한 상징으로 해석되기도 한다. 예수 그리스도를 배척하고 믿음의 열매를 맺지 못하는 이스라엘 백성은 결국 망하고 말리라.

셋째, 남에게 나누어줄 열매를 주님은 찾고 계신다. 주님이 그 나무를 저주하신 것은 이스라엘뿐 아니라 제자들, 곧 우리를 향해 가르치기 위한 것이다. 너희들도 변하지 않으면, 열매 맺지 않으면 저주를 받는다는 말씀이다. 변화하지 못한 우리에 대한 안타까움이 담겨 있다. 말라버린 무화과나무는 거룩함과 경건함 없이 영적으로 죽어가는 우리일 수 있다. 우리에게 지금 필요한 것은 주님을 향한 우리의 영적 변혁(spiritual transformation)이다.

"이제부터 너는 영원히 열매를 맺지 못할 것이다." 복음서에서 유일하게 발견되는 무화과나무의 저주 의 말씀과 이적은 열매 없이 잎만 무성한 나무처럼 종교의식만 번창하고 참 신앙의 열매를 맺지 못하는 이스라엘이 멸망할 것을 예고하신 것으로, 상징적이고 비유적인 말씀이다. 저주의 대상이 된 무화과나무는 믿음의 본질을 망각한 채 위선적 형식과 특권의식만 무성했던 당시 유대교의 허상을 비유한 것이다. 예수 그리스도를 배척하고 믿음의 열매를 맺지 못하는 이스라엘 백성은 결국 망하고 말리라.

"제자들이 보고 이상히 여겨 이르되 무화과나무가 어찌하여 곧 말랐나이까(20절)." 예수님의 말씀 한 마디에 무화과나무가 마르자 제자들은 놀라며 말했다. "무화과나무가 어떻게 그렇게 말라버렸을까?" 마가복음 11:12-14, 19-26에 따르면 무화과나무가 마른 사실은 저주가 있은 다음 날 발견되었다.

예수께서 그들에게 말씀하셨다. "내가 진실로 너희에게 이르노니 만일 너희가 믿음이 있고 의심하지 아니하면 이 무화과나무에게 된 이런 일만 할 뿐 아니라 이 산더러 들려 바다에 던져지라 하여도 될 것이요(21절)." '만일 너희가 믿음이 있고(*ean echete pistin*, if you have faith)' 는 문자적으로 '장차라도 얼마간에 믿음을 가지기만 한다면' 이라는 뜻이다. 미래 가정 문이다. 앞으로 믿고 의심하지 않으면 이 무화과나무에 한 일을 너희도 할 수 있을 뿐 아니라 이 산더러 "들려서 바다에 빠져라" 해도 그렇게 될 것이다. 누가복음 17:6에는 '뽕나무더러 뿌리가 뽑혀 바다에 심기우라' 로 되어 있다. 산을 옮긴다는 것은 큰 믿음의 표적이었다. 믿음은 전능하신 하나님을 믿고 신뢰하는 것이다. 주님을 향해 온전한 믿음을 가지면 엄청난 힘을 발휘할 수 있다는 말씀이다.

"너희가 기도할 때에 무엇이든지 믿고 구하는 것은 다 받으리라 하시니라(22절)." 또 너희가 기도할 때에 이루어질 것을 믿으면서 구하는 것은 무엇이든지 다 받으리라. '무엇이든(*panta*, all things)' 은 무조건 모두라기보다 그 기도가 '하나님의 뜻에' 일치해야 한다.

4. 예수의 권위에 대한 질문(23-27절)

예수께서 성전에 들어가 가르치시자 대제사장들과 백성의 장로들이 다가와서 말했다. "네가 무슨 권위(*exousia*, authority)로 이런 일을 하느냐 또 누가

이 권위를 주었느냐(23절)."

'이런 일(*tauta*, these things)' 은 좁게는 성전 정화사건을 가리킨다. 대제사장들과 백성의 장로들은 산헤드린의 대표자들로 최고의 종교지도자들이었다. 예수님이 성전에서 돈 바꾸는 자와 상인들을 꾸짖은 것에 대해 마음이 상했을 것이다. 마가는 예수님이 예루살렘에 상경하신 지 사흘 째 되던 날 성전에서 유대 종교지도자들과 논쟁을 벌였다고 기록했다. 그들은 예수를 처형하는 데 앞장 선 사람들이다. 또한 넓게는 예수님의 말씀과 행적 전체를 가리킨다. 주님은 하나님에게서 비롯된 권능으로 말씀하시고 행동하셨기 때문이다.

그들은 예수님이 무슨 권한으로 이런 일을 하고, 누가 그런 권한을 주었는지 따졌다. 당신이 하나님께서 보내신 분이라는 증거가 무엇이냐며 반론을 제기한 것이다. 그것은 예수를 무너뜨리기 위한 올무다. 음흉한 질문이 아닐 수 없다.

예수님이 그것을 모르실리 없다. 예수님은 역질문을 하셨다. "나도 한 말을 너희에게 물으리니 너희가 대답하면 나도 무슨 권위로 이런 일을 하는지 이르리라 요한의 세례(*baptisma*, baptism)가 어디로부터 왔느냐 하늘로부터냐 사람으로부터냐(24, 25a절)." 요한의 세례가 어디에서 왔느냐? 하늘에서냐? 사람에게서냐? 너희가 대답하면 자신도 무슨 권한으로 이런 일을 하는지 말하겠다는 것이다. '요한의 세례' 는 요한의 전 사역을 가리키는 것으로, 하나님에게서 위임받은 것을 말한다. 요한은 하나님이 일으켜 세우신 참 선지자라고 모두 믿는데, 오직 유대 종교 지도자들만 불신하고 있다. 이처럼 그들은 요한도, 예수님도 불신하는 인간들이다. 하지만 예수님(지혜)이 옳다는 것은 그 하신 일로 드러났다(마 11:19, 눅 7:35).

그들은 서로 의논하기 시작했다. 그러면서 자기들끼리 "만일 하늘로부터라 하면 어찌하여 그를 믿지 아니하였느냐 할 것이요(25b절)"라 했다. 요한의 신적 권위를 인정한다면 예수님의 신적 권위도 인정하지 않을 수 없다. 세례 요한은 예수님이 자기보다 더 뛰어난 분이라(마 3:11, 12, 요 1:26-34) 선언했기 때문이다.

나아가 "만일 사람으로부터라 하면 모든 사람이 요한을 선지자로 여기니 백성이 무섭다(26절)." 했다. 반대로 요한의 신적 권위를 부인한다면 요한을 선지자로 아는 사람들에 지탄을 받을 것이 분명하다. 그들은 어떤 답도 찾지 못했다.

그래서 예수님을 향해 "우리가 알지 못하노라" 했다. 그러자 예수님은 그들에게 "나도 무슨 권위로 이런 일을 하는지 너희에게 이르지 아니하리라(27절)." 하셨다. 대답하기 애매한 질문을 통해 궁지에 몰아넣으려는 그들에게 역질문으로 무의미한 논쟁을 종식시키신 것이다. 그러나 예수님은 그들이 있는 자리에서 두 아들의 비유와 악한 농부의 비유를 들어 말씀하셨다. 그들의 잘못됨을 지적하신 것이다.

5. 두 아들의 비유(28-32절)

두 아들의 비유는 유대 종교지도자들의 잘못된 행실을 들어 말씀하신 것이다. 스스로 특권을 누리는 양 착각하고 회개의 기회마저 놓치고 마는 그들의 실상을 비유로 지적하신 것이다.

"그러나 너희 생각에는 어떠하냐 어떤 사람에게 두 아들이 있는데 맏아들에게 가서 이르되 얘 오늘 포도원에 가서 일하라 하니 대답하여 이르되 아버지 가겠나이다 하더니 가지 아니하고 둘째 아들에게 가서 또 그와 같이 말하니 대답하여 이르되 싫소이다 하였다가 그 후에 뉘우치고 갔으니 그 둘 중의 누가 아버지의 뜻대로 하였느냐(28-31a절)."

맏아들은 유대인, 특히 유대종교지도자들을 가리킨다. '가지 아니하고' 는 말로는 섬기고 하고 겉으로는 순종하는 것 같지만 실제로는 순종하지 않는 바리새인과 서기관들의 태도를 가리킨다. 둘째 아들은 세리나 창기와 같은 죄인 또는 하층계급의 사람들을 가리킨다. 이들은 처음에는 순종하기를 거부했지만 곧 뉘우치고 말씀에 순종한다. '뉘우치고(*metameletheis*, having repented)' 는 '마음을 변화시키다' 는 뜻으로, 한번 돌이킨 마음 상태를 고수한다는 뜻을 가지고 있다.

그들은 둘째 아들이 아버지의 뜻대로 했다고 대답했다.

그러자 예수님께서 그들에게 말씀하셨다. "내가 진실로 너희에게 이르노니 세리들과 창녀들이 너희보다 먼저 하나님의 나라에 들어가리라 요한이 의의 도로 너희에게 왔거늘 너희는 그를 믿지 아니하였으되 세리와 창녀는 믿었으며 너희는 이것을 보고도 끝내 뉘우쳐 믿지 아니하였도다(31, 32절)."

예수님은, 맏아들은 유대종교지도자들이고, 둘째 아들은 세리들과 창녀들임을 분명히 하셨다. 세리와 창기들은 하나님의 뜻에 순종하기를 거부했지만 세례 요한으로부터 회개의 메시지를 듣고 하나님께 돌아와 순종했다. 자신이 죄인이었음을 알았기에 구세주를 절실히 필요했었다. 그러나 하나님의 율법에 익숙했던 바리새인들은 하나님의 뜻을 따르는 것처럼 보였지만 실제적으로 거부했다. 세리와 창기들이 요한의 메시지를 받아들이고 세례 받는 것을 보았으면서도 그들은 세례 받기를 거부했고, 예수님을 구주로 받아들이지도 않았다. '의의 도(*hodo dikaiosynes*, the way of righteousness)'는 '하나님의 길,' '구원의 길' 등과 같은 히브리 식 표현으로 경건 되고 흠이 없는 생활뿐 아니라 회개를 촉구했던 요한의 사역을 가리킨다.

직업상의 죄인들인 세리들과 윤리상의 죄인들인 창녀들은 하나님 나라에 들어가고, 바리새인과 서기관들, 대제사장과 장로들은 들어가지 못한다는 말씀은 당시 종교적인 상식을 모두 뒤엎는 것이었다.

6. 악한 농부의 비유(33-46절)

악한 농부의 비유에서 집 주인은 하나님을 가리킨다. 포도원은 이스라엘, 농부들은 이스라엘 백성들 또는 유대종교 지도자들을 가리킨다. 포도원에 대한 묘사는 이사야 5:1-7을 배경으로 하고 있다. 입으로만 하나님을 위한다고 떠들면서 실제는 하나님의 역사를 적극적으로 훼방하는 유대 종교 지도자들에게 반드시 심판이 임할 것임을 보여주고 있다. 이 비유는 이스라엘이 선지자들을 박해한 역사, 그들이 예수님을 처형한 비행, 예수님의 놀라운 부활, 하나님의 새로운 백성인 교회의 출현 등 구속사를 말해준다.

"다른 한 비유를 들으라 한 집 주인이 포도원을 만들어 산울타리(*phragmon*, a fence)로 두르고 거기에 즙 짜는 틀(*lenon*, winepress)을 만들고 망대(pyrgon, tower)를 짓고 농부들에게 세로 주고(*exedeto*, rented out) 타국에 갔더니(33절)."

두 아들의 비유에 이어 또 다른 비유를 제시하셨다. 악한 농부의 비유다. 어떤 집주인이 있었다. 그는 포도원을 일구고, 짐승들의 침입을 막기 위해 가시 같은 식물로 둘러 울타리를 치고, 그 안에 포도즙을 짜는 틀을 팠다. 그리고 망대를 세웠다. 포도즙을 짜는 틀을 만들기 위해서는 석회암(바위)을 파 즙 짜는 틀을 만들고, 그 밑에 즙을 받아두는 통을 만들었다. 망대는 도적을 막기 위해 파수대로 사용하기도 하고, 일꾼들의 숙소로도 사용되었다. 그 다음 그것을 농부들에게 세로 내주고, 멀리 떠났다. 소작을 준 것이다.

"열매 거둘 때가 가까우매 그 열매를 받으려고 자기 종들을 농부들에게 보내니(34절)." 토지 소유주인 집 주인과 소작인들은 일정 기간마다 일정량의 소작료를 현물이나 현금으로 지급한다는 소작계약을 체결한다. 소유주는 자기 종들을 농부들에게 보내 약속된 소작료를 받고자 한 것이다. 여기서 자기 종들은 구약에서의 선지자들을 가리킨다.

"농부들이 종들을 잡아 하나는 심히 때리고 하나는 죽이고 하나는 돌로 쳤거늘(35절)." 계약이 체결되었음에도 불구하고 소유주와 소작인 사이에 갈등이 자주 일어났다. 심한 경우에는 사람을 죽이는 일까지 발생했다. 이것은 이스라엘 백성들이 하나님이 보내신 사자들을 핍박했음을 나타낸다. 이스라엘 역사 속에서 그들은 많은 선지자들을 이처럼 핍박했다.

"다시 다른 종들을 처음보다 많이 보내니 그들에게도 그렇게 하였는지라(36절)." 하나님은 이스라엘의 패역을 참으시고 그들이 돌이키기를 계속 기다리셨다. 그리고 이스라엘에 많은 선지자들을 보내셨다. 하지만 이스라엘 백성과 지도자들은 하나님의 뜻을 선포한 선지자들을 박해했다.

"후에 자기 아들을 보내며 이르되 그들이 내 아들은 존대하리라 하였더니(37절)." 하나님은 자기 아들, 곧 예수님을 보내셨다. 이스라엘이 아들만큼은 존중하리라 믿었다.

"농부들이 그 아들을 보고 서로 말하되 이는 상속자니 자 죽이고 그의 유산을 차지하자 하고(38절)." 농부들은 그 아들을 보고 그들끼리 말하였다. "이 사람은 상속자이니 그를 죽이고 그의 유산을 우리가 차지하자." 당시 팔레스타인 법에 따르면 주인 없는 토지(재산)는 일정 기간이 지나도 법적인 소유주가 나타나지 않으면 그것을 점유하고 있는 사람이 차지할 수 있었다. 유일한 상속자인 아들을 살해함으로써 포도원을 자기들 소유로 삼으려 한 것이다.

"이에 잡아 포도원 밖에 내쫓아 죽였느니라(39절)." 농부들은 주인의 아들까지 죽이는 패역을 저지른다. 이것은 예수님이 앞으로 받으실 수난에 대한 예언이기도 하다. '포도원 밖에(*exo*, out of)' 는 예수님이 예루살렘 성 밖 골고다에서 처형되실 것을 암시하고 있다.

"그러면 포도원 주인이 올 때에 그 농부들을 어떻게 하겠느냐(40절)." 예수님은 비유를 듣는 자들을 향해 물었다. "포도원 주인이 돌아올 때에, 그 농부들을 어떻게 하겠는가?"

그들이 예수께 말하였다. "그 악한 자들을 진멸하고 포도원은 제 때에 열매를 바칠 만한 다른 농부들에게 세로 줄지니이다(41절)." 패역한 농부들을 가차 없이 죽이고, 제 때에 소출을 바칠 다른 농부들에게 포도원을 맡겨야 한다는 것이다. 마땅한 말이다. '악한 자들을 진멸하고' 는 결국 로마에 의한 예루살렘의 멸망으로 나타났다. '다른 농부들' 은 이방인으로 볼 수도 있고, 유대 종교지도자와 대치되는 교회 지도자 또는 그리스도의 교회를 가리킨다고 볼 수도 있다.

예수님은 그들에게 말씀하셨다. "너희는 성경에서 '건축자들이 버린(*apedokimasan*, rejected) 돌이 모퉁이의 머릿돌(*kephalen gonias*, chief corner)이 되었나니 이것은 주로 말미암아 된 것이요 우리 눈에 기이하도다.' 이런 말씀을 읽어 본 일이 없느냐(42절)."

이 말씀은 시편 118:22, 23을 인용한 것이다. 시편에서 '모퉁이의 머릿돌' 은 다윗이 사울과 그 무리에게 쫓겨 다니는 어려움 속에서도 하나님의 구원과 보호하심으로 건축물의 머릿돌, 곧 기초 석과 같이 중요한 위치를 차지하게 된 것을 의미한다. 이스라엘 백성들과 지도자들은 예수님을 버린 돌(십자가의 예수님), 곧 아무 쓸모없는 돌 같이 여겨 죽였지만 주님은 부활하심으로써 머릿돌(부활하신 그리스도)처럼 가장 중요한 존재가 되셨다. 영적으로 예수 그리스도께서 십자가의 수난을 받고 사람들에게 천대를 받았으나 교회의 머리가 되어 만유를 통치하게 된다. 이 사건은 하나님께서 하신 것이요 우리 눈에는 참으로 신기한 일이다. 그 일은 아무나 깨닫지 못하고 하나님의 뜻을 잘 깨달아야 알 수 있는 하늘의 비밀이다.

"그러므로 내가 너희에게 이르노니 하나님의 나라를 너희는 빼앗기고 그 나라의 열매 맺는 백성이 받으리라(43절)." 예수님은 말씀하신다. '이스라엘이 하나님께 대한 의무를 이행하지 않음으로 선민으로서 누리던 특권들은 복음을 받아들인 이방인들에게로 옮겨질 것이다.' 하나님께서는 이스라엘에게서 하나님의 나라를 빼앗아서, 그 나라의 열매를 맺는 다른 민족에게 주실 것이라는 말씀이다.

"이 돌 위에 떨어지는 자는 깨지겠고 이 돌이 사람 위에 떨어지면 그를 가루로 만들어 흩으리라 하시니(44절)." 항아리가 돌 위에 떨어져 산산조각 나는 모습을 묘사하고 있다. 이것은 그리스도를 버린 자는 누구든지 심판을 받게 되리라는 말씀이다(시 8:14, 15, 단 2:34, 44, 45).

대제사장들과 바리새인들은 예수님의 비유를 모두 듣고 이 비유들 모두 자기들을 가리켜 하신 말씀하심인 줄 알아챘다. 예수님을 잡으려고 했지만 무리들이 무서워서 그렇게 하지는 못했다. 무리가 예수를 선지자로 알고 있었기 때문이다.

마태복음 22장

혼인잔치의 비유, 납세 문제, 부활 논쟁, 크고 첫째 되는 계명, 다윗 자손에 대한 예수의 질문

1. 혼인잔치의 비유(1-14절)

혼인 잔치의 비유 역시 유대인들이 복음을 거부함으로 인해 그 복음이 이방인에게 돌아가는 것을 보여준다.

예수님께서 다시 여러 비유로 그들에게 말씀하셨다. "천국은 마치 자기 아들을 위하여 혼인 잔치(*gamous*, a wedding feast)를 베푼 어떤 임금과 같으니(2절)." 여기서 임금은 하나님, 아들은 메시아를 가리킨다. 구약에서는 잔치 개념이 적다. 그러나 신약에 와서 메시아에 대한 기대와 함께 새 시대의 시작과 메시아의 즉위를 축하하는 잔치 개념이 높아졌다(마 25:10, 계 19:7, 9).

"그 종들을 보내어 그 청한 사람들을 혼인 잔치에 오라 하였더니 오기를 싫어하거늘(3절)." 임금이 자기 종들을 보내 초대받은 사람들을 잔치에 불렀음에도 불구하고 그들은 오려고 하지 않는다. 하나님은 선지자들을 이스라엘에 보내 회개를 요청하셨다. 하지만 이스라엘은 하나님을 멸시하며 회개하기를 거부했다.

"다시 다른 종들을 보내며 이르되 청한 사람들에게 이르기를 내가 오찬을 준비하되 나의 소와 살진 짐승을 잡고 모든 것을 갖추었으니 혼인 잔치에 오소서 하라 하였더니(4절)." '다시 다른 종들을 보내며'는 하나님께서 계속해서 자기를 거역한 죄인들에게 은혜와 관심을 보였음을 말해준다. 오찬(*ariston*, dinner)을 준비하되 음식을 다 차리고, 황소와 살진 짐승을 잡아서 모든 준비를 마쳤으니 어서 잔치에 오도록 했다. 구원에의 초대다. 당시에는 결혼식이 저녁에 있었기 때문에 여기서 오찬은 저녁식사를 가리킨다.

"그들이 돌아보지도 않고 한 사람은 자기 밭으로, 한 사람은 자기 사업하러 가고(5절)." 임금은 온갖 것을 다 준비하고 초대했지만 청함 받은 사람들은 잔치에 관심도 두지 않았다. 이것은 이스라엘이 하나님의 초청에 하등 관심이 없었음을 나타낸다. 사람들은 현실 문제에만 집착할 뿐 영혼의 문제는 관심 밖에 있었다.

"그 남은 자들은 종들을 잡아 모욕하고 죽이니(6절)." '그 남은 자들(*loipoi*, the rest)'은 선지자들을 멸시하고 죽인 거짓 종교지도자들을 가리킨다. 하나님이 이스라엘을 특별히 초대해 회개하기를 바랐지만 그들은 하나님이 보낸 종들, 곧 선지자들을 능멸하고 죽이기까지 했다.

"임금이 노하여 군대를 보내어 그 살인한 자들을 진멸하고 그 동네를 불사르고(7절)." 이것은 A.D. 70년 경 로마의 군대가 예루살렘을 진멸시킨 사건을 가리킨다. 티투스(Titus) 장군이 이끄는 군대에 함락되었다. 당시 100만 여명의 유대인들이 죽었다. 하나님의 인내는 영원하지 않다. 그의 자비하심에 상응하는 회개가 없을 경우 심판이 따른다.

"이에 종들에게 이르되 혼인 잔치는 준비되었으나 청한 사람들은 합당하지 아니하니(8절)." 하나님께서 혼인잔치를 다 준비하고 먼저 유대인들을 초대했지만 예수님을 받아들이기를 거부했으므로, 이제 초대받은 그 사람들은 이것을 받을 만한 자격이 없다는 것이다.

“네거리 길에 가서 사람을 만나는 대로 혼인 잔치에 청하여 오라 한 대(9절).” 임금은 종들로 하여금 네거리 길에 가서 아무나 만나는 대로 잔치에 오도록 했다. 네거리는 사람들이 모여드는 곳이다. 그곳에는 이방인들도 있다. 이 말씀에는 이방 전도가 암시되어 있다. 수많은 이방인들이 초대된다.

“종들이 길에 나가 악한 자나 선한 자나 만나는 대로 모두 데려오니 혼인 잔치에 손님들이 가득한지라(10절).” 종들이 길에 나가서 악한 자나 선한 자나 구별하지 않고 만나는 대로 모두 데려왔다. 이것은 어떤 조건이나 자격에 구애됨이 없이 모든 사람을 초대했다는 말이다. 이것은 하나님의 은혜다.

“임금이 손님들을 보러 들어올 새 거기서 예복(*endyma gamou*, clothes of wedding)을 입지 않은 한 사람을 보고 이르되 하니 그가 아무 말도 못하거늘(11, 12절).”

임금이 손님들을 만나러 들어갔다가, 거기에 혼인 예복을 입지 않은 사람이 한 명 있는 것을 보고 그에게 물었다. “친구여 어찌하여 예복을 입지 않고 여기 들어왔느냐(12절).” 혼인 예복도 입지 않고 어떻게 여기에 들어왔는가 물은 것이다. 그는 아무 말도 하지 못했다.

길에서 초대 받아왔다 해도 잔치에 참여하기 위해서는 궁에서 마련해주는 예복을 입어야 한다. 구약에는 청한 자에게 예복을 입하는 관습이 나온다(왕하 10:22). 이 예복은 그리스도의 예복으로, 예수 그리스도로 말미암아 하나님이 입혀주시는 의의 옷이다. 회개와 믿음을 통해, 이 의를 자기의 것으로 받아 입는 사람만이 구원에 참여할 수 있다. 예수님은 이 의로운 의복을 우리에게 입혀주셨다. 이것은 놀라운 은혜이다. 하지만 예수 그리스도를 영접한 후에는 성결의 삶을 살아야 한다. 그리스도의 옷을 입은 자는 엄격한 책임이 따른다.

예복을 입지 않은 사람이 아무 말도 하지 못했다는 것은 그가 이런 책망을 받고서도 아무런 변화가 없었음을 보여준다. 빨리 예복을 갈아입거나 용서를 구하지도 않았다. 회개하는 모습도 찾아볼 수 없다.

"임금이 사환들에게 말하되 그 손발을 묶어 바깥 어두운 데에 내던지라 거기서 슬피 울며 이를 갈게 되리라 하니라(13절)." 임금은 그 사람의 손발을 묶어 밖에 내던지도록 했고, 그가 밖에서 슬피 울며 이를 갊이 있으리라고 했다. '바깥(*exoteron*, outer) 어두운 데(*skotos*, darkness)' 는 안(천국)의 밝은 세계와 대조되는 곳으로, 빛이신 하나님을 떠난 지옥 어두움의 세계를 가리킨다.

"청함을 받은(*eisin kletoi*, be called) 자는 많되 택함을 입은(*eklektoi*, chosen) 자는 적으니라(14절)." 초대받은 사람은 많다. 하지만 선택받은 사람, 곧 구원 받은 사람은 적다.

2. 납세 문제(15-22절): 가이사의 것은 가이사에게

그 때 바리새인들이 나가서 어떻게 하면 예수를 말의 올무에 걸리게 할까 깊이 의논했다(15절). 그들은 유대주의를 표방한 사람들로, 로마의 지배를 거부하고 로마에 세금을 바치는 것을 반대하였다. 당시 유대는 로마에 속해 있었기 때문에 세금을 내지 않을 수 없었다.

자기들끼리 의견을 나눈 바리새인들은 자기 제자들을 헤롯 당원들과 함께 예수께 보내 묻게 했다. 헤롯 당원은 당시 갈릴리 지방을 다스린 헤롯 안티파스와 가까운 사람들로 친 로마 사람들이었다. 바리새인과 헤롯 당원은 정치적으로 대척점에 있는 사람들이었지만 예수를 모함하는 일에는 뜻을 같이 했다.

"선생님이여 우리가 아노니 당신은 참되시고 진리로 하나님의 도를 가르치시며 아무도 꺼리는 일이 없으시니 이는 사람을 외모로 보지 아니하심이니이다(16절).” 그들은 예수님을 진실한 분이시고, 하나님의 길을 참되게 가르치시며, 아무에게도 매이지 않는 분이시고 사람의 겉모습만 보고 평가하는 분이 아니라 하였다. 그들의 말은 예수님을 단순히 높이 평가하기 위한 것이 아니다. 그들의 말 속에는 로마에 세금을 내는 것이 옳지 않다고 대답하도록 유도하는 미끼이자 부추김이다.

그들은 다음 질문을 던짐으로써 그들의 속내를 드러냈다.

“그러면 당신의 생각에는 어떠한지 우리에게 이르소서 가이사에게 세금(*kenson*, tribute)을 바치는 것이 옳으니이까 옳지 아니하니이까(17절).”

선생님은 그런 분이시니 로마 황제에게 세금을 바치는 것이 옳은 지, 그렇지 않은 지 말씀해달라는 것이다. 예수님께서 그 어느 쪽을 택하든 걸려 넘어지게 하려는 속셈이 담겨 있다. 독이 가득한 질문이다.

로마의 황제 옥타비아누스 아우구스투스는 A. D. 6년 유대, 사마리아, 그리고 이두미아 지방을 통치한 임금 아켈라오(Archelaus, 헤롯 대제의 아들)를 폐위시키고 코포니우스를 총독으로 임명하면서 주민세를 거두기 시작했다. 당시 남자 14세 이상, 여자 12 이상부터는 65세까지 주민세를 내야 했다. 이에 갈릴리 사람 유다가 하나님만이 유일한 통치자라는 구호아래 납세 거부 운동을 일으키고, 무력으로 민족 독립운동을 전개한 바 있다.

바리새인들은 만일 예수님이 로마 황제에게 세금을 바치지 말라 하실 경우 이를 정치적인 문제로 삼기 위해 헤롯 당원들을 데려왔다. 그러므로 바리새인들은 내심 로마 황제에게 세금을 바치지 말라는 말이 나오기를 기대했다. 그리하여 예수님을 향해 진실하신 분, 하나님의 도를 전하시는 분, 거리낌 없이 말씀하시는 분, 외모를 취하지 않으시는 분이라 아부한 것이다. 바리새인들은 헤롯당원들을 증인으로 내세워 예수를 잡고자 한 것이다.

예수님은 그들의 악함을 이미 아셨다. 그리고 그들에게 말씀하셨다. “외식하는 자들아 어찌하여 나를 시험하느냐(18절).” 만일 예수님이 세금을 내야 한다고 하면 예수님을 유대민족의 반역자로 낙인을 찍으려 할 것이다. 반대로 납세를 거부하도록 하면 국사범으로 몰아 로마 당국에 고발할 것이다. 예수님은 자신을 시험하고자 하는 그들의 의도를 이미 아셨다.

예수님은 그들을 향해 “세금 낼 돈(*nomisma*, tribute money, current coin, lawful money)을 내게 보이라(19절)” 하셨다. 마태는 ‘세금 낼 돈’ 을 당시 통용하는 동전, 법적 통화라는 의미를 함께 가진 ‘노미스마’ 라는 단어를 사용함으로써 세리로서의 회계 전문성을 보여주었다. 그들은 데나리온(*denarion*, denarius) 하나를 가져왔다. 데나리온은 당시 로마 통화였다. 헬라 통화로 드라크마가 있고, 유대 통화로 세겔이 있다. 주민세는 반드시 로마 은화인 데나리온으로 바쳐야 했다.

예수님은 데나리온을 보시면 물으셨다. “이 형상(*eikon*, likeness)과 이 글(*epigraphe*, inscription)이 누구의 것이냐(20절).” 티베리우스 황제(A. D. 14-37)가 주조한 데나리온의 한쪽에는 황제의 흉상과 “시저 티베리우스는 거룩한 아우구스투스의 아들이다(Tiberius Caesar as son of the divine Augustus).” 라는 말이 새겨져 있다. 이 말은 가이사는 황제이자 신이자 대제사장이라는 뜻이다. 이 때문에 바리새인들은 데나리온을 가지고 다니지 않으려 했다. 데나리온의 다른 한쪽에는 황제의 어머니 리비아(Livia)의 초상이 새겨져 있다.

그들은 “가이사의 것이니이다”라 대답했다. 그러나 예수님은 “그런즉 가이사의 것(*ta Kaisaros*, the things of Caesar)은 가이사에게, 하나님의 것(*ta tou Theou*, the things of God)은 하나님께 바치라(21절)” 하셨다. 가이사의 형상이 새겨진 것은 가이사의 것이다. 하지만 하나님의 형상을 가진 인간(창 1:27)은 하나님의 것이다. 이 세상 사람은 시민으로서의 할 일을 다 하기 위해 가이사가 만든 은화만 돌려주면 된다. 하지만 하나님께는 우리의 인격 전체, 곧 마음과 힘과 뜻을 다해 사랑을 드려야 한다. 천국시민으로서 하나님께 바쳐야 할 의무를 다해야 한다는 것이다. 예수님이 제3의 길을 제시한 것이다. 성도는 두 개의 시민권을 가진 자이다(빌 3:20, 벧전 2:13). 국가에 대한 납세 의무를 충실하게 다 해야 한다. 그리고 그 이상으로 하나님께 자신의 전부를 드리는 일에 심혈을 기울여야 하다.

주님이 제시한 길은 정치의 자율성을 인정하되 그것은 어디까지나 하나님께 예속된 상대적 자율성이다. 즉, 가이사의 것은 절대적인 것으로 보이지만 그렇지 않다. 상대화 대상이다. 일반시민 뿐 아니라 가이사도 하나님께 복종해야 한다. 하나님의 것은 절대적인 것이다. 상대화할 수 없다. 하나님 앞에서는 로마 황제도 하나님의 피조물로서 똑같은 의무가 있다.

그들은 예수님의 이 말씀을 듣고 놀랍게 여기며 예수를 떠나갔다. 그들은 예수님을 향해 '이것이냐 저것이냐' 자신들이 정한 두 가지 중 하나를 택하도록 강요했지만 예수님은 탁월하신 신적 지혜로 제3의 길을 제시했다. 예수님의 탁월한 지혜에 그들은 놀라지 않을 수 없었다.

3. 부활 논쟁(23-33절)

같은 날 부활이 없다고 주장하는 사두개인들이 예수님을 찾아왔다. B.C. 152년 유대 하스몬 왕가의 요나단이 왕직과 함께 대제사장직까지 겸하자 경건한 사람들, 곧 하시딤(Hasidim)이 반기를 들었다. 그 가운데 평신도들이 중심이 되어 바리새파를, 일부 제사장들은 에센 파를 조직했다. 그러나 대부분의 제사장들과 예루살렘 고위층들은 하스몬 왕가에 동조하여 사두개파를 조직했다. 이들은 현세주의자들로 이스라엘 상류계급에 속했다. 그들은 모세오경만을 성경으로 인정했고, 내세와 부활, 천사의 존재를 부인했다(행 23:8).

사두개인들은 제사장 반열에 있으면서도 부와 권력을 함께 누리는 자들이다.

이 사두개인들은 시험하기 위해 예수님께 질문을 했다.

"선생님이여 모세가 일렀으되 사람이 만일 자식이 없이 죽으면 그 동생이 그 아내에게 장가들어 형을 위하여 상속자(*sperma*, offspring)를 세울지니라 하였나이다(24절)."

모세의 율법은 후사 없이 죽은 자의 대를 잇게 하기 위해 죽은 자의 동생이 형수를 취하도록 했다. 형의 혈통을 잇게 하는 수혼법(嫂婚法)이 신명기 25:5-10에 기록되어 있다. 사두개인들은 구약의 수혼법에 관한 말씀을 인용하며 부활의 불합리성을 인정히도록 유도하고 있다. 그들의 적대세력인 바리새인들의 부활교리를 반박하고 나아가 예수님을 곤경에 빠뜨려 선생으로서의 권위를 실추시키려는 의도를 가지고 이 문제에 접근하고 있는 것이다.

"우리 중에 칠 형제가 있었는데 맏이가 장가들었다가 죽어 상속자가 없으므로 그 아내를 그 동생에게 물려주고 그 둘째와 셋째로 일곱째까지 그렇게 하다가 최후에 그 여자도 죽었나이다 그런즉 그들이 다 그를 취하였으니 부활 때에 일곱 중의 누구의 아내가 되리이까(25-28절)."

사두개인들은 수혼 결혼관습에 따라 일곱 형제와 일곱 번 결혼한 이 여인은 부활 때 과연 누구의 아내가 될 것인가 물었다. 부활을 믿지 않는 그들이 수혼법을 들어 부활의 불합리성을 논리적으로 지적하고 있는 것이다.

예수님께서 그들에게 대답하셨다. "너희가 성경도, 하나님의 능력(*dynamin*, power)도 알지 못하는 고로 오해하였도다(29절)." 사두개인, 너희는 성경도 모르고, 하나님의 능력도 모르기 때문에 잘못 생각하고 있다는 말씀이다. 사두개인들은 부활의 세계가 하나님의 능력으로 완전히 새롭게 되는 세계인 줄 모르고, 단순히 현세의 연장인 것으로 오해하고 있다는 것이다. 부활의 몸은 현세의 몸과 질적으로 다르다(고전 15:44, 빌 3:21).

"부활 때에는 장가도 아니 가고 시집도 아니 가고 하늘에 있는 천사들과 같으니라(30절)." 부활 때에는 사람들은 장가도 가지 않고, 시집도 가지 않고, 하늘에 있는 천사들과 같다는 말씀이다. 부활한 사람들은 하나님의 능력으로 말미암아 직접적으로 달라져 천사처럼 된다.

부활(*anastasei*, resurrection)은 문자적으로 '일어남'이라는 뜻으로, 이미 죽은 자가 다시 생명을 얻는 것을 의미한다(롬 6:9, 고전 15:42-54). 부활은 새로운 세계이다. 현실 연장이 아니다. 그러므로 부활을 인간적 관점에서 보아서는 안 된다. 부활은 현세와 달리 영원한 생명, 영원한 삶으로 들어가는 것이다. 죽었다가 살아나는 환생도 아니다. 죽을 것이 죽지 않을 것으로 입는 것이요 전체적으로 완전히 변화하며 새로운 삶으로 창조되는 것이다. 부활은 완성된 삶으로 발견된다. 천사같이 영광된 삶으로 변형된다. 완전성취로 영광과 기쁨이 가득하다.

부활하면 모두가 새로운 존재로 변화된다. 부활한 사람들은 천사들과 같이 되어 이 세상에서처럼 부인이나 남편을 가지는 일이 없다. 부활 세계의 목적은 하나님과의 영원한 교제에 있기 때문이다. 이것은 지상적 관점이 아니다. 인간의 사고 틀을 벗어난 것이요 현실 차원과는 그 성격이 아주 다르다. 사후의 세계(영혼불멸, 내세, 다시 사는 것)가 아니라 하나님과 영원히 사는 것이다. 부활이 있기 때문에 우리는 좌절을 접고 희망으로 나갈 수 있다.

"죽은 자의 부활을 논할진대 하나님이 너희에게 말씀하신바 '나는 아브라함의 하나님이요 이삭의 하나님이요 야곱의 하나님이로라' 하신 것을 읽어보지 못하였느냐 하나님은 죽은 자(*nekron*, the dead)의 하나님이 아니요 살아있는 자(*zonton*, the living)의 하나님이시니라(31, 32절)."

이 말씀은 하나님이 믿음의 선조들을 절대로 음부에 버려두지 아니하고 부활시키신다는 것이다. 그러므로 그들의 하나님은 죽은 하나님이 아니라 살아

있는 자들의 하나님이시다.

하나님은 '아브라함과 이삭과 야곱의 하나님' 이라 하셨다. 이들이 멸절되었다면 하나님은 이들의 하나님이라 하지 않았을 것이고, 산 자의 하나님이라 하지 않으셨을 것이다. 아브라함이 이 땅에서 죽은 후에도 하나님께서는 그의 하나님이라 하셨다. 이것은 아브라함은 죽은 사람이 아니라 부활하여 새로운 생명체가 되어 하나님과 영원히 살고 있다는 말씀이다. 하나님은 산 자의 하나님이시기 때문이다. 예수님은 부활이 있다는 것과 부활 후의 생명이 이 땅의 삶과 같은 의미로 생각해서는 안 된다는 것을 가르치셨다. 많은 사람들이 이 말씀을 듣고 그의 가르침에 놀랐다. 부활은 오늘도 우리에게 영원한 삶의 비전을 준다.

4. 크고 첫째 되는 계명(34-40절)

예수님께서 사두개인들의 말문을 막아버리셨다는 소문을 들은 바리새인들이 듣고 한 자리에 모였다. 그들 가운데 한 율법사(*nomikos*, a lawyer)가 예수를 시험하여 물었다. 율법사는 율법에 정통하여 율법을 해석하고 가르치는 사람이다. 서기관 또는 교법사라 하기도 한다. 이번에는 바리새인들이 계명을 통해 예수님을 꺾고자 한 것이다.

"선생님 율법(*nomo*, law) 중에서 어느 계명(*entole*, commandment)이 크니이까(36절)." 당시 유대교에는 약 600여 세부 계명들이 있었다. 그들은 그 많은 율법가운데 어느 것이 가장 큰 것(*megale*, the greatest)인가, 다시 말해 가장 중요하고 우선시되어야 하는가를 줄곧 연구하고 논의해온 사람들이다. 서기관들은 자신들로서 매우 중요한 이 신학적 이슈에 대해 답변을 예수님께 구한 것이다.

예수님께서 그에게 말씀하셨다. "네 마음을 다하고 목숨을 다하고 뜻을 다하여 주 너의 하나님을 사랑하라 하셨으니 이것이 크고 첫째 되는(*he megale kai prote*, the great and first) 계명이요 둘째(*deutera*, the second)도 그와 같으니 네 이웃을 네 자신 같이 사랑하라 하셨으니 이 두 계명이 온 율법과 선지자의 강령이니라(37-40절)."

모든 율법은 십계명으로 요약된다. 십계명의 전반부는 하나님을 사랑하라는 것이고, 후반부는 인간을 사랑하라는 것이다. 예수님은 십계명을 사랑의 이중 계명으로 요약하셨다.

이중 계명 중 첫째는 "네 마음을 다하고, 네 목숨을 다 하고, 네 뜻을 다하여, 주 너의 하나님을 사랑하라" 하신 것이다. 이것은 신명기 6:5의 말씀으로, 전심을 다해 하나님을 온전히 사랑하라는 것이다. 둘째는 "네 이웃을 네 몸과 같이 사랑하라" 하신 것이다. 이것은 십계명의 후반부를 요약한 것으로 레위기 19:18을 인용한 말씀이다. 하나님을 향한 사랑이 이웃에 대한 희생적인 사랑으로 표현되어야 한다는 말씀이다.

예수님은 이 두 계명이 온 율법과 선지자의 강령이라 하셨다. 두 계명에 온 율법과 예언서의 본 뜻이 달려 있다(*krematai*, hang, depend)는 것이다. 다시 말해 모든 율법과 예언자들의 가르침은 이 두 계명에서 나온 것이라는 말씀이다. 이 말씀은 유대교의 근본적이고 본질적인 가르침이므로 율법사도 이에 어떤 반론도 제기할 수 없었다.

5. 다윗 자손에 대한 예수의 질문(41-46절): 그리스도는 누구의 자손인가

계명에 대한 바리새인들의 공격을 완전히 꺾으신 예수님은 이번에는 그들을 향해 반격의 질문을 하셨다. 이것은 그들의 기를 꺾기 위한 것이기도 하지만 예수님 자신의 신분을 밝히 드러내기 위한 목적도 있었다.

바리새인들이 모였을 때에 예수님께서 그들에게 물으셨다.

"너희는 그리스도(*Christou*, Christ)에 대하여 어떻게 생각하느냐 누구의 자손(*huios*, son)이냐(42절)." 이 질문은 바리새인들에게 당신을 누구라 보느냐 역질문하신 내용이다(막 12:35-37, 눅 20:41-44).

그들이 예수께 대답하였다. "다윗의 자손입니다." 예수님의 질문은 예수의 인성과 신성 모두를 받아들일 때 답변될 수 있는 것이다. 하지만 바리새인들은 다윗의 후손이라는 인성만을 고집했다.

예수님께서 다시 그들에게 말씀하셨다. "그러면 다윗이 성령에 감동되어 어찌 그리스도를 주라 칭하여 말하되(43절)." 다윗이 성령의 감동을 받아(*en Pneumati*, in Sprit), 그리스도를 주님(*Kyrion*, the Lord)이라고 부르면서 말했다는 것이다. 다윗이 메시야(예수님)를 '주' 라고 부른 것이다.

"주께서 내 주께 이르시되 내가 네 원수(*echthrous*, enemies)를 네 발 아래에 둘 때까지 내 우편에 앉아 있으라 하셨도다 하였느냐(44절)." 또한 하나님께서 메시야에게 '내가 네 원수를 네 발 아래, 곧 발판(*Hypokato*, footstool)이 되게 하기까지 너는 내 오른쪽(*dexion*, the right hand)에 앉아 있어라.' 하였는데, 이것이 어찌된 일이냐는 말씀이다.

"주께서 내 주께 이르시되"는 "주님께서 내 주께 말씀하셨다."는 것이다. 이것은 시편 110:1을 인용하신 것으로 '하나님께서 내 주께,' 즉 하나님께서 메시야(예수님)에게 말씀하셨다는 것이다. 이 땅에서 사신 예수님은 다윗의 후손이지만 부활하신 그리스도는 오히려 다윗의 주님이시라는 근거로 이 시편을 인용하셨다.

"내가 네 원수를 네 발 아래에 둘 때까지 내 우편에 앉아 있으라."는 말씀은 예수님께서 하나님 우편에 앉아계시다가 세상 끝 날에 심판주로 재림하여 모든 원수를 정복하실 것을 예언한 말씀이다. 이것은 고대 근동의 왕들이 전쟁에서 승리한 뒤 패전국의 왕을 발로 밟았던 관습(수 10:24)에서 나온 것으로, 이것은 예수께서 사단을 완전히 굴복시킬 것을 나타낸 것이다. 오른쪽은 위엄과 권위를 지닌 통치권과 심판권을 상징한다.

"다윗이 그리스도를 주라 칭하였은즉 어찌 그의 자손이 되겠느냐(45절)."

다윗이 그리스도를 주라고 불렀는데, 어떻게 그리스도가 그의 자손이 되겠느냐는 것이다. 이 말씀은 예수님이 다윗의 자손이 아니라는 말씀이 아니다. 예수님은 구약의 예언을 따라 다윗의 혈통에서 나셨고, 예수님 자신도 이를 인정하셨다. 예수님은 사람으로서는 다윗의 자손이다. 하지만 하나님으로서는 창세전부터 계신 하나님이시다. 그러므로 다윗의 주가 되신다. 바리새인들은 메시야가 다윗의 자손인 줄은 알았지만 그가 하나님의 아들 되심(그리스도의 신성)은 몰랐다. 예수님은 바로 그들이 모르는 점을 지적하시며 자신이 메시야이심을 보여주셨다.

그러자 아무도 예수께 한 마디도 대답하지 못했다. 그 날부터는 예수님에게 감히 묻는 사람도 없었다.

마태복음 23장

서기관과 바리새인들의 위선에 대한 책망, 예루살렘에 대한 탄식

1. 서기관과 바리새인들의 위선에 대한 책망(1-36절)

1) 자신의 모든 행위를 사람들에게 보이고자 하는 자들(1-12절)

그 때에 예수께서 무리와 제자들에게 서기관과 바리새인들의 위선에 대해 책망의 말씀을 하셨다.

"서기관들과 바리새인들이 모세의 자리에 앉았으니(2절)." 율법학자들인 서기관들과 바리새인들은 모세의 자리에 앉은 사람들이다. 서기관들은 처음에 율법을 필사하는 일을 맡았으나 성전재건 후(포로기 이후)에는 율법을 연구하고 가르치는 일을 맡게 되었다. 그들은 율법의 권위자로서 앉아서 율법을 해석하고 가르쳤다. 그들은 입법자로서 또는 백성의 재판관으로서 모세의 후계자의 자리를 차지하면서 종교적 권위를 얻게 되었다. 모세의 자리(*kathedras*, seat)란 서기관과 바리새인들이 모세의 권위를 독점한 것처럼 행동하는 교만을 나타낸다.

“그러므로 무엇이든지 그들이 말하는 바는 행하고 지키되 그들이 하는 행위는 본받지 말라 그들은 말만 하고 행하지 아니하며(3절).” 그들이 너희에게 말하는 것은 무엇이든지 다 행하고 지켜라. 말로는 바르게 가르치기 때문이다. 그러나 그들의 행실(*poiousin*, act)은 따르지 말라. 그들은 말만 하고, 행하지는 않는다. 스스로 자기들의 가르침에 따라 살지 않기에 그들은 책망을 받을 수밖에 없었다. 예수님은 율법의 책임자요 준수자로 자부했던 서기관과 바리새인들의 강압적인 율법주의와 위선을 질책하셨다.

“또 무거운 짐을 묶어 사람의 어깨에 지우되 자기는 이것을 한 손가락으로도 움직이려 하지 아니하며(4절).” 그들은 지기 힘든 무거운 짐(*phortia*, burdens)을 묶어서 남의 어깨에 지운다. 무거운 짐은 율법의 까다로운 규례들, 곧 그 많은 세세한 계명들을 정해놓는 것을 말한다. 남의 어깨에 지우는 것은 백성들에게는 그것을 지키라며 과중하게 부담을 주는 것을 말한다. 인간의 능력을 벗어날 만큼 무거운 율법의 의무를 사람들에게 부과하는 것이다. 사람들은 그 무게에 짓눌려 산다. 하지만 그들은 그 짐을 나르는 데에 손가락 하나도 까딱하려고 하지 않는다. 자신들은 조금도 그것을 실천하지 않는다는 말이다. 따라서 사람들에게 아무런 도움을 주지 못한다.

“그들의 모든 행위를 사람에게 보이고자 하나니 곧 그 경문 띠를 넓게 하며 옷 술을 길게 하고(5절).” 그들이 하는 모든 일은 사람들에게 보이려고 하는 것이다. 그들은 경문 곽을 크게 만들어서 차고 다니고, 옷 술을 길게 늘어뜨린다.

경문(*phylakteria*, phylacteries)은 성구함(경문 곽)으로, 성경구절을 적은 양피지를 넣는 작은 가죽상자를 말한다. 매일 아침 예배 시간에 머리와 팔에 부착한다. 이스라엘 남자들은 출애굽기 13:1-10, 11-16과 신명기 6:4-9, 11:13-21을 적은 글귀를 작은 성냥갑 비슷한 것에 넣고 거기에 끈을 달아 기도할 때 이마와 왼팔 윗부분에 묶었다. '네 손목의 기호와 네 미간의 표로 삼으라(출 13:9)' 는 말씀에 따른 것이다. 이를 히브리어로 '트필린(Tepillin)' 이라 한다. 경문을 넓게 했다는 것은 자신이 경건하다는 것을 사람들의 눈에 띄게 했다는 것을 말한다.

옷 술(*kraspeda*, tassels)은 유대인들이 겉옷자락 네 곳에 흰 실과 푸른 실을 꼬아서 만든 술을 달고 다니는 것을 말한다. 이 술을 히브리어로 '찌지트(*tzitzit*)' 라 한다. 당시에는 여호와의 모든 계명을 기억하고 행하기 위해 옷가에 술을 달았다(민 15:38). 바리새인들이 옷 술을 크게 하는 것은 율법에 대한 자신의 열심을 남에게 보이기 위한 것이었다.

현대 유대인들은 기도할 때 머리에서 어깨로 두르는 보자기 모양의 숄인 '탈릿(Talit)'을 두르고 기도한다. 이것은 기도보로, 하나님에게만 집중하여 기도하는 데 도움을 준다. 유대인들은 민수기15:37-41에 근거하여 탈릿에도 술을 단다. 술이 달리지 않은 것은 보자기일 뿐 탈릿으로 인정하지 않는다. 유대인들은 13세에 성인식을 치르며, 그 날 찌지트를 단 탈릿을 처음 사용한다. 그 때 비로소 하나님과 기도를 통하여 독립적으로 이야기할 수 있는 특권을 갖는다. 성인식을 마친 소년은 이스라엘 총회(*kehal Yisrael*, the assembly of Israel)의 회원이 된다.

그들은 경문 띠와 옷 술로 자기를 자랑한다. 하지만 실제로는 하나님의 말씀을 실행하지 않는다. 신앙은 하나님과 인간의 영혼 사이에 보이지 않는 내적인 관계에 있다. 외식으로 그것을 채울 수 없다.

"잔치의 윗자리와 회당의 높은 자리와(6절)." 잔치에서는 윗자리(*protoklisian*, chief place)에, 회당에서는 높은 자리(*protokathedrias*, first seats)에 앉기를 좋아한다. 서기관들이 잔치 집에 오면 주인은 매우 영광스럽게 여겨 그들을 윗자리에 모셨다(눅14:7-10). 따라서 그들은 윗자리 차지하는 것을 당연시했다. 회당에서 신도들은 율법 보관소를 향해 앉았다. 서기관들은 그 보관소를 등지고 신도들을 향해 앉았다. 서기관들이 앉은 자리는 회당에서 높은 자리이다. 그들은 세속적인 영광, 교권적인 영광, 그리고 일반사회에서의 존경과 높임을 받기 좋아했다.

"시장에서 문안 받는 것과 사람에게 랍비라 칭함을 받는 것을 좋아하느니라(7절)." 그들은 장터(*agorais*, marketplaces)에서 인사 받는 것뿐 아니라 사람들에게 랍비라 불리기를 좋아한다. 랍비(*Rhabbi*, Rabbi)는 문자적으로 '나의 위대한 분' 이라는 뜻으로, 선생을 가리킨다. 서기관들이 지나가면 사람들은 일손을 멈추고 '랍비,' '아버지,' 또는 '지도자' 라 부르며 인사했다.

"그러나 너희는 랍비라 칭함을 받지 말라 너희 선생은 하나요 너희는 다 형제니라(8절)." 너희는 랍비라는 호칭을 듣지 말라. 너희의 선생(*ho didaskalos*, the Teacher)은 한 분뿐이고 너희는 모두 형제자매들이기 때문이다. 교회는 예수님을 유일하신 스승으로 모신 공동체이다. 예수님 외에 우리 모두는 같다.

"땅에 있는 자를 아버지라 하지 말라 너희의 아버지는 한 분이시니 곧 하늘에 계신이시니라(9절)." 너희는 땅에서 아무도 너희의 아버지(*Pater*, Father)라고 부르지 말라. 너희의 아버지는 하늘에 계신 분, 한 분뿐이시다. 교회는 유일하신 아버지 하나님을 모신 영 가족 공동체이다.

"또한 지도자라 칭함을 받지 말라 너희의 지도자는 한 분이시니 곧 그리스도시니라(10절)." 너희는 지도자(*kathegetes*, leader, master, instructor)라는 호칭을 듣지 말라. 너희의 지도자는 그리스도 한 분뿐이시다. 랍비, 아버지, 지도자는 유대 종교지도자에 대한 호칭이었다. 예수께서 이 호칭을 사용하지 말라는 것은 서기관이나 바리새인들처럼 종교적인 특권의식이 있어서는 안 된다는 것을 가르치기 위함이다. 지도자는 선생이라는 뜻을 가진 '디다스칼로스' 보다 높은 존칭이다

"너희 중에 큰 자는 너희를 섬기는 자가 되어야 하리라(11절)." 너희 가운데 으뜸가는 사람(*meizon*, the greatest)은 너희를 섬기는 사람이 되어야 한다. 신앙에 있어서나 능력에 있어서 큰 자가 있음은 사실이다. 그러나 큰 자라면 여러 가지 호칭으로 높임을 받고 특권을 누리는 것이 아니라 오히려 남을 섬기라 하신다. 교회는 세상과 다르다. 섬기는 자(*diakonos*, servant)가 큰 자다.

"누구든지 자기를 높이는 자는 낮아지고 누구든지 자기를 낮추는 자는 높아지리라(12절)." 자기를 높이는 사람은 낮아진다. 하지만 자기를 낮추는 사람은 높아질 것이다. 가장 많이 섬기며 자신의 눈에나 형제들의 눈에 가장 낮은 자리에 있다고 여겨지는 그 사람이 하나님 나라에서는 가장 높아진다.

2) 첫째 화: 천국 문을 가로막는 자들(13, 14절)

13-36절에서 예수님은 "화 있을 진저(*Ouai hymin*, woe to you)"라 하시며 그들에게 미칠 일곱 가지 화에 대해 언급하셨다. 이것은 마태복음 23장의 본론 부분으로 외식하는 자들에게 임할 심판의 불가피성을 강렬하게 선포하고 있다.

첫째 화(13절)가 그들에게 미치는 이유는, 그들이 다른 사람의 구원을 막아버리는 자들이기 때문이다.

"화 있을 진저 외식하는 서기관들과 바리새인들이여 너희는 천국 문을 사람들 앞에서 닫고 너희도 들어가지 않고 들어가려 하는 자도 들어가지 못하게 하는도다(13절)." '외식하는(*hypokritai*, hypocrites)'은 문자적으로 '위선자'이라는 뜻이다. '서기관들과 바리새인들, 위선자들아. 너희에게 화가 있으리라.' 너희는 사람들이 들어오지 못하도록 하늘나라의 문(*basileian*, kingdom)을 닫기 때문이다. 너희는 자기도 들어가지 않고, 들어가려고 하는 사람도 들어가지 못하게 하고 있다. 문을 닫는 것을 천국을 닫는 것으로 말씀하셨다.

이 구절은 종교 지도자들에 대한 공격이다. 하나님의 나라는 예수님의 인격과 사역을 통해 현재적으로 임했다. 이 나라에 들어가기 위해서는 회개와 믿음만이 요구된다. 그런데 서기관과 바리새인들은 계속 율법의 행위를 강요함으로써 자기들도 그 나라에 들어가지 못하고, 들어가려는 자도 들어가지 못하게 한다. 천국이 무엇인지도 모르면서 종교의 제도나 전통을 천국으로 알고 안주하여 천국 문을 닫아 자기도 들어가지 못하고 남도 들어가지 못하게 한다.

14절은 (없음)으로 소개되고 있다. 그러나 KJ, NASB는 다음과 같은 내용을 괄호로 소개하고 있다. "(화 있을 진저. 외식하는 서기관과 바리새인들이여 너희는 과부의 재산을 가로채고 사람들 앞에서 거룩하게 보이려고 길게 기도하는 도다. 그러므로 너희는 더욱 무서운 심판을 받을 것이다.)" 현대인의 성경은 이 부분을 똑같이 소개하고 있다. 하지만 개역개정이나 새번역은 이 구절이 없는 것으로 소개하고 있다. 이 내용은 탐욕을 일삼으면서도 거룩하게 보이려 기도를 길게 하는 외식주의들에 대한 경고이다. 이것을 고려한다고 하면 일곱 가지 화가 아니라 여덟 가지 화로 확대될 수 있다.

3) 둘째 화: 지옥 자식이 되게 하는 자(15절)

둘째 화(15절)가 그들에게 미치는 이유는, 그들이 교인들을 지옥 자식이 되게 하기 때문이다.

"화 있을 진저 외식하는 서기관들과 바리새인들이여 너희는 교인 한 사람을 얻기 위하여 바다와 육지를 두루 다니다가 생기면 너희보다 배나 더 지옥 자식이 되게 하는도다(15절)." 너희는 개종자 한 사람(*hena proselyton*, one convert)을 만들려고 바다와 육지를 두루 다니다가 하나가 생기면 그를 너희보다 배나 더 못된 지옥의 자식으로 만들어 버리기 때문이다.

여기서 교인은 유대교개종자를 말한다. 이방인이 할례를 받으면 정식으로 유대교인이 되었다. 일단 유대교인이 되면 서기관이나 바리새인들처럼 또는 그보다 더 위선자가 되는 경향을 지적하신 말씀이다. 예루살렘의 서기관들은 그들의 영향력을 헬라 세계에 흩어져 있는 유대인 회당에까지 확장하고자 했다. 그들은 전도에는 남다른 열심히 있었다. 하지만 그들은 이교도들을 유대교로 개종시켜 하나님을 경배하는 사람으로 만들려 하지 않고, 율법의 굴레를 강요하여 참된 복음에 이르지 못하게 했다. 잘못된 것을 가르쳐 오히려 지옥의 자식을 만들었다. 그러니 화가 미치지 않을 수 없다.

4) 셋째 화: 눈 먼 인도자(16-22절)a

셋째 화(16절)가 언급된 것은 그들이 눈 먼 인도자이기 때문이다.

"화 있을 진저 눈 먼 인도자여 너희가 말하되 누구든지 성전으로 맹세하면 아무 일 없거니와 성전의 금으로 맹세하면 지킬 지라 하는 도다(16절)." 맹세할 때 성전(*naos*, temple)으로 맹세한 경우 지키지 않아도 되지만 성전의 금(*chrysos*, gold)을 두고 맹세한 경우 반드시 지켜야 한다고 가르쳤다. 터무니없는 가르침이다. 예수님은 이렇게 가르치는 그들을 향해 눈 먼 인도자라 하셨다.

성전의 금에 대해서는 백성이 바치는 예물, 성전을 장식한 금, 성전에 보관된 귀금속 등 여러 견해가 있다. 금장식으로 보기도 하지만 18절에 비추어 예물로 해석되기도 한다. 이것은 성전보다 금을 내세우는 바리새인들의 배금주의(拜金主義)적 타락상을 드러낸 용어이다.

"어리석은 맹인들이여 어느 것이 크냐 그 금이냐 그 금을 거룩하게 하는 성전이냐(17절)." '어리석고 눈 먼 자들아. 어느 것이 더 중하냐. 금이냐, 아니면 그 금을 거룩하게 하는 성전이냐.' 어떻게 성전의 금을 성전보다 우위에 두어 위대하다 가르칠 수 있느냐는 말씀이다. 17절뿐 아니라 19절의 물음에 대한 답은 20-22절에 있다.

"너희가 또 이르되 누구든지 제단으로 맹세하면 아무 일 없거니와 그 위에 있는 예물로 맹세하면 지킬 지라 하는 도다(18절)." 제단(*thysiasterio*, altar)으로 맹세한 경우 지키지 않아도 되지만 제단의 예물(*doro*, gift)로 맹세한 경우 반드시 지켜야 한다고 가르친다. 제단을 두고 한 서약보다 제단의 예물을 두고 한 서약을 우위에 둔 것이다. 어리석은 가르침이 아닐 수 없다. 심지어 제단을 두고 한 서약을 제단의 예물을 두고 다시 서약하여 번복할 수 있도록 했다.

"맹인들이여 어느 것이 크냐 그 예물이냐 그 예물을 거룩하게 하는 제단이냐(19절)." 예수님은 예물이 중한가, 아니면 그 예물을 거룩하게 하는 제단이 더 중한가 물으신다.

"그러므로 제단으로 맹세하는 자는 제단과 그 위에 있는 모든 것으로 맹세함이요(20절)." 제단을 두고 맹세하는 사람은 제단과 그 위에 있는 모든 것을 두고 맹세하는 것과 같다.

"또 성전으로 맹세하는 자는 성전과 그 안에 계신 이로 맹세함이요(21절)." 성전을 두고 맹세하는 사람은 성전과 거기에 계시는 분을 두고 맹세하는 것이다.

"또 하늘로 맹세하는 자는 하나님의 보좌와 그 위에 앉으신 이로 맹세함이니라(22절)." 또 하늘을 두고 맹세하는 사람은 하나님의 보좌와 그 위에 앉아 계시는 분을 두고 맹세하는 것이다. 서약의 대상이 어떠하든 모든 서약은 하나님께 이른다. 그러므로 어떤 서약이든 한 번 한 것은 반드시 지켜야 한다. 임의로 피할 수 없다.

5) 넷째 화: 정의와 긍휼과 믿음을 버린 자들(23, 24절)

넷째 화(23절)는, 율법의 정신은 버리고 그 껍데기만 지키는데 혈안인 자들에게 미치는 화이다.

"화 있을 진저 외식하는 서기관들과 바리새인들이여 너희가 박하와 회향과 근채의 십일조는 드리되 율법의 더 중한 바 정의와 긍휼과 믿음은 버렸도다 그러나 이것도 행하고 저것도 버리지 말아야 할지니라(23절)." 너희는 박하와 회향과 근채의 십일조는 드리면서, 정의와 자비와 신의와 같은 율법의 더 중요한 요소들은 버렸다. 그것들도 소홀히 하지 않아야 했지만, 이것들도 마땅히 행해야 했다.

박하와 회향과 근채는 음식을 향기롭게 하는 아주 작은 풀들로, 약용으로도 쓰인다. 박하(*hedyosmon*, mint)는 유월절 축제 때 먹는 쓴 나물에 넣는 양념 중 하나이다. 회향(*anethon*, dill)과 근채(*kyminon*, cumin)는 미나리과 식물로 약재나 양념으로 쓰인다. 구약에 따르면 농산물이나 과일 등 중요 소산물의 10분의 1은 헌납하도록 되어 있다. 바리새인들은 이 의무를 엄격하게 지키기 위해 야채에까지도 확대하여 십일조로 드렸다.

하지만 그들은 그보다 더 핵심적인 정의와 긍휼과 믿음, 곧 율법의 정신은 지키지 않았다. 정의(*krisin*, justice)는 문자적으로 '법' 또는 '재판'을 뜻한다. 따라서 합법적 재판, 의로운 재판을 뜻한다. 가난한 사람들의 권리를 보호하는 것도 이에 해당한다. 긍휼(*eleos*, mercy)은 동족에 대한 자비다. 마태는 하나님은 제사보다 자비(긍휼)을 원하신다는 말씀(호 6:6)을 여러 차례 인용했다. 믿음(*pistin*, faithfulness)은 하나님을 향한 충성을 나타내는 것으로 보기도 하고, 사람들 간의 신의, 곧 인간관계에 있어서 신실함을 가리키는 것으로 보기도 한다. 바리새인들이 이 중요한 요소들을 지키지 않고 의식과 형식만 중시했다는 말씀이다. '이것도 행하고 저것도 버리지 말아야 한다'는 말씀은 율법이 지시한 의무도 지키고 그 정신도 지켜야 한다는 것이다.

"맹인 된 인도자여 하루살이(*konopa*, gnat)는 걸러 내고 낙타(*kamelon*, camel)는 삼키는 도다(24절)." 이것은 포도주에 섞여있는 하루살이 같은 작은 벌레도 삼키지 않도록 천으로 걸러내는 습관에서 나온 비유이다. 바리새인들은 하루살이들 때문에 포도주가 종교적으로 더럽히지 않도록 천을 통해 걸러내면서도 매우 클 뿐 아니라 불결한 짐승인 낙타는 삼킨다고 풍자하셨다. 작은 일에는 엄격하나 중요한 도덕을 무시함으로써 중대한 과오를 범하는 것을 질책하시는 말씀이다. 그들의 종교생활에 도덕적 정당성이 결여되어 있다는 것이다.

6) 다섯째 화: 안과 겉이 다른 자(25, 26절)

다섯째 화(25절)는 안과 겉이 다른 자에게 미치는 화이다.

"화 있을 진저 외식하는 서기관들과 바리새인들이여 잔과 대접의 겉은 깨끗이 하되 그 안에는 탐욕과 방탕으로 가득하게 하는 도다(25절)." 너희는 잔과 접시의 겉(*exothen*, outside)은 깨끗이 하지만, 그 안(*esothen*, inside)은 탐욕과 방종으로 가득 채우기 때문에 화가 있을 것이라는 말씀이다.

바리새인들은 정결의 법에 따라 먹고 마시는 그릇은 깨끗이 잘 닦았다. 하지만 그 그릇에 담긴 음식물은 부당하게 탈취하여 만든 것이었다. 음식물을 정당하게 취득하는 일이 정결의 법에 따라 그릇을 씻는 것보다 중요하다는 것이다. 이 말씀은 바리새인들의 외식주의를 질책하시는 것으로, 그들의 외모와 품성을 그릇의 겉과 안으로 비유하신 것이다. 바리새인들은 물질적인 욕심과 도덕적인 죄를 감추고 있었다.

"눈 먼 바리새인이여 너는 먼저 안을 깨끗이 하라 그리하면 겉도 깨끗하리라(26절)." '먼저 그릇 안을 깨끗이 하도록 하라. 그리하면 그 겉도 깨끗하게 되리라.' 안에 있는 욕심과 방종을 먼저 깨끗이 해야 한다는 말씀이다.

7) 여섯째 화: 회칠한 무덤 같은 자(27, 28절)

여섯째 화(27절)는 회칠한 무덤 같은 자에 미치는 화이다.

"화 있을 진저 외식하는 서기관들과 바리새인들이여 회칠한(*kekoniamenois*, whitewashed, whited) 무덤 같으니 겉으로는 아름답게 보이나 그 안에는 죽은 사람의 뼈와 모든 더러운 것이 가득하도다(27절)." 유월절이 다가오면 순례자들이 부지중에 무덤에 접근하여 시체나 시신의 뼈에 접촉됨으로써 부정하게 되는 일이 없도록 하기 위해 아달월에 무덤을 희게 칠하여 눈에 잘 띄도록 하는 습관이 있었다. 회칠한 무덤이 햇빛을 받으면 아름답게 보이기까지 한다. 이처럼 바리새인의 외모는 아름답게 단장했지만 내면은 죽은 송장처럼 더럽고 냄새가 가득하다는 말씀이다.

"이와 같이 너희도 겉으로는 사람에게 옳게 보이되 안으로는 외식과 불법이 가득하도다(28절)." 너희도 그처럼 겉으로는 사람에게 의롭게 보이지만, 속에는 위선과 불법이 가득하다.

8) 일곱째 화: 선지자들을 박해한 자(29-36절)

일곱째 화(29절)는 하나님의 선지자들을 핍박했던 역사상의 전철을 밟고 있는 자들에게 미친다는 말씀이다.

"화 있을 진저 외식하는 서기관들과 바리새인들이여 너희는 선지자들의 무덤을 만들고 의인들의 비석을 꾸미며 이르되(29절)." '너희는 선지자들의 무덤(*taphous*, tombs)을 만들고, 의인들의 기념비(*mnemeia*, monuments)를 꾸민다.' 이 말씀은 서기관과 바리새인들이 자기네 조상들에 의해 살해된 구약의 선지자들의 무덤을 돌보는 체 한다는 것이다.

"만일 우리가 조상 때에 있었더라면 우리는 그들이 선지자의 피를 흘리는 데 참여하지 아니하였으리라 하니(30절)." 그러면서 말한다. '우리가 조상의 시대에 살았더라면, 선지자들을 피 흘리게 하는 일에 가담하지 않았을 것이다.' 선지자들은 이스라엘 백성을 그릇된 길에서 올바른 길로 돌이키고자 했다. 그러나 바리새인들은 이런 정신을 기리지 않고 단지 무덤이나 비석만을 다듬으면서 자신들은 조상들과는 달라서 선지자들을 핍박하지 않을 것이라 말한다. 주님 보시기에 가소로운 일이 아닐 수 없다.

"그러면 너희가 선지자를 죽인 자의 자손임을 스스로 증명함이로다(31절)." 이렇게 하여 너희는 스스로 선지자들을 죽인 자들의 자손(*huioi*, sons)임을 증언한 것이다. 결국 자신들도 조상들의 악행을 본 받아 예수님과 그리스도인들을 박해하고 죽이고 만다.

"너희가 너희 조상의 분량(*metron*, measure)을 채우라(32절)." 이 말씀은 저울 등에 부족한 양을 채우라는 뜻이다. 너희의 조상들이 선지자들의 피를 흘리게 한 것처럼 예수님에게도 그리하라는 뜻이다. 그들이 메시야이신 예수님을 죽임으로써 절정에 달하고, 결국 그 양이 채워진다.

"뱀들아 독사의 새끼들아 너희가 어떻게 지옥의 판결을 피하겠느냐(33절)." 뱀이나 독사의 새끼(*gennemata*, offspring)는 악의와 교활함이 가득한 자를 가리킨다. 이런 자는 심판을 면하지 못한다. '독사의 새끼'는 메시야의 원수로 궁극적인 파멸을 당하게 되는 사단의 후손을 가리킨다(창 3:15).

"그러므로 내가 너희에게 선지자들과 지혜 있는 자들과 서기관들을 보내매 너희가 그 중에서 더러는 죽이거나 십자가에 못 박고 그 중에서 더러는 너희 회당에서 채찍질하고 이 동네에서 저 동네로 따라다니며 박해하리라(34절)."

여기서 '선지자들(*prophetas*, prophets)'은 신약 시대의 직책 중 하나로(엡 4:11), 순회전도자를 가리킨다. '지혜 있는 자들(*sophous*, the wise men)'은 성령의 지혜를 받은 사람들로, 사도와 같은 사람을 말한다. 서기관들(*grammateis*, scribes)은 나쁜 의미의 서기관이 아니라 '천국의 제자 된 서기관(마 13:52)' 으로 복음을 잘 알고 다른 사람들에게 가르치는 복음의 교사를 가리킨다. 스데반과 야고보는 유대인들에 의해 순교를 당했고, 예수님과 베드로는 십자가에 못 박혔다(요 21:18, 19). 사도들은 회당에서 채찍질 당했고, 바울은 전도 여행 중 이 동네 저 동네로 다니며 구박을 당했다.

"그러므로 의인 아벨의 피로부터 성전과 제단 사이에서 너희가 죽인 바라갸의 아들 사가랴의 피까지 땅 위에서 흘린 의로운 피(*dikaion haima*, righteous blood)가 다 너희에게 돌아가리라(35절)."

예수님은 구약에서 피살된 인물가운데 가장 대표적인 예 두 가지를 들었다. 아벨(*Habel*, Abel)은 인류의 첫 피살자이다. 죄가 없는 데도 희생당한 최초의 인물이다. 제사장이자 선지자인 사가랴(*Zacharias*, Zechariah)는 이스라엘 백성들의 우상숭배를 책망하다가 성전 뜰에서 군중들이 던진 돌에 맞아 죽음으로써 구약에 있어서 최후의 피살자가 되었다(대하 24:20-22). 이 두 인물은 구약 전체에 있어서 의인의 죽음을 대표한다. 예수님은 그들의 죽음을 언급하시며 땅에 죄 없이 흘린 모든 피가 너희에게 돌아갈 것이라 하셨다.

"내가 진실로 너희에게 이르노니 이것이 다 이 세대에 돌아가리라(36절)." 이 세대(*tauten genean*, this generation)에 돌아가리라 하신 예언은 서기 70년에 구체화 되었다. 예루살렘이 함락되면서 사람들이 무참히 학살되었다. 예루살렘의 파괴는 옛 이스라엘에 대한 형벌이자 옛 이스라엘의 종말을 고하는 사건이었다.

2. 예루살렘에 대한 탄식(37-39절)

"예루살렘아, 예루살렘아 선지자들을 죽이고 네게 파송된 자들을 돌로 치는 자여 암탉이 그 새끼를 날개 아래에 모음 같이 내가 네 자녀를 모으려 한 일이 몇 번이더냐 그러나 너희가 원하지 아니하였도다(37절)."

"암탉(*ornis*, hen)이 그 새끼를 날개(*pterygas*, wings) 아래에 모음 같이"는 하나님께서 구약시대에 이스라엘 백성을 감싸주시는 것을 상징한다. 암탉이 병아리를 날개 아래 품듯 하나님이 몇 번이나 이스라엘을 모아 품으려 했다. 하지만 이스라엘은 원치 않았다. 하나님이 이스라엘에 보낸 선지자들을 죽이고, 돌로 쳐 죽였다. 여기서 '몇 번이나'는 예수님의 예루살렘 방문 숫자를 가리키는 것이 아니라 이스라엘 역사에 반복적으로 나타난 하나님의 끊임없는 사랑을 가리킨다.

"보라 너희 집이 황폐하여 버려진바 되리라(38절)." '너희 집은 버림을 받아서, 황폐하게 될 것이다.' '너희 집(*oikos*, house)'은 예루살렘 성전, 또는 예루살렘 도성을 가리킨다. 이 예언대로 예루살렘이 티투스에 의해 철저히 파괴되었다.

"내가 너희에게 이르노니 이제부터 너희는 찬송하리로다(*eulogemenos*, blessed) 주의 이름으로 오시는 이여 할 때까지 나를 보지 못하리라 하시니라(39절)." 예수님은 말씀하셨다. "너희가 '주님의 이름(*onomati*, name)으로 오시는 분은 복되시다.' 하고 말할 그 때까지, 너희는 나를 다시는 보지 못할 것이다." 그 때는 예수님께서 하나님의 권능을 가지시고 재림하실 때를 가리킨다. 그 때까지 그들은 메시야를 다시 보지 못할 것이다. 그들이 메시야를 버림으로 메시야도 그들을 버리셨기 때문이다.

마태복음 24장

감람산 강화 1: 예루살렘의 멸망 예언, 재림과 종말의 시작, 가장 큰 환난, 그리스도의 재림, 무화과나무의 비유, 그 날과 그 때, 집 주인과 도둑의 비유, 충성되고 지혜 있는 종의 비유

1. 예루살렘 멸망 예언(1, 2절)

"예수께서 성전에서 나와서 가실 때에 제자들이 성전 건물들을 가리켜 보이려고 나아오니(1절)." 예수께서 성전에서 나와서 걸어가시는데 제자들이 다가와 성전의 건물들(*oikodomas*, buildings)을 그에게 가리켜 보였다. 이 성전은 제3의 성전으로, B.C. 19년 헤롯 대왕에 의해 착공되어 A.D. 63년에 완공되었다. 당시 이 성전은 수축 중이었는데도 장엄했다. 갈릴리 어부 출신인 제자들은 그 웅장함에 감탄하며 예수님을 향해 어떻게 생각하시는 지 묻고자 한 것이다.

예수님은 그들에게 놀라운 말씀을 하셨다. "너희가 이 모든 것을 보지 못하느냐 내가 진실로 너희에게 이르노니 돌 하나도 돌 위에 남지 않고 다 무너뜨려지리라(2절)." '내가 분명히 말해 두지만 너희가 보고 있는 이 건물이 돌 하나도 제대로 얹혀 있지 않고 다 무너져 내릴 것이다.' '돌(*lithos*, stone) 하나도 돌 위에 남지 않고' 는 완전한 파괴를 나타낸 표현이다(렘 26:13). 이 성전이 완전히 파괴될 것을 예언한 것이다. 이것은 일차적으로 예루살렘 멸망에 대한 예언이다. A.D. 70년 유대 독립전쟁이 일어났을 때 이를 진압하러 온 로마의 티투스 장군에 의해 예루살렘이 함락됨으로써 성취되었다. 이 때 성전은 완전히 파괴되었으며, 백만이 넘는 유대인들이 학살당했다. 성전이 완공된 지 7년 만에 무너진 것이다. 이것은 궁극적으로는 세상의 종말 때 발생할 그리스도의 심판에 대한 묘사이다.

2. 재림과 종말의 시작(3-14절)

마태복음 24장을 '감람산 강론'이라 한다. 예수님의 재림과 종말에 관한 예언, 준비하고 깨어있을 것을 권면하는 여러 말씀들이 담겨 있다. 예수님은 재림과 종말의 징조로서 거짓 선지자 출현, 난리소문, 기근과 지진, 그리스도인 핍박, 사랑이 식어짐, 복음이 널리 전파됨 등 여러 일들이 일어날 것이라 하셨다. 종말, 곧 말세는 그리스도의 초림에서 재림에 이르는 전 기간을 지칭하는 것이므로, 현재 성도들은 말세의 징조를 경험하고 있는 셈이다. 따라서 우리는 늘 종말론적 긴장을 늦추지 않아야 한다.

"예수께서 감람 산 위에 앉으셨을 때에 제자들이 조용히 와서 이르되 우리에게 이르소서 어느 때에 이런 일이 있겠사오며 또 주의 임하심과 세상 끝에는 무슨 징조가 있사오리이까(3절)." 감람산은 예루살렘 동편에 있는 산으로, 한 눈에 예루살렘을 내려다 볼 수 있는 지형을 가지고 있다. 여기서 제자들은 예루살렘 함락과 그리스도의 재림에 대해 질문을 했다.

'이런 일'은 성전의 파괴, 곧 이스라엘 백성의 멸망사건을 가리킨다. 제자들은 성전의 파괴와 예수님의 재림(*parousias*, coming), 곧 세상의 종말이 동시에 일어날 것이라 생각했다. 하지만 예루살렘의 멸망과 세상의 종말 사이에는 시간적으로 간격이 있다. 예루살렘의 멸망은 세상 종말의 예표라 할 수 있다.

제자들은 주의 재림과 세상 끝(*synteleias*, consummation)의 징조(*semeion*, sign)에 대해 물었다. 하지만 예수님도 이 두 사건을 구분하지 않고 혼합하여 대답하셨다. 한 편으로는 이스라엘 민족의 운명에 대해 예언하면서, 다른 한 편으로는 그리스도의 재림에 관해 말씀하셨다.

예수님께서 그들에 대답하셨다. "너희가 사람의 미혹을 받지 않도록(*me planese*, lest mislead) 않도록 주의하라(4절)." 예수님은 제자들에게 먼저 아무에게도 속지 않도록 주의하라 하셨다. 실제로는 종말의 징조가 아닌데 그런 것처럼 보이는 현상에 현혹되어 위기의식을 갖지 않도록 하신 것이다. 이런 미혹은 거짓 선지자들에 의해서, 또는 전쟁이나 자연재난을 오해함으로써 일어날 수 있기 때문이다. 하지만 이런 현상도 재난이 시작되는 여러 현상 가운데 하나이므로 결코 무시해서는 안 된다는 의미도 담겨 있다.

"많은 사람이 내 이름으로 와서 이르되 나는 그리스도라 하여 많은 사람을 미혹하리라(5절)." 자칭 그리스도라면서 사람을 속이는 일이 많아질 것을 예언하셨다. 그것도 한 두 사람이 아니다. 많은 사람이 '내가 그리스도(*ho Christos*, the Christ)' 라 한다. 거짓 그리스도다. 이것이 예루살렘 함락 이전의 징조라면 로마에 반란을 일으킨 드다(Theudas)나 갈릴리 유다(Judas the Galilean) 등을 가리킬 수 있다(행 5:36, 37). 유대인들은 예수 그리스도를 부인하면서도 거짓 그리스도가 정치적 메시야로 다가올 때는 환영했다. 이로 인해 예루살렘은 함락되고, 2천년 동안 나라 없는 민족이 되었다. 말세가 가까워올수록 거짓 그리스도가 기승을 부릴 것이다. 재림 예수, 또는 메시야로 자처하는 사람들이 많이 일어나 혹세무민한다. 그뿐 아니다 예수의 이름을 빌려 자신의 가르침을 전파하여 사람들을 미혹하는 거짓 선지자도 난무한다. 그러니 조심하라는 말씀이다.

"난리와 난리 소문을 듣겠으나 너희는 삼가 두려워하지 말라 이런 일이 있어야 하되 아직 끝은 아니니라(6절)." 난리(*polemous*, wars)는 전쟁을 말한다. '여기저기서 전쟁이 일어난 소식과 전쟁이 일어나리라는 소문(*akoas*, rumors)을 들을 것이다. 그러나 너희는 당황하지 않도록 하라. 이런 일이 반드시 일어나야 하지만 아직 끝(*telos*, end)은 아니다.' 가깝게는 여러 로마 황제들이 로마에 반항하는 유대인을 대상으로 벌릴 위협과 전쟁 등을 가리킨다. 종말이 가까울수록 전쟁이 많아질 것을 예고하고 있다.

"민족(*ethnos*, nation)이 민족을, 나라(*basileia*, kingdom)가 나라를 대적하여 일어나겠고 곳곳에 기근과 지진이 있으리니(7절)." '민족이 민족을 거슬러 일어나고, 나라가 나라를 거슬러 일어나며, 여기저기서 기근(*limoi*, famines)과 지진(*seismoi*, earthquakes)이 있을 것이다.' 요세푸스에 따르면 당시 여러 곳에 기근과 지진이 있었다.

"이 모든 것은 재난의 시작이니라(8절)." 이 모든 것이 재난의 시작, 곧 진통의 시작일 뿐이다. 더한 일도 일어난다. '재난(*odinon*, birth pains)'은 문자적으로 '산고'이다. 산모가 산고의 진통을 겪어야 아기를 낳듯이 그런 진통 같은 큰 환난을 겪어야 주님이 재림하신다. 4-7절에 언급한 거짓 메시야의 출현, 전쟁, 기근, 지진은 본격적인 재난이 아니라 재난의 시작(*arche*, beginning)에 불과하다.

"그 때에 사람들이 너희를 환난에 넘겨주겠으며 너희를 죽이리니 너희가 내 이름 때문에 모든 민족에게 미움을 받으리라(9절)." '그 때에(*tote*, then)'는 성도에게 환난이 임하는 말세의 기간을 말한다. '그 때에 사람들이 너희를 환난(*thlipsin*, tribulation)에 넘겨줄 것이며, 너희를 죽일 것이다.' 야고보, 베드로, 바울 등이 예루살렘 멸망 이전에 순교하였고, 그밖에 여러 사도도 순교하였다. '또 너희는 내 이름 때문에, 모든 민족에게 미움을 받을 것이다.' 믿는 자들이 핍박을 당하고 죽는다. "그 때에 많은 사람이 실족하게 되어 서로 잡아 주고 서로 미워하겠으며(10절)." '그 때가 되면 많은 사람이 걸려서 넘어질 것이요, 서로 넘겨주고, 서로 미워할 것이다.' 믿는 자들 간에도 내분이 생겨 서로 고발하고 배교하게 된다는 것이다. '잡아주고(*paradosousin*, betray)' 는 배반한다는 말이다. 마가복음 13:12에 따르면 복음 때문에 한 집안에서 분열이 일어나고 배신이 발생한다.

9-14절에서는 재난의 시작에 관련하여 일어날 또 다른 사건으로 범세계적인 박해와 범세계적인 전도가 있을 것을 예언하였다.

"거짓 선지자(*pseudoprophetai*, false prophets)가 많이 일어나 많은 사람을 미혹하겠으며(11절)." '거짓 예언자들이 많이 일어나 많은 사람을 홀릴 것이다.' 거짓 선지자가 횡행하고, 거짓 예언이 난무한다.

"불법이 성하므로 많은 사람의 사랑이 식어지리라(12절)." 불법(*anomian*, lawlessness)도 난무하여 많은 사람의 사랑이 식어진다(*psygesetai*, grow cold). 믿을 사람이 없게 된다. 사람들이 타락하여 하나님의 말씀을 따르지 않을 때 결국 사랑의 냉각으로 이어진다.

"그러나 끝까지 견디는 자는 구원을 얻으리라(13절)." 그러나 이런 어려움 속에서도 끝까지 견디고 인내하는 사람은 구원을 얻게 된다.

"이 천국 복음(*euangelion*, gospel)이 모든 민족에게 증언(*martyrion*, testimony)되기 위하여 온 세상에 전파되리니 그제야 끝이 오리라(14절)." 하늘나라의 복음이 온 세상에 전파되고 모든 민족에게 증언된다. 그 때에야 비로소 끝이 온다.

3. 가장 큰 환난(15-28절)

가장 큰 환란, 곧 대환란은 일차적으로 A.D. 70년 예루살렘 멸망시의 환난을 가리키며 동시에 끝날의 대환란(계 6-19장)의 상황을 예언한 것이기도 하다(막 13:14-23, 눅 21:20-24).

"그러므로 너희가 선지자 다니엘이 말한바 멸망(*eremoseos*, desolation)의 가증한 것(*bdelygma*, abomination)이 거룩한 곳에 선 것을 보거든(읽는 자는 깨달을진저)(15절)."

셀레우키드 시리아 왕조 시대, 특히 안티오커스 에피파네스(Antiochus Epiphanes)는 예루살렘 성전의 번제단을 없애고, 그 자리에 제우스 제단을 세웠다. 그리고 제단에서 돼지를 바쳤다. 이것은 지극히 충격적인 신성모독 사건이었다. 유대인들은 이 제단을 가리켜 '멸망의 가증한 것' 이라 하였다.

예수님은 이에 못지않은 신성모독 사건이 발생할 것을 예고하고 있다. '거룩한 곳(*hagio topo,* holy place)' 은, 마가복음 13:14에는 '서지 못할 곳' 이라 했다. 이것은 성전을 가리킨다. 요세푸스는 A.D. 67년 11월에서 68년 봄까지 성전 안에서 벌어진 열심당들의 만행을 가리킨다고 보았다. 열심당원은 성전을 점거하여 지성소에 침입하고 성전 내에서 살인을 자행했다. 이 가증스런 행동을 본 그리스도인들이 성전이 파괴될 것을 예감하고 예수님의 권고대로 펠라(Pella)로 도피했다. 예루살렘 멸망 시 성전은 로마 군에 의해 완전히 폐허가 되었다.

16-18절은 적그리스도가 성전에 나타나면 사태는 지극히 급박하므로 신속히 대피하라는 말씀이다. 위험하기 때문이다. "그 때에 유대에 있는 자들은 산(*ore*, mountains)으로 도망할 지어다(16절)." 산으로 도망하라는 것은 높은 곳으로, 멀리 피하라는 것이다.

"지붕 위에 있는 자는 집 안에 있는 물건(*ta*, anything)을 가지러 내려가지 말며(17절)." 이스라엘의 가옥구조는 집 바깥에 계단이 붙어있어 옥상으로 오르도록 되어 있다. 지붕 위는 옥상으로 평평하여 휴식처나 기도처로 사용되었다. 지붕 위에 있는 자는 집안에 있는 어떤 것이든 그것을 가지러 내려가지 말라. 그대로 도망하라는 것이다. 위험이 매우 빨리 몰아칠 것이므로 지체하지 말고 피하라는 말씀이다.

"밭에 있는 자는 겉옷을 가지러 뒤로 돌이키지 말지어다(18절)." '들에 있는 사람은 자기의 겉옷(*himation*, cloak)을 가지러 집으로 돌아가지 말라.' 겉옷은 공기가 차가운 밤에 입는 옷으로, 낮에 일할 때는 집에 두기나 밭둑에 벗어둔다. 집안에 있는 의복에 관심을 둘 만큼 여유가 없으니 급히 도망하라는 것이다.

"그 날(*tais hemerais*, the days)에는 아이 밴 자들과 젖 먹이는 자들에게 화(*ouai*, woe)가 있으리로다(19절)." 그때는 아이 밴 여자들과 젖먹이가 딸린 여자들은 불행할 것이다. 피하기 어려워 재난이 그들에게 쉽게 닥치기 때문이다.

"너희가 도망하는 일(*phyge*, flight)이 겨울에나 안식일에 되지 않도록 기도하라(20절)." 이스라엘의 겨울은 추울 뿐 아니라 우기라서 모든 하천이 불어나 쉽게 피난할 수 없다. 안식일에 일어나지 않도록 한 것은 안식일 법 때문이다. 전쟁과 같은 비상사태가 날지라도 안식일에는 2km 이상 여행할 수 없도록 되어 있다.

"이는 그 때에 큰 환난(*megale thlipsis*, great tribulation)이 있겠음이라 창세로부터 지금까지 이런 환난이 없었고 후에도 없으리라(21절)." '세상이 창조된 이후 이제까지 없었고 앞으로도 없을 큰 고난이 그때 있을 것이다.' 예루살렘이 로마군에 의해 함락될 때는 유월절 절기 때였다. 당시 유월절을 맞아 많은 사람들이 예루살렘에 모여들었다. 요세푸스에 따르면 그 때 110만

명이 죽임을 당하고, 9만7천 여 명이 포로로 잡혔다. 이것은 종말에 있을 환난을 예표 한다.

"그 날들을 감하지 아니하면 모든 육체가 구원을 얻지 못할 것이나 그러나 택하신 자들을 위하여 그 날들을 감하시리라(22절)." 만일 하나님께서 이 고난의 기간을 줄이지 않으신다면 아무도 살아남지 못할 것이다. 환란이 너무 극심하여 오래 계속되면 모든 사람이 멸망당하고 말 것이다. 그러나 택하신 자(*tous eklektous*, the elect), 곧 선택된 사람들을 위해 그 기간이 줄어들 것이다. 택하신 자들을 위해 그 기간을 단축하실 것이라는 말씀이다.

"그 때에 사람이 너희에게 말하되 보라 그리스도가 여기 있다 혹은 저기 있다 하여도 믿지 말라 거짓 그리스도들과 거짓 선지자들이 일어나 큰 표적과 기사를 보여 할 수만 있으면 택하신 자들도 미혹하리라 보라 내가 너희에게 미리 말하였노라(23-25절)." 4-5절의 반복이다. 환난 중에도 거짓 그리스도가 일어나 사람들을 미혹시킬 것임을 예언하고 있다. 요세푸스에 따르면 예루살렘 함락 때 거짓 그리스도가 군중을 한 곳에 모아놓고 해방의 징조가 보인다고 하다가 6천여 명이 몰살당하기도 했다. 예수님의 말씀은 거짓 그리스도들의 미혹 때문에 도피의 신속함이 늦춰져서는 안 된다는 말씀이다.

"그러면 사람들이 너희에게 말하되 보라 그리스도가 광야에 있다 하여도 나가지 말고 보라 골방에 있다 하여도 믿지 말라(26절)." 당시 세간에는 메시야가 광야에 나타나신다는 믿음이 있었다. 드다가 예언자를 자처하고 사람들을 유대 광야로 끌고 간 적이 있었다(행 5:36). 요세푸스에 따르면 예루살렘 멸망 당시 과거 출애굽의 기적이 재현되기를 기대하면서 거짓 그리스도가 삼만 명의 이스라엘인들을 이끌고 광야로 나갔다 로마 군에 학살되었다. 또한 당시 세간에는 메시야가 자기 권세를 받을 때까지 드러나지 않고 숨어서 살 것이라는 믿음이 있었다(요 7:27). 예수님은 이런 허황된 말들을 믿지 말라 하신다.

“번개가 동편에서 나서 서편까지 번쩍임 같이 인자의 임함도 그러하리라(27절).” 예수님의 재림에 관한 말씀이다. 번개가 번쩍이는 것을 모든 사람이 동시에 아는 것처럼 세계 어디서든 재림하시는 예수님을 목격할 수 있다는 말씀이다. 주님의 재림은 몇몇 경건한 사람들에게만 은밀히 알려지는 것이 아니다. 그러므로 그리스도가 여기 있다 저기 있다는 거짓 선지자들의 말에 미혹되지 않아야 한다.

인자는 예수님으로, 부활하시어 하나님의 우편에 앉아계시다가 종말이 되면 구름을 타고 오신다. 그리고 이어 인류를 심판하신다. 인자의 ‘임함(*parousia*, coming)’ 은 문자적으로 ‘가까이 오심,’ ‘곁에 계심’ 을 뜻한다. 예수님의 재림이 아주 가까운 시기에 있을 것임을 가리킨다.

“주검(*ptoma*, carcass)이 있는 곳에는 독수리들이 모일 것이니라(28절).” 독수리가 모이는 곳에는 반듯이 주검이 있듯이 예고된 종말 사건들이 일어나게 된다면 반드시 인자의 재림이 있으리라는 말씀이다. 누가복음 17:37에서는 이 말씀이 재림의 장소를 묻는 제자들에 대한 답변으로 기록되어 있다. 시체가 있는 곳에 독수리가 모여드는 것처럼 인류가 있는 곳이면 어디서든지 예수님이 재림하시는 모습이 드러난다는 것이다. 이것은 27절과 같은 맥락의 말씀이다. 따라서 재림 장소를 묻는 것은 의미가 없다. 죄악이 가득한 곳에는 하나님의 심판 날이 가깝다.

4. 그리스도의 재림(29-31절)

“그 날 환난 후에 즉시 해가 어두워지며 달이 빛을 내지 아니하며 별들이 하늘에서 떨어지며 하늘의 권능들이 흔들리리라(29절).” 세상 끝 날에 있을 환난의 날들이 지난 뒤에는 곧 해는 어두워지고, 달은 그 빛을 잃고, 별들은 하늘에서 떨어지고, 하늘의 세력들은 흔들린다. '하늘의 권능들(*dynameis*, powers)' 은 별들, 곧 천체를 뜻한다. 종말에는 모든 별 자리가 붕괴될 것을 의미한다.

"그 때에 인자의 징조가 하늘에서 보이겠고 그 때에 땅의 모든 족속들이 통곡하며 그들이 인자가 구름을 타고 능력과 큰 영광(*polles doxes*, great glory)으로 오는 것을 보리라(30절)." 그 때에 인자가 올 징조(*semeion*, sign)가 하늘에서 나타날 것이다. 인자의 징조는 그리스도 재림의 징조이다. 주님이 볼 수 있게 오심으로 누구든지 예수 재림을 직감하게 된다. 그 때에는 땅에 있는 모든 민족이 가슴을 친다. 모든 민족이 '통곡하며(*kopsontai*, mourn)' 는 가슴을 치며 울부짖을 것임을 가리킨다. 예수님을 믿지 않은 것에 대한 자신의 후회와 두려움에서 오는 통곡이다. 불신자들에게 있어서 이 날은 큰 두려움과 심판의 날이다. 사람들은 인자가 큰 권능과 영광에 싸여 하늘 구름을 타고 오는 것을 보게 된다. 예수님이 사단의 세력을 온전히 멸하시고 큰 영광과 위엄 가운데 재림하신다는 예언이다.

"그가 큰 나팔소리와 함께 천사들을 보내리니 그들이 그의 택하신 자들을 하늘 이 끝에서 저 끝까지 사방에서 모으리라(31절)." 그리고 예수님은 자기 천사들을 큰 나팔 소리(*salpingos*, trumpet call)와 함께 보내신다. 그들은 하늘 이 끝에서 저 끝까지 사방에서 주님이 택한 사람들을 모은다. 재림의 날이, 성도들에게는 위로와 승리의 날로 각각 임하게 된다.

5. 무화과나무의 비유(32-35절)

예수님은 무화과나무의 비유를 드셨다. 이 비유는 우리가 말세의 상황을 분별할 수는 있지만 세상 끝 날이 언제인지를 정확히 아는 분은 오직 하나님 뿐이심을 강조하고 있다. 성도는 그 날까지 그리스도인으로서 주어진 책무를 다하되 영적 긴장을 늦춰서는 안 된다.

"무화과나무의 비유를 배우라 그 가지가 연하여지고 잎사귀를 내면 여름이 가까운 줄을 아나니(32절)." 무화과나무가 푸른 잎으로 덮이면 사람들은 여름이 가까이 오고 있음을 안다.

"이와 같이 너희도 이 모든 일을 보거든 인자가 가까이 곧 문 앞에 이른 줄 알라(33절)." 이와 같이 너희도 이 모든 일, 곧 성전을 모독하는 가증스러운 재난을 보거든 인자가 문 앞에 가까이 온 줄을 알라. 가까이는 성전 파괴도 임박했음을, 멀리는 종말이 오고 있음을 알라는 것이다.

"내가 진실로 너희에게 말하노니 이 세대가 지나가기 전에 이 일이 다 일어나리라(34절)." '진정으로 너희에게 말하지만 이 세대가 끝나기 전에 이 모든 일이 다 일어날 것이다.' 일반적으로 한 세대는 30년이다. 이 세대는 예수님과 동시대를 말한다. 예루살렘은 A.D. 70년에 파괴되었고, 요한은 이 사건을 경험했다. 이 사건은 종말의 예표다.

"천지는 없어질지언정 내 말(*logoi*, the words)은 없어지지 아니하리라(35절)." '하늘과 땅이 없어질지라도 주님의 말은 결코 없어지지 않는다.' 예언하신 그대로 이루어진다는 말씀이다.

6. 그 날과 그 때(36-41절)

"그러나 그 날(*tes hemeras*, the day)과 그 때(*horas*, hour)는 아무도 모르나니 하늘의 천사들도, 아들도 모르고 오직 아버지만 아시느니라(36절)." '그 날'은 재림의 날, 심판의 날을 말한다. 그 날과 그 때는 아무도 모른다. 천사들도 모르고, 아들도 모른다. 오직 하나님 아버지만 아신다.

'아들도 모르고,' 이 구절을 그리스도의 신성을 부정하는 근거로 삼기도 한다. 그러나 예수님께서 이렇게 말씀하신 것은 재림의 시기를 알려고 하지 말라는 뜻에서 하신 말씀이다. 재림의 시기를 알려 하기보다 언제라도 그 날을 맞을 수 있는 준비를 하고 있으라는 뜻이다. 그러니 '준비하고 깨어 있으라.' 는 말씀이다.

"노아의 때(*hemerai*, days)와 같이 인자의 임함도 그러하리라(37절)." 노아 시대의 사람들은 태평하게 먹고 마시고 장가들고 시집가면서도 하나님의 심판을 생각하지도 않았다(창 6:13-7:23). 그러다가 갑자기 홍수의 심판을 맞게 되었다. 마찬가지로 우리도 그들 못지않게 계속 죄를 지으면서도 무사안일에 빠져 하나님의 경고를 무시할 뿐 아니라 하나님의 심판을 깨닫지 못하고 있다. 노아의 때와 같이 인자도 갑자기 오게 될 것이다.

"홍수 전에 노아가 방주에 들어가던 날까지 사람들이 먹고 마시고 장가들고 시집가고 있으면서 홍수가 나서 그들을 다 멸하기까지 깨닫지 못하였으니 인자의 임함도 이와 같으리라(38, 39절)." '먹고 마시고 장가들고 시집가고' 는 육체적인 것에는 마음을 쓰면서 영적인 것에는 관심을 갖지 않았음을 나타내는 말이다. 홍수 이전 시대에 노아가 방주에 들어가는 날까지 사람들은 세상 안락에 빠져 있었다. 홍수가 나서 그들을 모두 휩쓸어 가기까지 그들은 아무것도 깨닫지 못했다. 인자가 올 때에도 그러할 것이다. 그리스도의 재림은 사람들이 방심하는 동안에 갑자기 온다.

"그 때에 두 사람이 밭에 있으매 한 사람은 데려가고 한 사람은 버려둠을 당할 것이요 두 여자가 맷돌질을 하고 있으매 한 사람은 데려가고 한 사람은 버려둠을 당할 것이니라(40, 41절)." '두 여자가 맷돌질을 하고 있으매' 는 두 여인이 마주 앉아 손으로 맷돌을 돌리는 것을 말한다. '데려가고(*paralam-*

banetai, be taken)' 는 그리스도께로 모이게 됨을 가리키고, '버려둠을 당할 것이요(*aphietai*, be left)' 는 심판을 받도록 남겨둔다는 것이다. 이 말씀은 주님께서 생각지 않은 때에 오실 것과 두 사람이 아무리 친밀한 사이라 하더라도 주님을 향한 믿음에 따라 완전히 달라진다는 것을 보여준다. 두 사람 가운데 회개한 사람은 구원을 받고, 회개하지 않은 사람은 멸망을 당한다.

7. 집 주인과 도둑의 비유(42-44절)

마태복음 24:42부터 25:46까지는 종말을 맞는 성도의 자세에 대해 여러 비유로 교훈하셨다. 이 단락에서는 집 주인과 도둑의 비유로, 깨어 있을 것을 강조하고 있다.

"그러므로 깨어 있으라 어느 날에 너희 주가 임할는지 너희가 알지 못함이니라(42절)." "깨어 있으라(*gregoreite*, keep watch)"는 문자적으로 '잠에서 깨어있으리라' 는 뜻으로, '철저히 주의를 기울이라,' '철저히 대비하라' 는 것이다. 영적으로나 도덕적으로 해이해지지 않고 각성해 있으라는 말씀이다. 예수님의 오심을 간절히 바라고 기도함을 물론, 서로 사랑하며 복음을 증거 하는 것을 말한다. 이 말씀을 하나님 나라와 그 의를 구하는 것, 나 개인의 일보다 주님의 일에 힘쓰는 것, 쉬지 않고 기도하는 것, 세상에 마음을 주지 않는 것, 그리고 내 정욕대로 살지 않는 것 등에 적용할 수 있다. 주님이 언제 오실지 모르므로 우리는 주님을 사랑하는 가운데 말씀으로, 기도가운데 깨어있어야 한다.

42절에 이어 25장 13절에도 "깨어 있으라." 하셨다. 24장과 25장 두 장의 "깨어 있으라." 하는 말씀 사이에 충성되고 지혜 있는 종과 악한 종의 비유가 나온다. 이 비유를 통해 우리가 깨어있지 않으면 안 된다는 사실을 일깨워준다.

"너희도 아는 바니 만일 집 주인이 도둑(*kleptes*, thief)이 어느 시각에 올 줄을 알았더라면 깨어 있어 그 집을 뚫지 못하게 하였으리라(43절)" 집주인이 도둑이 밤 몇 시에 올지 알고 있으면 그는 깨어 있어서 도둑이 집을 뚫고 들어오도록 내버려두지 않았을 것이다. 이 사실을 명심하여 너희도 언제 주님이 오셔도 맞을 준비를 철저히 해야 한다는 말씀이다.

"이러므로 너희도 준비하고 있으라 생각하지 않은 때에 인자가 오리라(44절)." 그러므로 너희도 준비하고 있으라(*ginesthe hetoimoi*, be ready). 너희가 생각하지도 않는 시각에 인자가 올 것이기 때문이다. 주의 날은 믿지 않는 자에게는 도둑같이 임하지만(살전 5:2) 믿고 준비하는 자에게는 오히려 기다려지는 소망의 날이 된다.

8. 충성되고 지혜 있는 종의 비유(45-51절)

예수님은 충성되고 지혜 있는 종, 곧 청지기 비유를 드셨다. 누가복음 12:42에서는 청지기라 했다. 이것은 교회 지도자들에 하신 말씀이기도 하다.

"충성되고(*pistos*, faithful) 지혜 있는(*phronimos*, wise) 종이 되어 주인에게 그 집 사람들을 맡아 때를 따라 양식(*trophen*, food)을 나눠 줄 자가 누구냐(45절)." 누가 신실하고 슬기로운 종일까? 주인이 그에게 자기 집 하인들을 맡기고, 제 때에 양식을 내주라고 했으면, 그는 어떻게 해야 할까? 충성되고 지혜 있는 청지기는 사랑이 많다. 양식으로 식구들을 배부르게 한다. 맡겨진 영혼을 잘 돌보고 영적으로 성장하게 만든다. 예수님이 당장 재림하지 않더라도 교회 지도자들은 성도들을 잘 돌봐야 주님이 갑자기 재림하셔도 구원을 받게 된다.

"주인이 올 때에 그 종이 이렇게 하는 것을 보면 그 종이 복이 있으리로다

(46절).” 주인이 돌아와서 볼 때 그렇게 하고 있는 종은 복이 있다(*makarios*, blessed). 명령에 똑바로 순종했기 때문이다. 그 종은 깨어있는 종이요 주인을 기쁘게 하는 종이다.

“내가 진실로 너희에게 이르노니 주인이 그의 모든 소유(*pasin tois hyparchousin*, all the possessing)를 그에게 맡기리라(47절).” 주인은 그의 충성과 지혜로움을 보고 자기의 모든 재산을 그에게 맡길 만큼 신뢰하게 된다.

“만일 그 악한 종이 마음에 생각하기를 주인이 더디 오리라 하여 동료들을 때리며 술친구들과 더불어 먹고 마시게 되면(48, 49절).” 그러나 악한 종은 주인이 더디 오리라 하며 방종의 생활을 한다. 악한 종이 파멸을 맞게 된 여러 원인이 있다. 하나는, ‘주인이 더디 오리라,’ 즉 시간이 넉넉히 있다 생각하고 방심한데 있다. 주인이 언제 올지 모르는 데 방심은 금물이다. 다른 하나는, 동료들을 때리며 술친구와 어울린 것이다. 영적으로 돌보기는커녕 문제를 일으켰다. 충성된 청지기와는 완전 반대의 경우다. 만일 교회 지도자들이 재림이 지연된다는 핑계로 성도들을 저버린다면 어떻게 될까.

“생각하지 않은 날 알지 못하는 시각에 그 종의 주인이 이르러 엄히 때리고 외식하는 자가 받는 벌에 처하리니 거기서 슬피 울며 이를 갈리라(50, 51절). 악한 종은 주님이 재림하시는 날 심판을 받게 되고 망하게 된다. 악한 종은 외식하는 자로 분류되어 처벌을 받는다. 외식하는 자는 서기관과 바리새인을 가리키는 말이었다. 누가복음 12:46에는 ‘신실하지 아니한 자’ 라 했다. ‘엄히 때리고(*dichotomesei*, cut in pieces)’ 는 문자적으로 ‘두 조각을 내다’ 이다. 엄한 형벌이 가해진다. ‘외식하는 자가 받는 벌’ 은 그가 받을 몫을 말한다. 그가 처벌을 받은 것은 믿음 있다 하면서 말씀대로 살지 않았기 때문이다. 이런 사람은 예수를 이용하는 자요 자기중심적으로 사는 자이다. 이런 사람은 깨어있는 청지기와 대조된다. 악한 청지기는 자기만 망하는 것이 아니라 다른 사람들도 함께 망하게 한다. 하나님의 오래 참으심을 만홀히 여겨 영적 방탕에 빠져드는 일이 없어야 한다.

종말에는 사랑이 식어진다. 자기에게 맡겨진 종들에 대한 영적인 지도도 게을리 하게 된다. 지금 먹이고 있는 영혼이 있는가. 청지기는 언제나 주인 맞을 준비를 해야 한다. 주인에 대한 열망이 가득하고, 주인을 향한 사랑의 마음이 있어야 한다. 늘 깨어 각자에게 주어진 사명에 충성해야 한다.

마태복음 25장

감람산 강화 2: 열 처녀 비유, 달란트 비유, 양과 염소 비유

1. 열 처녀 비유(1-13절)

예수님의 감람산 강화는 24장에 이어 25장에서도 이어진다. 24장이 마지막 때를 말하고 있다면 25장은 마지막 때의 삶의 문제를 다루고 있다. 주님은 생활을 통해 비유의 말씀을 주셨다.

이번에는 열 처녀 비유다. 이 비유에는 두 부류가 등장한다. 슬기로운 다섯 처녀와 미련한 다섯 처녀이다. 그들의 공통점은 모두 등을 가지고 있었고, 모두 신랑을 기다렸다. 그리고 모두 졸며 잤다. 이것은 예수를 믿는다고 해서 일상의 삶이 배제되는 것이 아님을 보여준다. 차이점은, 슬기로운 처녀들은 미련한 처녀들과는 달리 충분한 기름을 가지고 있었다는 것이다. 기름 준비 상태가 달랐다.

기름 준비를 못함으로 인해 세 가지 비극이 초래했다. 첫째 8절의 말씀처럼 등불이 꺼져있다(8절). 결정적 순간에 엉터리임이 드러났다. 신앙생활의 본색이 다 드러난 것이다. 둘째, 문이 닫혔다(10절). 더 이상의 기회가 없다. 셋째, 도무지 너희를 알지 못한다는 말을 들었다(12절). 주님으로부터 매몰찬 말을 듣게 되었다.

"그 때에 천국은 마치 등을 들고 신랑을 맞으러 나간 열 처녀와 같다 하리니(1절)." "천국은 마치 OO과 같다 하리니." 이것은 하나님 나라는 한 번에 깨달을 수 없을 만큼 신비가 있다는 말이다. 마가복음 4:11은 이를 비밀(*mysterion*, mystery)이라 했다. 신비라는 뜻이다. 결혼, 교회, 예수님, 하나님 나라 등은 모두 신비로움이 있다. 하나님 나라는 미래적이면서도 현재적이다. "천국은 너희 가운데 있느니라."는 말씀이 그 보기이다. 영적이면서도 현세적이다. 치유가 일어나는 것이 그 보기이다.

유대결혼은 약혼, 정혼, 결혼으로 이어진다. 약혼한 뒤 정혼기간 1년 살집을 마련하며 결혼준비를 한다. 준비가 되면 1주일 잔치를 벌이며 결혼식을 한다. 당시 유대인의 결혼식은 밤에 하고, 그 후 일주일 동안 잔치가 베풀어진다.

열 처녀(*parthenois*, virgins)는 신부 들러리이다. 들러리는 신부의 친구들로, 신랑이 신부를 데리러 신부의 집에 오면 이 처녀들은 결혼식이 거행되는 신랑의 집(또는 신랑 부모의 집)까지 동반한다. 이 일은 주로 밤에 이루어지는 데, 처녀들은 구리 그릇이 달린 장대 횃불을 들고 신부 앞에서 춤을 춘다. 횃불 춤이다. 횃불이 계속 타오르게 하기 위해서는 충분한 기름이 필요하다.

"그 중의 다섯은 미련하고 다섯은 슬기 있는 자라(2절)." 두 부류의 신부 들러리가 있다는 말이다. 미련한(*morai*, foolish) 다섯 처녀들과 슬기로운(*phronimoi*, wise) 다섯 처녀들이다.

"미련한 자들은 등을 가지되 기름을 가지지 아니하고(3절)." 미련한 다섯 처녀들은 등(*lampadas*, lamps)을 가지고 갔지만 기름(*elaion*, oil) 준비를 하지 않은 채 신부 집에서 신랑을 기다렸다. 등만 들고 기름을 준비하지 않은 것은 형식적으로 믿는 자들이다. 주님을 맞을 준비를 하지 못했다. 그들은 성령을 받지 못했고(행 10:38), 믿는다 하면서도 육신에 거하는 삶을 산다. 그들은 심판 때 천국으로부터 제외된다. 더 이상 명목상, 형식적, 무늬만 그리스도인은 안 된다. 주님과 인격적 교제를 해야 한다. 이것은 마지막 때 판별된다.

"슬기 있는 자들은 그릇에 기름을 담아 등과 함께 가져갔더니(4절)." 슬기 있는 다섯 처녀들은 등은 물론 그릇에 기름을 담아갔다. 기름 준비는 참 믿음과 연결되어있다. 충분한 기름준비, 여분의 기름준비가 필요하다. 신랑이 더디 올 수 있기 때문이다. 슬기 있는 처녀들은 신부 들러리로서의 자격을 충분히 갖추었다. 기름도 준비하고, 예복도 준비하였다. 지식도 있고, 지혜도 있다. 늘 성령의 기름 부으심으로 충만하다. 택함을 받은 자로서 하나님 나라에 들어갈 자격이 충분하다.

"신랑이 더디 오므로 다 졸며 잘 새(5절)." 신랑이 신부 데리러오는 일이 지체되었다. 지체의 이유는 대체로 지참금 조정 문제 때문이다. 신부의 집에 지참금이 지불되고 결혼 약정서에 서명되기 전에는 신랑이 신부의 집에 갈 수 없다. 신부 들러리들은 신랑을 기다리는 동안 졸음을 참지 못하고 잠에 빠진다.

"밤중에 소리가 나되 보라 신랑이로다 맞으러 나오라 하매(6절)." 깊은 밤중에 갑자기 신랑과 그의 일행이 기쁨의 환호성을 지르며 신부의 집으로 와 신랑을 맞으라 한다.

"이에 그 처녀들이 다 일어나 등을 준비할 새(7절)." 집안에 있던 신부 들러리들은 재빨리 일어나 얼굴을 다듬고, 그들의 등을 챙겨 불을 밝히기 시작했다. 불을 켜봐야 기름 유무를 알 수 있다.

"미련한 자들이 슬기 있는 자들에게 이르되 우리 등불이 꺼져가니 너희 기름을 좀 나눠 달라 하거늘(8절)." 미련한 처녀들은 자기들의 등에 기름이 없음을 알게 되었다. '우리 등불이 꺼져가니' 로 보아 조금밖에 준비하지 않았음을 알 수 있다. 충분한 기름 없이는 결혼식 행렬이 시작되기도 전에 횃불이 완전히 꺼질 지경이다. 등불은 올리브기름에 적신 헝겊을 구리 접시 안에 담아 막대기에 고정시킨 횃불을 가리킨다. 그들은 슬기 있는 처녀들에게 기름을 달라고 했다.

"슬기 있는 자들이 대답하여 이르되 우리와 너희가 쓰기에 다 부족할까 하노니 차라리 파는 자들에게 가서 너희 쓸 것을 사라 하니(9절)." 미련한 처녀들의 요구에 슬기로운 처녀들은 '그렇게 하면, 우리에게나 너희에게나 다 모자랄 터이니 차라리 기름을 파는 상인들에게 가서 기름을 사라' 고 했다. 현명한 제안이다. 기름을 나누어 쓴 경우 횃불 춤 중간에 불이 꺼지는 불상사가 발생한다면 난감한 일이 아닐 수 없다.

"그들이 사러 간 사이에 신랑이 오므로 준비하였던 자들은 함께 혼인 잔치에 들어가고 문은 닫힌지라(10절)." 미련한 처녀들이 기름을 사러 간 사이에 신랑이 왔다. 기름을 이미 준비한 슬기로운 처녀들은 신랑과 함께 혼인 잔치(*gamous*, wedding feast)에 들어갔다. 그리고 문은 닫혔다. 결혼식 행사가 거행되는 동안 신랑 집 문을 닫아 아무도 들어가지 못하게 하는 것도 당시 관례였다. 이것은 전도나 회개의 기회가 항상 열려있는 것이 아님을 보여준다. 천국 문이 닫히고 난 후 회개하면 이미 늦다. 심판이 따르기 때문이다.

"그 후에 남은 처녀들이 와서 이르되 주여, 주여 우리에게 열어 주소서(11절)." 미련한 처녀들이 허둥지둥 상인에게 달려가 필요한 기름을 샀지만 잔치집 문은 이미 닫혔다. 처녀들이 문을 두드리며 애원했다. "주님, 주님, 문을 열어 주십시오." 때 늦은 애원이다.

"대답하여 이르되 진실로 너희에게 이르노니 내가 너희를 알지 못하노라 하였느니라(12절)." 신랑의 대답은 아주 냉정했다. "내가 진정으로 너희에게 말한다. 나는 너희를 알지 못한다." 불신자는 믿지 않음으로 이미 심판 받았다.

"그런즉 깨어 있으라 너희는 그 날과 그 때를 알지 못하느니라(13절)." 우리는 주님이 언제 재림하실지 아무도 모른다. '그런즉 깨어있으라.' 예비하고 깨어 있으라. 항상 기도하고 깨어있으라. 이것은 우리를 향한 경고의 말씀이자 예수를 믿는 사람의 신앙점검을 위해 주신 말씀이다. 우리 모두 그 나라에 들어가기 위해 등불 준비를 철저히 하자.

2. 달란트 비유(14-30절)

달란트 비유 역시 열 처녀 비유와 맥을 같이 하고 있다. 이 비유는 우리의 삶의 유형과 태도가 어떠해야 하는가를 가르쳐주고 있다. 현재와 종말 사이에 살고 있는 그리스도인은 하나님 나라의 과제와 요청에 따라 하나님의 뜻에 따라 살아야만 종말에 구원을 얻는다는 것이다.

달란트(*talanton*, talent)는 오늘날 '재능' 이란 뜻으로 사용되고 있지만 예수님 당시 달란트는 화폐단위가운데 하나였다. 정확한 액수를 계산하기 어렵지만 한 달란트는 일반 노동자가 약 20년 일해야 벌 수 있는 엄청난 액수이다.

달란트 비유는 기본적으로 모든 인간이 각각 그 능력에 따라, 하나님으로부터 풍성한 은사를 부여받았다. 그러므로 하나님으로부터 받은 이 선물은 하나님 나라를 위해 활용되어야 한다.

"또 어떤 사람이 타국에 갈 때 그 종들을 불러 자기 소유를 맡김과 같으니(14절)." '그 종들을 불러.' 목회자만 하나님의 종이 아니다. 그리스도인은 모두 하나님의 종이다. '자기 소유를 맡김과 같으니.' 내가 가진 모든 것은 진정으로 하나님께 속한 것임을 가르쳐 준다. 내 것이 아니라 하나님의 것이다. 하나님의 것을 우리 각자에게 맡긴 것(entrustment)이다.

먼 길을 떠날 때 누구에게 돈을 맡기고 가겠는가? 대부분 신뢰하는 사람에게 맡길 것이다. 이것은 주인이 종들을 자기의 분신처럼 여기고 철저히 신뢰했음을 의미한다. 우리를 믿고 신뢰하신 주님께 감사하자.

"각각 그 재능대로 한 사람에게는 금 다섯 달란트를, 한 사람에게는 두 달란트를, 한 사람에게는 한 달란트를 주고 떠났더니(15절)." 주인이 떠날 때 종들에게 각자 능력(*dynamin*, ability)에 따라 할 일을 주며 떠났다. 할 일은 책임량이다.

한 달란트는 약 6천 데나리온이며, 1 데나리온은 노동자의 하루 수입이다. 그날그날 먹고사는 노동자의 경우 20년 일해 벌 수 있는 큰돈이다. 글래이저(R. Glazer)에 따르면 달란트는 하나님이 우리 각자에게 주신 기본적인 능력(basic ability), 곧 지능, 창의력, 적성 등이다. 달란트는 하나님 나라 완성에 기여할 수 있는 모든 것에 해당한다. 그것은 시간, 재능, 기회, 생업, 건강, 재물, 성공, 목숨 등 여러 형태를 지닌다.

'각각 그 재능대로,' 능력대로 소유를 맡겼다. 능력을 보고 기대를 하며 맡겼다. 일종의 벤처로 볼 수 있다. 많은 사람은 모든 사람이 평등하게 태어났다고 말한다. 하지만 각자에게 주신 은사, 달란트, 기회, 자유의 정도에서는 평등하지 않다. 재능대로 주신 것은 능력에 맞춰 주었음을 의미한다. 이것은 주인이 종의 능력을 잘 알고 있었음을 말해준다. 주인은 이처럼 자상하고 배려가 있는 분이다. 주인이 자신의 능력을 인정하고, 그 능력에 맞게 달란트를 받았다는 확신을 하면 기쁘게 일할 것이다. 소질과 재능에 따라 임무(mission)을 주신다.

하나님의 종에게는 모두 달란트가 주어졌다. 우리 가운데 안 받은 사람은 아무도 없을 뿐 아니라 받은 것도 각각 다르다. 즉 하나님은 우리 각자에게 맞는 달란트, 가장 아름다운 것을 주셨다. 그것은 모두 다양하고 서로 다를 만큼 차별성이 있다. 하나님이 나에게 주신 것이 각자에게 최고의 달란트이다.

이것은 하나님의 영광을 위해 사용하기 위한 것이다. 하나님은 각자의 달란트를 하나님 나라를 위해 사용하도록 하셨다. 얼마나 많은 달란트를 받았느냐, 즉 양이 중요한 것이 아니라 얼마만큼 주님을 위해 최선을 다했느냐가 중요하다. "당신은 달란트를 받았다고 생각하는가?" 이 질문에 대부분의 사람은 동의한다. 그러나 "당신은 최선을 다해 달란트를 드리고 있는가?"에 대해서는 확신이 없다. 달란트를 남기는 것은 선택이 아니라 무조건해야 한다. 달란트를 발휘하고 싶어도 할 힘이 없는 사람이 있다. 이들을 도와야 한다. 잘하는 사람은 잘하고, 못하는 사람은 못하는 갭이 있다.

"다섯 달란트 받은 자는 바로 가서 그것으로 장사하여 또 다섯 달란트를 남기고(16절)." 다섯 달란트 받은 자가 다섯 달란트를 남겼다는 것은 하나님 나라를 위해 최선을 다해 일했다는 것을 의미한다.

"두 달란트 받은 자도 그같이 하여 또 두 달란트를 남겼으되(17절)." 두 달란트 받은 자도 최선을 다해서 일했다. 그는 자신의 능력의 한도에도 불구하고 다섯 달란트 받은 자 못지않게 최선을 다해 두 달란트를 남겼다. 다섯 달란트 못지않은 결과다. 두 사람 모두 배를 남겼다는 점에서 같다.

"한 달란트 받은 자는 가서 땅을 파고 그 주인의 돈을 감추어 두었더니(18절)." 다섯 달란트와 두 달란트 받은 사람은 긍정적 마인드를 가지고 최선을 다한 반면 한 달란트 받은 사람은 주인에 대해 부정적 생각을 가지고(24, 25절) 오히려 돈을 감춘다.

"오랜 후에 그 종들의 주인이 돌아와 그들과 결산할 새(19절)." 주인이 돌아오자 결산을 한다. 하나님은 우리 각자에게 달란트를 맡겨주셨다. 그것을 활용해 더 큰 달란트를 만들라는 명령이 주어져 있다. 달란트의 상대적 크기에 따라 평가하시는 것이 아니라 절대적 평가, 곧 기본능력에 준거해서 하나님 나라를 위해 얼마나 노력했고, 실제 어떤 결과를 가져왔는가에 관심을 가지고 계신다. 하나님은 우리 각자에 대한 믿음과 신뢰를 가지고 계신다. 우리는 얼마나 하나님의 목적에 맞게 살았는가에 대한 평가를 받게 된다(goal-oriented evaluation). 우리는 그 결과에 대한 평가를 받게 된다(result-oriented evaluation). 달란트를 남기지(최선을 다하지) 않았다면 결산하는 날 문제에 봉착하게 된다.

"다섯 달란트 받았던 자는 다섯 달란트를 더 가지고 와서 이르되 주인이여 내게 다섯 달란트를 주셨는데 보소서 내가 또 다섯 달란트를 남겼나이다(20절)." 주인에게 최선을 다했음을 보고한다.

"그 주인이 이르되 잘 하였도다 착하고 충성된 종아 네가 적은 일에 충성하였으매 내가 많은 것을 네게 맡기리니 네 주인의 즐거움에 참여할 지어다 하고(21절)." 이 칭찬은 다섯 달란트 받은 자뿐 아니라 두 달란트 받은 자에게도 똑같이 하셨다. 능력이 많고 적음, 이익이 많고 적음에 관계없이 차별을 두지 않고 똑같이 칭찬하셨다. 이것은 이익을 얼마나 남겼느냐 하는 것이 중요한 것이 아니라 얼마나 충성했느냐 하는 것이 칭찬의 기준임을 알 수 있다. 다섯 달란트를 남겼든 두 달란트를 남겼든 모두 같이 칭찬을 받은 것은 하나님은 상대적 평가를 해서 서로 차별하지 않고 이들이 하나님 나라를 위해 열심히 일했느냐를 기준으로 절대평가를 했음을 의미한다. 모두 성취 지향적이었기 때문에 칭찬을 받았다. 이 주인은 예수님을 예표 한다.

'잘 하였도다(*eu*, well done)'는 계속 칭찬했음을 뜻한다. 주님은 "well done, excellent, wonderful"하시며 칭찬하셨다. '착하고(*agathe*, good) 충성된(*piste*, faithful) 종아'는 종들의 충성이 주인에게 기쁨을 안겨주었음을 나타낸다. '충성된' 은 문자적으로 믿음과 연관되어 있다.

'네가 적은 일에 충성하였으매.' 주인이 볼 때 그들이 남기는 일은 아주 적은 일, 곧 능히 할 수 있는 일이었다. '적은 일(*oliga*, a few things)'은 문자적으로 짧은 시간에 할 수 있는 일을 가리킨다. 다섯 달란트나 두 달란트 남긴 종들은 달란트를 받는 즉시 곧 남겼다. 힘들지 않게 남긴 것이다. 그러나 주인은 오랜 후에(19절) 돌아왔다. 즉시와 오랜 후 사이에는 시간의 간격이 있다. 그런데도 그들은 벌써 남긴 것이다. 계명을 지키는 것은 적은 일이다. 주님을 사랑하면 힘든 것도, 먼 것도 아니다.

> "내가 오늘날 네게 명한 이 명령은 네게 어려운 것도 아니요 먼 것도 아니라 --오직 그 말씀이 네게 심히 가까워서 네 입에 있으며 네 마음에 있은즉 네가 이를 행할 수 있느니라(신 30: 11, 14)."

> "하나님을 사랑하는 것은 이것이니 우리가 그의 계명들을 지키는 것이라 그의 계명들은 무거운 것이 아니로다 대저 하나님께로서 난 자마다 세상을 이기느니라 세상을 이김은 이것이니 우리의 믿음이니라(요일 5:3, 4)."

우리는 이 작은 일에 충성하는 종을 격찬하는 주인을 보게 된다. 칭찬은 하기 어렵다. 칭찬은 몸에 배어있을 때 나온다. 여기서 주인은 칭찬이 몸에 배어 있고, 작은 것까지도 칭찬하는 것을 잊지 않았고, 그것을 격찬하였다. 주인은 참 좋은 사람임에 틀림없다. 우리는 어느 정도 큰 일이 아니라면 칭찬하지 않는다. 그러나 주인은 작은 일에도 칭찬하였다.

다섯 달란트 맡은 종이 다섯 달란트 남긴 것에 대해 하나님은 '작은 일' 로 보시고, 앞으로 많은 것으로 네게 맡길 것이라 하였다. 지금은 시험 삼아 해본 것이고, 더 큰 것을 주어 하나님 나라를 발전케 하시겠다는 것이다. 그리고 주인의 즐거움에 참예하라고 말씀하신다.

착하고 충성된 종은 무익한 종과 대비된다. 충성된 종은 하나님의 목적에 충실하고 맡은 것으로 그 목적을 분명히 이루고자 했다. 종은 '하나님의 영광을 위해서 일한다.'는 궁극적인 목적, 이상적인 목적이 분명했다. 그는 앞으로 무엇을 해야 하는가를 알아 과정목적에도 충실했고, 오늘 내가 무엇을 해야 하는가 하는 것도 알아 좋은 결과를 얻고자 했다.

충성된 종은 모험을 한다. 노아는 청명한 날임에도 불구하고 하나님의 명령에 따라 방주를 만들었다. 비가 올 것 같지 않아도, 남이 비웃어도 그 명령을 준수했다. 궂은일도 마다하지 않았다. 충성된 종은 자기희생을 한다. 충성된 종은 모험을 한다. 재산과 건강을 잃기도 한다. 충성된 종은 결코 포기하지 않는다.

"네가 많은 것으로 네게 맡기리니 네 주인의 즐거움에 참예할지어다." 주인의 즐거움은 천국잔치를 뜻한다. 큰 복을 주실 것을 의미한다. 충성하기만 하면 하나님은 하늘의 창고 문을 열고 주실 것이다.

> "나를 사랑하고 내 계명을 지키는 자에게는 천대까지 은혜를 베푸시느니라(출 20:6)."
>
> "네 재물과 네 소산물의 처음 익은 열매로 여호와를 공경하라 그리하면 네 창고가 가득히 차고 네 즙 틀에 새 포도즙이 넘치리라(잠 3:9,10)."

처음 익은 열매는 조금이다. 그러나 그 작은 충성도 받으시고 창고가 넘치고, 즙 틀에 새 포도즙이 끊이지 않게 하신다. 계속 축복하시는 것이다. 조금 충성했는데도 복은 메가톤 급으로 받는다.

"두 달란트 받았던 자도 와서 이르되 주인이여 내게 두 달란트를 주셨는데 보소서 내가 또 두 달란트를 남겼나이다 그 주인이 이르되 잘 하였도다 착하고 충성된 종아 네가 적은 일에 충성하였으매 내가 많은 것을 네게 맡기리니 네 주인의 즐거움에 참여할 지어다 하고(22, 23절). 두 달란트 받은 자도 최선을 다했음을 보고했고, 주인은 다섯 달란트 받은 자에게 하신 칭찬을 똑같이 하셨다. 두 달란트 받은 자는 "왜 저는 작습니까?" 주인에게 불평하지 않았다. 주인이 주신 달란트에 따라 최선을 다했다. 주님을 사랑하는 자는 달라야 한다. 주님을 기쁘시게 하는 종처럼 좋은 종은 없다.

"한 달란트 받았던 자는 와서 이르되 주인이여 당신은 굳은 사람이라 심지 않은 데서 거두고 헤치지 않은 데서 모으는 줄을 내가 알았으므로(24절)." 한 달란트 받은 사람은 와서 말한다. "주인님, 나는, 주인이 굳은 분이시라 심지 않은 데서 거두시고 뿌리지 않은 데서 모으시는 줄로 알았습니다." 다른 말로, "당신은 착취하는 사람이요 구두쇠입니다. 나는 희생자입니다."라고 비난하고 있다.

'굳은(*skleros*, hard) 사람'은 부정하고 냉혹하며 엄격한 사람으로, 당연히 거두어들일 수 있는 것보다 더 많은 것을 강요하는 사람을 말한다. 좋은 주인을 욕심쟁이, 수전노로 보는 등 나쁜 주인으로 간주하였다. 이것은 다른 종들과는 주인관이 아주 다름을 알 수 있다.

이 사람은 기본적으로 주인에 대해 부정적인 인식을 가지고 있다(인간관계의 문제). 주인과의 관계가 좋지 않은 사람은 주인이 부탁하면 주인의 말을 듣지 않음으로써 보복하고자 하는 심리를 가지고 있다. 반항적이 되는 것이다.

그는 왜 이렇게 되었을까? 종의 마음이 문제일 수 있다(사람 마음의 문제). 마음이 깨어져 있으면 이미 하고자 하는 마음도 없게 된다. 또 그런 사람이 일을 한다 해도 물 컵을 완전히 채울 수도 없다. 기껏 채운다 해도 깨어진 부분 이상을 넘지 못한다. 깨진 물 컵을 가지고는 달란트를 충분히 발휘할 수 없다. 몸이 따라주지 않을 수도 있다(체력의 문제). 체력이 없으면 게을러지고 잠만 자고 싶어 한다.지적 통합(학습)능력이 모자랄 수도 있다(지력의 문제). 달란트를 남기는 방법을 모르면 남길 수도 없다. 자기 통제력이 부족할 수도 있다(자기 통제력의 문제). 자기관리 능력이 모자라면 자기가 지금 땅을 파고 묻을 것이 아니라 지금 당장 무엇을 해야 하는가 우선순위(priority)를 알았을 것이다. 우리는 왜 달란트를 발휘하지 못하는지, 무슨 문제가 있는지를 확인하고, 이런 사람이 있으면 이런 문제들로부터 벗어나도록 도와줄 필요가 있다.

"두려워하여 나가서 당신의 달란트를 땅에 감추어 두었었나이다 보소서 당신의 것을 가지셨나이다(25절)." "저는 무서운 나머지 그 달란트를 땅에 숨겨 두었습니다. 보십시오, 여기에 그 돈이 있습니다. 받으십시오."

"두려워하여(*phobetheis*, having been afraid) 나가서." 자기의 달란트를 활용하지 않도록 만든 것은 두려움이었다. 두려움은 자기의문(self-doubt), 올무(snare), 자기연민(self-pity)을 가져온다. 우리 각자도 두려움으로 실패할 수 있다(personal failure). 베드로나 가룟 유다도 실패했다. 그러나 베드로는 회개와 함께 교회탄생의 주역을 맡았고, 유다는 자살로 막을 내렸다. 두려울 때마다 우리가 어떻게 대처하느냐에 따라 결과가 달라질 수 있다. 우리는 각자에게 부여된 달란트에 대해 "이걸 가지고 뭘 한단 말인가" 비관하지 않고 오히려 그것을 귀하고 자랑스럽게 생각하며 그것을 더욱 활용하도록 해야 한다. 이 병든 몸을 가지고 무엇을 할 것인가 말하지 말자. 오히려 그 자리에서 하나님께 영광 돌릴 수 있는 길을 찾자

"당신의 달란트를 땅에 감추어 두었었나이다." 주인을 비판적으로 보았던 그는 주인을 위해 일할 생각이 전혀 없었다. 단지 맡긴 돈을 도둑맞지 않게 하기 위해 땅을 파 그곳에 묻어두었고, 그것을 주인에게 돌려주었다. 이것은 받은 달란트로 어떤 노력도 하지 않고 무성취의 삶을 살았다는 것을 의미한다. 하나님을 위해 어떤 목적도 없이 살았다는 것은 비판을 받아 마땅하다.

가끔 우린 일은 하지 않으면서 큰 것을 기대하곤 한다. 잘못된 모습이다. 어느 목사님은 "접시만큼 바쳐놓고 백두산만한 복을 원한다."고 말한다. 적게 드리면서도 받기를 즐긴다는 것이다. 하나님은 우리의 그런 꼼수에 속으실까? 그렇지 않다.

하나님은 감당치 못할 복은 허락지 않으신다. 감당치 못할 복이라니, 무슨

말인가? 만일 지나치게 복을 받으면 인간은 그것을 선하게 사용하기보다 잘못 사용하기 쉽다. 건강을 달라 하여 건강을 주면 넘치는 건강을 가지고 주의 일을 힘 있게 하기보다 폭력을 사용하는데 바쁘게 되면 그 복은 복이 되지 않는다. 시간이 남는다고 그 남은 시간을 뜻있게 사용하기보다 유흥에 허비한다면 그 복은 복이 되지 않는다. 물질을 풍성하게 받았는데도 그것을 하나님의 뜻에 맞게 사용하기보다 사치하는데 사용한다면 그 복은 결코 복이 되지 않는다.

하나님은 복을 받되 그 복을 하나님의 뜻에 합당하게 사용하는 사람을 기뻐하고, 그 사람에게 더 많은 복을 주신다. 복을 복되게 하기 위함이다. 이것은 달란트 비유에서도 그대로 나타난다. 따라서 그리스도인이 해야 할 일은 허락하신 복을 생활에서 복되게 하는 것이다. 그래야 그 복이 하나님께 영광 돌리는 복이 될 수 있다. 하나님은 말씀하신다. "나는 은혜를 줄자에게 은혜를 주고 긍휼히 여길 자에게 긍휼을 베푸느니라."

"그 주인이 대답하여 이르되 악하고 게으른 종아 나는 심지 않은 데서 거두고 헤치지 않은 데서 모으는 줄로 네가 알았느냐(26절)." 주인은 그를 향해 '악하고(*ponere*, wicked) 게으른(*oknere*, lazy) 종' 이라 했다. 그리고 "너는 내가 심지 않은 데서 거두고, 뿌리지 않은 데서 모으는 줄 알았느냐"고 되물었다. "그러면 네가 마땅히 내 돈을 취리하는 자들에게나 맡겼다가 내가 돌아와서 내 원금과 이자를 받게 하였을 것이니라 하고(27절)." 최소한 본전과 변리를 받을 수 있는 일(최소한의 일)은 했어야 한다는 것이다. '취리하는 자(*trapezitais*, bankers)'는 은행업자를 가리킨다.

"그에게서 그 한 달란트를 빼앗아 열 달란트 가진 자에게 주라(28절)." 하나님이 각자에게 맡긴 달란트를 활용하지 않으면 그것마저 잃게 된다.

"무릇 있는 자는 받아 풍족하게 되고 없는 자는 그 있는 것까지 빼앗기리라(29절)." '가진 사람에게는 더 주어서 넘치게 하고, 갖지 못한 사람에게서는 있는 것마저 빼앗을 것이다.' 달란트를 선히 활용하면 할수록 더욱 커지게 된다. 하나님이 주신 은사를 활용하여 열매를 맺을 때 하나님은 더 큰 은사를 주신다. 하지만 열매를 맺지 못할 때 있는 것마저 잃게 된다. 하나님이 주신 선물을 땅에 묻는 것이 아니라 생명력 있게 작용하도록 해야 한다.

"이 무익한 종을 바깥 어두운 데로 내 쫓으라 거기서 슬피 울며 이를 갈리라 하니라(30절)." 무익한(*achreion*, worthless) 종은 착하고 충성된 종과 대비된다. 무익한 종은 불충한 종이고, 자기희생이 없는 종이다. 모험을 할 줄도 모른다. 그러나 충성된 종은 헌신적이고, 모험적이며, 자기희생을 할 줄 아는 종이다.

한 달란트 받은 종은 서기관이나 바리새인에 비유된다. 그들은 진리의 말씀과 율법을 받았음에도 불구하고 독선적이었고 폐쇄적이었다. 율법을 있는 그대로 보존하였다. 율법을 박물관 골동품, 죽은 진리로 만들었다. 그들에게 있어서 율법은 수고하고 무거운 짐이 되었다. "수고하고 무거운 짐 진 자들아 다 내게로 오라." 주님이 그들에게 자유를 주려 함에도 불구하고 듣지 않았다. 주님이 자유선언을 하고 그들을 해방시키려 함에도 듣지 않았다. 그들은 종교적 위선을 가지고 있다. 형식만 가지고 있지 삶에 어떤 대답을 가지고 있지 못함에도 불구하고 주님을 받아들이지 않았다. 그리고 남을 판단하고 정죄했다. 진리에 대해 진지성이 없는 것은 무익하다. 진리를 참되게 재해석되는 곳에 하나님이 살아 계신다. 열린 마음으로 정직한 삶을 살아야 한다. 우리의 폐쇄성 속에 하나님을 가둬 두서는 안 된다.

하나님은 우리 모두가 달란트를 더 벌어들이는 자, 곧 성취자가 되도록 하신다. 세상은 승자에 열광하고 패자에 대해 관심을 두지 않지만 하나님은 예외 없이 우리 모두가 하나님의 나라의 풍성한 삶을 살기 바라신다. 아예 무익한 종이 없기 바라신다.

“바깥 어두운 데로 내어 쫓으라.” 달란트 받은 자가 달란트를 발휘하지 못하면 밖으로 쫓겨나며 거기서 슬피 울며 이를 갈게 되는 벌에 처해지게 된다. 한 달란트 맡은 종은 책망을 듣고 쫓겨났다. 이 비유는 최선을 다해 충성함으로써 주님을 기쁘시게 해야 한다는 것을 가르쳐준다. 하나님의 일을 맡은 자에게 남은 것은 충성뿐이다. ‘바깥(*exoteron*, outer) 어두운 데(*skotos*, darkness)’를 지옥으로 보기도 한다. 꼭 지옥이 아니더라도 그가 설 땅은 부끄러운 땅이다. 그는 그 어두운 가운데서 이를 갈며 슬피 울 수밖에 없다. 하나님을 위한 부자가 아니라 자기를 위해 부자가 된 사람이 너무나 많다. 자기 자신만을 위해 살고 주님을 위해서는 인색한 사람이 과연 구원을 받을 수 있을까?

이 달란트 비유가 주는 삶의 원칙을 살펴보면 다음과 같다.

(1) 소유(ownership)의 원칙: 내가 가진 모든 것은 진정으로 하나님께 속한 것이다. “어떤 사람이 타국에 갈 새 그 종들을 불러 자기 소유를 맡김과 같으니(마 25:14).”

(2) 배분(allocation)의 원칙: 하나님은 각자에게 다른 독특한 달란트를 주셨다. “각각 그 재능대로 하나에게는 금 다섯 달란트를, 하나에게는 두 달란트를, 하나에게는 한 달란트를 주고 떠났더니(마 25:15).” “우리에게 주신 은혜대로 받은 은사가 각각 다르니(롬 12:6).”

(3) 책임(accountability)의 원칙: 하나님은 나에게 맡겨준 달란트를 사용하여 뭔가 다른 것을 만들어 내기를 기대하신다. “오랜 후에 그 종들의 주인이 돌아와 저희와 결산할 새(마 25:19).”

(4) 활용(utilization)의 원칙: 하나님이 나에게 주신 것을 땅에 묻는 것은 나쁜 것이다. 첫째 사람은 다섯 달란트로 다섯 달란트를 남겼다. 두 번째 사람도 두 배를 남겼다. 그러나 세 번째 사람은 자기의 달란트를 땅에 묻었다(18절). 달란트를 땅에 묻은 종에 대한 주인의 반응은 “악하고 게으른 종아”라는

것이었다(26, 27절).

(5) 성취(achievement)의 원칙: 하나님은 각자에게 달란트를 주시며 남기도록 하셨다. 즉 성취의 삶을 살도록 하신 것이다. 하나님은 우리가 각자의 삶에서 주를 위해 얼마나 성취의 살을 살았는가에 관심을 가지신다.

(6) 동기부여(motivation)의 원칙: 두려움으로 인해 달란트를 사용하지 않고 땅에 묻었다. 우리 각자에게 부여된 능력에 대해 비관하지 않고 오히려 자랑스럽게 생각하며 그것을 더욱 활용하도록 해야 한다.

(7) 적용(application)의 원칙: 내가 달란트를 활용하지 않으면 그것을 잃게 된다. "그에게서 그 한 달란트를 빼앗아 열 달란트 가진 자에게 주어라(28절)."

(8) 보상(compensation)의 원칙: 나의 달란트를 현명하게 사용하면 보상을 받는다. "잘 하였도다 충성된 종아 네가 작은 일에 충성하였으매 내가 많은 것으로 네게 맡기리니 네 주인의 즐거움에 참예할지니라(23절)." 칭찬, 더 많은 것을 맡기는 신뢰감, 주인의 기쁨의 축하잔치에 참예하는 영광을 얻는다.

3. 양과 염소 비유(31-46절): 최후의 심판

이 단락은 최후의 심판 모습을 보여주고 있다. 그 가운데 양과 염소의 비유가 들어있다.

"인자가 자기 영광으로 모든 천사와 함께 올 때에 자기 영광의 보좌에 앉으리니(31절)." 이 말씀은 마태복음 16:27, "인자가 아버지의 영광으로 그 천사들과 함께 오리니 그 때에 각 사람이 행한 대로 갚으리라" 하신 말씀이 성취됨을 보여준다. 예수님께서 재림 주로 영광스럽게 오시며, 그 때 모든 권세를 가진 심판 주, 곧 임금으로 오신다. 예수님은 초림 때 섬기기 위해 종의 모습으로 오셨지만 재림 때는 심판주로 영광스럽게 오신다.

"모든 민족을 그 앞에 모으고 각각 구분하기를 목자가 양과 염소를 구분하는 것 같이 하여(32절)." 심판 때 양(*probata*, sheep)과 염소(*eriphon*, goats)가 구분된다. 팔레스타인에서는 낮 동안에는 양과 염소를 함께 두지만 밤에는 갈라놓는다. 양은 의로운 자를 가리키며, 염소는 사악한 자를 가리킨다.

"양은 그 오른편에 염소는 왼편에 두리라(33절)." 은 그의 오른쪽에, 염소는 그의 왼쪽에 세운다. 자리가 달라진다. 오른 편은 귀한 자리로 존경받는 사람이 앉는 자리이다. 유대인은 오른 편을 왼편보다 더 존귀하고, 선한 곳으로 여겼다.

"그 때에 임금이 그 오른편에 있는 자들에게 이르시되 내 아버지께 복 받을 자들이여 나아와 창세로부터 너희를 위하여 예비 된 나라를 상속받으라(34절)." 그 때 임금은 자기 오른쪽(*dexion*, right hand)에 있는 사람들에게 말한다. "내 아버지께 복을 받은 사람들아. 와서 창세(*kataboles kosmou*, foundation of the world) 때로부터 너희를 위하여 준비한 이 나라(*basileian*, kingdom)를 차지하라." 임금은 심판 주이신 예수님을 가리킨다. "나라를 상속받으라." 우편에 선 사람들은 하나님 나라의 상속자임을 보여준다. 이것은 하나님의 아들들이 받게 되는 축복이다.

임금은 오른 편에 서 있는 자들을 향해 "내가 주릴 때에 내게 먹을 것을 주었고, 목마를 때에 마실 것을 주었으며, 나그네로 있을 때에 영접하였고, 헐벗을 때에 입을 것을 주었고, 병들어 있을 때에 돌보아 주었고, 감옥에 갇혀 있을 때에 찾아 주었다(35, 36절)." 하였다. 이 모든 것은 모두 자발적인 섬김으로, 사소한 것처럼 보일 수 있다. 하지만 이 일은 인내와 사랑이 없으면 지속할 수 없는 일이다.

의인들은 자기들이 평소 행한 많은 선행들을 다 잊고 언제 우리가 주님께 그렇게 했느냐고 오히려 반문 한다(37-39절).

임금은 말한다. “내 형제 중에 지극히 작은 자(*ton elachiston*, the least) 하나에게 한 것이 곧 내게 한 것이니라(40절).” 사람들은 사람을 의식한다. 지위가 낮은 자보다 높은 자, 보잘 것 없는 자보다 아름다운 자, 작은 자보다 큰 자, 모르는 사람보다 아는 사람을 더 크게 인식한다. 우리의 시선은 낮은 데를 향하기보다 높은 데를 향한다. 이것이 사람들의 일반적인 성향이다. 그런데 예수님의 시선은 지극히 작은 자에게 있다. 높은 곳이 아니라 낮은 곳이다. 지극히 작은 자 하나에게 한 그 작은 행동이 주님을 위한 것이라는 데 사람들은 놀란다. 이것은 하나님 사랑과 이웃사랑이 직결된다는 것으로, 이 말씀은 이 단락에서 가장 핵심을 이루는 사상이다.

예수님은 이 땅에 오셔서 병든 자를 고쳐 주시고, 가난한 자와 외로운 자의 벗이 되어 주셨다. 그리고 우리로 하여금 이 땅에 살면서 지극히 작은 자에게 선을 행하라 하신다. 그것이 곧 주님께 한 것이라 하셨다. 야고보도 말한다. “하나님 아버지 앞에서 정결하고 더러움이 없는 경건은 곧 고아와 과부를 그 환난 중에 돌보고 또 자기를 지켜 세속에 물들지 아니하는 그것이니라(약 1:27).” 하나님이 원하시는 경건은 세상에 빠지지 않고, 그들과 달리 작은 자를 돌아보며 사는 데 있다. 경건의 개념이 다르다. 작은 자에게 긍휼을 베풀고 돌보라. 이것이 참된 경건이다.

임금은 왼편에 있는 자들(*euonymon*, the left)을 가리켜 저주를 받은 자들이라 했다. 그리고 그들이 가야할 곳은 마귀와 그 부하들을 위해 준비된 영원한 불(*pyr*, fire)이라 하셨다(41절).

그 이유는 간단하다. 주님이 주릴 때에 너희가 먹을 것을 주지 아니하였고 목마를 때에 마시게 하지 아니하였고 나그네 되었을 때에 영접하지 아니하였고 헐벗었을 때에 옷 입히지 아니하였고 병들었을 때와 옥에 갇혔을 때에 돌보지 아니하였다는 것이다(42, 43절). 그들은 반문했다. "우리가 어느 때에 주께서 주리신 것이나 목마르신 것이나 나그네 되신 것이나 헐벗으신 것이나 병드신 것이나 옥에 갇히신 것을 보고 공양하지 아니하더이까(44절)." 이에 임금이 대답했다. "내가 진실로 너희에게 이르노니 이 지극히 작은 자 하나에게 하지 아니한 것이 곧 내게 하지 아니한 것이니라(45절)."

오른 편에 있는 자든 왼 편에 있는 자든 모두 이 땅에서 '지극히 작은 자'에 대해 행한 행위로 판결된다. 여기서 지극히 작은 자란 주린 자, 목마른 자, 나그네 된 자, 헐벗은 자, 병든 자, 옥에 갇힌 자들이다. 예수님은 이것을 6가지 상황으로 설정하셨다. 한 마디로 그들은 사회적으로 관심을 받지 못하는 약자들(social outcasts)이다. 예수님은 이들에 대해 얼마만큼 관심을 가지고 살았는가에 주목하신다. 사소한 일 같지만 주님 보시기에 결코 작은 일이 아니다. 그들을 향한 사랑과 긍휼히 여기는 마음이 담겨 있는가, 그리고 그 마음을 행동에 옮겼는가가 중요하다. 왼 편에 있는 자들은 칭찬이 아니라 저주의 심판을 받았다.

"그들은 영벌에, 의인들은 영생에 들어가리라 하시니라(46절)." 오른 편에 있는 의인들은 영생(*aionion zoen*, eternal life)에 들어가고, 왼편에 있는 악인들은 영벌(*aionion kolasin*, eternal punishment)에 들어간다. 이것이 바로 예수님이 말씀하신 양과 염소 비유의 결말이다.

마태복음 26장

예수를 죽일 모의, 향유를 부은 여인, 가룟 유다의 배반, 최후의 만찬, 베드로의 부인 예언, 겟세마네의 기도, 잡히신 예수님, 대제사장의 심문, 베드로의 부인

1. 예수를 죽일 모의(1-5절)

예수님께서 감람산 설교를 다 마치시고 제자들에게 말씀하셨다. “너희가 아는 바와 같이 이틀이 지나면 유월절이라 인자가 십자가에 못 박히기 위하여 팔리리라(2절).” 예수님이 여러 차례 예고한 수난의 때가 왔음을 말씀하신 것이다. 여기서 주님은 자신이 십자가에 못 박히실 것과 이를 위해 팔리게 될 것을 예언하셨다.

마태는 유월절(*Pascha*, Passover)이라 했는데, 마가와 누가는 ‘무교절’이라 했다. 모두 이스라엘이 이집트에서 어린 양의 피로 구원받고 나온 것을 기념하는 절기라 일반적으로 같은 뜻으로 사용되기도 하지만 지키는 날은 다르다. 유월절은 ‘넘어가다,’ ‘지나가다’ 는 뜻으로 니산 월(3, 4월경) 15일 하루이고, 무교절은 누룩을 넣지 않는 빵을 먹은 것을 기념하는 절기로 15일부터 21일까지 한 주간이다.

그 때에 대제사장들과 백성의 장로들이 가야바(*Kaiapha*, Caiaphas)라 하는 대제사장의 관정(*aulen*, courtyard)에 모였다. '대제사장들과 백성의 장로들'은 제사장, 서기관, 각 지파 장로들로 각각 24명씩 모두 72명으로 구성된 유대 최고회의, 곧 산헤드린을 말한다. 이 공회의 의장은 대제사장이다. 가야바는 본디오 빌라도의 전임자인 발레리우스 그라투스에 의해 A.D. 18년 임명되었으나 빌라도 후임자인 비텔루스에 의해 A.D. 36년 해임되었다. 원래 대제사장은 종신직이었으나 예수님 당시에는 파직하는 일이 생겨 전직 대제사장 안나스와 현직 대제사장 가야바가 있었다. 대제사장은 18,000여명에 달하는 제사장들의 우두머리였다.

그들은 예수를 흉계로 잡아 죽이려고 의논했다. 그들이 예수님을 죽일 음모를 꾸민 날은 예루살렘 체류 나흘 째 되는 수요일로, 예수님을 체포해 죽이려는 특별한 목적으로 소집되었다(막 14:55). 하지만 민란이 날까 두려워 명절에는 하지 말자 했다. 명절은 유월절을 말한다. 유월절은 목요일 저녁부터 시작되었다. 유월절에는 전국으로부터 수십만의 순례 객들이 모인다. 보통 예루살렘 상주인구의 5배가 유월절 기간에 몰려든다. 이들 가운데는 갈릴리에서 온 사람들, 예수를 따르는 사람들도 많아 예수를 체포하면 소요가 발생할 가능성이 높다. 하지만 뜻하지 않게 가룟 유다의 배신으로 예수를 제거하려는 음모가 신속하게 진행될 수 있었다. 예수님께서 "팔리리라"는 말씀이 이뤄지게 된 것이다.

2. 예수의 머리에 향유를 부은 여인(6-13절)

예수께서 베다니 나병환자 시몬의 집에 계실 때였다. 한 여자가 매우 귀한 향유 한 옥합을 가지고 나아와서 식사하시는 예수의 머리에 부었다(7절). 향유 사건은 예루살렘 입성 하루 전일이다(막 14:3-9, 요 12:2-8). 마태는 임박한 예수 죽음의 구속사적 의미를 강조하게 위해 이 사건을 기록하였다.

당시 유대인들은 나병뿐 아니라 갖가지 피부병을 나병이라 하였다. 시몬은 나병을 앓다 예수님께 치료를 받은 것으로 보인다. 그 때 한 여인이 나타나 향유(*myrou*, fragrant oil) 한 옥합(*alabastron*, an alabaster flask)을 예수의 머리에 부었다. 요한복음 12:3은 이 여인이 죽었다가 살아난 나사로의 누이 마리아라 하였다. 이스라엘에서는 식사 전에 손님에게 물과 기름을 주든지, 종에게 손님의 발을 씻기고 기름을 발라주게 했다. 그런데 이 여인은 식사 도중에 귀한 옥합을 향유를 예수님의 머리에 부었다.

마가복음 14:3에서는 '매우 값진 향유 곧 나드(*nardou*, nard)'라 하였다. 마가복음 14:5에서는 이것을 "삼백 데나리온 이상에 팔아"라 했다. 한 데나리온이 노동자의 하루치 임금에 해당하므로 이 액수는 노동자의 일 년 벌이에 해당한다. 마리아가 이것은 단번에 드린 것은 그만큼 예수님을 사랑한 데서 나온 신앙적 결단이었다.

제자들이 이를 보고 분개하며 "무슨 의도로 이것을 허비하느냐 이것을 비싼 값에 팔아 가난한 자들에게 줄 수 있었겠도다." 했다. '허비(*apoleia*, waste)'는 문자적으로 엉뚱하게 사용하는 것을 말한다. 이것은 여인의 신앙적 행동을 깨닫지 못한 망언이었다.

요한복음 12:4-6에 따르면 직접 불만을 제기한 사람은 가룟 유다였다. 그가 재빨리 향유의 값을 300데나리온이라 계산하고, 그것을 가난한 자를 구제하는 데 사용했으면 얼마나 좋았겠느냐 한 것이다. 그는 가난한 자에 대한 구제를 말했지만 그것은 하나의 구실일 뿐 그 돈이 탐났기 때문이었다. 다른 제자들도 그의 말에 동의했다.

예수님은 이를 아시고 그들에게 말씀하셨다. "너희가 어찌하여 이 여자를 괴롭게 하느냐 그가 내게 좋은 일을 하였느니라(10절)." 제자들은 이 여인이 얼마나 구제 이상의 고귀한 일을 했는지 알지 못했다. 하지만 예수님은 주님을 향한 여인의 헌신과 사랑을 아셨다. 수난과 죽음의 길을 가실 주님을 생각하면 향유 한 옥합도 부족하다.

"가난한 자들(*ptochous*, the poor)은 항상 너희와 함께 있거니와 나는 항상 함께 있지 아니하리라(11절)." 주님의 이 말씀은 "땅에는 언제든지 가난한 자가 그치지 아니하겠으므로(신 15:11)"라는 말씀을 반영한 것이다. 탈무드에 따르면 하나님은 우리에게 선행의 기회를 주기 위해 우리 곁에 가난한 자를 두신다. 하지만 예수님의 죽으심은 언제나 있는 일이 이니다. 그것은 역사에 단 한번밖에 없는 대속의 죽음이다. 주님은 지금 그 길을 가고 있다.

"이 여자가 내 몸에 이 향유를 부은 것은 내 장례(*entaphiasai*, burial)를 위하여 함이니라(12절)." 유대인들은 장사할 때 시신에 기름을 발랐다. 주님은 이 향유가 자신의 장례를 위한 것이라 하셨다. 이것은 예수님이 돌아가셨을 때 시신에 기름을 바르는 절차를 갖추지 못할 것을 미리 아신 것으로 보인다. 이런 점에서 마리아의 행동은 비록 자신이 이것까지 생각지 못한 것이었다 해도 그렇게 될 것을 미리 보여준 것이라는 점에서 남다르다.

"내가 진실로 너희에게 이르노니 온 천하에 어디서든지 이 복음이 전파되는 곳에서는 이 여자가 행한 일도 말하여 그를 기억하리라(13절)." 그리스도의 사역의 중심은 십자가 사건이다. 이 사건을 말할 때마다 이 여인을 말하게 될 것이라는 말씀이다. 이 여인이 예수님의 마지막을 장식한 여인이 되었고, 그것을 주님이 기쁘게 받으셨기 때문이다.

3. 가룟 유다의 배반과 최후의 만찬(14-16절)

그 때 예수의 제자 중 하나인 가룟 유다가 대제사장들에게 찾아가 말했다.

"내가 예수를 너희에게 넘겨주리니 얼마나 주겠느냐." 공회의 가장 큰 문제는 공개적으로 민중을 자극하지 않고 예수를 체포하는 것이었다. 그런데 유다가 기회를 포착하여 그들에게 밀고하겠다고 제의한 것이다. 그들로서는 절호의 기회가 아닐 수 없다.

그들은 유다에게 은 삼십(*triakonta argyria*, 30 pieces of silver)을 달아 주었다. 은 삼십은 당시 노예의 몸값이었다(출 21:32). 예수님이 이 값에 팔리신 것은 스가랴 11:12의 말씀이 성취된 것이다. 유다는 그 때부터 예수를 넘겨 줄 기회(*eukairian*, an opportunity)를 찾았다.

4. 최후의 만찬(17-30절)

이 단락에서는 최후의 만찬을 기록하고 있다. 목요일 저녁으로, 예루살렘 시내 어느 가정에서 제자들과 함께 마지막 저녁 식사를 하셨다.

무교절의 첫째 날에 제자들이 예수께 다가와 유월절 음식을 잡수시게 준비하려고 하는데 어디에다 하기를 바라시는지 물었다. 니산월 14일 서산에 해가 지면서 유월절 축제가 시작된다. 유월절 의식은 먼저 식구들이 함께 유월절 만찬을 먹는 것으로 시작된다. 해가 지기 전 유월절을 준비했는데, 가장 중요한 것은 예루살렘 시내에 유월절 만찬을 거행할 수 있는 방을 마련하는 일이었다. 그리고 오후 2-6시에 성전에서 가족마다 어린양을 한 마리씩 잡는 일이었다. 식구가 적은 경우 몇 집이 어울려 어린양 한 마리를 잡았다.

그러자 예수님은 "성 안으로 아무를 찾아가서, '선생님께서 말씀하시기를, 내 때가 가까워졌으니, 내가 그대의 집에서 제자들과 함께 유월절을 지키겠다고 하십니다.' 하고 그에게 말하라(18절)." 하셨다. "성 안으로 아무를 찾아가서"로 보아 예수님은 예루살렘 성 밖의 베다니에 계신 것으로 보인다. "내 때가 가까워졌으니"의 '때(*kairos*, time)'는 하나님이 정하신 특정 시점을 가리킨다. '내 때'는 인류구원을 위한 예수님의 죽음과 부활을 가리킨다. 예수님은 유월절 식사가 마지막 식사가 될 것을 알고 계셨다.

제자들은 예수께서 시키신 대로 하여 유월절을 준비했다. 일반적으로 유월절 식사는 전식, 본식, 후식 등 여러 과정이 있다. 전식은 먼저 손을 씻고 포도주 잔을 들어 찬양과 감사 기도를 드린 다음 포도주 잔을 돌려 마신다. 본식은 가장이나 주례자가 빵을 들고 찬양기도를 바친 다음 그 빵을 나누어 모든 참석자들이 다른 음식과 함께 먹는다. 그 때 쓴 나물을 하로셋(Haroseth), 곧 과일즙, 식초, 물 등을 섞어 만든 일종의 양념에 찍어 먹는다. 둘째 잔을 돌리고 난 다음 유월절의 내력을 묻거나 의미를 설명해준다. "너희는 여호와를 찬양하라"로 시작되는 '할렐(Hallel)' 시편찬가(시 113, 114편)를 노래한다. 양고기와 누룩 없는 빵을 먹는다. 이것을 만찬이라 한다. 후식은 마지막으로 다시 포도주 잔을 들고 찬양 기도를 드린 다음 마신다. 셋째 잔과 넷째 잔을 마신 다음 할렐시 후반부(시 115-118편)를 부르면서 행사를 마친다. 이 절차는 그리스도의 모형을 선명하게 보여주는 것으로, 교회에서의 성찬은 유월절 만찬과 관련된다.

저물 때에 예수께서 열두 제자와 함께 앉으셨다. 유월절 식사는 평소의 식사와는 달리 해가 저문 후에 시작되어 한 밤중까지 이어진다. 식사를 하고 있을 때 예수께서 말씀하셨다. "내가 진정으로 너희에게 말한다. 너희 가운데 한 사람이 나를 팔아 넘겨줄 것이다(21절)." 그 말에 제자들은 몹시 걱정이 되어 저마다 "주님(*Kyrie*, Lord), 저는 아니지요?" 말하기 시작했다. 그러자 예수님은 "나와 함께 그릇(*triblio*, dish)에 손을 넣는 그가 나를 팔리라" 하셨다(23절). 유대에서는 하로셋을 그릇에 담아 두 세 사람이 함께 채소나 빵을 찍어 먹었다. 예수님께서 가룟 유다의 이름을 분명하게 말씀하지 않으신 것은 그로 하여금 마지막까지 회개할 수 있는 기회를 주기 위한 주님의 배려로 해석하기도 한다.

"인자는 자기에 대하여 기록된 대로 가거니와 인자를 파는 그 사람에게는 화가 있으리로다 그 사람은 차라리 태어나지 아니하였더라면 제게 좋을 뻔하였느니라(24절)." "인자는 자기에 대해 기록된 대로," 이 말씀은 예수님이 사람들의 손에 희생되는 것이 아니라 이미 예언된 대로 하나님의 구원계획을 이루기 위함임을 나타낸다. 예수님은 이를 거듭 강조하셨는데, 제자들이 이 사실을 인지할 필요가 있었기 때문이다. 예수님을 팔아넘긴 자에게 '화가 있으리라(*ouai*, woe)' 는 말씀은 예수님의 당하실 사건이 예정된 것이라 할지라도 팔아넘긴 자의 책임은 결코 무효화되지 않음을 가리킨다. "차라리 나지 아니하였더라면" 은 가룟 유다가 받을 영원한 형벌이 얼마나 고통스러운가를 아시기 때문에 불쌍히 여기는 마음에서 하시는 말씀이다.

예수를 파는 유다가 말했다. "랍비여 나는 아니지요?" 다른 제자들은 예수님을 '주' 라고 불렀음에 반해 유다는 '선생님' 이라 불렀다. 예수님에 대한 인식의 차이가 있음을 보여준다. 그러자 예수님은 "네가 말하였도다(25절)." 하셨다. '바로 너다' 는 말씀이다. 25절은 마태복음에만 기록되어 있는데, 이것은 예수님과 유다 사이에만 이루어진 것으로 보이는데, 그 이유는 다른 제자들이 눈치 채 지 못했기 때문이다. 하지만 본문은 유대의 정체를 노출시킴으로써 극적 긴장감을 더해 주고 있다.

그들이 먹고 있을 때 예수께서 빵을 들어서 축복하신 다음 떼어서 제자들에게 주시고 말씀하셨다. "받아서 먹어라. 이것은 내 몸이다(26절)." 유대인들은 음식을 먹을 때 전식을 마치고 주식으로 들어가기 전 주인이 빵을 들고 하나님을 찬양하는 기도를 드리고 나서 손님들에게 나누어주었다. 예수님은 유월절 식사가 한참 진행된 후 유월절 의례와는 아주 다른 특별한 말씀을 하셨다. "이것은 내 몸이라." 여기서 몸(*soma*, body)은 단지 신체적인 몸을 가리키는 것이 아니라 인류 구속자로서의 예수님 자신을 가리킨다. 떡을 떼어 주신 것은 예수님이 십자가에서 자신을 모두 내어주심을 보여주는 상징적 행위이다. "받아서 먹으라(*labete phagete*, take eat)."는 것은 인류의 죄를 위해 죽으신 예수를 완전히 받아들여 자신의 것으로 하라는 것이다. 이 말씀은 후에 성찬식의 기원이 된다.

또 잔을 들어 감사기도를 하신 다음 그들에게 주시며 말씀하셨다. "너희가 다 이것을 마시라 이것은 죄 사함을 얻게 하려고 많은 사람을 위하여 흘리는 바 나의 피(*haima*, blood) 곧 언약의 피니라(27, 28절)."

유대인들은 주식을 마친 다음 하나님을 찬양하는 기도를 드린다. 그 다음 후식으로 포도주를 마셨다. 예수님은 잔을 들어 감사기도를 한 다음 일반 유월절 식사에서 하지 않는 특별한 말씀을 계속 주셨다. 이 잔은 죄 사함을 위해 흘리는 나의 피요 언약(*diathekes*, covenant)의 피라는 것이다. 예수님이 흘리실 피는 속죄함을 위한 것이다. 예수님은 여기에서 자신의 피가 '모든(all) 사람'이 아니라 '많은(*pollon*, many) 사람'을 위한 것임을 밝히셨다(사 53:12, 마 1:21, 요 10:27-28, 행 20:28). 인류 구원을 위한 피 흘림이기는 하지만 모두가 구원 받지는 못한다는 것을 보여준다. 예수님의 이 말씀은 근본적으로 당신 자신을 유월절 희생양으로 하나님께 드린다는 신령한 선포이다(고전 5:7). 초대교회 이래로 엄수되어온 성찬예식의 기원이 바로 여기에 있다.

언약의 피는 모세가 시내 산에서 이스라엘 백성에게 뿌린 언약의 피, 곧 하나님과 이스라엘 백성 간의 언약의 뜻을 가진다. 모세는 수송아지를 잡아 하나님께 번제와 화목제를 드린 다음 그 피의 절반은 제단에, 나머지 절반은 이스라엘 백성에게 뿌리면서 "이는 여호와께서 너희와 맺으신 언약의 피"라 했다. 이로써 하나님과 이스라엘 백성 사이에 언약이 체결되었다(출 24:8). 이 언약으로 하나님은 이스라엘을 돌보시고, 이스라엘은 하나님만을 섬기기로 약속한 것이다.

하나님은 그 언약을 충실히 지키셨다. 하지만 이스라엘은 그 언약을 어기기 일쑤였다. 이제 하나님은 하나님의 백성과 더불어 새 언약을 맺으실 것을 약속하셨다. 새 언약을 맺게 되면 그들의 잘못을 다시는 기억하지 아니하고 그들의 죄를 용서하여 주겠노라 하셨다(렘 31:31-34). 이제 예수님의 피로 새 언약이 체결되는 것이다(고전 11:25). 예수님이 자신의 피가 언약의 피라 하신 것은, 하나님의 구속받은 새 백성을 탄생시키는 새 언약의 완성이 예수 십자가의 피 흘림을 통해 이루어질 것임을 명백하게 드러내신 것이다. 예수님은 이제 당신의 피로서 새로운 언약을 맺어 주시고, 그 결과 죄를 용서해 주신다는 것이다.

"그러나 너희에게 이르노니 내가 포도나무에서 난 것을 이제부터 내 아버지의 나라에서 새것으로 너희와 함께 마시는 날까지 마시지 아니하리라(29절)." 이것은 지상에서 예수님의 마지막 식사이며 고별의 식사가 될 것임을 말해준다. '새 것으로(*kainon*, anew) 마시는 날' 은 예수님께서 재림하시는 날을 가리킨다. 그 때는 하나님 나라가 완성되어 어린 양의 혼인잔치에서 하늘의 식탁이 마련될 것이다(눅 22:30, 계 19:7).

유월절 식사를 마친 다음 그들은 찬송을 부르고 감람산으로 갔다. 그들이 부른 찬송은 유월절 행사 때 부른 할렐시 후반부로 보인다. 예수님은 "내가 죽지 않고 살아서 여호와의 행사를 선포하리라(시 118:17)"는 시편 찬송을 부르시면서 감람산으로 가셨을 것이다.

5. 베드로의 부인을 예언하시다(31-35절)

그 때에 예수께서 제자들에게 말씀하셨다. "오늘 밤에 너희가 다 나를 버리리라 기록된바 '내가 목자를 치리니 양의 떼가 흩어지리라' 하였느니라(31절)." 이것은 스가랴 13:7의 말씀을 인용하신 것으로, 목자를 치면 양들이 흩어질 것을 예언하신 것이다. 예수님이 수난을 당하시면 제자들이 다 도망할 것이라는 말씀이다. 이 예언은 그대로 이루어진다(56절).

"그러나 내가 살아난 후에 너희보다 먼저 갈릴리로 가리라(32절). 제자들은 비록 예수님을 버리고 흩어졌지만 예수님은 부활하신 후 먼저 갈릴리로 가겠다고 하셨다. 이것은 갈릴리에서 다시 모이게 될 것을 암시하고 있다. 갈릴리는 그들의 고향이자 예수님이 그들을 부르셨던 곳이다. 예수님은 다시 그곳에서 그들을 부르시고 그리스도의 제자로서 헌신하도록 하신다. 베드로를 향해 "네가 나를 사랑하느냐? 내 양을 먹이라"는 말씀은 대표적인 보기이다.

베드로가 예수께 말하였다. "모두 주를 버릴지라도 나는 결코 버리지 않겠나이다(33절)." 비록 모든 사람이 다 주님을 버릴지라도 자신은 절대로 그런 일이 없을 것임을 강조하고 있다. 그는 예수님의 수제자로서 자신 있게 말했다. 자신만은 예외라는 것이다. 하지만 그의 결심은 곧 깨지고 만다. 이것은 인간이 얼마나 나약한가를 보여준다.

예수께서 그에게 말씀하셨다. "내가 진실로 네게 이르노니 오늘 밤 닭(*alektora*, rooster) 울기 전에 네가 세 번 나를 부인하리라(34절)." 로마인들은 밤을 사등분 했다. 세 번째 시각을 '닭 울음'이라 불렀다. 밤 12시에서 새벽 3시를 가리킨다. '오늘 밤 닭 울기 전에'는 그 새벽이 되기도 전에, 곧 예수님께서 이 말씀을 하신 불과 몇 시간이 지나기도 전에 자기 스승을 모른다고 부인하게 된다는 것이다. 그 닭 울음으로 베드로는 예수님의 말씀을 기억하고 회개하게 된다.

그러자 베드로가 예수께 말했다. "내가 주와 함께 죽을지언정 주를 부인하지 않겠나이다(35절)." 자신이 주님과 함께 죽는 한이 있어도 절대로 주님을 모른다고 하지 않겠다는 것이다. 베드로만 그 말을 한 것이 아니다. 다른 제자들도 모두 그렇게 말하였다. 그 상황에서 제자들은 그렇게 하겠노라고 다짐했을 것이다. 지난 삼년 동안 예수님과 함께하며 진리의 말씀을 듣고 생생하게 현장교육을 받은 그들이 아닌가. 하지만 그들의 다짐은 결국 한 치 앞을 내다보지 못한 말이 되고 말았다. 그들은 곧 닥칠 위기 앞에서 자신들이 얼마나 육신적으로 나약한가를 알지 못했다.

6. 겟세마네의 기도(36-46절)

그 뒤 예수님은 제자들과 함께 겟세마네라는 곳으로 가셨다. 겟세마네는 예루살렘 성전 맞은 편 감람산 기슭에 있는 작은 동산 이름이다. 겟세마네(*Gethsemani*, Gethsemane)는 문자적으로 '기름을 짜는 곳(oil press)'으로, 감람유를 만드는 곳을 가리킨다. 이스라엘에는 곳곳에 겟세마네가 있다. 하지만 성경에 나오는 이 겟세마네는 예수님의 수난사와 연관된 곳으로, 예루살렘 동쪽 감람산 서쪽 중턱에 있는 동산을 가리킨다. 이곳에 기름을 짜는 곳이 있었음을 보여준다. 이곳은 예수님이 평소 제자들과 자주 찾던 곳이었다. 예수님은 지금 다가올 수난을 앞두고 겟세마네의 기도를 하셨다. 누가는 예수님의 기도 모습을 이렇게 기록했다. "예수께서 힘쓰고 애써 더욱 간절히 기도하시니 땀이 땅에 떨어지는 피 방울 같이 되더라(눅 22:44)."

예수님은 겟세마네에서 제자들에게 "내가 저기 가서 기도하는 동안 너희는 여기 앉아 있으라(36절)." 하셨다. 그리고 베드로와 세베대의 두 아들(야고보와 요한)만 데리고 가셨다. 예수님은 몹시 고민하고(*ademonein*, deeply distressed) 슬퍼하셨다(37절). '슬퍼하사(*erxato lypeisthai*, he began to be sorrowful)' 는 문자적으로 '슬퍼하기 시작하사' 이다. 수난을 앞두고 크게 고민하기 시작했음을 보여준다. 예수님 사이즈의 고난이요 슬픔이다. 이것은 곧 있게 될 십자가의 고통뿐 아니라 죄 없으신 주님께서 자기 백성을 대신하여 받게 될 하나님의 진노 때문에 고통과 슬픔 가운데 놓이게 되었음을 보여준다. 예수님은 그들에게 "지금 내 마음이 너무나 괴로워 죽을 지경이다. 너희는 여기 머물러 나와 함께 깨어 있어라(38절)." 하셨다. "깨어 있으라(*gregoreite*, watch)"는 말씀은 이 엄중한 밤에 경각심을 갖고 깨어 기도할 것을 바라신 것이다.

예수님은 조금 더 나아가 얼굴을 땅에 대시고 엎드려 기도하셨다. "내 아버지여 만일 할 만하시거든 이 잔(*poterion*, cup)을 내게서 지나가게 하옵소서 그러나 나의 원대로 마시옵고 아버지의 원대로 하옵소서(39절)." '아버지, 할 수만 있으면 이 고난의 잔을 내게서 거두어 주옵소서. 그러나 제 뜻대로 마시고 아버지의 뜻대로 하옵소서.' 누가는 이 기도의 현장을 보다 생생하게 묘사하고 있다. "예수께서 힘쓰고 애써 더욱 간절히 기도하시니 땀이 땅에 떨어지는 핏방울 같이 되더라(눅 22:44)." 예수님은 '심한 통곡과 눈물로(히 5:7)' 기도하셨을 것이다.

이 잔은 고난과 죽음의 잔을 가리킨다. 예수님은 자신이 당할 고통의 크기를 아셨기에 정녕 피하고 싶은 잔이었다. 이것은 인성을 가지신 예수님의 인간적인 모습을 그대로 보여준다. 그러나 예수님은 자신의 고통보다 하나님의 뜻을 먼저 생각하셨다. 그리고 이 견디기 어려운 고통을 이겨내셔야 했다.

제자들에게 와서 보시니, 그들은 자고 있었다. 그래서 베드로에게 말씀하셨다. "너희가 나와 함께 한 시간도 이렇게 깨어 있을 수 없더냐(40절)." 제자들은 예수로부터 멀리 있지 않았기 때문에 예수님께서 기도하시는 모습을 볼 수 있었다. 예수님은 그들도 기도로 함께 하기를 바라셨다. 하지만 그들은 영적으로, 육적으로 지쳐 있어 기도마저 끝까지 동참하지 못했다. 죽음의 자리까지도 함께 가겠다던 베드로마저 깨어 기도할 수 없었다. 예수님은 홀로 그 고통을 겪으셔야 했다.

"시험(*peirasmon*, temptation)에 들지 않게 깨어 기도하라 마음(*pneuma*, spirit)에는 원이로되 육신(*sarx*, flesh)이 약하도다(41절)." 인간의 연약함으로 기도에조차 동참하지 못한 제자들에게 주님은 시험에 들지 않게 정신을 차려 기도하라 하신다. 주님이 잡히시면 그들은 도망하게 될 것이고, 베드로는 주님을 모른다며 부인하게 될 것이다. 예수님은 이런 제자들을 바라보며 계속 시험에 빠지지 않도록 기도하라 하셨다. 하지만 마음은 간절하되 몸이 따라주지 않는다는 것을 주님은 아신다. 영적인 사람이라 할지라도 타고난 육적인 한계와 그 약함을 극복하기 위해서는 성령님의 도우심이 필요하다. 그래야 시험과 유혹을 극복할 수 있다.

예수님은 다시 두 번째로 가서 기도하셨다. "내 아버지여 만일 내가 마시지 않고는 이 잔이 내게서 지나갈 수 없거든 아버지의 원대로 되기를 원하나이다(42절)." 예수님의 두 번째 기도는 첫 번째 기도보다 한 걸음 더 나아갔다. "나의 아버지시어, 내가 마시지 않고서는 이 고난의 잔이 내게서 지나갈 수 없는 것이라면 아버지의 뜻(*thelema*, will)대로 해주옵소서." 십자가의 고난을 피하려는 첫 번째 기도의 유혹은 이미 극복되었다. 이젠 그 고난을 각오하고 아버지의 뜻에 따라 그 잔을 기꺼이 받으시고자 하는 기도를 하셨다.

예수께서 다시 와서 보시니 그들은 그대로 자고 있었다. 그들은 너무 졸려서 눈조차 뜰 수 없었다. 예수님은 그들을 그대로 두고 다시 가서 또 다시 같은 말씀으로 세 번째 기도를 하셨다. 그리고 제자들에게 와서 말씀하셨다. "이제는 자고 쉬라 보라 때가 가까이 왔으니 인자가 죄인의 손에 팔리느니라(45절)." 이제 남은 시간은 자고 쉬어라. 보라. 때가 이르렀다. 인자가 죄인들의 손에 넘어간다. "일어나라 함께 가자 보라 나를 파는 자가 가까이 왔느니라(46절).” ‘이젠 일어나라. 나를 팔아넘길 가룟 유다가 가까이 왔다.’ 예수님은 더 이상 괴로워하거나 슬퍼하지 않으셨다. 오히려 고난을 묵묵히 그리고 용감하게 맞으셨다. 이제 겟세마네의 고뇌는 끝났고, 그 잔을 마시기로 결단하셨기 때문이다.

예수님의 겟세마네 기도는 십자가 고난을 앞두고 홀로 나아가야만 했던 주님의 피나는 기도이다. 우리는 빚진 자로서 무릎 꿇고 이 기도를 읽어야 한다. 그리고 부활의 영광에 참여할 것만 생각하지 말고, 그 앞서 다가올 엄청난 시련도 이길 수 있는 힘을 달라 기도해야 할 것이다.

7. 예수님이 잡히시다(47-56절)

예수님의 말씀이 미처 끝나기도 전에 열 두 제자 중에 하나인 유다가 왔다. 그리고 대제사장들과 장로들이 보낸 많은 무리도 왔는데, 그들의 손에 칼과 몽둥이가 들려 있었다. 로마 당국도 유대 지도자들의 요청을 거부할 수 없었을 것이다. 유다는 그들과 미리 암호(*semeion*, a sign)를 짜 자신이 예수님에게 입을 맞출 테니 그를 붙잡도록 했다.

유다가 예수께 나아와 “랍비여 안녕하시옵니까?” 하고 입을 맞췄다. 유대인에게는 친밀한 사이, 사제 간에 입을 맞추며 인사하는 습관이 있었다. 이것은 사랑을 나타내는 것인데, 유다는 사랑의 인사를 하면서 배반했다.

예수님은 “친구여 네가 무엇을 하려고 왔는지 행하라(50절).” 하셨다. 원문은 “친구여, 무엇하러 여기에 왔느냐(*eph ho parei*, for what are you come)?” 물으셨다. 그러자 그들이 달려들어 예수님을 붙잡았다.

그때 예수님의 곁에 섰던 한 사람이 칼을 빼어 대제사장의 종을 쳐 그의 귀를 잘라 버렸다. 마태복음에서는 칼을 뺀 사람이 누구인지를 밝히지 않았지만 요한복음에는 베드로였음을 밝히고 있다(요 18:10). 귀가 잘린 종의 이름은 말고(Malchus)였다. 베드로는 스승을 생각하는 열정에서 이 같은 행동을 했을 것이다.

하지만 예수님은 그에게 말씀하셨다. "네 칼을 도로 칼집에 꽂아라. 칼을 쓰는 사람은 다 칼로 망한다(52절)." 예수님의 말씀은 '칼을 쓰는 자는 칼로 망한다' 는 일반원칙을 제시한 것이 아니다. 당시 종교지도자들은 무력을 사용해서라도 예수님을 제거하고자 했다. 그렇다고 해서 베드로가 이 상황에서 칼을 사용한 것은 하나님의 뜻을 생각하지 않은 것임을 밝히고 있다. 인류를 구속하시려는 하나님의 계획에 어긋나도록 해서는 안 된다는 말씀이다.

"너는 내가 내 아버지께 구하여 지금 열두 군단(*legionas*, legions) 더 되는 천사를 보내시게 할 수 없는 줄로 아느냐 내가 만일 그렇게 하면 이런 일이 있으리라 한 성경이 어떻게 이루어지겠느냐(53, 54절)."

예수님이 하나님께 청하기만 하면 12개 여단의 군대보다 더 많은 천사들을 당장 보내 주실 수 있다. 만일 그렇게 한다면 '이런 일이 반드시 일어나야 한다' 고 한 성경 말씀, 곧 구속의 예언이 어떻게 이루어지겠는가. 한 군단은 3천에서 6천여 명의 병력을 뜻한다. '12개 이상의 군단'은 하나님께서 무수한 천사를 보내 로마 군대를 멸하실 수 있음을 나타낸다.

예수님은 자신을 잡으러 온 사람들에게 말씀하셨다. "너희가 강도를 잡는 것 같이 칼과 몽치를 가지고 나를 잡으러 나왔느냐 내가 날마다 성전에 앉아 가르쳤으되 너희가 나를 잡지 아니하였도다(55절)." 예수님이 날마다 성전에 앉아 가르치실 때는 자신을 잡지 않더니 지금은 마치 자신을 강도라도 되는 것처럼 칼과 몽둥이를 들고 잡으러 왔느냐는 것이다. 예수님은 자신을 범죄자로 취급하며 잡으러 한 것에 대해 모욕감을 느꼈으리라.

하지만 예수님은 말씀하셨다. "그러나 이렇게 된 것은 다 선지자들의 글을 이루려 함이니라(56절).” 이 상황에 비추어 선지자의 글은 “범죄자 중 하나로 헤아림을 입었음이라” 한 이사야 53:12의 말씀을 먼저 떠올릴 수 있다. 하지만 ‘선지자들의 글(*graphai*, scriptures),’ 곧 복수형을 사용했기 때문에 구약에 예언된 메시야에 관한 모든 구절을 가리킨다.

그 사이에 제자들은 예수님을 버리고 모두 도망쳐 버렸다. 모두 달아난 것이다. 이것도 31절의 말씀처럼 예수님께서 예언하신 바다.

8. 대제사장의 심문(57-68절)

예수를 잡은 사람들은 그를 대제사장 가야바에게로 끌고 갔다. 거기에는 서기관들과 장로들이 있었다. 베드로는 멀찍이 떨어져서 예수를 뒤따라 대제사장의 집 안마당에까지 들어갔다. 그는 결말(*telos*, outcome), 곧 일이 어떻게 되어 가는지 보려고 안으로 들어가 하인들(*hypereton*, guards 경비병들) 틈에 끼여 앉았다. 대제사장의 집으로 끌려가신 예수님은 목요일 밤 내내 심문을 받으셨다.

대제사장들과 온 공회는 예수를 죽이고자 그를 칠 거짓 증거를 찾았다(59절). 이것은 대제사장 가야바와 산헤드린 공회(*synedrion*, Sanhedrin, Council) 앞에서의 심문을 가리킨다. 요한복음에는 전직 대제사장이었던 안나스 앞에서의 예비심문이 기록되어 있다(요 18:12-14, 19-23). 가야바 저택에서 새벽(1-3시)에 은밀하게 이루어지는 이 심문은 산헤드린 공회원 모두가 참석하지 않은 것으로 보인다. 미쉬나에 따르면 회원 23명만 참석해도 회의를 개최할 수 있다. 사형선고를 위해서는 적어도 두 사람의 증인이 필요하고(신 17:6, 19:15, 민 35:30), 증인들의 증언이 구체적으로 일치할 때만 유죄판결을 내릴 수 있다. 그들은 예수님을 사형에 처할 만한 증거를 잡고자 하였다. 예수를 칠 거짓 증거(*pseudomartyrian*, false testimony)를 찾았다는 것은 그들 스스로 율법을 파괴하고 있었음을 보여준다. 거짓 증거를 하게 되면 되레 벌을 받게 되어 있기 때문이다(신 19:18, 19). 거짓 증거를 모색한 것으로 보아, 공회원들은 적법한 절차를 무시한 채 예수님에게 유죄 판결을 내리려 급급했음을 보여준다.

많은 사람들이 와서 거짓 증언을 했다. 하지만 실질적인 증거를 얻지 못했다. 그런데 마지막으로 두 사람이 나타나 이 사람이 하나님의 성전을 헐고 3일 만에 다시 세울 수 있다 했다며 증언했다(61절). 이 고발은 "너희가 이 성전을 헐라. 내가 사흘 동안에 일으키리라(요 2:19)" 하신 말씀에 근거한 것으로 보인다. 성전을 파괴하거나 모독하는 행위는 사형에 해당한다. 하지만 예수님은 '내가' 성전을 헐겠다고 하신 적이 없다. "너희가 헐라" 하셨다. 그것도 예루살렘 성전이 아니라 자신의 육체를 가리켜 하신 말씀이었다. 나아가 장차 예루살렘 성전이 파괴될 것을 예고하셨을 뿐이다. 그러므로 그들의 증언도 거짓일 수밖에 없다. 마가복음 14:59에 따르면 그들의 증거도 서로 합하지 않았다. 이것은 그들의 고발이 법적인 효력이 없었음을 보여준다.

하지만 예수님은 침묵하셨다(*esiopa*, was silent). 이 침묵은 여호와의 종의 침묵을 연상케 한다(사 53:7). 예수님은 빌라도 앞에서도 침묵하셨다. 그러자 대제사장이 일어나 예수님께 물었다. "아무 대답도 없느냐 이 사람들이 너를 치는 증거가 어떠하냐?" 불리한 증언을 하는데도 왜 답변도 하지 않는지 궁금한 것이다.

그러자 대제사장이 직접 심문하기 시작했다. "내가 너로 살아 계신 하나님께 맹세하게 하노니 네가 하나님의 아들 그리스도(*Christos*, Christ)인지 우리에게 말하라(63절)." 그의 물음은 직설적이다. "내가 살아 계신 하나님의 이름으로 너에게 묻는다. 네가 하나님의 아들 그리스도냐?" 레위기 24:16에 따르면 여호와의 이름을 훼방하는 자는 사형에 처했다. 이 율법에 근거하여 대제사장은 예수를 죽이려 한 것이다. 만일 이 물음에 예수께서 긍정적으로 답변하기만 하면 정치적 죄목을 덮어씌워 총독에게 고발할 셈이다. 공회는 실제로 빌라도에게 예수님을 반란죄로 고발했다. 십자가 위의 죄목도 마찬가지다.

예수님께서 말씀하셨다. "네가 말하였느니라 그러나 내가 너희에게 이르노니 이 후에 인자가 권능의 우편(*dexion*, right hand)에 앉아 있는 것과 하늘 구름을 타고 오는 것을 너희가 보리라(64절)." 예수님도 단호하게 말씀하셨다. "그렇다. 내가 분명히 너희에게 말해 두지만 앞으로 내가 전능하신 분의 오른편에 앉은 것과 구름을 타고 오는 것을 너희가 볼 것이다." 예수님은 평소 자신이 메시야이심을 숨겨 오셨다. 그런데 지금은 자신이 어떤 메시야이신가를 밝히셨다. 예수님은 성경을 인용하여 자신이 부활, 승천하여 하나님의 우편에 앉아 계시다가(시 110:1) 장차 역사의 종말에 세상을 심판하러 하늘 구름을 타고 심판 주로 재림하실 것을(단 7:13) 말씀하셨다. 유대인이 기대한 정치적 메시야가 아니라 인자와 같은 메시야라는 것이다. 권능(*dynameos*, Power)의 우편은 하나님의 우편을 말한다.

그러자 대제사장은 자기 옷을 찢으며 큰 소리로 말했다. "그가 신성 모독하는 말을 하였으니 어찌 더 증인을 요구하겠는가. 여러분은 방금 하나님을 모독하는 말(*blasphemian*, blasphemy)을 들었소(65절)." 옷을 찢는 것은 극도의 분노와 비통의 표시다. 대제사장 가야바는 예수님의 대답을 신성모독으로 간주하고 분노한 것이다. 그는 하나님께 대한 자신의 열성이 얼마나 큰가를 보여주는 체 하면서 사람들로부터 동조를 얻고자 했다.

그는 사람들을 향해 물었다. "여러분은 어떻게 생각합니까?" 그러자 그들은, 예수는 사형을 받아야 한다고 했다. 그리고 그들은 예수의 얼굴에 침을 뱉고, 주먹으로 치고, 또 더러는 손바닥으로 때리기도 하며 말했다. "그리스도야, 우리에게 선지자 노릇을 하라. 너를 친 자가 누구냐." 얼굴에 침을 뱉는 것은 최고의 멸시와 모욕의 표시다. 때리는 것은 말할 것 없다. 손바닥으로 때린 것(*erapisan*, slapped)은 손바닥으로 세게 치는 것을 말한다. 공회원들이 예수님을 손으로 가차 없이 내리쳤음을 보여준다.

'선지자 노릇을 하라(*propheteuson*, prophesy)' 는 것은 너를 때린 사람이 누구인지 알아맞혀 보라는 또 다른 표현이다. 마가복음 14:65에 따르면 예수님의 얼굴은 가려져 있었다. 눈을 가리고 때리면서 친 자가 누구인지 알아맞히도록 한 것이다. 알아맞히면 메시야로 인정하겠다는 것이다. 유대인들은 메시야가 눈과 귀를 사용하지 않고 냄새로 판단할 것으로 믿었다. 점술 같은 풍습이다. 하지만 그들은 결국 하나님으로 인류 구원을 위해 이 땅에 오신 예수님과 선지자로서의 사역마저 모욕했다.

9. 베드로의 부인(69-75절)

베드로가 안뜰 바깥쪽에 앉아 있었다. 그런데 한 하녀(*paidiske*, servant girl)가 그에게 다가와서 말했다. "너도 갈릴리 사람 예수와 함께 있었도다(69절)." 당신도 갈릴리 사람 예수와 한패라는 것이다. 그러자 베드로가 모든 사람 앞에서 부인하면서 말했다. "나는 네가 무슨 말을 하는지 알지 못하겠노라(70절)." 베드로의 첫 번째 부인이다.

베드로가 앞문(*pylona*, porch, 정문)으로 나갈 때 다른 여종이 보고 거기 있는 사람들에게 말했다. "이 사람은 나사렛 예수와 함께 있었도다." 그러자 이번에는 베드로가 맹세까지 하면서 말했다. "나는 그 사람을 알지 못하노라." 딱 잡아뗀 것이다. 두 번째 부인이다.

잠시 후 거기 섰던 사람들이 베드로에게 와서 말했다. "너도 진실로 그 도당이라 네 말소리(*he lalia*, the speech)가 너를 표명한다." 갈릴리 억양을 보니 그들과 한패임이 틀림없다는 것이다. 그러자 베드로는 자기가 그런 사람이라면 저주를 받을 것이라 맹세까지 하면서 말했다. "나는 정말 그 사람을 알지 못하노라." 세 번째 부인이다. 인간의 연약한 모습이 그대로 드러나고 있다.

그러자 곧(*eutheos*, immediately) 닭이 울었다. 누가복음 22:61에 따르면 예수님은 베드로를 돌아보셨다. 그러자 베드로는 "닭 울기 전에 네가 세 번 나를 부인하리라"는 예수님의 말씀이 생각났다. 그는 밖에 나가서 크게 통곡했다. 훗날 베드로는 부활하신 예수님을 뵙고 성령으로 무장된 후 초대교회의 위대한 지도자가 되었다.

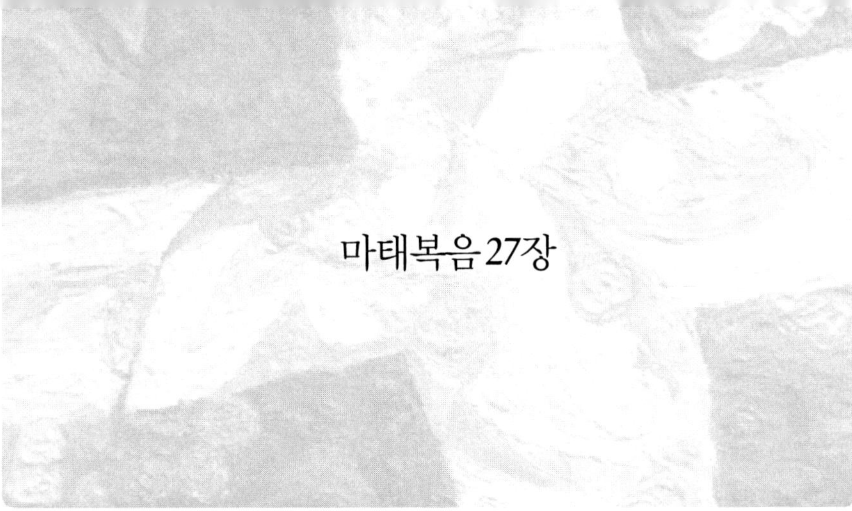

마태복음 27장

빌라도의 재판, 십자가에 못 박히심, 무덤에 장사되심

1. 빌라도에게 넘겨줌(1, 2절)

대제사장 집으로 끌려가신 예수님은 목요일 밤 내내 심문을 받으셨다. 이것이 26장의 내용이다. 그리고 이튿날 금요일 날이 밝자(눅 22;66) 공회로 끌려가 다시 심문을 받으셨다. 거기에서 공회의 판결이 내려진다. 그 다음 빌라도에게 압송된다.

"새벽에 모든 대제사장과 백성의 장로들이 예수를 죽이려고 함께 의논하고 결박하여 끌고 가서 총독 빌라도에게 넘겨 주니라(1, 2절)." 산헤드린은 예수님을 죽이기로 최종 의결했다. 그들은 예수님을 묶어서 끌고 가 총독에게 넘겼다. 이것은 금요일 새벽에 산헤드린의 최종 판결이 먼저 있었고, 그 다음 로마인들에 의한 재판을 위해 총독 빌라도(*Pilato*, Pilate)에게 넘겨졌음을 말한다. 로마 총독의 허가 없이 공회의 결정만으로 예수를 죽일 수 없었기 때문이다. 사형선고 및 집행권은 로마 총독이 가지고 있었다. 이 새벽은 예수님이 십자가에 달리시던 날 새벽이기도하다.

빌라도는 A.D. 26-36년에 유대와 사마리아 지방의 총독으로 있었다. 그는 총독부가 있는 가이사랴에 상주했지만 유대 명절 때는 예루살렘에 와서 헤롯 궁전에 기거하며 정무를 보았다.

2. 가룟 유다의 죽음(3-10절)

마태는 예수님이 총독 빌라도에게 넘겨진 이후의 사건을 기록하기 전에 배신한 가룟 유다의 최후를 묘사하고 있다. 성경에서는 그의 말로에 대해 두 가지 사실을 보여주고 있다. 그중에 하나가 마태의 이 기록이다.

예수님을 팔아넘긴 유다는 예수님에게 사형 선고가 내린 것을 보고 뉘우쳐 은화 30개를 대제사장들과 장로들에게 돌려주며 말했다. "내가 무죄한 피(*athoon haima*, innocent blood)를 팔고 죄를 범하였도다(4절)." 죄 없는 사람을 죽이려고 팔았으니 정말 큰 죄를 지었다는 것이다. 그리스도를 팔기는 했지만 예상치 못한 결과가 나오자 뉘우치게 된 것이다. 예수님이 당하신 결과가 너무나 참혹했기 때문이다.

그러자 그들은 "그것이 우리에게 무슨 상관이냐 네가 당하라(4절)" 하였다. 그것은 자신들과 아무 상관이 없으니 당신이 알아서 하라는 것이다. 자신들에게는 아무 책임이 없다는 것이다. 오히려 무죄한 피를 판 죄(신 19:5)를 스스로 당하라고 했다. '네가 당하라(*sy opse*, you will see)' 는 문자적으로 '네가 경험하라' 는 것으로, 당신이 알아서 처리하라는 말이다.

유다는 그 돈을 성전(*naon*, temple)에 내던졌다. 이곳은 제사장만 들어갈 수 있는 곳을 말한다. 성전 경내까지 포함하는 히에론(*hieron*)이다. 그는 밖으로 나가서 목매달아 자살했다. 사도행전에는 그가 거꾸로 넘어져 배가 터지고 내장이 모두 쏟아졌다고 했다(행 1:18-20). 또한 2세기 중엽의 파피아스(Papias) 보고문에 따르면, 그는 수종에 걸려 과도하게 비대해졌고, 눈도 부어 올라 고통 가운데서 죽었다고 했다. 유다의 최후에 대해서는 여러 이야기가 있지만 그의 최후가 아주 불행했음을 보여준다.

대제사장들은 그 은화를 거두며 말했다. "이것은 핏 값이라 성전 고에 넣어 둠이 옳지 않다(6절)." 이 돈은 피 값(*time*, price) 고에 넣을 수는 없다는 것이다. 신명기 23:18에 따르면 창기의 번 돈이나 개 같은 자의 소득은 하나님이 미워하시는 것으로 취급했다. 피 값 역시 불결한 것으로 본 것이다. 그들은 의논한 후 그것으로 토기장이(*kerameos*, potter)의 밭을 사서 나그네의 묘지, 곧 나그네들(*xenois*, strangers)을 매장하는 묘지(*taphen*, a burial place)로 삼았다. 그래서 사람들은 오늘날까지도 그 밭을 피밭이라고 부른다. '토기장이의 밭' 은 예루살렘 남쪽에 있는 점토 지대 언덕으로 구멍이 많이 뚫려있어 가족 묘지가 없는 사람들이 장사지내기가 적합했다. '나그네의 묘지' 는, 예루살렘 밖에 사는 유대인으로 명절에 예루살렘에 올라왔다가 장례를 치러 줄 사람 없이 객사한 사람을 위한 묘지로 간주되고 있다.

이렇게 해서 선지자 예레미야의 다음과 같은 예언이 이루어졌다. "그들이 그 가격 매겨진 자 곧 이스라엘 자손 중에서 가격 매긴 자의 가격 곧 은 삼십을 가지고 토기장이의 밭 값으로 주었으니 이는 주께서 내게 명하신 바와 같으니라(9, 10절)." '그들이, 이스라엘 백성이 사람의 몸값으로 정한 은화 30개를 받아 주께서 나에게 명령하신 대로 토기장이의 밭을 사는 값으로 주었다' 는 구약의 말씀(슥 11:12-13)이 이루어졌다는 것이다. 유다의 배신과 그의 처참한 종국이 구약 예언의 성취임을 보여준다.

그런데 마태는 스가랴의 말씀을 예레미야의 예언이 이뤄진 것이라 했다. 이 부분은 여러 신학적인 논쟁이 있다. 이에 대해 윌리엄 핸드릭슨(William Hendriksen)은 마태가 예레미야 19장과 스가랴 11:12-14을 함께 인용한 것으로 보았다. 헨드릭슨은 마태가 이 두 예언서를 언급하면서 보다 잘 알려진 예레미야의 이름을 언급했을 가능성이 높다고 본 것이다. 예레미야 19장을 보면 토기장이의 오지병과 백성의 어른들과 제사장(1절), 유다와 예루살렘이 무죄한 자의 피를 흘릴 것임(4절), 그리고 도벳, 곧 토기장이의 밭이 있었다고 전해지는 힌놈의 골짜기가 피밭과 거의 같은 뜻인 '살륙의 골짜기'로 불리어지게 될 것(2, 6절), 이 골짜기가 매장지가 될 것(11절) 등이 예언되었다.

3. 빌라도의 심문(11-14절)

예수님이 총독(*hegemonos*, governor) 앞에 서시자 총독은 물었다. "네가 유대인의 왕이냐?" 대제사장은 예수를 신성 모독죄로 보았다. 예수님이 '하나님의 아들 그리스도'라 하셨기 때문이다. 유대 당국자들은 이 말씀을 근거로 예수님이 유대인의 왕으로 자처하며 민중을 선동하고 로마에 반란을 기도했다는 죄목, 곧 정치적 죄목으로 고소했다. 그렇게 해야 유죄 판결을 받을 수 있기 때문이었다. 총독의 물음은 이것을 재확인하려는 것이었다. 피정복지의 치안을 책임 진 총독의 관심사는 가야바처럼 종교적인 것에 있지 않고 정치적인 것에 있었다.

예수님은 "네 말이 옳도다(11절)." 하셨다. 원문은 "당신이 그렇게 말하고 있소(*sy legeis*, you say)."이다. 예수님은 다른 심문에는 침묵하셨지만 자신이 누구인가를 밝히는 대목에서는 답을 하셨다. 그러나 예수님의 이번 대답은 긍정과 부정의 뜻이 함께 담겨 있다. 긍정의 답은 예수님이 유대인의 왕, 곧 메시야라는 점이다. 이것은 영적인 차원이다. 하지만 빌라도가 물은 정치적 차원은 아니기 때문에 부정의 뜻이 담겨있다. 그래서 '당신이 그렇게 말하고 있소'라 하셨다. 예수님이 진정한 왕이신 것은 맞지만 총독이 생각하는 정치적 왕이 아니라는 것이다. 이 답변에 대한 예수님 자신의 해설이 요한복음 18:33-

38에 있다.

예수님은 대제사장들과 장로들이 고발하는 말에는 아무 대답도 하지 않으셨다. 그러자 빌라도가 말했다. "그들이 너를 쳐서 얼마나 많은 것으로 증언하는지 듣지 못하느냐(13절)." '저 사람들이 너에 대해서 증언하는 말이 들리지 않느냐' 는 것이다. 빌라도는 사실 예수님의 혐의 없음을 알았다. 그래서 이 질문을 통해 예수님의 답변을 듣고 예수님께 유리한 판결을 내리고자 한 것으로 보인다.

그들은 여러 가지로 예수님에게 불리한 증언을 했다. 하지만 예수님은 고발 건에 대해 한 마디도 대답지 아니하셨다. 그러자 총독이 크게 놀라워했다. 매우 이상하게 생각했다는 말이다. 요한은 더 나아가 이 때 예수님과 빌라도 사이에 있던 대화를 요한복음에 보다 상세하게 기록하였다(요 18:33-37).

누가는, 빌라도가 예루살렘에 순례 차 온 갈릴리 영주(분봉왕) 헤롯 안티파스에게 넘겨 예수님을 심문하고 재판에 관여하게 된 사실을 따로 기록하였다(눅 23:6-12). 빌라도는 로마법상 범죄 사실을 발견할 수 없었으나 예수를 곧장 석방시키지 않고 일단 헤롯에게 맡기기도 했다. 마태복음과 마가복음에서는 빌라도의 계속된 심문과 최종판결을 소개하고 있다.

4. 사형판결을 받으시다(15-26절)

당시 명절 때마다 총독이 무리가 원하는 죄수 하나를 놓아주는 관례가 있었다. 명절은 유월절을 가리킨다. 그 때 바라바라 하는 유명한(*episemon*, notable, 소문난) 죄수가 있었다. 바라바는 '아버지의 아들'이라는 뜻으로, 어떤 사본에는 '예수 바라바(*Iesoun Barabban*, Jesus Barabbas)'로 소개되어 있다. 누가는 바라바가 민란과 살인으로 옥에 갇혔다고 했다(눅 23:19). 이스라엘의 독립을 위해 소요를 일으키고 살인을 한 열심당원으로 널리 알려져 있었다. 빌라도는 이 점을 염두에 두고, 두 사람 중 하나를 택할 경우 백성들이 예수를 택하리라 생각했다.

무리가 모였을 때에, 빌라도가 그들에게 말하였다. "여러분은, 내가 누구를 놓아주기를 원하느냐. 바라바인가 그리스도라고 하는 예수인가?" 빌라도는 유대인 지도자들이 예수님을 시기하여 자기에게 넘겨 준 것을 잘 알고 있었다. 또한 며칠 전만 해도 예수가 예루살렘에 입성할 때 군중들이 그를 환호하지 않았는가. 빌라도는 군중들이 예수를 택하리라 믿었다. 로마 관리인 자기 앞에서 로마에 반역해 소요를 일으키고 무력을 행사한 인물을 놓아 달라 히지 않으리라 생각한 것이다.

빌라도가 재판석에 앉아 있을 때 그의 아내가 사람을 보내 말을 전했다. "저 옳은 사람에게 아무 상관도 하지 마옵소서 오늘 꿈에 내가 그 사람으로 인하여 애를 많이 태웠나이다(19절)." 그분은 죄 없는 사람이니 상관하지 말라는 것이다. 지난 밤 꿈에 그녀가 그 사람 때문에 많은 고통을 받았다(*epathon*, suffered)고 했다. 그의 아내의 이름은 프로쿨라 클라우디아(Procula Claudia)이다. 그녀는 유대교로 개종했다가 후에 그리스도인이 되었고, 그리스와 이디오피아 교회는 그녀를 성자의 반열에 올려놓았다. 하나님은 그녀의 꿈을 통해서도 예수님의 무죄함을 보여주셨다. 하지만 대제사장들과 장로들은 달랐다. 바라바는 놓아 주고 예수님은 죽이도록 군중을 선동했다.

총독이 두 사람 가운데 누구를 놓아 주기를 바라느냐 할 때 군중은 바라바라 외쳤다. 빌라도가 " 그러면 그리스도라 하는 예수를 내가 어떻게 하랴(22절)." 그들은 다 소리 높여 십자가에 못 박아야 한다고 했다. 유대인의 사형은 보통 돌로 치는 것이었다. 십자가형은 로마제국에서 대역죄인에게 내리는 최고극형이었다. 며칠 전만 해도 예수를 위대한 선지자요 메시야로 떠받들던 무리들이 유대 종교지도자들의 사주를 받아 예수의 십자가 처형을 소리 높여 촉구하는 장면은 인간이 얼마나 변덕스럽고 잔인한가를 보여준다.

빌라도는 이해가 되지 않았다. "어찜이냐 무슨 악한 일을 하였느냐(23절)." 그는 예수가 무죄한 줄을 알았기 때문에 이유가 무엇인지, 이 사람이 정말 무슨 나쁜 일을 하였는지 궁금했다. 하지만 사람들은 더욱 큰 소리로 외쳤다. "십자가에 못 박으시오."

빌라도는 아무 효과도 없는 공연한 짓을 한다는 생각이 들었다. 자기로서는 어찌할 도리가 없음을 깨달은 것이다. 나아가 폭동까지 일어날 것 같은 느낌이 들었다. 유월절 무렵에는 예루살렘에 아주 많은 사람들이 몰려든다. 그 많은 군중들의 열광된 모습을 보며 용기를 잃은 것이다.

그는 물을 떠다가 그들 앞에서 손을 씻으며 말했다. "이 사람의 피에 대하여 나는 무죄하니 너희가 당하라(24절)." "너희가 당하라(*hymeis opsesthe*, for yourselves you will see)." 자기는 이 사람의 피, 곧 그의 죽음에 대하여 아무 책임이 없고 이제 여러분이 그것에 대해 책임져야 할 일이라는 것이다. 손을 씻는 것은 유대인의 관습 중 하나로, 어떤 사건에 대해 관계가 없음을 보여주는 상징적인 행위이다. 빌라도는 이로써 자신의 책임을 회피하고자 했다.

그러자 모든 백성들이 외쳤다. "그 피를 우리와 우리 자손에게 돌릴지어다(*eph hemas*, on us)." 예수의 죽음에 대한 책임을 자신뿐 아니라 자기 후손에게 돌리라는 것이다. 이스라엘 백성은 그 모든 책임을 지겠다고 했다. A. D. 70년 예루살렘 멸망은 그들의 말에 대한 성취로 해석하기도 한다. 그 때 수많은 사람들이 학살되었다. 그 이후 그들은 2천년 동안 나라 없는 민족이 되었고, 여러 곳에서 학살 대상이 되었다. 히틀러 때는 6백만 명의 유대인이 희생되었다.

결국 빌라도는 바라바를 놓아주고 예수님은 채찍질하여(*phragellsas*, having

flogged) 십자가에 못 박게 내어주었다. 빌라도는 예수님이 무죄한 줄 알면서도 조작된 민의에 굴복하고 말았다. 채찍질한 것은 죄수를 사형에 처하기 전에 기운을 빼 빨리 죽도록 한 것이었다.

당시 십자가에 달리기 전에 채찍질을 40대 맞는 것으로 되어 있다. 그 채찍질은 보통 채찍질이 아니다. 채찍은 가죽 끈으로, 채찍의 끝이 12가닥이 나 있고, 간격을 두고 날카로운 뼈 조각과 쇠붙이가 붙어있어 맞을 때마다 살점이 떨어져 나간다. 심하게 맞으면 뼈가 드러나고 내장이 노출되어 사망하기도 했다. 한번 맞을 때마다 12번 맞는 꼴이니 40대라면 480번 맞는 것과 같다.

채찍질은 로마인들이 경범죄를 저지른 노예나 속국인들에게 기하는 형벌이었다. 그런데 예수님은 채찍질도 당하시고, 십자가 처형도 당하셨다. 모든 고통을 홀로 당하신 것이다. 중요한 것은 '그가 채찍에 맞음으로 우리가 나음을 입었다(벧전 2:24)'는 사실이다.

5. 가시관을 쓰시다(27-31절)

총독의 병사들이 예수를 총독 관저(*praitorion*, praetorium)로 끌고 들어갔다. 이 관저는 총독이 예루살렘에 머무는 동안 체재했던 곳으로 보인다. 군인들은 온 부대원을 다 그의 앞에 불러 모았다. 그들은 예수의 옷을 벗기고 홍포(*kokkinen chlamyda*, scarlet robe), 곧 자주색 걸침 옷을 걸치게 했다. 헬라 시대 임금들은 자주색 옷을 입었다. 로마 군인들이 예수님께 입힌 옷은 자기들이 입던 자주색 망토였다. 자기들이 입는 진홍색 외투를 입혀 왕으로 가장하고 우롱하기 위함이다.

군인들은 가시(*akanthon*, thorns)로 면류관을 엮어 그의 머리에 씌웠다. 당시 임금들은 황금색 잎사귀로 만든 왕관을 썼다. 예수님께 가시 면류관을 씌운 것은 이것을 왕관으로 삼아 예수님을 조롱하려는 것이었다. 그들은 예수님으로 하여금 그의 오른손에 갈대(*kalamon*, a reed)를 들게 했다. 갈대로 왕권을 상징하는 홀(笏, scepter)로 가장한 것이다. 그들이 이 같은 행동을 한 것은 그리스도를 과대망상증 환자로 취급해 조롱하고자 한 것이다.

병사들은 예수님 앞에 무릎을 꿇고, "유대인의 왕이여, 평안할 지어다!" 하면서 그를 희롱하였다. 그들은 예수님에게 침을 뱉고 갈대를 빼앗아 머리를 쳤다. 예수님은 로마 군병들로부터 철저하게 희롱을 당했다.

그들은 이렇게 예수님을 조롱한 다음 홍포를 벗기고 예수님의 옷을 다시 입혔다. 그리고 십자가에 못 박으려 끌고 나갔다.

6. 십자가에 못 박히시다(32-44절)

병사들은 나가다가 구레네 사람(*Kyrenaion*, Cyrene) 시몬(*Simona*, Simon)을 만나 억지로 예수님의 십자가를 지고 가게 하였다. 원래는 사형수가 형장까지 자기의 십자가를 지고 가게 되어 있다. 수직대는 형장에 박아두고, 수평대만 지고가게 했다. 그러나 예수님은 심하게 채찍질을 당하여 끝까지 지고 갈 수 없게 되었다. 그러자 병사들이 거리에서 시몬이라고 하는 구레네 사람에게 억지로 지게 한 것이다. 구레네는 북아프리카로, 지금의 리비아다. 그곳에 유대인들이 많이 살았다. 시몬은 루포의 아버지로, 훗날 그리스도인이 되었고, 루포는 로마의 지도급 그리스도인이 되었다.

그들은 골고다(Golgotha), 곧 '해골 곳(*kraniou topos*, skull place)'이라는 곳에 이르렀다. 골고다는 히브리어로 '해골(skull)'이라는 뜻이고, 라틴어로는 '갈보리(*Calvariae*, Calvary)'이다. 바위 언덕(knoll)으로 된 이 지형이 마치 해골 모양을 하고 있어 그렇게 불렸다.

그들은 포도주에 쓸개(*choles*, gall)를 타서 예수께 드려서 마시게 하였다. 쓸개 탄 포도주는 마취제 역할을 한다. 예수님은 그 맛을 보시고는 더 마시려 하지 않으셨다. 마취제를 사양하신 것이다. 철저히 고통을 받으신 것이다.

그들은 예수를 십자가에 못 박았다. 형장에 도착하면 사형수의 옷을 벗긴 다음 팔을 벌려 수평대에 몸을 고정시킨다. 이 때 끈으로 묶기도 하지만 예수님의 경우는 손목에 못을 박았다(눅 24:39, 요 20:20). 그리고 미리 세워둔 수직대에 수평대를 얹었다. 그 뒤 수직대에 발을 묶거나 못을 박아 고정시킨다. 맥스 루케이도(Max Lucado)는 예수님이 지신 십자가에 대해, "하나님은 스스로 내려오지 못하도록 오른 손, 왼손, 발목에 못을 박아버리셨다."고 하였다. 우리를 향한 하나님의 사랑은 이처럼 컸다는 말이다.

마지막으로 죄목이 적힌 명패(*aitian autou*, accusation of him, 죄패)를 붙였다. 예수님의 명패에는 히브리어, 헬라어, 라틴어로 "유대인의 왕, 예수"라 쓰여 있었다. '유대인의 왕'은 로마의 입장에서 볼 때 반역죄를 의미했을 것이다. 하지만 이것은 오히려 그리스도의 자격을 명시하는 결과가 되었다.

병사들은 제비를 뽑아 그의 옷을 나누어 가졌다. 사형수가 입던 옷은 형을 집행하는 병사들이 나누어 갖는 것이 상례였다. 겉옷의 가치가 컸기 때문에 이것에 대한 관심이 더 높았을 것이다. 이로써 "내 겉옷을 나누며 속옷을 제비 뽑나이다"라는 시편 22:18의 예언이 이루어졌다. 그리고 병사들은 그곳에 앉아서 그를 지키고 있었다.

그 때 강도 두 사람이 예수와 함께 십자가에 못 박혔는데 하나는 그의 오른쪽에 있었고, 다른 하나는 그의 왼쪽에 있었다. 보통의 강도는 사형수가 아니기 때문에 정치범일 가능성이 높다.

예수님이 겪으신 고통 가운데 가장 큰 고통은 육체적인 고통보다 자신을 향해 던지는 치욕적인 저주의 말이었다. 마태는 여러 형태로 예수를 조롱하는 모습을 소개하였다.

지나가는 사람들이 머리를 흔들면서 예수를 모욕하는 말을 했다. "성전을 헐고 사흘 만에 짓겠다던 사람아. 네가 만일 하나님의 아들이거든 너나 구원하라. 십자가에서 내려와 보라." 머리를 흔드는 것은 조소하는 뜻이 담겨있다. 그들은 '하나님의 아들이어든 십자가에서 내려와 보라'며 조롱했다. 하나님의 아들은 특별한 사람일 것이라 생각한 것이다. 예수님이 자신만을 생각하셨다면 능히 십자가에서 내려오는 기적을 행하셨을 것이다. 하지만 인류를 구원하기 위해 끝까지 참으셨다.

대제사장들도 서기관들과 장로들과 함께 희롱하였다. "그가 남은 구원하였으되 자기는 구원할 수 없도다 그가 이스라엘의 왕이로다 지금 십자가에서 내려올 지어다 그리하면 우리가 믿겠노라 그가 하나님을 신뢰하니 하나님이 원하시면 이제 그를 구원하실 지라 그의 말이 나는 하나님의 아들이라 하였도다(42, 43절)." 그들은 예수를 가리켜, 남은 구원하면서 자기는 구원하지 못하는 존재, 이스라엘의 왕이라 하면서도 아무 힘도 없는 자, 하나님의 아들이라면서 십자가에서 당장 내려오지도 못하는 존재로 보았다.

심지어 함께 십자가에 못 박힌 강도들마저 그들과 같이 욕했다. 철저히 조롱과 모욕을 당하신 것이다. 주님은 십자가 언덕에서, 두 강도 사이에서 못 박히셨다. 루터는 '전혀 죄를 모르시는 분이 우리 때문에 가장 기괴하고 가장 추악한 존재가 되셨다.' 고 했다. 이방인이나 유대인에게 있어서 십자가는 걸림돌이다. 하지만 그리스도인에게 있어서 십자가는 하나님의 능력이요 하나님의 지혜이다. 예수님의 십자가는 하나님이 십자가에 달려 돌아가신 것이다. 예수님이 이 큰 심판을 받음으로 우리가 심판에서 벗어나게 되었다. 우리가 받을 심판을 주님이 받으셨기에 그의 고통당하심에 우리는 눈물을 흘리고, 감사로 기쁨이 넘칠 수밖에 없다. 그리스도인에게는 영적 자유 함이 있다. 영적 해방이다. 더 이상 죄의 종이 아니다. 주님께서 모든 결박을 푸셨다. 따라서 바울의 말대로 우리는 십자가 외에는 자랑할 것이 없다. 이제 우리 모두 죄를 미워하자. 예수를 십자가에 못 박게 한 것은 모두 우리 죄 때문이다. 예수를 십자가에서 죽게 한 그 죄를 우리가 어찌 다시 범할 수 있겠는가.

7. 숨을 거두시다(45-56절)

제육시, 곧 열두 시부터 제구시, 곧 오후 세시까지 어둠(*skotos*, darkness)이 온 땅을 덮었다. 일식이 일어난 것이다. 보통 유월절 때는 시기적으로 일식이 일어나지 않는데, 이것은 기적적인 현상이었다. 아모스에 따르면 심판이 있을 때 백주에 어두워질 것이라 했다(암 5:8). 주님은 우리가 당할 심판을 대신 당하신 것이다.

제구시 쯤에 예수님께서 큰 소리로 부르짖어 말씀하셨다. "엘리 엘리 라마 사박다니(*Eli eli lema sabachthani*)." 이것은 아람어로, "나의 하나님, 나의 하나님, 어찌하여 나를 버리셨습니까?" 라는 뜻이다(46절). 이 말씀은 시편 22:1을 인용하신 것으로, 시편 22편은 그리스도의 수난을 예언하고 있다. 주님은 철저히 버림을 받으셨다. 즉 우리를 위해 철저히 그 값을 치루셨다. "엘리 엘리 라마 사박다니," 이 외침은 얼마나 큰 지불을 하셨는가를 보여준다. 나아가 예수님의 이 외침 속에는 하나님 아버지를 향해 자신을 전적으로 의탁하는 깊은 신뢰감을 엿볼 수 있다.

영지주의자들은 이 구절을 근거로 예수의 구속사역이 실패했고, 세례 시에 인간 예수에 임한 그리스도(신성)가 이 때 떠나갔다고 주장한다. 하지만 예수님께서 이 말씀을 하신 것은 죄 없으신 예수님이 우리를 위해 죄인이 되셔서 하나님으로부터 버림 받으셨기 때문이다. 하나님에게서조차 버림받은 정신적 고통을 절규로 표현하신 것이다. 예수님의 이러한 절규와 외침 앞에서도 하나님은 자신의 아들을 버리셨다. 그것은 우리를 향한 하나님의 사랑, 우리를 구원하고자 하시는 하나님의 열망이 얼마나 큰가를 보여준다. 이 버림받음이 없었다면 우리에겐 구원이 주어지지 않는다. 하나님의 은혜가 얼마나 큰가.

예수님을 향해 못 박으라 외치고, 십자가에 달린 예수를 향해 조롱한 배은망덕한 무리들, 그들은 하나님을 배신하고 떠나간 과거의 우리들이다. 주님은 저들을 버릴 수 없어 지금 자신을 저들 대신 포기하고 계신다. 우리를 끌어안기 위해 피땀을 흘리신다. 그러므로 이 외침은 우리를 향하신 주님의 사랑이 얼마나 큰지를 보아야 한다. 자기의 모든 것을 지불하시면서 우리를 죄 가운데 사시는 그 주님을 향해 '이 외침을 불경스럽게 생각하는 우' 를 범해서는 안 된다.

거기 서 있던 사람 중에 어떤 이들은 이 말을 듣고 말했다. "이 사람이 엘리야를 부른다." '엘리, 엘리' 하신 것을 엘리야로 착각한 것이다. 그러자 그들 중 하나가 재빨리 달려가 해면(*spongon*, sponge)을 신 포도주(*oxous*, vinegar)에 적셔서 갈대에 꿰어 예수님의 입에 갖다 댔다. 해면은 바다에서 나는 생물을 정제해서 만든 것으로, 흡수성이 강해 스펀지처럼 사용되었다. 신 포도주는 병사들이 평상시에 마시는 값싼 포도주(식초)로, 고통을 덜어주는 역할을 했다.

그러나 다른 사람들은 "가만 두라. 엘리야가 와서 그를 구원하나 보자."고 하였다. 당시 민간 신앙으로 엘리야가 곤경에 처한 의인을 구해준다는 믿음이 있었다.

예수님은 다시 크게 소리를 지르셨다. 이 때 "다 이루었다(요 19:30)," "아버지여 내 영혼을 아버지 손에 부탁하나이다(눅 23:46)"라는 말씀이 있었을 것이다. 예수님은 육적 고통 때문에 비명 한 번 지르지 않으셨다. 오히려 털

깎는 자 앞에서 잠잠하셨다. 그러나 영적 고통, 곧 인류의 죄로 인해 잠시 하나님과의 관계로부터 끊어지는 것 때문에 아파하셨다. 그 모두 우리의 죄 때문이다. 필로는 '하나님은 고통당하시지 않는 자'라 주장했다. 그러나 주님은 우리의 죄 때문에 고통당하셨다. 사랑의 아버지시다. 정치적으로 승리하는 메시야가 아니라 우리를 위해 고통당하는 메시야이시다. 하나님의 고통을 외면한 복음은 복음이 될 수 없다.

그리고 그의 영혼(*pneuma*, spirit)이 떠나셨다(50절). 숨을 거두신 것이다. 그 때가 바로 제구시, 곧 오후 3시 경이었다. 십자가형은 보통 3일 정도 아픔과 배고픔, 고통을 겪다가 죽는다고 하는 데, 예수님은 6시간 만에 운명하셨다. 그만큼 채찍질로 인한 육체적 고통, 조롱과 모욕을 통한 심적 고통이 컸음을 보여준다.

그때 갑자기 성전 휘장이 위에서 아래까지 둘로 찢어졌다(51절). 휘장(*katapetasma*, veil)은 성전 내부인 성소와 일년에 한 번 대제사장만이 들어갈 수 있는 지성소 사이의 휘장을 말한다. 예수님의 죽으심으로 휘장이 찢어졌다는 것은 이제는 대제사장만 들어갈 수 있는 것이 아니라 모든 성도들이 왕 같은 제사장이 되어(벧전 2:9) 누구나 지성소에 들어갈 수 있다는 것, 다시 말해 하나님께 직접 그리고 자유롭게 나아갈 수 있게 되었음을 상징한다. 휘장은 또한 예수님의 육체를 예표 한다(히 10:19-20). '위에서 아래까지 둘로'는 그리스도의 찢긴 육체를 통해 하나님께 이르는 길이 열린 것을 상징적으로 나타낸 것이다.

또한 지진으로 땅이 흔들리며 그 결과 바위들이 갈라지고, 바위를 뚫어 만든 무덤들이 열리게 된다. 무덤들이 열리면서 잠자던 많은 성도들, 곧 옛 성인들이 일시적이나마 살아났다(52절). 그리고 예수님이 부활하신 후 그들이 무덤에서 나와 거룩한 성 예루살렘에 들어가 그곳에 있는 많은 사람들에게 자신들이 다시 살아났음을 몸소 보여주었다(53절). 놀라운 일이 아닐 수 없다. 이 사건은 예수님 부활로 말미암아 죽음의 권세가 정복되었음을 보여준다. 믿는 이들의 육체의 부활은 사망에 대한 그리스도의 승리를 상징한다(고전 15:54). 예수께서 사망 권세를 이기신 것이다.

백부장, 곧 예수님을 지키던 장교와 사병들은 지진과 일어난 일들을 보고 몹시 두려워하며 말했다. "이 사람은 진실로 하나님의 아들이었도다(54절)."

그리고 평소 예수님을 섬기며 갈릴리에서 따라온 많은 여자들도 멀리서 바라보고 있었다. 그 가운데는 예수님께서 일곱 귀신을 쫓아내 주신 막달라 마리아도 있었고, 예수님의 형제들인 야고보와 요셉의 어머니 마리아도 있었고, 세베대의 아들들, 곧 야고보와 요한의 어머니 살로메도 있었다.

8. 무덤에 묻히시다(57-66절)

날이 저물었을 때 아리마대(*Harimathaias*, Arimathea) 출신으로 요셉(*Ioseph*, Joseph)이라고 하는 한 부자가 왔다. 그도 역시 예수의 제자이다. 요셉은 공회원이었지만(눅 23:50) 비밀히 예수의 제자가 되었다. 아리마대는 욥바 동쪽에 있는 곳으로, 그는 부유했다. 그가 온 것은 장례 때문이었다. 율법에 따르면 시체를 나무 위에 밤새 방치해 두어서는 안 되고(신 21:23), 더욱이 그 날 해가 지면 안식일이 시작된다. 오후 6시면 안식일이 시작된다. 안식일에는 시체를 옮기지 못하기 때문에 그 전에 장례를 끝내지 않으면 안 된다.

요셉은 빌라도에게 가서 예수의 시신을 내어 달라고 청했다. 관청에서 허락하지 않으면 장사를 지낼 수 없기 때문이다. 빌라도는 내어 주라 명령했다. 그가 예수의 시체를 인수했을 때 공회원과 유대인들로부터 비난과 위협을 받았을 것이다.

요셉은 예수의 시신을 가져다가 깨끗한 세마포(*sindoni*, linen cloth), 곧 삼베로 쌌다. 당시 유대인들은 사망한 날 또는 그 다음 날 시신을 씻을 다음 향유를 바르고, 옷을 입힌 후 세마포로 감았다. 그 다음 도시나 마을 밖에 안장을 시켰다. 요한복음 19:39에 따르면 니고데모도 향품을 가지고 왔다. 평소에는 숨어서 따르던 요셉과 니고데모의 용기 있는 행동은 도망한 제자들과는 대조된다. 요셉은 바위를 뚫어서 만든 자기의 새 무덤에 예수를 모셨다. 요셉은 부자였다. 이것은 '그 묘실이 부자와 함께 되었도다.' 라 한 이사야 53:9의 예언이 이뤄진 것이다. 요셉은 무덤 문(*thyra*, door)에다가 연자매와 같은 큰 돌을 굴려 입구를 막아놓고 갔다. 무덤 맞은편에는 막달라 마리아와 다른 마리아가 앉아 있었다.

이튿날, 곧 준비일(*Paraskeuen*, Preparation) 다음날에 대제사장들과 바리새인들이 빌라도에게 몰려와 말했다. 유대인들은 안식일 전날 또는 주요 절기의 전날을 준비일이라 불렀다. 따라서 준비일 다음 날은 안식일을 가리킨다. 이 안식일에 그들은 다시 모여 모의를 한 것이다.

"주여 저 속이던 자가 살아 있을 때에 말하되 내가 사흘 후에 다시 살아나리라 한 것을 우리가 기억하노니 그러므로 명령하여 그 무덤을 사흘까지 굳게 지키게 하소서 그의 제자들이 와서 시체를 도둑질하여 가고(*klepsosin*, steal away) 백성에게 말하되 그가 죽은 자 가운데서 살아났다 하면 후의 속임(*he eschate plane*, the last deception)이 전(*protes*, the first)보다 더 클까 하나이다(63, 64절)."

그들은 예수를 속이던 자(*planos*, deceiver), 곧 세상을 미혹하던 거짓말 장이로 몰았다. 그들은 예수님이 살아 있을 때 삼일 만에 살아난다고 말했음을 상기시켰다. 그러니 삼일까지는 그 무덤을 잘 지켜 달라는 것이다. 그의 제자들이 시체를 훔쳐다 감추어 놓고 사람들에게는 그가 죽은 사람들 가운데서 살아났다고 말할지 모른다는 것이다. 그렇게 되면 이번 속임수는 처음 것보다 더 나쁜 영향을 미칠 것이라는 말이다. 그들은 예수의 부활을 믿지 않았지만 제자들이 시체를 훔쳐다가 부활한 것처럼 꾸밀 것을 우려한 것이다.

빌라도가 그들에게 말했다. "너희에게 경비병이 있으니 가서 힘대로 굳게 지키라." 경비병을 내줄 터이니 물러가서 재주껏 지키라는 말이다. 여기서 경비병(*koustodian*, a guard)은 원래 네 명으로 구성된 군인을 뜻한다. 로마 군인들로 구성된 보초병을 가리킨다. 그들이 경비병들과 함께 가서 돌을 인봉하고(*sphragisantes*, having sealed) 무덤을 굳게 지켰다. 인봉했다는 것은 무덤 입구를 큰 돌로 막고 돌을 움직이지 못하도록 고정시켰다는 것이다. 무덤과 그 입구를 막은 돌의 접합 부분에 대한 인봉은 주로 밀랍으로 덮인 끈 뭉치로 되어 있었다. 그 끈에는 로마 인장이 찍혀있다. 인봉을 마음대로 떼어내는 경우 사형에 처할 수 있다. 무덤을 이처럼 철저히 지켰다는 것은 예수의 초자연적인 부활을 더욱 확증해준다.

마태복음 28장

빈 무덤, 병사들의 보고, 최후의 명령과 제자들의 사명

1. 빈 무덤과 예수의 부활(1-8절)

안식일이 다 지나고 안식 후 첫날 새벽, 곧 안식일 다음 날 동틀 무렵에 막달라 마리아와 다른 마리아가 예수님의 무덤을 보러 갔다(1절). 안식 후 첫날은 지금의 일요일이다. 예수님께서 부활하신 이 날을 기념하여 일요일을 주일(Lord's day)로 정하고, 예배드리게 되었다.

그 날 새벽 막달라 마리아와 다른 마리아가 예수님의 시신에 향품을 부으러 갔다. 시신에 향료를 바르기 위한 것이다. 여러 복음서를 보면 이 때 무덤을 찾아온 여인들로 막달라 마리아 외에 야고보의 어머니 마리아, 살로메, 요안나, 그리고 다른 여자들이 있었다.

마가복음 16:3에 따르면 여자들은 무덤으로 가는 도중에 무덤 입구를 막은 돌을 어떻게 열 수 있을까 염려했다. 무덤 입구를 막을 때는 돌을 굴리기 쉽지만 무덤 문을 막은 돌을 옮기려면 여러 장정의 힘이 필요했기 때문이다.

그런데 큰 지진(*seismos*, an earthquake)이 일어나고 주의 천사가 하늘에서 내려와 돌을 굴려내고 그 위에 앉았다(2절). 갑자기 큰 지진이 일어났다.

예수님이 십자가에 못 박히실 때도 일어난 지진이, 부활하셨을 때도 일어난 것이다. 예수님이 재림하실 때도 지진이 일어날 것이다. 그리고 주님의 한 천사가 하늘에서 내려와 무덤의 문의 돌을 굴려내고 그 돌 위에 앉았다.

"그 형상이 번개 같고 그 옷은 눈 같이 희거늘(3절)." 천사의 모양은 번개(*astrape*, lightning)처럼 빛났고 옷은 눈같이 희었다.

무덤을 지키던 병사들은 천사를 보고 무서워 떨며 죽은 사람(*nekroi*, dead men)과 같이 되었다. 현대인의성경은 '기절하고 말았다.' 고 했다.

천사가 여자들에게 말했다. "너희는 무서워하지 말라 십자가에 못 박히신 예수를 너희가 찾는 줄을 내가 아노라(5절)." 무덤을 지키던 경비병들은 무서워할지 모르지만 너희들은 전혀 두려워할 필요가 없다는 말이다.

"그가 여기 계시지 않고 그가 말씀 하시던 대로 살아나셨느니라 와서 그가 누우셨던 곳을 보라(6절)." 예수님은 이미 제자들에게 여러 차례 자신이 고난을 받고 삼일 만에 부활하실 것을 말씀하셨다. 그 말씀대로 부활하셨다는 것이다. 말씀이 성취되었음을 천사들이 알려주고 있다. "와서 그가 누우셨던 곳을 보라." 주님은 이미 부활하셔서 그곳에 계시지 않는다.

"또 빨리 가서 그의 제자들에게 이르되 그가 죽은 자 가운데서 살아나셨고 너희보다 먼저 갈릴리로 가시나니 거기서 너희가 뵈오리라 하라 보라 내가 너희에게 일렀느니라(7절)." 예수님은 제자들에게 부활하신 후 먼저 갈릴리로 가셔서, 그곳에서 제자들을 모으실 것이라 하셨다(마 26:32). 그 말씀대로 갈릴리로 가셨으니 그곳에서 부활하신 주님을 뵙도록 제자들에게 알리라는 것이다.

여자들은 두렵기도 하고 기쁨에 넘쳐 빨리 무덤을 떠나 제자들에게 알리려고 달음질하였다. 기대하지 않았던 놀라운 소식을 한시라도 빨리 전하기 위해 걸음을 재촉한 것이다.

2. 예수의 나타나심(9, 10절)

그런데 갑자기 예수께서 여자들 앞에 나타나셨고, "평안하냐?" 물으셨다. 여자들은 다가가 그의 발을 붙잡고 경배했다.

그 때 예수께서 그 여자들에게 말씀하셨다. "무서워하지 말라 가서 내 형제들에게 갈릴리로 가라 하라 거기서 나를 보리라(10절)." 예수님은 무서워하지 말고 기쁜 마음으로 가서 제자들에게 갈릴리로 가라 전하고, 그곳에서 주님을 만날 것이라 하셨다. 예수님은 제자들을 가리켜 '내 형제들' 이라 하셨다. 두려워 도망한 제자들임에도 불구하고 그들을 '내 형제들' 이라 하시면서 이미 용납하셨음을 보여준다. 예수님은 갈릴리에서 베드로와 제자들에게 나타나셨다.

3. 병사들의 보고와 매수된 병사들(11-15절)

여자들이 무덤을 떠나자 경비병 중 몇 사람이 예루살렘 시내에 들어가 대제사장들에게 일어난 일을 사실대로 모두 보고했다. 대제사장들은 장로들과 함께 모여 의논한 뒤 경비병들에게 많은 돈(*hikana argyria*, many silver pieces)을 주면서 말했다.

"너희는 말하기를 그의 제자들이 밤에 와서 우리가 잘 때에 그를 도둑질하여 갔다 하라(13절)." 예수의 제자들이 밤중에 와서 자신들이 잠든 사이에 시체를 훔쳐갔다고 말하라는 것이다. 경비 근무 중에 잠을 자면 사형에 처해질 수 있는 상황에서 제자들이 무장한 경비병들을 뚫고 시신을 훔쳐갔다는 것은 사리에 맞지 않는다. 두려워 모두 도망한 제자들 아닌가. 만일 경비병들이 잠을 잤다면 그들이 어떻게 일어난 일을 알 수 있었겠는가.

“만일 이 말이 총독에게 들리면 우리가 권하여 너희로 근심하지 않게 하리라(13, 14절).” 이 일이 총독의 귀에 들어가더라도 자신들이 그를 잘 달래서 당신들에게 걱정을 끼치지 않게 하겠다는 것이다. 자신들이 책임을 지고 이 문제를 해결하겠다는 말이다. 이 일을 돈으로 무마시키려 한 것을 보면 총독과 제사장들 사이에 내통이 있었음을 알 수 있다.

그래서 경비병들은 돈을 받고 시키는 대로 하였다. 그리하여 이 말이 오늘까지 유대인들 사이에 널리 퍼져 있다. 이것은 시신 도난설이 어떻게 발생했는가를 보여준다. 시신 도난설은 마태복음 집필 당시에도 유대인들 사이에 널리 퍼져 있었다. 유대교 전도자들이 시신 도난에 대한 헛소문을 사방에 퍼뜨리고 다녔기 때문이다. 마태는 이 거짓 소문을 익히 알고 있었기 때문에 사실에 입각하여 사건의 전모를 밝히고자 했다.

4. 최후의 명령과 제자들의 사명(16-20절)

마태는 예수님의 최후 명령을 그 결론으로 기록하고 있다. 이를 가리켜 지상명령(the Great Commission)이라 한다. 지상명령은 지극한 명령이다. 그 명령은 제자 삼는 것으로, 가서, 세례를 주고, 가르쳐 지키게 하는 것이다.

열 한 제자는 갈릴리에 가서 예수님이 그들에게 일러 주신 산(*oros*, mountain)에 올라가 예수님을 뵙고 경배하였다. 그러나 의심하는 사람도 있었다. 과연 예수님이실까. 그런데 예수님께서 제자들에게 가까이 오셔서 이렇게 말씀하셨다.

“하늘과 땅의 모든 권세를 내게 주셨으니(18절).” 예수님은 지상명령을 내리시기 전에 제자들을 향해 “나는 하늘과 땅의 모든 권능(*pasa exousia*, all authority)을 받았다.”고 선언하셨다. 그러므로 순간순간 주님을 의지하고 힘

있게 나아가라는 말씀이다. 내 힘이 아니다. 주님 때문에 가능하다.

"그러므로 너희는 가서 모든 민족을 제자로 삼아 아버지와 아들과 성령의 이름으로 세례를 베풀고(19절)." 모든 민족(*panta ta ethne*, all the nations)을 제자로 삼으라(*matheteusate*, make disciple) 명령하셨다. 복음이 대상이 이스라엘뿐 아니라 모든 이방민족에까지 확대되어야 한다는 것이다. 제자가 된다는 것은 단순한 개종 이상의 것이다. 평생 주 안에 거하며 주님이 가르쳐 주신 진리의 말씀대로 살아내는 것을 말한다. 이것은 가서(*poreuthentes*, going), 세례를 베풀고(*baptizontes*, baptizing), 가르쳐(*didaskontes*, teaching) 지키게(*terein*, to observe) 하라는 말씀으로 더욱 구체화된다. 세례는 자신이 하나님께 속한다는 표시이자 자신의 삶을 예수님께 전인격적으로 바치고, 하나님뿐 아니라 성도들의 관계도 주 안에서 살아있는 관계로 살아가겠다는 것을 공식화하는 것이다.

"내가 너희에게 분부한 모든 것을 가르쳐 지키게 하라 볼 지어다 내가 세상 끝 날까지 너희와 항상 함께 있으리라(20절)."

예수님이 공생애 동안 제자들에게 가르치신 것처럼 주님이 가르치신 모든 것을 믿는 자들에게 가르치고 지키게 하라는 것이다. 주님의 말씀을 행할 수 있도록 가르치고(teaching them to obey), 거친 세상에서 주의 말씀으로, 그리고 주와 함께 승리할 수 있도록 가르친다. 그리스도인은 주님의 말씀을 배우는 것으로 그치는 것이 아니라 그대로 실천하며 살아야 할 의무가 있다.

"내가 세상 끝 날까지 너희와 항상 함께 있으리라." 그리스도인들이 예수님의 명령을 수행하고 섬길 때 늘 함께 하시겠다는 것이다. "내가 너희와 함께 있으리라(*ego meth hymon eimi*, I am with you)." 이 말씀 속에 '에고 에이미,' 곧 '나는 ~이다' 가 있다. '항상' 은 문자적으로 '모든 날들(*pasas tas hemeras*, all the days)' 이다. 늘 함께 하시겠다는 것이다. 주님이 주시는 사명을 자신의 목숨보다 중하게 여기고 온전히 섬길 때 결코 홀로 고아처럼 내버려두지 않으시겠다는 말씀이다. 주님은 이 세상 끝 날까지 임마누엘, 곧 우리와 함께 하시는 하나님이시다. 아멘.